키워드로 읽는 2000년대 문학

키워드로 읽는 2000년대 문학

1판 2쇄 발행_2011년 06월 20일

엮은이_작가와비평 편집동인
펴낸이_홍정표
펴낸곳_작가와비평
등록_제2018-000059호

공급처_(주)글로벌콘텐츠출판그룹
주소_서울특별시 강동구 풍성로 87-6 전화_02-488-3280 팩스_02-488-3281
홈페이지_www.gcbook.co.kr 메일_edit@gcbook.co.kr

값 16,000원
ISBN 978-89-955934-3-1 93810

책머리에

지난 10년의 한국문학을 검토하는 책, 두 번째 권을 묶는다. 2005년에 출간된 『비평, 90년대 문학을 묻다』에서는 포스트모더니즘, 신세대, 생태, 세기말, 속도, 몸, 여성, 일상, 고백, 환상, 후일담, 역사, 대중과 출판상업주의, 논쟁 등 14개의 키워드로 1990년대 문학을 고찰했다. 2000년대 문학을 고찰하기 위해 설정한 키워드는 '탈국가, 역사, 윤리, 탈서정, 유머, 환상, 칙릿, 키덜트, 디스토피아, 세대, 가족, 빈곤, 논쟁, 문학상'이다. 애초에 '성장과 탈장르'가 포함되었으나 필자의 사정으로 싣지 못하게 되었다. 키워드에서 알 수 있듯, 2000년대 문학은 지난 1990년대 문학에서와 같이, 이전 시대와의 급격한 단절을 보여주지 않는다. 한때 한국문학을 들끓게 했던 세기말이라든가 후일담, 포스트모더니즘 논의는 사라지고 그 자리에는 탈국가, 탈서정, 유머, 환상, 칙릿, 키덜트 같은 새로운 문학 담론이 들어섰다. 이는 밀레니엄이라는 새천년에 걸맞는 미래지향적이며 가뿐한 문학의 새로운 방향이라고 볼 수도 있지만, 지난 1990년대부터 시작된 '탈(post)'의 만개라고 볼 수도 있다. 실제로 2000년대 우리 문학은 과거 완강했던 본격문학/대중문학, 리얼리즘/모더니즘, 민족문학/외국문학 등의 대립구도를 허물어뜨리고 다양한 하이브리드형 문학으로 진화하고 있는 중이다. 이러한 문학의 지형 변화는 지난 시대 동안, 비평으로 하여금 많은 질문을 던지게 하였다. '문학(성)이란 무엇인가?' '근대문학은 끝났는가?' 등이 그 예라고 할 수 있다.

1990년대 문학이 1980년대 문학에 대한 대척점에서 '개인' '일상' '내면' 등을 다시 불러오는데 힘을 쏟았다면, 2000년대 문학은 전통적 '문학'의 구심력과 여기에서 달아나려는 원심력의 길항에 의해 추동되었다고 할 수 있다. 가령, 국가주의에서 벗어나려는 '탈국가', 서정에서 벗어나려는 '탈서정', 현실주의에서 빗겨가려는 환상, 문학의 세속화 현상인 칙릿 등이 그러하다. 이들 문학이 '탈'에서 비롯되었다는 것은 이들의 새로움과 에너지가 기존의 문법과의 격차에서 발생하고 있다는 것을 역설하고 있는 것이다.

모든 학문이 그렇듯 지난 시기 문학 지형에 대한 검토는 우리가 살아가고 있는 현재적 영토를 점검하기 위해서이다. 이 책의 필자들이 꼼꼼히, 두루 살피고 있듯, 2000년대 문학 지형의 변화는 환경의 변화를 반영하고 있다. 인터넷 연재 소설이라든가, 퓨전 역사물인 팩션이나 한국문학의 세계화, 새로운 빈곤에 대한 성찰 등은 문학 환경의 변화이자 동시에 우리 일상의 변화를 의미한다. 그 안에는 출판환경의 풍요에 따른 시와 소설의 '기이한' 풍요와 영역 확장도 있지만, 동시에 끊이지 않는 '문학 위기설'도 들어있다. 또한 이에 따른 논쟁들—탈서정 논쟁, 리얼리즘 논쟁, 문학권력 논쟁—과 장편소설, 문학성 논의, 문학과 정치, 윤리의 관계 설정에 따른 논의들도 들어있다. 그리고 여기에 따른 다양한 시각의 진단, 우려와 낙관은 2000년대 문학의 풍요와 빈곤을 구성하고 있는 또 다른 층위들이다.

위기는 기회라고 한다. 그러나 2000년대 한국문학의 위기 논의는 반드시 기회라고 볼 수는 없을 것이다. 다만, 그 말에 함축되어 있는 '변화의 불가피성'은 자명했던 문학의 역사성을 되돌아보게 한다. 『키워드로 읽는 2000년대 문학』이 이렇듯 한국문학의 역사, 나아가 문학의 역사, 그리고 우리 실제적 영토의 역사를 묻고 살핌으로써 우리의 현재와 미래를 좀 더 유연하게 가늠하기 위해 기획되었다. 그럼으로써 우리가 얻는 2000년대 문학의 실체가 '과거와 같은 문학'이 아니라도, 혹은 '문학'조차 아니라 하더라도 우리의 현재와 동시대인들이 삶의 폐달을 가속하는 데 에너지가 되는 그 무엇이었기를 간절히 바랄 뿐이다.

지난 10년을 정리하기 위해 이 책을 기획하고 출간하기까지는 역시나 많은 시간과 노고가 필요했다. 그 과정에서 지치지 않고 함께 해준 『작가와비평』 편집동인 분들과, 특히 좋은 원고를 주시고 또한 오랜 시간 기다려준 필자 분들께 진심으로 감사드린다. 그리고 문학연표를 정리하는 데 도움을 준 정미영, 박종훈 동학과 끝으로 이 책을 출판해 주신 양정섭 대표님과 교정과 편집에 애써주신 편집자 분께 감사의 말을 전한다.

『작가와비평』 편집동인

최강민 이경수 고봉준 김정남 이선우를 대신하여

정은경 쓰다

차 례

1부

탈국가
Postnation

랍스터를 먹는 시간
방현석
싸이코가 뜬다
찔레꽃

트랜스 내셔널의 징후들

■ 장성규

문학평론가. 1978년생, 2007년《경향신문》신춘문예 문학평론 당선. 주요 평론으로 「민족-국가'의 '이행'과 새로운 저항 주체 형성의 가능성」 등이 있음. 68life@hanmail.net

공전하는 비평, 부재하는 윤리

2000년대 문학에서 논쟁다운 논쟁이라면 트랜스 내셔널의 징후에 대한 일련의 비평적 논의 정도가 있을 것이다. 대부분의 비평이 미시적인 텍스트 분석에 국한되거나 선험적인 서구 이론의 기계적 이입에 함몰된 것에 반해, 트랜스 내셔널의 징후에 대한 비평들은 변화된 세계체제와 남한 자본주의의 위상을 일정 부분 반영하고 있다는 점에서 중요하다.

그럼에도 이 논의가 동일한 논의를 반복적으로 재생산하는 것에 그치고 있다는 점은 일견 기이하다. 예컨대 타자의 절대성에 대한 추상적인 강조나 타자의 재현 가능성에 대한 회의, 혹은 탈근대적 주체로서의 다중에 대한 주목 등이 그러하다. 트랜스 내셔널 담론이 지니는 위험성에 대한 정치한 이론적 분석을 보이고 있는 황호덕은 결국 "타자를 절대적 타자성 안에서 다루는 일의 가능성을 물을 때 우리가 만나는 것은 그 어떤 아포리아들"[1]이라는 추상적인 결론을 내린다. 보다 구체적으로 텍스트에 기반하여 타자의 재현 가능성을 탐구하고 있는 복도훈은 "타자의 언어가 소설이라는 상징적 언어의 경제를 위기로 몰아붙이고 무너뜨릴 수 있는가"[2]라는 문제제기와 함께 타자의 재현 가능성에 대한 회의를 보인다. 이들과는 상이한 관점에서 논의를 전개하고 있는 조정환 역시 현재의 탈국가적 현상이 자본에 의해 진행되고 있다는 점을 지적하면서도 이를 통해 탈근대적인 "**인간적 사회 혹은 사회적 인류를 가능케 할 인류인**"[3]의 형성이 가능할 것이라고 주장한다.

문제는 이와 같은 결론이 너무나 식상하다는 것이다. 구체적인 세계체제의 변화과정과 이와 연동된 남한 자본주의의 위상변화에 대한 정치한 분석이 소거된 자리에 남는 것은 이미 상식화된 주체와 타자 간의 윤리의 문제나 탈근대적 주체성 모색의 필요성 등이다. 물론 이들이 제기하는 문제들은 현재 우리 문학에서 핵심적인 위치를 지니는 논제이다. 그러나 구체적인 트랜스 내셔널의 운동 메커니즘에 대한 분석이 생략되었기에 이들의 논의는 추상적 성격을 벗어나지 못한다. 이들의 논의가 종종 우리 문학의 성과들에 대해 서구의 생경한 이론적 틀을 기계적으로 대입하는 경향을 보이는 것은 이러한 사정에 연유한다.

주체와 타자 간의 관계맺음의 윤리는 선험적으로 '타자의 절대성'을 승인하는 것에서 시작되는 것이 아니라, 주체와 타자간의 '충돌'과 '교감'에서 시작된다. 타자의 재현 가능성의 모색은 주체에 의한 타자의 일방적인 '전유'를 비판하기 이전에, 이 전유가 발생하는 주체와 타자의 '다른' 위치를 인식하는 것으로부터 시작되어야 한다. 탈근대적 '유목주의' 역시 추상

1) 황호덕, 「넘은 것이 아니다」, 『문학동네』, 2006년 겨울, 432쪽.

2) 복도훈, 「연대의 환상, 적대의 현실」, 『문학동네』, 2006년 겨울, 499쪽.

3) 조정환, 「경계-넘기를 넘어 인류인-되기로」, 『문학수첩』, 2007년 여름, 85쪽. 강조는 원문.

적인 '다중'에 대한 환대가 아니라, 근대성의 합리적 핵심을 꼼꼼하게 분석하고 남한 자본주의의 위상을 정치하게 인식하는 것으로부터 그 가능성이 질문되어야 한다. 이러한 구체적인 작업이 소거된다면, 트랜스 내셔널의 징후에 대한 비평은 공전할 수밖에 없다. 그리고 그 공전은 세계체제의 변화와 남한 자본주의 위상 변화에 따르는 우리 문학의 급속한 변화에 대해, 나아가 이를 통한 국경 '너머'의 타자와의 만남에 대해 어떠한 윤리도 생성할 수 없다. 그런 점에서 이들이 강조하는 타자성이나 탈근대적 주체성의 탐색은 역설적이게도 비윤리적인 진리-효과를 생산한다.

이는 비단 이들에게만 나타나는 한계는 아니다. 아이러니하게도 국경 너머 타자와의 연대와 재현의 가능성을 주장하는 비평 역시 동일한 한계를 지닌다. 이들의 논의는 이주노동자나 난민, 탈북 인민들과 남한 인민이 지닌 동일성에 기반한 연대의 가능성에 집중된다. 예컨대 이명원은 복도훈과 황호덕에 대한 비판을 통해 "한국노동자의 타자는 이주노동자가 아니라, 자본의 메커니즘 그 자체"[4]라는 결론에 이른다. 물론 그의 논의는 최근 트랜스 내셔널 서사에 대한 비평들이 간과하는 "주체와 타자의 인식론적 비대칭성이라는 현학적인 담론의 배후에 생생하게 살아 있는 진짜 현실"[5]에 대한 인식으로 나아간다는 점에서 중요하다. 그러나 이 과정에서 남한 자본주의의 위상 변화에 대한 인식은 소거되며, 따라서 타자와 주체간의 '차이'는 무화된다. 다만 모두가 자본의 '타자'이기에 서로가 '동일성'을 지닌다는, 지극히 타당하지만 그리하여 무의미한 진리-효과가 생산될 따름이다. 그러나 "현학적인 담론"의 층위가 아니라 "생생하게 살아 있는 진짜 현실"의 층위에서 자명하게 나타나는 주체와 타자간의 간극은 이렇게 손쉬운 방법으로 해소될 수 없다.

---

4) 이명원, 「마음의 국경: 연대는 불가능한가」, 『문학수첩』, 2007년 여름, 32쪽.

5) 위의 글, 같은 쪽.

나는 2000년대 탈국경과 트랜스 내셔널의 징후를 논하는 문제 설정 자체를 바꾸어야 한다고 생각한다. 기존의 논의들이 공전을 반복하는 것은 트랜스 내셔널의 징후가 발현되는 구체적인 메커니즘과 이에 수반되는 남한 자본주의의 급격한 변화에 대한 분석을 간과했기 때문이다. 문제의 핵심은 국경 너머의 타자와의 연대를 통한 새로운 주체성의 구성과 관계맺음의 윤리에 대한 모색이다. 그렇다면 우선 논의되어야 할 것은 주체와 타자의 위치를 변전시키는 메커니즘에 대한 역사적이고 현실적인 해명이다. 이를 통해 주체, 즉 남한 자본주의 하의 인민의 위치를 설정하는 것으로부터 타자와의 연대의 가능성을 모색하는 것이 필요하다. 나아가 남한이 지니는 특수한 성격인 분단과 이로 인한 탈북 인민이라는 특수한 타자에 대한 인식이 필요하다. 탈북 인민과의 연대 문제는 기존의 통일문학의 규범으로 해명되지 않는 탈분단 문학의 문제설정에서 핵심적인 위치를 지니기 때문이다.

그러나 여기서 멈추어서는 안 된다. 국경 너머 타자의 재현은 세계체제 속에서의 반주변부로서의 남한에 대한 인식과 분단체제 속에서의 탈분단 문학의 모색이라는 문제설정으로부터 시작될 수 있다. 그러나 타자의 재현에 그친다면 그것은 자기 정체성의 확인에 그칠 뿐, 국경을 넘어서는 실존을 건 타자와의 마주침으로 나아갈 수 없다. 오히려 타자의 재현은 '과정'으로 이해되어야 한다. 재현은 타자와의 마주침을 동반하며, 이 마주침을 통해 타자의 재현을 넘어서서 주체 자체를 재구성할 때 비로소 트랜스 내셔널의 징후는 새로운 미학적·실천적 가능성으로 나아갈 수 있기 때문이다. 따라서 재현된 타자의 양상보다 중요한 것은 재현 '과정'에서의 주체 재구성이다. 이를 통해서만 타자를 주체로 포획하지 않으면서 개체간의 '연대'를 고민할 수 있다.

트랜스 내셔널의 징후를 다룬 비평들은 대부분 재현된 타자의 양상에 주목하고 있다. 즉 이주노동자나 난민, 탈북 인민들이 '어떻게' 형상화되었는지가 중심적인 논의대상인 것이다. 그런데 이들 비평은 정작 타자를 재현하는 주체가 재현의 과정을 경과하며 자신의 주체성을 재구성하는 과정에 대해서는 간과하고 있다. 주체와 타자가 서로 충돌과 교감을 감행하며 새롭게 형성하는 관계의 윤리 속에서, 그 윤리에 기반한 주체성의 재구성 속에서, 비로소 국경을 넘어서는 연대가 시작될 수 있다. 이러한 논의를 통해 궁극적으로 트랜스 내셔널의 징후를 의미화하고 국경 너머의 타자와의 연대와 그 윤리를 모색하는 새로운 관점을 제기하는 것. 이것이 트랜스 내셔널의 징후를 읽어내는 비평의 과제이다.

'낀 존재'의 연대는 어떻게 가능한가?

급격한 트랜스 내셔널의 징후의 배경에는 자본의 세계화가 놓여 있다. 이로 인해 트랜스 내셔널적 상황은 낭만적인 '세계시민'이나 관념적인 '다중'을 생성하는 것이 아니라, 수많은 형태의 '난민'을 생산한다.

이 난민의 형상화가 어려운 것은 자본주의 세계체제 속에서 남한 자본주의가 지니는 이중적인 위상 때문이다. 남한 자본주의는 세계체제에서 반(半)주변부의 위상을 지닌다. 따라서 한편으로는 미국 중심의 중심부 제국에 강하게 종속되어 있으나, 동시에 다른 한편으로는 주변부 인민에 대한 수탈의 '주체'로서 기능한다. 이 점이 우리 문학에서 트랜스 내셔널의 징후를 재현하는데 가장 큰 난점으로 작용한다. 국경 너머의 타자와의 연대의 어려움 역시 이 지점에서 발생한다. 제국적 주체도 아니며, 동시에 주변부 인민도 아닌 '낀 존재(in-between)'로서의 반주변부 인민의 성격은 컨텍스트적 맥락에 따라 유동적이기 때문이다.

방현석의 「존재의 형식」은 반주변부 남한 인민의 '낀 존재'로서의 위치를 정확하게 형상화하고 있다. 이 작품이 의미를 지니는 것은 단순히 남한과 베트남 사이의 과거사에 대한 윤리적 접근을 보이기 때문이 아니다. 실상 반주변부로서의 남한은 주변부로서의 베트남에 대한 중심부 제국의 착취를 매개하는 역할을 하고 있으며, 이 역사의 반복을 외면한 채 이루어지는 손쉬운 '화해'란 불가능하다. 오히려 세계체제 속에서 반주변부로서의 남한의 위상을 직시하며, 거짓 화해 대신 진정한 화해의 어려움을 형상화하는 것이 필요할 것이다. 이런 문제의식에서 다음과 같은 장면은 다시 독해될 필요가 있다.

> 그가 부르는 대로 두드린 다음, 모니터 위에 뜬 베트남어에 성조를 넣어서 읽던 재우는 탄성을 지르지 않을 수 없었다. 베트남어의 신비는 성조였다. 6성의 언어구조는 성조에 따라 노래만큼이나 변화무쌍한 느낌을 만들어냈다. 그가 찾아낸 대사의 성조는 한국어로는 도저히 표현할 수 없는 매혹적인 어감을 부여했다. 단어들 위에 얹힌 성조는 짠돌이의 대사를 뫼비우스의 띠처럼 슬픔과 익살이 일렬선상에서 뒤집어지며 이어지도록 만들어놓았다.[6)]

베트남 시인이자 영화감독인 레지투이는 한국어를 베트남어로 옮기며 베트남어의 "6성의 언어구조"를 통해 "뫼비우스의 띠"와 같은 재현을 보여준다. 그러나 이는 어디까지나 베트남어를 통한 재현에서만 가능하다. 이는 한국어로는 재현 불가능하며 따라서 재우가 탄성을 지르는 것 역시 "6성의 언어구조"의 문법 내에서만 가능하다. 위의 인용문은 표면적으로 '번역'을 통한 공통감각의 복원과 이에 기반한 화해를 형상화한 것으로 독해될 수 있다. 그러나 기실 이 화해란 베트남어의 문법구조를 통해서만 가능하며, 다시 한국어로의 번역과정에서 그 문법은 해체된다는 점

---

6) 방현석, 「존재의 형식」, 『랍스터를 먹는 시간』, 창비, 2003, 29쪽. 이하 인용하는 방현석의 작품은 모두 이 작품집에 수록된 것이며 인용시 괄호 안에 작품명과 인용한 쪽수만을 기입한다.

에서 불완전하다. 따라서 위의 인용문은 역설적으로 번역의 어려움이 표상하는 진정한 화해의 어려움을 보여준다. "6성의 언어구조"를 통한 화해란, 현재 남한 자본이 진행하는 베트남 인민에 대한 착취에 대한 진지한 성찰 없이는 불가능하기 때문이다. 오히려 남한의 반주변부적 성격은 베트남어의 독특한 문법마저도 포획하려는 욕망을 지니기 때문이다.

나는 방현석의 성과가 베트남에 대한 과거 남한의 폭력에 대한 성찰과 화해에 있다고 생각하지 않는다. 오히려 그의 성과는 반주변부로서의 남한과 주변부로서의 베트남 사이의 화해의 어려움에 대한 인식에 있다. 화해란 동등한 두 주체간의 충돌과 교감을 통해서만 가능하다. 그러나 지금 남한과 베트남이 세계체제 속에서 엄연히 위계서열화되어 있다는 점을 상기한다면, 손쉬운 화해란 오히려 새로운 착취의 은폐로 귀결되기 쉽다. 「존재의 형식」이 중요한 것은 이 화해의 어려움을 언어와 재현의 문제를 통해 형상화하고 있기 때문이다.

그러나 방현석은 여기서 멈추지 않는다. 그는 단순히 베트남이라는 타자의 재현의 어려움에 머물지 않는다. 타자를 재현하는 과정에서 주체가 끊임없이 재구성된다는 점, 이를 통해 타자와의 관계를 통한 새로운 주체성의 형성이 모색된다는 점이 그의 진정한 성과이다. 「존재의 형식」의 주인공 재우는 과거 변혁운동에 대한 회의와 창은에 대한 죄책감에서 벗어나지 못한 채 베트남으로 '도피'한 인물로 설정된다. 그러나 레지투이와의 충돌과 교감을 통해 재우는 비로소 도피를 넘어서는 주체의 윤리성을 인식하게 된다. 이 작품이 흔한 후일담 문학을 넘어서는 것은 이 때문이다. 남한 자본의 입장에서는 "기피의 대상을 넘어 저주의 대상"으로 호명되며, 베트남 인민의 입장에서는 "자네들 지금 내 앞에서 돈자랑 하는 건가?"라고 비판받는 낀 존재로서의 자기 인식. 이 낀 존재는 불투명하지만 주체와 타자간의 관계맺음 속에서 자신의 정체성을 모색하고 있기에 정직하다. 관념적인 화해나 선부른 당위의 주장 대신 낀 존재로서의 반주변부 인민의 정체성에 대한 지난한 탐구를 전개한다는 점이 방현석이 지닌 최대의 미덕이다. 그것은 비록 "마음가짐"이라는 소박한 층위를 넘어서지 못하지만 그 마음가짐은 주체에 의해 선험적으로 규정된 것이 아니라 타자와의 충돌과 교감 속에서 형성되는 것이기에 쉽게 폄하될 수 없는 무게감을 지닌다.

그러나 방현석은 종종 화해에 대한 욕망을 지나치게 작동시킨다. 이때 타자와의 관계맺음을 통한 주체의 재구성 대신 주체에 의한 타자의 전유가 일어나는 것은 필연적이다. 화해의 과정이 지니는 지난함 대신 화해의 순간이 지니는 희열이 텍스트에 기입되는 순간, 이 새로운 윤리성의 모색은 다시 후일담 문학이 지니는 나르시시즘적 성격으로 환원된다.[7] 이 나르시시즘은 타자를 소거시킨 채 강박적인 화해를 진행한다는 점에서 진정한 화해와는 거리가 멀다. 이와 같은 한계는 「랍스터를 먹는 시간」에서 단적으로 나타난다.

---

7) 복도훈은 방현석의 나르시시즘에 대해 다음과 같이 비판한다. "이들 소설에서 형상화된 연대는 주인공들의 비존재감, 과거에 대한 심리적 부채와 죄의식으로부터 출발하고 그를 극복할 자아-이상을 발견하는 여정을 통해 가능해진다. 자아-이상의 메커니즘은 자아-이상을 통해 자기 자신에게 좋게 보이는 모습을 원하는 것이기도 하다. 그러나 개인에게 그것은 나르시시즘으로 귀결되고, 문화적 입장에서 그것은 자문화중심주의로 판명될 여지가 있다. 어떻게 보면 결국 타자는 주체의 심리적 외상과 부채의식을 극복하기 위해 상상되고 또 필요했던 것이다."(복도훈, 앞의 글, 490쪽) 나는 복도훈의 비판에 일정 부분 동의하지만, 동시에 일정 부분 동의할 수 없다. 분명 방현석의 작품에서 나르시시즘이 나타난다는 점에서는 동의하지만, 그 나르시시즘이 발현되는 맥락이 단순히 과거 변혁운동에 대한 향수와 애도 때문이라는 지적에는 동의할 수 없다. 오히려 방현석의 나르시시즘은 주체가 타자와의 팽팽한 긴장감 속에서 자신을 재구성하는 과정이 지니는 지난함을 텍스트 내부에서 해소하기 위한 '관습'화된 소설 문법에 대한 강박에 기인한다고 생각한다. 따라서 문제는 관습화된 리얼리즘 소설의 문법이지 과거에 대한 향수와 애도가 아니다. 그리고 이러한 관점에서만 우리는 타자에 대한 재현을 통해 관습화된 리얼리즘의 문법—당파성을 담지한 주체에 의한 대상의 총체적 반영과 전망의 제시—을 내파할 수 있을 것이다.

엄밀히 말해서 「랍스터를 먹는 시간」에는 「존재의 형식」의 레지투이와 같은 타자가 존재하지 않는다. 주인공 건석의 애인인 리엔이 등장하지만 리엔은 타자성을 담지한 인물이 아니다. 건석은 한편으로는 과거 '라이 따이한'인 형의 죽음에 대한 화해를 욕망하며, 다른 한편으로는 베트남 인민인 보 반 러이와의 화해를 욕망한다. 문제는 이 화해가 타자와의 충돌을 통한 주체의 재구성을 통해 이루어지는 것이 아니라, 건석의 애인인 리엔이 지닌 추상적인 층위의 여성성을 통해 손쉽게 이루어진다는 것이다. 라이 따이한인 형의 죽음은 베트남 여성인 리엔과의 결혼을 통해 보상되며, 보 반 러이와의 화해는 리엔의 외삼촌인 팜 반 꾹을 통해 이루어진다. 여기서 리엔이 "에데족이었고, 에데족은 지금도 모계사회의 질서를 유지하고 있었다."(「랍스터를 먹는 시간」)는 건석의 진술에 주목할 필요가 있다. 리엔은 철저히 이 '모계사회'의 성격'만'을 담지한 인물이다. 이로 인해 리엔의 고유한 타자성은 소거되며 그녀는 오직 여성성과 모성성의 담지자로서만 기능한다. 건석의 이중의 화해가 손쉽게 처리된 것은 이 때문이다. 「존재의 형식」에서 보여준 타자와의 충돌과 교감을 통한 주체성의 재구성 대신, 정형화된 리엔을 통해 타자와의 긴장이 해소되는 것이 이 작품의 결정적인 한계인 것이다. 이는 비단 방현석 개인의 문제가 아니라 리얼리즘 문학의 문법이 지니는 한계이기도 하다. 모순을 극대화시켜 제시하고 이 해결의 지난함을 증언하는 문법이 아니라 주체와 타자와의 동일화를 통해 모순을 해소하고 나름의 '전망'을 제시하려는 리얼리즘의 문법이 이와 같은 한계를 낳은 것이다.

트랜스 내셔널이 추상적인 심급이 아닌 현실모순의 층위에서 작동하고 있음을 가장 잘 보여주는 작가는 오수연이다. 오수연은 트랜스 내셔널이 구체적인 자본의 운동과 결부되어 '위로부터' 작동하고 있음을 정확하게 인식하고 있다. 더불어 그녀는 위로부터의 트랜스 내셔널을 '아래로부터' 재구성하기 위한 작업의 지난함 역시 정확하게 인식하고 있다.

분명 아래로부터의 트랜스 내셔널의 '연대'는 우리 시대의 정언테제이다. 그러나 이 정언테제를 실현하기 위해서는 중심부-반주변부-주변부로 위계서열화 되어 있는 강고한 자본의 세계체제를 내파해야 한다. 이 작업이 그 당위성에도 불구하고 문학의 영역에서 재현의 난점으로 공전하는 것은 이 때문이다. 오수연의 다음과 같은 진술은 트랜스 내셔널이 현학적인 담론의 층위나 추상적인 연대의 층위로 환원될 수 없는 '현실'임을 매우 뛰어나게 보여준다.

> 인근 회원들이 다 모이는 전체회의에서 한 남자가 내 앞에 의자를 놓고 앉은 적이 있다. 나는 가만히 앉아 있었건만 둥그렇게 둘러앉은 줄 바깥으로 밀려나고 말았다. 대학원마저 중단하고 대서양을 건너온 그 행동가는, 마찬가지로 회의에 참석하여 의자 하나 차지하고 있는 나를 알아채지 못했다. 그에게 나는 보이지 않았다. 차라리 내가 얼굴색이 조금 더 짙어 이곳의 고통받는 민중이었다면, 그는 내 앞에 앉지 않고 서서 내게 선량하게 알은채를 했을 것이다. 나는 애매했다. 여기 와서 위험한 고비도 여러 번 넘겼다는 그는, 신경을 소모하지 않고 내 존재에 대한 인식을 간편히 생략해버렸다. 그 순간 나는 자칫 과민하게 반응할까 봐 고민이 됐다. 그런데 그는 내가 고민을 마무리하기도 전에 계속 떠벌리면서 다른 사람, 또 다른 용감한 행동가 곁으로 옮겨가고 말았다. 여전히 나한테 눈길조차 주지 않고 내 앞에 의자 하나 남겨놓은 채. 그는 내가 영어로 말하면서 관사를 틀리기만 해도 이마에 주름을 잡는 두 명 중 하나이기도 했다.[8)]

8) 오수연, 「황금 지붕」, 『황금 지붕』, 실천문학, 2007, 218~219쪽. 이하 인용하는 오수연의 작품은 모두 이 작품집에 수록된 것이며 인용시 괄호 안에 작품명과 인용한 쪽수만을 기입한다.

주변부의 인민도 아니며, 그렇다고 중심부 제국의 일원도 아닌 나. 반주변부의 인민인 나는 제국의 침략에 맞선 연대의 장에서도 낀 존재일 따름이다. 이는 중심부와 주변부 사이의 낀 존재로서의 남한 인민의 이중적 성격에 대한 뛰어난 환유로 독해될 수 있다. 오수연에게 트랜스 내셔널은 전쟁으로 표상되는 구체적인 현실이며, 연대는 세계체제 속에서 위계서열화된 반주변부 인민의 지난한 과정이다. 따라서 트랜스 내셔널과 국경 너머 타자와의 연대라는 문제는 곧 세계체제 속에서 '나'의 위치를 절감하는 것에서 시작된다. 그녀의 소설은 자신의 위치를 정치하게 인식하며, 이 위치로부터 타자와의 연대가 가능한 구체적인 지점을 모색하고 있다는 점에서 빛을 발한다. 그리고 그 연대의 좌표는 중심부–반주변부–주변부의 위로부터의 위상도가 아닌 '아래로부터의' 위상도를 설정함으로써 비로소 생성된다.

> 세상에는 나만 있는 게 아니라는 사실을, 내게는 서쪽을 동쪽이라고 부르는 자들이 밀려와서 가르쳐주었다. 너는 중심이 아니고, 멀고 먼 동쪽 끄트머리라고. 그런데 그 멀고 먼 동쪽 끄트러미는 어디인가. 나를 중심으로 놓고 방향을 가늠해볼 수 없으므로, 내게는 동쪽도 서쪽도 남쪽도 북쪽도 없다. 내가 있는 자리를 중심으로 거리를 재볼 수도 없으므로, 내게는 세상 어디도 가깝지도 않고 멀지도 않다. 내가 중심이 아니라는 건 알겠는데, 중심 아닌 나머지 세상은 어디에 있는지 모르겠다.
>
> —「문」, 229쪽

아래로부터의 연대는 타자의 위치를 주체의 위치를 기준으로 설정하는 것이 아니라, 바로 타자의 위치로부터 주체의 위치를 탐색하는 지점에서 가능하다. "내가 중심이 아니라는" 인식은 그래서 소중하다. 이 인식은 타자와의 충돌과 교감을 통해 주체의 위치를 재설정하는 과정으로 나아감으로써 비로소 진정한 국경 너머 타자와의 연대를 가능하게 한다. 이 연대야말로 2000년대 한국문학이 거둔 최대의 성과 중 하나로 평가되어야 한다. 정치경제학적 층위에서의 반주변부로서의 남한에 대한 인식과 존재론적 층위에서의 타자의 인식을 통한 주체의 재구성이라는 두 겹의 사유가 겹치는 지점에서, 오수연은 국경 너머 타자와의 연대의 윤리를 생성한다. 이 윤리는 주체의 위치와 타자의 위치 사이의 새로운 좌표의 설정으로 나아간다는 점에서 트랜스 내셔널의 징후와 이에 따른 새로운 윤리의 모색이 지니는 무게에 값하는 것이기도 하다.

이런 점에서 오수연의 작품이 알레고리의 형식을 주로 사용하고 있다는 사실이 주목된다. 미메시스적 재현이 주체에 의해 파지된 객관 현실의 형상화에 적합한 형식인 반면, 알레고리는 주체의 인식으로 환원되지 않는 타자의 현실을 형상화하는데 적합한 형식이다. 주체가 온전히 인식할 수 없는 타자의 세계는 둘 간의 충돌과 교감을 통해 징후적으로 나타날 뿐이다. 미메시스적 재현과는 달리 알레고리는 이 징후를 단일한 인식론적 틀로 환원시키지 않는다. 오히려 알레고리의 환유적 성격은 주체에 의해 포획되지 않는 타자의 세계에 대한 인식의 지난함을 증언하는데 초점을 맞춘다. 징후는 끊임없이 미끄러지는 차연의 형식으로 현현한다. 이 차연의 재현 가능성에 대한 미학적 모색이 알레고리라는 형식적 실험으로 나타나는 것이다.

이 미학적 실험을 통해 오수연은 트랜스 내셔널의 징후를 타자와의 연대의 가능성을 모색하기 위한 계기로 변증시키고 있다. 이를 통해 고통이 편재되어 있는 세계 속에서는 모두가 중심인 동시에 주변이라는 인식으로 나아가는 것, 나 역시 중심이 아닌 주변부 인민과의 충돌과 교감을 통해 새로운 주체성을 구성해야 한다는 인식으로 나아가는 것. 바로 그 연대의 지점을 "여기는 어디의 동서남북도 아니고, 어디로부터 멀지도 가깝지도 않다"(「문」)는 '과정'으로서의 좌표로 설정하고 있다는 점에 오수연의 성과가 존재한다. 그리고 그녀가 사용하는 알레고리적 형식은 리얼리즘적 규범이 간과하기 쉬운 주체-중심에 의한 타자-주변의 포획과 좌표의 일방적인 설정을 넘어서기 위한, 그리하여 트랜스 내셔널의 징후를 국경 너머 타자와의 연대로 변증시키기 위한 현실적이며 미학적인 고투의 산물이라는 점에서 그 문법의 의미를 획득한다. 이는 그녀의 연대가 정치적인 층위에 멈추는 것이 아니라 미학적인 층위의 것으로 나아가고 있음을 반증하는 것이다. 고전적인 리얼리즘이 더 이상 유효한 현실 인식과 재현의 가능성을 담지할 수 없는 지금, 그녀의 소설이 소중한 것은 이 때문이기도 하다.

통일문학을 넘어서는 탈분단 문학의 가능성

우리 문학에서 가장 빈번하게 형상화되는 국경 너머의 타자는 탈북 인민이다. 남한이 세계체제 속에서의 반주변부라는 성격과 함께 분단체제라는 특수한 성격을 지니고 있다는 점에서 이러한 상황은 자연스럽다. 그러나 분단체제가 세계체제와 독립된 범주가 아니라, 자본의 세계화와 연동되어 운동하는 개념임을 고려한다면 기존의 통일문학이라는 규범 역시 내파될 필요가 있을 것이다. 이러한 점에서 최근 탈북 인민을 다룬 작품들에 대해 "6·15 시대 문학의 환경변화를 가장 먼저 알리는 '탈북'에 관한 이야기는 역설적으로 통일이 아니라 이산과 해체의 이야기"이며 "문학적으로 통일은 여전히 쉽게 통합될 수 없는 해체와 이산의 고통을 말하는 자리에서 비로소 다시 사유될 수 있다"는 서영인의 지적[9]은 주목할 만하다. 분명 탈북 인민의 삶은 분단체제의 모순과 직결되어 있으나, 이들의 삶의 "해체와 이산의 고통"이 내셔널리즘적인 통일을 통해 해결될 수

9) 서영인, 「월경의 발목」, 『문학수첩』, 2007년 여름, 56쪽.

는 없기 때문이다. 특히 남한 자본의 확장에 의한 흡수통일이 가시화되는 지금, 통일문학은 더 이상 그 진보성을 담지하기 어렵다. 따라서 세계체제와 분단체제의 변화 속에서 통일문학이라는 규범 역시 탈분단 문학이라는 문제설정으로 변화되어야 한다.

정도상의 『찔레꽃』은 규범으로서의 통일문학이 현재 놓인 위치를 단적으로 보여준다. 탈북 인민의 삶에 대한 핍진한 재현과 통일문학이라는 당위 사이의 팽팽한 간극이 이 작품의 성과와 한계를 생성한다. 이로 인해 『찔레꽃』은 텍스트의 균열을 내포하는데, 기실 표면적인 스토리보다 이 균열이 발생하는 미학적·실천적 맥락을 고찰하는 것에서 통일문학을 넘어서는 탈분단 문학의 가능성을 읽어낼 수 있다.

통일문학이라는 규범은 작가의 세계관의 층위에서 끊임없이 반복된다. 예컨대 분명 삶의 곤궁함으로 인한 강제적 '추방'으로서의 탈북이 현실의 층위에서 이루어지는데도, 주인공 충심은 중국의 인신매매단에 의해 납치된 것으로 형상화된다. 따라서 그녀가 "사실 나는, 어리석어서 그렇지 일부러 조국을 배신한 것은 아니거든요."[10]라고 발화하며 북한 체제에 대한 옹호를 보이는 것은 필연적이다. 문제는 이 통일문학의 규범에 의한 그녀의 발화가 텍스트 내에서 모순을 불러 일으킨다는 것이다. 충심은 '조국'을 배신하지 않았음에도 왜 북한으로 귀환하지 않는가? 그것은 남한 자본주의의 경제적 우위 때문이다. 충심은 "찔레꽃 붉게 피는 북쪽나라 내 고향"이라고 노래하면서도 북한의 어머니에게 "백만원을 송금하면 그 중에서 삼십만원은 수수료를 떼고 나머지 칠십만원을 중국돈으로 바꿔 엄마의 손에 건네주는 장면"을 생각하며 남한에서의 신산한 삶을 지속한다. 그리고 이 돈을 통해 "달구지를 끌고 돼지밥을 구하기 위해 온 함흥

10) 정도상, 『찔레꽃』, 실천문학사, 2008, 160쪽. 이하 인용시 괄호 안에 인용한 쪽수만을 기입한다.

을 뒤지고 다니는 어머니를 위해서 작은 힘이라도 보태고 싶었다"는 북한에서의 충심의 소박한 소망은, 역설적이게도, 그리고 비참하게도 비로소 실현된다. 그럼에도 납치로 인한 강제적인 탈북과 중국에서의 인신매매를 거쳐 남한의 노래방 도우미로 귀결된 충심의 인식은 작품 초반부의 분단체제에 대한 거친 인식, 즉 "미국, 미국은 왜 우리를 이다지도 못살게 하는 것일까?"라는 북한 체제의 지배 이데올로기로부터 크게 벗어나지 못한다. 결국 작가의 통일문학에 대한 지향과 이로 포괄되지 않는 현실 사이의 간극이 충심의 모순된 형상화로 나타나는 것이다.

이 간극을 통일문학의 규범으로 봉합하는 것은 큰 의미를 지니지 못한다. 역으로 텍스트 내부의 균열을 비판하며 탈북 인민에 대한 재현 불가능성을 주장하는 것도 큰 의미를 지니지 못한다. 오히려 통일문학의 규범과 현실의 탈북 인민의 삶의 간극으로부터 새로운 탈분단 문학의 가능성을 추출하는 것이 생산적일 것이다. 정도상의 『찔레꽃』이 의미를 지니는 것은 통일문학의 규범으로 포획되지 않는 탈북 인민의 삶을 외면하지 않고 핍진하게 형상화하고 있기 때문이다. 충심이 지니는 모순은 이에 기인한다. 탈북 인민을 바라보는 통일문학의 관점으로 충심은 해명되지 않는다. 북한 체제를 긍정하면서도 남한 체제의 경제적 우위를 인정할 수밖에 없는 탈북 인민의 삶이란 추상적인 분단모순과 민족통일의 담론으로 해석될 수 없다. 오히려 분단체제를 통해 서로 기묘하게 공생하는 남북 양쪽의 지배 메커니즘에 억압된 인민들의 삶에 초점을 맞춘다는 점에 정도상의 성과가 있다. 북한의 지배 메커니즘에 의해 최소한의 생존 가능성을 박탈당한 채 추방되어야 하는 존재, 동시에 남한의 지배 메커니즘에 의해 '2등 국민'으로 호명되며 경제적·젠더적·문화적 층위에서 전방위적으로 억압되는 존재. 이러한 존재로서의 충심의 삶을 경화된 통일문학의 틀로 환원시키지 않는다는 것이 정도상의 『찔레꽃』이 거둔 최대의 성과이다.

그러나 정도상은 과거 통일문학의 규범을 넘어서는 새로운 분단모순의 문학적 대응논리에 대해서는 구체적인 고민을 충분히 보여주지 못하고 있다. 문제가 통일이 아니라 분단체제로 인한 남북한 인민들의 삶의 억압이라면, 지금 우리 문학에 필요한 것은 탈분단의 문제설정을 통해 기형적으로 공생하는 남북의 지배체제를 동시에 내파하는 미학적·실천적 고민이다. 이런 맥락에서 권리의 『왼손잡이 미스터 리』는 탈분단 문학의 가능성을 보여주는 소중한 성과로 평가될 수 있다.

이 작품은 그 문제성에 비해 충분히 논의되지 못한 것이 사실이다. 아마도 탈북 인민과 분단체제의 문제를 다룬 이 작품의 주제와 사이버 공간의 환상성을 통한 서술이라는 새로운 형식의 결합에 대한 낯설음이 기존의 비평적 독법에 적합하지 않았기 때문인 듯하다. 물론 이 작품에서 주제와 형식간의 결합은 종종 매끄럽지 못한 양상으로 나타나며, 작가의 목소리가 소설 내적인 장치들을 통해 충분히 육화되지 못한채 생경하게 끼어들기도 한다. 그러나 이러한 한계에도 불구하고 권리의 『왼손잡이 미스터 리』는 탈분단 문학의 한 가능성을 보여준다는 점에서 다시 논의될 필요가 있다.

탈분단 문학은 통일문학의 규범으로 환원되지 않는 남북한 인민들의 삶을 다루어야 한다. 따라서 중요한 것은 민족이나 통일 등의 추상적 심급이 아니라 남북의 지배 이데올로기로 동시에 기능하고 있는 분단체제가 구체적인 개체로서의 인민들의 삶을 어떻게 억압하고 있는가에 대한 탐색이다. 그리고 분단체제가 은폐하는 남북의 지배 이데올로기 간의 동일성을 인식하고, 이를 넘어서기 위한 새로운 인민들의 삶의 원리를 모색하는 것이다.

탈북 인민들은 분단체제에 의해 북에서 추방되고 남에서 억압되는 존재이다. 이들에게 남과 북은 동일한 지배 메커니즘일 뿐이다. 기실 남한의 자본주의와 북한의 의사/국가 사회주의는 강력한 내셔널리즘을 공유하고 있으며, 이에 따라 각각의 개체를 동일성의 논리로 포획한다. 탈북 인민은 북에서는 "수령절대주의"[11]에 의해 추방되며, 남에서는 "탈북자고 이등인"으로 호명되며 억압된다. 이 지배 이데올로기는 강고한 "민족주의교(敎)"에 의해 적대적 공생관계를 유지한다.

그렇다면 남과 북 양쪽에서 모두 추방된 탈북 인민들은 어떠한 삶의 구성원리를 모색할 수 있는가? 권리는 탈북 인민 '왼손잡이 미스터 리'를 "카오스모폴리탄"으로 명명한다. 남과 북이라는 이분법적 구도는 그것이 공통적으로 탈북 인민을 억압한다는 점에서 그 의미를 상실한다. 여기에 분단체제가 단지 한반도의 문제가 아니라 세계체제와 연동되어 운동하는 개념이기에 민족 국가 단위를 넘어서는 삶의 존재양식이 요구된다. 따라서 '왼손잡이 미스터 리'의 삶은 일차적으로 '코스모폴리탄'적인 성격을 지닌다. 그러나 현재 코스모폴리탄의 존재를 가능하게 하는 힘이 자본에 의한 위로부터의 세계화이기에 '오른손잡이'가 아닌 '왼손잡이'인 탈북 인민은 코스모폴리탄으로부터도 추방된다. 여기서 탈북 인민의 삶은 오른손잡이로 표상되는 지배 체제에 편입된 안정적인 존재가 아니라, 분단체제와 세계체제로부터 이중으로 추방당한 카오스적 성격을 획득한다. 즉, 민족 국가 단위를 넘어서며, 동시에 세계체제의 지배 질서를 부정하는 것이 권리가 제시하는 탈북 인민의 삶의 구성원리인 것이다. 이를 단적으로 표현한 것이 바로 '카오스모폴리탄'이다. 남과 북이 공유한 내셔널리즘을 넘어서며, 자본에 의해 위계서열화 된 세계체제를 극복하는 것. 비록 그것이 지난한 작업일지라도 바로 그 지점에 분단체제를 넘어서기 위한 탈분단 문학의 가능성이 존재한다.

이러한 '카오스모폴리탄'의 언어는 '코스모스'의 언어와는 다른 형식을 지닌다. 그 언어는 내셔널리즘에 입각한 남북 지배 이데올로기의 언어인

11) 권리, 『왼손잡이 미스터 리』, 문학수첩, 2007, 142쪽. 이하 인용시 괄호안에 인용한 쪽수만을 기입한다.

"우리는 원래 하나이며, 우리의 소원은 통일"이라든가, 혹은 "민족대단결, 자주통일, 우리 민족끼리" 등의 언어와 판이하게 다르다. 동시에 "영어, 일본어, 한국어" 순으로 중심부 제국을 정점으로 위계서열화된 언어와도 판이하게 달라야 한다. 따라서 카오스모폴리탄은 "제3의 언어"를 필요로 하며 이를 위해서 "익숙해져 있는 언어들을 과감히 깨야" 한다.

권리가 사용하는 새로운 형식은 이 카오스모폴리탄의 언어를 직조하기 위한 실험이다. 지배 이데올로기의 언어는 자신의 이데올로기를 '현실'로 믿게 하는 단단한 담론의 형식을 지닌다. 우리가 이 언어를 벗어나기 위해서는 지배 담론에 내재하는 균열을 탐색해야 한다. 얼핏 단단하고 매끈해보이는 지배 담론의 형식은 그 안에 수많은 모순을 은폐하고 있다. 그러나 은폐된 모순들은 '징후적으로' 현현한다. 이 징후는 지배 담론과 같이 스스로를 단일한 '현실'로 주장하지 않는다. 오히려 '무엇이 현실인가?'에 대한 근본적인 질문을 우리에게 던지는 것이 카오스모폴리탄의 언어이다.

이 작품이 환상의 형식으로 구성된 것은 이에 기인한다. 환상은 억압된 언어들이 폭발하는 카니발의 형식이다. 억압된 언어들은 온전한 논리적이고 체계적인 형식을 지닐 수 없다. 이미 논리적이고 체계적인 언어 형식 자체가 일정한 규범에 의해 승인된 지배적인 발화 형식이기 때문이다. 현실에서 폐제된 카오스모폴리탄은 명징한 발화 형식을 획득할 수 없다. 오히려 이들의 발화는 투명한 현실로 유통되는 지배 담론에 균열을 가하는 다른 형식을 지닌다. 이 작품의 환상을 통해 기존의 자명한 것으로 인식된 지배 언어들이 전복되며, 단일한 현실에 대한 근본적인 문제제기가 분출한다. "무질서가 최고조"이며 "엔트로피가 최대"인 지금, 여기의 삶은 환상의 형식을 통해 새로운 언어를 생성한다. 이 카오스모폴리탄의 언어는 지배 담론 너머 다른 현실의 가능성을 인식하기 위해 "일부러 글자를 뒤집어 놓은" 언어이다. 권리가 보여주는 환상의 형식은 이 언어를 표출하기 위한 새로운 문법이다.

권리는 이미 『싸이코가 뜬다』를 통해 내셔널리즘을 넘어서는 코스모폴리탄의 존재 양식과 그 윤리에 대한 문제의식을 보여주었다. 그러나 『싸이코가 뜬다』는 그 코스모폴리탄을 규정하는 지금, 여기의 분단체제에 대한 인식까지는 보여주지 못했다. 분단체제와 세계체제에 의해 복합적으로 규정되는 우리 현실의 중층적인 성격은 『왼손잡이 미스터 리』를 통해 비로소 그 구체성을 확보한다. 나아가 내셔널리즘으로 환원되지 않는, 통일문학을 넘어서는 탈분단 문학의 가능성을 카오스모폴리탄의 언어를 통해 탐색하고 있다는 점에 권리의 성과가 존재한다.

트랜스 내셔널의 징후와 '과정'으로서의 윤리

트랜스 내셔널의 징후는 2000년대 한국문학에서 빈번하게 나타난다. 문제는 이 징후를 정치경제적, 존재론적, 미학적 관점에서 해석함으로써 새로운 문학과 현실의 관계맺음에 대한 문제제기로 나아가는 것이다. 정치경제적 층위에 반주변부 인민으로서의 낀 존재로서의 자기인식과 동시에 분단체제 속에서 탈분단의 가능성을 모색하는 것. 존재론적 층위에서 주체와 타자 간의 충돌과 교감을 통해 새로운 주체성을 형성하는 것. 미학적 층위에서 주체에 의한 타자의 전유가 아닌 타자의 고유성을 재현하기 위한 새로운 형식을 극한에서 실험하는 것. 이 세 겹의 과제를 논리적인 언어로 밝혀내는 것이 트랜스 내셔널의 징후를 형상화한 작품을 다루는 비평의 몫이다.

이 글에서 이 과제들을 충분히 해명했다고 생각하지 않는다. 그러나 트랜스 내셔널의 징후에 대한 일련의 비평이 간과하고 있는 문제들에 대해서는 다시 한 번 강조할 필요를 느낀다. 주체와 타자간의 관계맺음의 '윤리' 문제가 그것이다. 주체에 의한 타자의 포획이 폭력인 것처럼 타자의 절대성을 강조하며 주체와 타자 간의 관계맺음 자체를 부정하는 것 역시 폭력이다. 그 순간 타자는 고정된 타자성의 영역으로 환원되며, 주체에게 어떠한 변화도 야기할 수 없는 존재로 전락하기 때문이다. 주체와 타자의 이분법 자체가 붕괴된 지금, 비평의 몫은 주체와 타자의 충돌과 교감의 과정에서 생성되는 징후를 통해 새로운 윤리를 모색하는 것이다. 나는 방금 '과정'이라는 표현을 썼다. 윤리는 형이상학적 인식론이나 존재론의 영역에 있는 것이 아니다. 끊임없는 주체와 타자 간의 우애로운 마주침, 그 과정에서 생성되는 미정형의 가능성에 윤리가 존재한다. 비평이 텍스트로부터 이 윤리의 가능성을 읽어내지 못한다면, 결국 비평은 텍스트에 대한 주석적 해설 이상의 의미를 지니지 못할 것이다. 바로 여기, 트랜스내셔널의 징후와 '과정'으로서의 윤리를 모색하는 비평의 출발점이 놓여 있다. 그리고 이 비평만이 공전하는 비평과 부재하는 윤리라는 역설적인 비평의 빈곤을 넘어설 수 있을 것이다.[12]

12) 지면 관계상 다루지는 못했지만 무국적 상태의 도래를 보여주는 배수아, 젠더와 경계 넘기의 지난한 관계를 다루는 강영숙, 진정한 국경 넘기의 가능성에 대해 질문하는 전성태, 우리 안의 타자인 이주노동자의 삶에 대한 핍진한 묘사를 보여주는 김재영 등의 작품 분석 역시 이 글의 주제와 관련하여 중요한 과제일 것이다. 이는 추후의 과제로 남겨둔다.

역사
History

김영하 장편소설
검은 꽃
황진이
북작가 국내문학賞 처음 받아
신경숙
리진
칼의 노래

2000년대 역사소설[1)]

■ 이경재

문학평론가. 1976년생. 2006년《문화일보》신춘문예 문학평론 당선. 평론집 『단독성의 박물관』이 있다. 아주대학교에 재직. ssmart1@hanmail.net

들어가며

2000년대 들어 다양한 장르의 소설들이 창작되었다. 그 중에서도 양이나 질에 있어 뚜렷한 자취를 남긴 것으로 역사소설을 들 수 있다. "역사는 역사가와 사실이 상호 작용하는 끊임없는 대화"(E. H. Carr)라는 명제가 가르쳐주듯이, 역사의 기술이란 결국 현재의 문제의식이 과거의 사실에 끊임없이 작용한 결과라고 할 수 있다. 현재를 바라보는 시각의 다양성과 분열성은 2000년대 역사소설에 이전과는 비교할 수 없는 다양성을 낳고 있다. 하나의 주조로 묶어내는 것이 불가능할 만큼 다양한 주제를 다양한 시각에서 다양한 방법으로 다룬 역사소설들이 쓰이고 있는

1) 이 글은 『단독성의 박물관』(문학동네, 2009) 2장 '역사소설의 신생'을 발췌, 편집, 보충한 것임을 밝힌다.

것이다. 그리하여 오늘 우리가 보는 역사는 수많은 스펙트럼을 통해 다양하게 비치고 있다. 이 글에서는 2000년대 역사소설이 큰 관심을 기울인 네 가지 문제의식을 집중적으로 살펴보고자 한다. 실재와 재현의 관계, 민족국가의 경계 넘기, 여성 중심의 역사 재해석, 인문학적 교양에 바탕한 역사 구축 등이 바로 그것이다. 이외에도 스노비즘이라는 삶의 방식에 대한 발화와 홍석중의 『황진이』에 나타난 북한역사소설의 새로움에 대하여 살펴볼 것이다.

사실의 재현이라는 아포리아

지금까지 주도적인 역사소설의 평가기준은 '현재의 전사(前史)라는 관점에서 과거를 생생히 묘사함으로써 현재에 대한 우리의 인식을 풍부히 하는 것'이라는 루카치의 역사소설론이 보여주는 것처럼, 과거의 역사를 얼마나 충실히 재현했느냐에 놓여 있었다. 실재의 사실을 다루는 역사소설의 경우에는 객관적 재현이라는 리얼리즘의 규칙이 더욱 엄격하게 요구되었던 것이다. 그러나 포스트모더니즘의 언어학적 전환을 거치며 그러한 리얼리즘적 가정은 산산이 부서져 나갔으며, 객관적으로 재현해야 할 단일한 리얼리티의 존재 가능성에 대한 회의는 물론이고, 그것을 재현하는 고정된 방식에 대해서도 말할 수 없게 되었다. 오늘날의 소설에서 환상이나 알레고리적 기법이 한 작가나 한 작품의 특질을 말하는 변별적인 기준이 될 수 없을 정도로 일반화된 데에는 이러한 저변의 사정이 영향을 미치고 있는 것이다.

이런 상황에서 오늘날의 작가들은 '사실의 재현'이라는 근대 역사소설의 강박을 역으로 이용해서 실재와 재현에 대한 근본적인 문제들을 탐색하고 있다. 지금의 역사소설에서 시간상의 거리는 정확한 재현을 위해 극복해야 할 부담으로 존재하는 것이 아니라 자유로운 상상력을 펼칠 수 있는 터전으로 작용하고 있는 것이다. 재현의 문제를 통해 이들 소설은 직접적으로 '지금-이곳'의 이야기를 하는 것은 아니지만, 대타자(Other)가 붕괴된 상황 속에 처한 현대인의 곤경과 그로부터 비롯되는 여러 가지 삶의 방식들을 에둘러서 말하고 있다.

『칼의 노래』(2001), 『인간의 힘』(2003), 『밤은 노래한다』(2008)는 모두 역사적 진실을 상정하고, 그것을 객관적으로 재현해야 한다는 입장에서 벗어나 있다. 실재는 그 자체로 인식될 수 있는 것이 아니라 의미화를 통해서만 인식될 수 있는 것이라면, 위의 작품들이 공유하는 이러한 특징은 상징계적 효력의 소멸과 대타자의 부재라는 2000년대의 상황에서 비롯되는 것으로 볼 수 있다.

『칼의 노래』에서는 선험적으로 모든 상징화에 저항하여 사물 그 자체에만 집중하는 초인적 주인공을 내세우고 있다. 이때 서사의 육체를 채우는 것은 온갖 악취와 비명으로 가득한 전쟁터의 카메라적 재현이다. 『칼의 노래』는 대타자와의 관계 속에서 주체 위치를 결정하고 그러한 위치에서 세상을 바라보는 과정을 생략한 채, 직접적으로 실재와 대면하고자 하는 것이다. 『인간의 힘』에서 '인간의 힘'은 변함없는 신념과 그것을 실현하기 위한 고투의 과정 속에서만 가능한 것이기에, 신념(이데올로기)은 반드시 존재해야만 한다. 이러한 의식과 어떠한 이데올로기도 대타자로 삼을 수 없는 지금의 상황이 어우러져 창작된 것이 바로 『인간의 힘』이다. 이 작품에서 우리는 신념의 내용을 괄호치고 오직 형식(태도)만을 문제 삼는 입장을 확인할 수 있다. 『칼의 노래』가 모든 상징화에 맞서 실재 속에서만 머물려고 하기 때문에 사유하지 않는다면, 성석제의 『인간의 힘』은 모든 의미화나 상징화를 동일한 층위에 둔 채 오직 태도나 형식만을 문제삼기에 사유하지 않는다. 이에 비해 김연수는 진실에의 도달가능성에 대한 열망을 포기하지 않는다. 그것이 해답 없는 물음표와 매캐한 포연으로 가득한 『밤은 노래한다』로 육화되어 나타나 있는 것이다. 김훈과 성석제가 실재의 의미화에 대하여 회의적이라면, 김연수는 진실의 파악 가능성에 대한 희망을 놓지 않고 있는 것이다.

재현이라는 미학적 난제를 안고 출발할 수밖에 없었던 2000년대의 역사소설들은 각기 다른 윤리적 태도를 보여주고 있다. 김훈과 성석제는 사실의 재현에 있어 같은 입장에서 출발했지만, 결론은 상반되는 삶의 태도로 나타난다. 모든 의미화가 허구일 수밖에 없기에 김훈이 모든 이데올로기를 부정하고자 한다면, 똑같은 이유에서 성석제는 이데올로기를 긍정하는 것이다. 진실에 대한 열망을 포기하지 않는 『밤은 노래한다』에서는 자신의 전존재를 거는 행위를 통해 새로운 사회적 질서의 탄생 가능성을 어렴풋이 보여주고 있다.

Nation-State의 경계 위에서

현실을 보는 다양한 스펙트럼에 의하여 해체되는 기존 역사소설의 모습 중 대표적인 것은 '내셔널 히스토리로서의 역사소설'이다. 본래 소설은 신문과 더불어 민족이라는 상상의 공동체를 재현하는 기술적 수단을 제공했다. 소설은 벤야민이 말한 '동질적이고 공허한 시간(homogeneous empty time)' 안에 존재하는 동시대인이라는 동시성의 관념을 낳는다. 소설에 등장하는 수많은 인생들은 동일한 시기에 동일한 사회에 살고 있다는 사실에 의해서 동시에 등장한다.[2)] 이러한 소설을 읽는 독자들은 실생활에서의 접촉 여부와는 무관하게 같은 시간대에 존재하는 사람들이 있으며 자신과 이들이 동시대인으로서 동일한 사회적 실재 안에 있다는 상상을 하게 되는 것이다. 이처럼 소설은 민족과 그 근원에서부터 깊이 결부되어 있는 문학장르이다.

2) 베네딕트 앤더슨, 윤형숙 옮김, 『상상의 공동체』, 나남출판, 2002, 46~58쪽.

특히 역사소설이 네이션 스테이트와 맺는 관계는 더욱 긴밀하다. 소설이 동시대를 사는 사람들에 대한 상상을 통해 서로간의 친교와 공동체 의식을 상상할 수 있는 기반을 제공한다면, 역사소설은 현재의 독자들에게 과거 사건에 대한 공감적 동일화를 꾀함으로써, 현재를 살아가는 독자와 과거 사람들 사이에 새로운 형태의 상상적 연계를 창출하기 때문이다.[3] 동시에 역사소설에서 그려지는 과거 사회는 대개의 경우 국민국가라는 공간적인 틀도 부여한다. 그리하여 역사소설은 근대인들이 국가라는 조건 속에서 과거를 상상하도록 부추기는 주요한 매체의 하나가 되어왔다. 이처럼 근대의 역사서와 근대 역사소설 모두 국가 건설의 과정과 밀접하게 결부되어 있다.[4]

우리 역사소설의 역사는 역사소설이 내셔널 히스토리로서 작용하는 전형적인 사례라고 해도 과언이 아니다. 역사물이 전성기를 이루었던 시기는 민족국가가 큰 위기에 처했던 시기였으며, 그 시기 역사소설에 대한 논의는 민족 담론의 자장 안에서 이루어졌다.

내셔널 히스토리로서 기능하는 역사소설은 국민국가라는 공간적인 틀을 부여하기 위해서라도, 현재 한민족의 영토 내에서 벌어진 과거 사건을 다루어 왔다. 당연히 그 주인공은 공감적 연계를 끌어낼 수 있는 우리 민족의 인물로 한정되었다. 지금까지의 역사소설들은 대개 토박이들이 고향에서 벌인 과거 사건에 집중되어 있었던 것이다. 반면 2000년대

3) 역사소설을 통해 사람들은 과거의 과정을 현재에 투영함으로써 자신의 인생이 역사의 힘에 의해 형성되는 것으로 인식하게끔 된다. 또한 독자는 개인적 의식을 시간적으로 역행시켜 과거에 살았던 보통 사람들의 행동을 상상적으로 재구성하고 윤리적으로 음미함으로써 그것을 역사적 사건의 추이에 기여하는 것으로 보게끔 된다. 테사 모리스-스즈키, 김경원 옮김, 「상상할 수 없는 과거 : 역사소설의 지평」, 『우리 안의 과거』, 휴머니스트, 2007, 62쪽.

4) 위의 책, 74쪽.

역사소설은 작품이 배경으로 삼고 있는 시공이 더 이상 한반도로 한정되지 않는다는 특징을 보인다. 오늘의 역사소설은 탯줄이 묻혀 있는 고향을 벗어나, 지구적인 차원으로 확대된 시공 속에서 새롭게 출발한다. 『검은 꽃』(2003)과 『심청』(2003)은 그 출발점이다. 두 작품은 이후 국제적 시공과 이방인을 주인공으로 내세운 2000년대 역사소설이 선보일 민족과 공동체에 대한 사유를 이해할 수 있는 하나의 가늠자 역할을 할 수 있다.

『검은 꽃』은 민족국가에 대한 끊임없는 조롱과 경멸로 시작되지만, 후반부로 갈수록 대부분의 인물들은 곰소 나루 무당의 주술에 걸린 박광수와 같이 '나라 만들기'라는 주술에 들리게 된다. 종교적 제의와 공동체를 향한 열정이 동일한 차원에 놓여 전개되는 양상은, 메시아적 시간 안에서 살던 종교공동체가 힘을 잃은 시기에 그 자리를 대신해 등장한 대안적 공동체가 민족이라는 것을 작가가 인식한 결과로 보인다. 이성적이고 논리적인 차원에서는 철저하게 부정되는 내셔널한 욕망은, 열정의 차원에서는 강력한 힘으로 남아 사람들을 지배한다. 그러한 열정이 신비주의적 주술에 불과할지라도, 그것은 논리나 이성보다 훨씬 더 강력하다. 벗어나야 하지만, 벗어날 수 없는 것. 그것이 바로 『검은 꽃』이 그려 보인, 공동체를 향한 인간의 태도인 것이다. 반면에 『심청』의 심청은 공동체에 대한 일관된 태도를 보여준다. 애초에 공동체로부터 배제된 삶에서 출발했기에, 그녀는 공동체를 비판하거나 부정하지도 않으며, 더군다나 '너희'와 구분되는 '우리'만의 공동체를 욕망하지도 않는다. 그녀는 일관되게 알 수 없고 예측하기 어려운 불가해한 타자를 상대하며 그들과의 연대의 장을 마련하는 식으로 황해의 높은 파도를 헤쳐 나간다. 그녀가 마지막으로 황주 복숭아골에 가서 자신의 위패를 태우는 모습은, 어떠한 공동체에도 속하지 않은 자의 완성된 모습을 보여준다. 이처럼 두 편의 소설은 공동체에 대한 정반대의 태도를 보인다.

『검은 꽃』과 『심청』은 작품의 시공간이 국제적으로 확대되었다고 해서,

자동적으로 '내셔널 히스토리로서의 역사소설'을 넘어서거나, 작품의 질이 보장되는 것이 아님을 보여주고 있다. 그러한 새로움 중의 하나로 이 땅의 토박이가 아닌 이방인의 등장과 전쟁(내전이 아닌 국제전으로서의 전쟁)이라는 무한 적대의 상황이 배경으로 설정되는 것을 들 수 있다. 전쟁이라는 배경과 외국인의 시각은 필연적으로 민족공동체를 둘러싼 여러 경계의 문제를 좀 더 근본적인 차원에서 사유하게 만든다.[5)]

『오 하느님』(2007)은 2000년대 '내셔널 히스토리로서의 역사소설'이라고 할 수 있다. 비록 이 땅을 떠나 지구적 규모로 범위가 확장되고 이전에 다루어진바 없는 소문자 개인들을 등장시켰다고 해도, 개화기 이후 우리의 역사소설이 내셔널리즘과 관련해 수행해 온 역할에서 조금도 벗어나 있지 않다. 이 소설에 등장하는 외국과 외국인들은 하나의 풍경에 지나지 않는다. 그들은 우리의 순결성과 정당성을 강조시키기 위한 상상적 타인들에 불과하다. 그들의 악랄함이 강조되면 될수록 그러한 성격은 더욱더 부각될 뿐이다. 신길만들이 겪는 고통이 크면 클수록, 그들의 비극이 우리에게 많은 눈물을 자아내면 자아낼수록 우리는 동질감 속에서 따뜻한 위안을 얻고 있는지도 모른다.

이에 비한다면 이방인의 시선을 통해 우리의 역사를 바라보고 있는 『도모유키』(2005)와 『천년의 왕국』(2007)은 내셔널 히스토리로서의 역사소설이 지닌 여러가지 문법들을 위반하고 있다. 그러한 위반을 통해 우리는 탈민족의 새로운 사유를 시작할 수 있는 유력한 거점을 마련할 수 있다. 내셔널 히스토리와의 결별이라는 측면에서 『천년의 왕국』은 『도모유키』보다 좀 더 근본적이라고 말할 수 있다.

---

5) 한 국가가 일정한 의지를 가진 주체임은 바깥에서 볼 때만 파악할 수 있다. 즉 국가는 다른 국가와의 관계 속에서만 존재할 수 있다. (柄谷行人, 『政治を語る』, 圖書新聞, 2009, 33쪽)

『오 하느님』에 비해 『도모유키』와 『천년의 왕국』이 내셔널리즘과의 연관에서 벗어난 것은 사실이지만, 두 작품에도 민족공동체의 그림자는 전혀 의외의 방식으로 불쑥 그 모습을 드러내고는 한다. 아이러니하게도 그것은 내셔널 히스토리로서의 역사소설을 해체하는 유력한 장치이기도 한 이방인의 시선을 통해 이루어진다.

이방인 도모유키를 통해서 조선이라는 고유성과 독립성을 유지하는 민족공동체는 당당하게 그 모습을 드러내고 있다. 심지어 그것은 "땅은 늘 원래 주인의 땅이었고, 백성은 늘 원래 주인의 백성이었다"에서 알 수 있듯이, 한번도 훼손되지 않은 순결한 모습으로까지 성화(聖化)된다. 이방인의 시선을 통한 민족공동체의 상상은 『천년의 왕국』에서 좀더 지속적으로 이루어진다. 『천년의 왕국』의 이방인들은 당대 조선을 하나의 의미와 이미지로 묶어내는 데 끊임없는 노력을 기울이고 있다. 이를 통해 조선인들은 단일한 공동체로 끊임없이 환원된다. 민족공동체를 상상하는 데 결정적인 기여를 한 이전의 역사소설과는 다른 이질적인 모습을 보인 이들 작품에서도, 어느 틈에 동질적 집단으로서의 공동체(조선인, 이교도들)는 슬그머니 그 모습을 드러내고 있는 것이다. 사정이 이러하다면, 종교공동체가 되었든 민족공동체가 되었든 공동체를 향한 열망은 『햄릿』에 나오는 유령처럼 결코 사라지지 않는 '상상적 실체'라고까지 부를 수 있을 것이다.

Her-story로서의 역사

2000년대 역사소설의 경향으로 이야기할 수 있는 것은, 많은 작품들이 남성 영웅이 아닌 여성 인물을 주인공으로 내세우고 있다는 점이다. 오늘의 많은 역사소설은 그의 이야기(his story)가 전부이던 과거에서 벗어나 그녀의 이야기(her story)에 대해 발화하기 시작했다. 이전의 역사소설에서 남녀 인물을 성격화한 것과는 정반대로, 2000년대 역사소설은 '수동적 남성 인물'과 '적극적 여성 인물'을 형상화하고 있다. 여성 인물의 적극성은 주로 창녀나 기생으로 나타나는데, 성장의 귀착점으로 성녀(성모)나 도학자(예술가)의 모습이 제시되는 경우가 대부분이다. 여러 작가에 의하여 쓰여진 『황진이』나 황석영의 『심청』, 김별아의 『논개』 등이 그 예이다. 신경숙이 그려낸 『리진』 역시 예외는 아니다. 창녀나 기생은 아니지만, 그녀 역시 비범한 육체적 아름다움과 매력의 소유자이다. 또한 그녀의 궁극적인 욕망은 '어머니 되기'라고도 볼 수 있다.[6)]

신경숙의 『리진』(2007)은 최근의 역사소설이 보여주는 두 가지 경향, 즉 '사실의 재현'이라는 규율로부터의 이탈과 '그녀의 이야기'에 대한 관심과 관련해 독특한 위상을 보여주고 있다. 『리진』은 최근에 발표된 역사소설들 중에서는 역사적 사실에 대한 재현에 비교적 많은 공을 들이고 있다. 각 절의 마지막은 당대의 핵심적인 역사적 사실을 소개하며 끝나는 경우가 대부분이다. 작가는 조선의 현실을 말하기 위해 리진이 파리의 한복판에서 "조선 곤당골의 고아원에서 아이들에게 불어를 가르치던 자클린 수녀"를 조우하게 만들기도 한다. 그녀의 입을 통해 동학농민운동과 청일전쟁으로 이어지는 급박한 1894년의 조선 현실이 소개되는 장면에서는 '사실의 재현'에 대한 작가의 강박이 느껴질 정도이다.

또한 리진은 여타의 역사소설에 등장하는 여성 주인공과 달리 '파리에서의 삶'을 경험한다. 이러한 삶은 혼종성의 새로운 가능성을 보여주며,

6) 리진은 공사관에 머물 때에도 블랑 신부가 만든 고아원에서 일했으며, 홍종우에 의해 손이 잘린 강연이 사라지기 직전 리진에게 "너는 아이들을 가르칠 수 있는 학당을 세우려는 일을 이루었으면 한다. 홍종우 대감이 도와줄 거야."라고 쓴 것에서 알 수 있듯이, '아이들을 기르고 가르치는 일'을 욕망한다. 그녀가 되고자 하는 어머니는 가부장적 관념 속의 어머니 상, 즉 아이를 재생산 하는 자궁 가진 존재로서의 생물학적인 어머니가 아니라, 생명체인 아이를 둘러싼 실존적인 상황과 책임을 강조하는 존재이다.

탈식민적 페미니즘의 관점에서 이 작품을 바라볼 수 있는 가능성을 제시해준다. 그녀의 삶은 황석영의 『심청』에 등장하는 심청과 나란히 놓아 봤을 때 그 의미가 보다 선명해진다. 이들은 여자인 동시에 제3세계 약소국의 일원이기도 한 것이다. 서구 중심의 근대화 과정에서 심화된 착취와 억압, 인종차별주의로 인해 원하지 않는 이동과 이주를 하게 되어 민족의 영토를 벗어나 전지구를 유랑하게 된 상태를 지칭하는 이산(diaspora)의 삶이라고 한다면, 리진이나 심청의 삶도 넓은 의미의 이산이라고 말할 수 있다. 이외에도 신경숙의 『리진』은 전근대 사회에서 여성이 처한 지위, 가부장적 질서 속에서의 갈등, 보편화 된 식민주의의 문제점, 근대의 매혹과 냉혹, 타자에 대응하는 윤리적 방식 등의 문제를 다루고 있다.

『리진』의 '에필로그'는 리진의 삶이 지닌 의미를 최종적으로 규정해준다는 점에서, 대개의 작품 결미가 지닌 것 이상의 중요성을 갖는다. 결코 리진의 목소리를 들을 수 없었던 콜랭은 리진이 자살하고 20여 년이 지난 시점에서 리진의 목소리를 듣는다. 콜랭이 듣는 이 목소리를 위해 이 작품의 '에필로그'는 존재한다. 이전까지 콜랭은 리진이 자신에게 보낸 마지막 편지에서 자신에 대해서는 한마디도 남겨놓지 않고, 오직 왕비의 시해당하던 밤의 정황을 낱낱이 써서 남긴 것에 대하여 아쉬워할 뿐이었다. 그는 1914년, 파리의 어느 겨울날 저녁에 벽난로의 불길 속에 허드렛 것들을 집어넣으면서야 비로소 리진이 식민지의 황색 피부를 가진 한 여인이었음을 재인식하게 된다.

> 외교관으로만 돌아가겠다고 했던 자신에게 왕비의 시해당하던 밤의 정황을 낱낱이 써서 남긴 것은 이권과는 상관없이 왕비의 죽음을 제대로 알려달라는 뜻이었나. 그랬나. 잡초가 무성한 궁궐을 죽음의 장소로 택한 것도 그 때문이었나. 그걸 왜 이제야 깨닫는단 말인가.

비로소 마지막 남은 리진의 사진을 벽난로에 던지며 그녀의 검은 눈이 단 한마디도 남기지 않은 게 아니라 무수히 많은 말을 남겼건만 그 자신이 알아듣지 못했음을, 콜랭은 고통스럽게 깨닫는다. 그녀는 조선 왕조와 그것의 상징적 구현자인 왕비의 최후를 증언하는 존재여야 했던 것이다.

결국 그녀는 공동체의 증언자로서 최종적인 의미부여가 된다. 이러한 결말은 비슷한 시기(19세기)를 배경으로 하면서, 똑같이 디아스포라의 삶을 살아야 했던 한 여인의 삶을 그리고 있는 『심청』의 결말과 비교해 볼 필요가 있다. 심청은 동아시아 전체를 떠돌아다니면서, 타자를 향한 끊임없는 연대의 정신으로 "고향" 대신 "집"을 만들어 나갔다. 그 결과 심청은 생의 마지막 순간에도 어떠한 공동체에도 소속되지 않은 완성된 존재가 된다.

위패란 한 인간이 어떠한 공동체에 속했었는지를 분명하게 구획지어 주는 말뚝일 것이다. 산 자만 공동체에 소속되는 것이 아니라 죽은 자도 결코 공동체를 벗어날 수 없다. 언제나 삶은 죽음을 지배하기 때문이다. 그러한 공동체의 구속력을 명료하게 시각화한 사물이 바로 위패이다. 심청은 '황주골의 효녀'로서 영원히 기억되는 존재가 될 수 있었을 것이다. 동아시아(세계)의 내부와 외부의 구분을 폐기함으로써 타자와 마주하고자 한 심청은 마지막 순간에 자신의 위패를 태울 것을 주문하고 있다. 이러한 죽음은 공동체의 증인으로서 죽고자 한 리진의 죽음과는 썩 다른 것이다.

『심청』의 심청이 기어코 "집"을 만들어내고 자신을 완성해낸 데 반해, 『리진』의 리진은 왕비를 살리지도 못 했고 그렇다고 파리에 정착하지도 못 한다. 사이에 낀 존재, 즉 "드레스를 입은 궁녀"로서 생을 마친 것이다. 그러나 리진의 패배는 심청의 성공(정확히 말하자면 초월)에 모자라지 않은 깨우침과 울림을 준다. 그녀의 좌절 속에는 19세기 말에 조선이 직면해 있는 절망의 구조가 투명하게 드러나 있기 때문이다. 『리진』이 우리에게 감동을 준다면, 그러한 감동은 전적으로 절망의 구조를 진지하고도 끈질기게 바라본 작가의 또 다른 절망에서 비롯된다. 신경숙의 『리진』에서 그려 보인 리진의 삶은 그 외양에 있어서는 특이할 수도 있으나, 그 이면에 있어서는 전근대에서 근대로 이행하는 시기에 살았던 제3세계 약소국 여성의 보편적인 삶을 체현하고 있다고 말할 수 있다.

자료가 만들어낸 역사

김진규의 『달을 먹다』(2007)와 『남촌 공생원 마나님의 280일』(2009)은 모두 조선시대를 배경으로 한 역사소설이다. 두 작품은 많은 측면에서 유사하면서 또 다르다. 첫 번째 유사점은 최명희를 연상시킨다는 평가를 들었던 조선 시대 풍속에 대한 세밀한 고증에서 찾을 수 있다. 『달을 먹다』에서의 국화주, 꽃차, 침향에 대한 묘사가 그 고증의 단단함을 증명했다면, 『남촌 공생원 마나님의 280일』에서는 관료체계, 의료행위, 한양의 지형 등에 대한 지식이 그러한 역할을 대신한다. 또한 무시간성의 공간이라 할만큼 시대적 배경이 별다른 역할을 하지 않는다는 것도 두 작품의 공통점이다. 『달을 먹다』는 영·정조 시대를 배경으로, 『남촌 공생원 마나님의 280일』은 중종 시대를 배경으로 한다. 그러나 두 작품의 배경을 서로 바꾼다고 해도 아무런 차이가 없을 정도이다. 따라서 김진규의 역사소설이 정치사나 사회사에 연루된 거대서사와 무관하다고 해서, 그녀의 역사소설을 아날학파류의 미시사나 풍속사에 가까운 것으로 이해할 수도 없다.

김진규의 역사소설에는 애당초 역사가 없다. 삶이 있고, 욕망이 있고, 정념이 있을 뿐이다. 특히 인물들의 고유한 성격과 그것이 가져오는 희비극을 구현하는 데 초점이 맞추어져 있다. 그녀의 역사소설은 사회·역사적 맥락을 벗어나 인간의 고유한 운명과 욕망을 문제삼는다는 점에서 '내면 지향의 역사소설'이라 이름할 수 있을 것이다. 김진규의 역사소설은 대상 시대의 고유한 리얼리티를 탐구하고 그 진실을 통해 현재에 대한 인식을 풍부히 하는 것과는 거리가 멀다. 역사는 개인적이고 주관적인 사건을 위한 거대한 무대장치일 뿐이다. 김진규가 관심을 갖는 것은 특정 시대를 통해 변치 않는 인간사와 인간성의 본질을 드러내는 것이다. 이때 조선 시대라는 배경은 고고학적·외면적·장식적으로 존재하며, 과거가 작가 자신 및 독자와 관련 맺는 창작방법으로 김진규가 선택하는 것은 인물 심리의 현대화이다. 가부장적 문화가 완강하던 조선 시대에 아내의 부정을 의심하며 속을 태우는 주인공 공생원이야말로 '인물 심리의 현대화'를 보여주는 대표적인 예이다.

『달을 먹다』와 『남촌 공생원 마나님의 280일』이 구분되는 지점은 세상을 바라보는 시각과 정서이다. 『달을 먹다』가 몇 대에 걸친 근친상간이라는 충격적 드라마를 통해 어두운 충동에 기울어진 파토스를 선보였다면, 『남촌 공생원 마나님의 280일』은 임신과 출산이라는 생명력 넘치는 모티프에 바탕해 밝고 유쾌한 세계를 내보이고 있다. 『달을 먹다』에서는 찾아보기 힘들었던 "'재야에서 활동하는 누이' 혹은 '변두리에서 노는 언니'라는 뜻의 '야매'"(53쪽)라는 식의 해학적인 입담 역시 이러한 분위기를 형성하는데 일조하고 있다. 『남촌 공생원 마나님의 280일』의 내용을 간단하게 요약하자면, '인생은 아름다워' 정도가 될 것이다. 각각의 인물은 인간이 드러낼 수 있는 몇 가지 유형을 대표하고, 그러한 여러 인물은 별다른 충돌 없이 하나의 조화를 이룬다.

이 작품의 중심에 해당하는 2장 '용의자들'은 기본적으로 열전(列傳)의 형식을 취하고 있다. 전체 3장으로 되어 있는 이 소설에서 2장은 전체 분량의 3분의 2가 훨씬 넘는다. 여기서 소개되는 인물들은 모두 동일한 시대를 살지만, 서로 긴밀하게 연결되지 않은 채 각자의 성격을 중심으로 소개되고 있다. 그들은 전지자적인 서술자에 의해서 명시적으로 성격이 소개되고, 그러한 성격은 끝까지 변하지 않는다. 이러한 열전의 형식과 각각의 인물에 대한 서술자의 객관적인 태도는 이 작품이 구조적으로 각각의 인간을 긍정하고 있음을 보여준다.

김진규는 역사소설의 외양을 갖춘, 근대 이전 혹은 근대 이후의 이야기를 펼치고 있다. 김진규라는 신인작가가 두 편의 장편소설을 모두 역사소설로 쓴, 혹은 쓸 수밖에 없는 이유에 대해서이다. 그것은 혹 혼돈의 밤이라 부를 수 있을 정도로 막막해진 이 시대의 역사철학적 상황과 관련된 것은 아닐까? 소설이 당대 사람들의 공통감각을 전제로 쓰여지고 읽힌다는 것은 상식에 속한다. 지금의 현실은 이러한 최소한의 상식을 확인하는 것조차 난제로 만들고 있다. 차라리 교양으로서의 역사에 의해 새롭게 구축된 조선시대가 작가와 독자 사이에 공통감각을 구축하기 더욱 쉬운 일인지 모른다. 주지하다시피 2000년대는 조선시대를 대표로 해서 지나간 날들의 문화와 풍속에 대한 열기가 자못 뜨거웠던 시기이다. 한 인터뷰에서 발언한 "『조선의 뒷골목 풍경』이라는 책 이후로 기죽지 않으면서 읽을 수 있는 역사 관련 책들이 굉장히 많이 쏟아져나왔어요. 그 한 권, 한 권이 다 소설의 자료가 되었지요."(「고요하고 낯선 화단」, 『문학동네』, 2007년 겨울호, 70쪽)라는 발언을 통해 이러한 사정은 김진규에게도 해당됨을 확인할 수 있다. 지금 우리는 몇 백 년 전의 현실이 박진감(verisimilitude)을 형성해내기에 차라리 편리한 시대를 살고 있는 것인지도 모른다.[7)]

김훈의 역사소설과 홍석중의 『황진이』

이외에도 김훈의 역사소설 3부작, 『칼의 노래』(2001), 『현의 노래』

7) 역사적 자료에 바탕해 역사소설을 창작하는 것과 관련해서 김탁환을 빼놓을 수 없다. 그는 2000년대에 들어서 『나, 황진이』(푸른역사, 2002), 『방각본 살인 사건』(황금가지, 2003), 『열녀문의 비밀』(황금가지, 2005), 『리심』(민음사, 2006), 『열하광인』(민음사, 2007), 『혜초』(민음사, 2008), 『노서아 가비』(살림, 2009) 등의 작품을 쉼없이 써내고 있다.

(2004), 『남한산성』(2007)을 빼놓을 수 없다. 이들 작품은 역사적 공간을 빌려 스노비즘이라는 이 시대의 특징적 삶의 방식을 독백적으로 발화하고 있다. 이순신, 우륵, 서날쇠 등은 스노비즘을 체화한 존재들이다.

특히 『남한산성』에는 그러한 태도가 선명하게 드러나고 있다. 서날쇠는 얼핏 보기에 이전의 영웅들과는 구분되지만, 본질에 있어서는 '호미든 이순신'에 해당한다고 볼 수 있다. 이들 인물 외에도 김훈이 가치나 의미를 부여하는 인물군은 자기의 역할과 "당면한 일"(상황)에 충실한 사람들이다. 『남한산성』에 등장하는 이시백에 대해서는 "조선에 그대 같은 자가 백 명만 있었던들"이라는 식의 표현까지 사용할 정도이다. 이순신, 이시백, 서날쇠 등은 공통적으로 스노비즘을 체화한 사람들이다. 코제브는 역사의 종언 이후 인간이 취할 삶의 방식을 두 가지로 보았다. 일본적 스노비즘의 세계와 미국식 동물화의 세계가 그것이다. 그 중 스노비즘이라는 것은 실질이나 내용은 텅 비어 있다는 걸 알면서도 거기에 엉켜 있는 형식이나 의례 같은 것은 따르는 태도를 말한다. 말하자면 산다는 건 무의미하지만 무의미하기 때문에 산다는 역설이 성립하는 삶의 방식인 것이다. 김상헌이 중요한 일을 부탁하러 서날쇠를 찾았을 때, 서날쇠는 지극히 시니컬하다. 이시백 역시 조선 왕조에 대한 충성심 같은 것은 없다. 그럼에도 서날쇠는 목숨 걸고 김상헌의 부탁을 수행하고, 이시백도 "나는 다만 다가오는 적을 잡는 초병이오" 하면서 성벽 지키는 일에 열성을 다 바친다. 다른 인물들도 비슷하다. "싸움의 형식을 유지하면서 그 형식 속에서 힘을 소진시키는" 것을 자신의 임무라 여기는 김유가 그렇고, 사정을 뻔히 알면서도 명길의 목을 베라는 대신들과 젊은 당하들이 그렇고, 그들을 대하며 "저들은 저래야 저들일 것이니"라며 내버려두는 인조가 또한 그렇다. 『칼의 노래』에서 이순신도 꼭 조선 왕조에 충성하기 위해서가 아니라, 적이 있기 때문에 바다를 지켰다. 결국 이들 모두가 자신에게 주어진 규칙과 형식에 충실한 것이다. 살아간다는 것의 의미는 없지만, 그래도 산다는 것. 그것도 목숨 걸고 열심히 산다는 것. 이것이야말로 김훈의 고유한 개성이 빚어낸 이 시대의 중요한 사상적 징후라고 볼 수 있다.

마지막으로 홍석중의 『황진이』(2004)를 빼놓을 수 없다. 이 작품은 북한 역사소설의 변모를 분명하게 보여주는 동시에 하나의 문학사적 사건이라 부를 만하다. 북한 작가에 의해 북한에서 창작된 소설이 남한에서도 출판되어 수많은 대중들의 주목을 받았으며, 남한의 권위 있는 문학상까지 받은 사례는 분단 이후 처음 있는 일이기 때문이다. 뿐만 아니라 『황진이』는 『살아 있는 신화, 황진이』라는 평론집이 나올 정도로 전문적인 독자 집단의 뜨거운 관심을 받았다. 이처럼 홍석중의 『황진이』가 커다란 주목을 받을 수 있었던 데에는 이 작품이 지닌 예술적 우수성에서 그 일차적인 이유를 찾을 수 있다. 짜임새 있는 작품 구성, 『임꺽정』을 연상시키는 풍부한 어휘의 구사, 세련되고 치밀한 성격화와 심리 묘사 등은 이 작품의 예술성을 뒷받침하는 것들이다.

이 소설의 주인공인 황진이와 놈이의 삶은 불교적인 틀로서 가장 잘 설명될 수 있다. 서사의 표층에서 부정과 비판의 대상인 불교는 서사의 심층에서는 핵심적인 원리와 세계관으로 작용하고 있음을 알 수 있다. 홍석중의 『황진이』에는 표층과 심층의 대립과 부딪침이 곳곳에서 감지되는데, 그것은 『황진이』가 지닌 이전 북한역사소설과의 연속성과 변별성이 충돌하는 현장이기도 하다. 불교 비판이란 현실주의적 시각에서 인간과 사회의 문제를 해결하고자 하는 사회주의적 인식체계의 결과라는 측면에서 볼 때 이전 북한소설의 연속선상에 있는 흐름이다. 이에 반해 불교 수용이란 현실의 문제를 정신적인 차원의 문제로 승화시켜 해결하고자 한다는 점에서 일종의 초월이라 볼 수 있기 때문이다. 홍석중은 두 힘 사이의 대립과 갈등에서, 궁극적으로는 황진이의 해탈과 놈이의 죽음에서 잘 드러나듯이 초월의 방식을 통한 해결을 보여주고 있다. 이것이야말로 북한소설사에서 『황진이』가 지니는 본질적인 새로움이라고 말할 수 있다.

윤리
Ethics

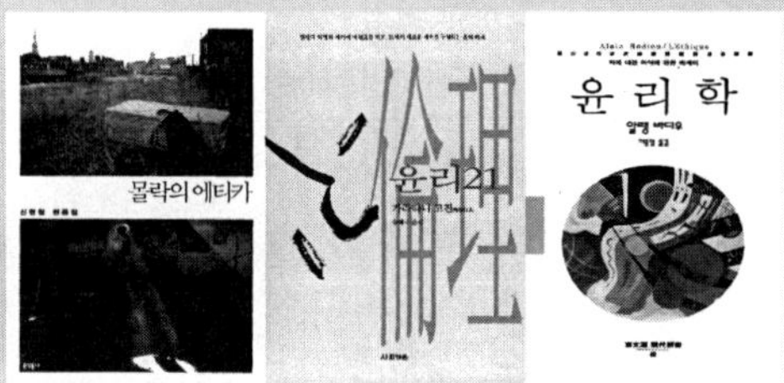
몰락의 에티카
倫理
윤리21
윤리학
알랭 바디우

윤리의 좌표

■ 고봉준

문학평론가. 1970년생. 2000년《대한매일》신춘문예 문학평론 당선.『작가와비평』편집동인. 2007년 고석규 비평상 수상. 평론집으로『반대자의 윤리』,『유령들』등이 있음. bj0611@hanmail.net

1

"내 내면에 있는 나침반을 찾아야 한다." 생 텍쥐베리의 「사막의 쇠수」에 등장하는 정언명령이다. 어려움 없이 달려온 길이 뚝 끊겨버리고 불현듯 사막의 길 없음의 상태에 직면했을 때, 지도에 의지해서 밤을 꼬박 새며 길을 찾았으나 결국 '지도' 자체가 틀렸음을 시인할 수밖에 없을 때, 인간은 어떻게 행동할까? 무력감에서 벗어나기 위해서라도 자신의 내면에서 나침반을 찾기 시작할까, 아니면 또 다른 '지도'를 찾아 나설까? '윤리'는 '이념'이라는 외부적인 나침반을 상실한 상태에서 출발한 90년대 문학이 80년대와의 차별화 과정에서 내세웠던 문학의 알리바이였다. "이념이 집단 주체의 것이라면 윤리는 개별 주체의 것이다. 우리가 만들어 가야 할 세계의 빛나는 모습을 그려 내고자 하는 것이 이념의 일이라면, 윤리는 우리 욕망의 심연을 투철하게 응시하고자 하는 시선의 산물이다."(서영채, 『문학의 윤리』) 맑스주의가 보편적 이념의 위치를 상실하고, 후기자본주의가 우리의 일상을 완전히 포획하고, 그리하여 지배와 저항의 전선이 공단이나 광장이 아니라 한 개인의 일상까지 확장·심화되는 과정에서 '윤리'는 집단적인 해방의 가능성을 부정당한 자들이 스스로를 견디는 방책으로 기능했다. 이 '윤리'가 견딤이 될 수밖에 없는 이유는, 기성의 가치가 부정된 상태에서 개인이 추구해야 할 '윤리'가 오직 자신이 만들어가는 과정으로서의 '윤리'에 한정될 뿐이기 때문이다. 당시 '윤리'는 이미 주어진 것('이념')의 자명성을 거부하고 의심하는, 거부와 의심이 문학의 특이성이 되는 시대적 배치 안에서 작동했다. '윤리'는 "정해진 순서를 의심하고 부정하고 뒤집어보는 것"이라는 문학적 의미를 획득하게 된 것이다.

정확히 10년의 시간이 흘렀지만, 우리는 여전히 '윤리학적 전회'에 대해서 이야기하고 있다. 물론, 이 '전회'는 이념에서 윤리로, 집단에서 개인으로라는 다소 느슨한 방식의 문학적 변화가 아니라, 현대의 정치철학에 연동되어 있는 사상적 좌표의 이동이다. 2000년대 비평의 전장인 '윤리'는 90년대의 비평이 즐겨 사용한 '이념'과의 거리두기로서의 '윤리'와는 다른 것이다. 한때는 특정한 이념에 대한 '거리'가 비평의 정체성을 확인하는 잣대였지만, 지금은 '윤리'에 대한 태도와 의미 부여의 방향성이 비평의 중요한 척도가 되고 있다. 언어의 의미는 일상적 쓰임이나 용도를 통해서 파악해야 한다는 후기 비트겐슈타인의 언어 이론을 증명이라도 하듯이, 우리 시대의 비평에서 '윤리'는 몰락한 좌파의 멜랑콜리를 가리키는 기호에서 타자(성)와의 관계를 근거 짓는 실천적 태도까지, 혹은 실재(the real)가 열어놓는 자유의 가능성을 향락으로 채워가는 생의 정치학, 즉 실재의 윤리에 이르기까지 다양한 맥락에서 쓰이고 있다. 그래서 때로는 '윤리'가 현대 비평의 클리쉐(Cliche)이거나 그 자체의 내재적 의미를 갖지 않는 공허한 단어처럼 느껴지기도 한다. 모두가 '윤리(적인 것)'에 대해 말하되 그 말이 지시하는 바가 달라서 논의의 확장은 물론 논쟁마저 쉽지 않은 상태이다. 지금 우리에게 시급한 것은 "'윤리'를 논하는 대신에 '윤리'의 콘텍스트"(김미정)를 검토하는 데서 출발하는 일인지도 모른다.

90년대 문학에서 '윤리'가 '내부/외부', '이념/윤리', '집단/개체'의 대립에 근거해서 발화되었다면, 2000년대 문학에서 '윤리'는 '타자', '실재', '사건' 등의 철학적 사유를 배경으로 담론화된다. 데리다, 레비나스, 라캉, 지젝, 주판치치, 고진, 바디우……, '저자의 죽음' 이후에 등장한 저자들이 소개될 때마다 '윤리'라는 사건의 장은 재구성되고, 그에 연동되어 비평에서의 '윤리' 개념 또한 변주된다. 이들과는 다른 계보에 속하지만, 여기에 푸코, 스피노자 등을 추가할 수도 있을 것이다. 알랭 바디우는 『윤리학』에서 이런 현상을 "윤리에의 준거의 사회적 인플레이션"이라고 조소했다. 그런데 사실 따져보면, 구조주의 이후 '문학'은 자신의 이론이 아니라 다양한 철학적 트랜드에서 자양분을 흡수하면서 성장했다. "그즈음 많은 젊은이들이 소설보다도 『현대사상』을 읽었습니다."라는 가라타니 고진의 말을 패러디한다면, 우리 시대의 비평은 작품보다는 철학, 특히 정치철학에 대한 관심 속에서 자신의 정당성을 발견해 온 듯하다. 그래서 종종 '윤리'라는 개념은 정치철학의 대리전이 행해지는 전쟁의 공간처럼 경험된다. '윤리'에 대해 말하는 비평의 언표보다 그의 목소리를 지배하고 있는 담론의 주체를 확인하는 일이 이 전쟁의 성격을 이해하는 가장 쉬운 방법이 되는 까닭도 여기에 있다. 2000년대의 비평이 현대철학을 되받아 쓰고 있다거나, 비평이 철학의 복화술에 불과하다고 말하려는 게 아니다. 사실 문학과 철학의 경계를 선명하게 구분할 수 있다는 믿음이야말로 우리가 가장 경계해야 할 태도일 것이다.

윤리 담론들의 인플레이션은 종종 이론적 피로감에 지친 비평가들로부터, 혹은 미학적인 전략과 스타일을 중시하는 비평가들로부터 '정지'를 요구받는다. 그건 문학이 아니라 철학이라는 것, 예술이 아니라 담론이라는 것, 그리하여 철학과 담론으로서의 정당성이 곧 문학의 예술적 가치를 보증하는 것은 아니라는 비판이 그것이다. 문학의 의미나 가치가 담론적 정당성으로 회수되지 않는다는 사실에서 이러한 비판은 유용하다. 또한 문학작품을 이론의 정당성을 해명하기 위해 호출하는, 이른바 이론으로 도배하는 비평적 관습에 대한 문제제기라는 점에서도 이 비판은 설득력을 지니고 있다. 그렇지만 훌륭한 작품들 대부분이 예술과 철학의 문턱을 넘나들었다는 사실을 기억할 필요가 있다. 기실 "시의 윤리는 목적 없는 합목적성으로서의 미를 자신의 목적으로 삼는다."라는 조강석의 주장 또한 미에 관한 칸트의 철학(담론) 이상이 아니지 않는가. 약간 비약해서 말한다면, 현대의 예술은 동시에 훌륭한 철학 텍스트였다. 문학과 철학 사이에 분명한 경계선을 그을 수 없다는 이야기이다. 이것은 비평가들에 의해 비판되는 상당수의 작품이 미학적인 층위에서만이 아니라 철학(철학이라는 말보다는 사유나 사상이라는 말이 더 적절할 듯하다)적인 층위에서 공격받았다는 사실을 잊어서는 안 된다. 조강석은 「시에 있어서 문학의 윤리와 정치성」(계간 『너머』, 2007년 여름호)에서 이렇게 말한다. "시의 윤리를 묻기 위해서 우리는 동시대의 윤리에 대한 담론 A와 개별 작품 고유의 미학적 전략, 혹은 전략이라는 말이 지나치다면 고유의 스타일 B, 그리고 개별 작품 C의 관계를 일의적으로 설정해야 하는가? 시인의 윤리에 대해서는 일단 논외로 한다고 해도—이 말이 작가와 작품은 별개라는 논의의 재판이라는 오해를 피할 수 있기를!—담론 A가 시 속에 잘 안착되었다면 그 시는 윤리적인가?" 동시대의 윤리 담론, 개별 작품 고유의 스타일, 그리고 개별 작품이 서로 다른 층위에서 접근되어야 한다는 주장은 옳다. 그러나 이러한 주장은 이들 세 가지가 개별적인 형태로 존재할 수 있음을 전제한다는 점에서 틀렸다. 편의적으로 '담론 A'와 '스타일 B', '작품C'를 구분할 수는 있지만—마치 우리가 내용과 형식의 쌍을 그렇게 설명하듯이—실제로 그것들이 독자적으로 존재하는 경우는 없다.

'담론 A'는 네러티브의 형태로만 존재하며, '스타일B'가 존재하기 위해서는 '담론 A'와 '작품C'가 함께 존재해야 한다. '~가 있다고 가정하자'라는 논리적인 편의성이 곧 그것의 실제성을 뜻하지는 않는다. 문학과 철학이 선명하게 구분될 수 있었다면, 왜 비평가들이 한 편의 글을 쓰기 위해 그토록 많은 철학서들을 읽어야 했을까.

2

"윤(倫)이란 순서를 뜻한다. 통상적으로, 정해진 순서를 잘 지키는 것을 두고 윤리적이라고 한다. 그러나 윤리 앞에 문학이 오는 순간 사정은 정반대가 된다. 정해진 순서를 의심하고 부정하고 뒤집어보는 것, 그것이 문학의 본성이고 윤리다." 서영채의 평론집 『문학의 윤리』 서문에 등장하는 구절이다. "어떤 삶이 진실하고 올바르고 아름다운 삶인가. 이 질문은 본래 윤리학의 질문이 아닌가. 그렇기 때문에 각각의 몰락은 하나씩의 질문을 낳고 그 질문과 더불어 새로운 윤리학이 창안된다." 신형철의 평론집 『몰락의 에티카』 서문의 일부이다. 사실, '윤리'라는 말 자체에 알레르기 반응을 일으키는 사람들도 많다. 그들에게 '윤리'는 외부적(초월적)인 동시에 선(善)한 것을 뜻하며, 부정적인 맥락에서 '도덕'의 동의어로 간주된다. 이 경우, '윤리'는 지배적인 가치와 질서에 순응하는, 행위의 근거를 자신의 외부에서 찾는 행위를 뜻한다. 그러나 현대의 철학자들과 비평가들이 '도덕'이라는 관념을 몰라서, 혹은 그것을 다소간 고상하게 표현하기 위해서 '윤리'라는 개념을 쓰는 것은 아니다. 이론화하기는 어렵지만, 오늘날 많은 비평가들은 외부에서 강제되는 어떤 가치와 규율을 넘어서는 가능성을 사고하기 위해 '윤리'라는 개념을 도입하고 있다. 그들, 아니 우리 또한 '도덕'이 시대가 만들어 놓은, 매순간 그것과 대결해야 할 관념의 덩어리임을 모르지 않는다.

윤리는 우주의 질서에 의해 주어지지 않는다. 우주의 법칙 그 자체가 '윤리'라고 믿지 않는다는 말이다. 또한 도덕과 윤리 사이에는 '심연'이 존재한다. 심각하게 오염된 '윤리'라는 개념이 이 '심연'을 지시하기에 부적절하다는 지적에도 타당성은 있다. 이론(異論)의 여지가 없지는 않지만, 두 사람의 평론에서 '윤리'는 결코 도덕의 동의어가 아니다. 설령, 그것이 '문학'이라는 다소 특별한 영역 때문에 가능한 것이라 할지라도 말이다. 이들은 '윤리'가 도덕을 배신하고, 도덕과의 불화 가운데에서 출현하는 낯선 것임을 말하려 한다. '순서'와 '몰락'이 그것들이다. 서영채의 말처럼 '윤리'가 순서에 복종하는 것이 아니라 "정해진 순서를 의심하고 부정하고 뒤집어보는 것"이라면, '윤리'는 매순간 행위를 통해서 창조되어야 할 무엇이 된다. '뒤집어진 순서'는 이미 순서가 아니기 때문이다. 이 경우, '윤리'는 "정해진 순서"의 세계에 균열과 잉여를 발생시킨다는 점에서 '사건'이라고 말해도 좋을 것이다. 테리 이글턴의 『성스러운 테러』에는 디오니소스가 자신의 극단적 행동을 질타하는 카드무스에게 자신의 행동은 아버지 제우스에 의해 처음부터 운명지워진 일이라고 항변하는 장면이 등장한다. 니체의 자유의지 비판을 염두에 두더라도, '운명'이라는 담론장 안에서 '윤리'는 생겨나지 않는다. 윤리에 대한 일반적 진술은 '어떻게(How)'라는 문형(文型)으로 시작되는 듯하다. 기성의 질서와 가치를 부정했을 때, 인간에게는 '어떻게 행동하고, 살 것인가'라는 새로운 물음이 제기되고, 실상 이 물음이 '윤리'의 핵심이다. 윤리(ethic)가 도덕(moral)과 다르다는 데에는 이견(異見)이 없을 것이다. 그러나 도덕과 다르다는 이 규정이 그 자체로 '윤리'에 대해서 말해주는 것은 없다. 이것이 '윤리'에 관한 질문과 답변이 항상 '윤리의 계보'를 재검토하는 수고로움에서 벗어나지 못하는 이유이다.

그렇다면 2000년대 비평에서 '윤리'는 과연 어떤 의미로 작동하고 있을까? 카메라를 '현장'으로 옮겨보자. 먼저, 신형철의 「우리가 '소설의 윤리'

를 말할 때 너무 많이 한 말과 거의 안 한 말」(『몰락의 에티카』)이 눈에 띈다. 신형철의 이 글은 윤리학의 세 가지 원천이라는 '큰 길'보다는 평단의 모험가들이 만들어놓은 '샛길'에 대해 관심을 두고 있지만, 윤리학의 세 원천을 스피노자의 기쁨의 윤리학, 레비나스의 타자의 윤리학, 라캉의 진실의 윤리학으로 정리하는 대목에서는 사태의 본질이 비교적 선명하게 드러나고 있다. 그가 말하는, "'나'의 삶이 고장나고, '세계'라는 현실이 붕괴"됨에도 불구하고 그 "진실을 포기하지 않고 붙드는 일"을 뜻하는 라캉의 윤리학은, 최근의 유행에서는 '실재의 윤리학'이라고 부르는 것이다. 여기에 데리다, 지젝, 주판치치, 고진, 바디우, 푸코 같은 저자의 이름을 추가할 수도 있을 테지만, '윤리'를 둘러싸고 세 가지 원천과 이들 저자가 일정한 계보를 형성하고 있음을 감안한다면 나쁘지 않은 정리라고 생각한다. 신형철의 평문에는 현대철학의 흔적들이 상당부분 각인되어 있지만, 그는 일반론보다는 개개의 작품들이 생산하는 '윤리학적 상상력'에 충실하고, 이론의 위세보다는 '현장 검증'의 중요성을 강조하기에, 그의 비평에서 특정한 철학적 담론을 읽어내기는 쉽지 않다. 서로 경쟁적인 입장을 취하고 있는 철학자들의 이론에서 문학작품을 분석하는 데 필요한 시각과 개념들만을 추출함으로써 철학적 아포리아에 빠지지 않는 것이 신형철 비평의 특징이다. 그는 이 글에서 '소설의 윤리'라는 일반론에서 나아가 '윤리학적 비평'의 가능성을 모색해야 한다고 주장한다. 그는 '윤리적'과 '윤리학적'이라는 단어를 구분하려 한다. 추측컨대, 그는 '윤리적 상상력'이 외부적으로 주어지는 기성의 관념과 가치인 반면, '윤리학적 상상력'은 그것을 내파하거나 해체함으로써 얻어지는 새로운 가능성으로 생각하는 듯하다. 즉, '윤리학'은 '윤리'를 문제 삼는다는 점에서 일종의 메타윤리로 기능한다. 그가 지배적 가치를 전복하는 도발적이고 불유쾌한 상상력들을 전폭적으로 지지하는 이유가 여기에 있다. 사실, 신형철의 '윤리학적 상상력'이란, 그의 대다수 평문들이 그렇듯이, '윤리'의 정신분석적 전유, 즉 '실재의 윤리학'이다. 「소녀는 스피노자를 읽는다」는 스피노자의 윤리학을 지젝의 정신분석으로 전유하고 있는 대표적인 사례이다. 이 글에서 그는 김애란 소설의 변화를 일별한 후에 "싸움이 부족하다는 말이다. "더 이상 욕망이 없는 사람이 지는 거다." 기실 욕망의 긍정이란 싸우는 자의 윤리가 아닌가. 스피노자가 찬미한 것이 바로 그것 아닌가. 그러니 스피노자를 사랑하지 않는 것은 불가능하다."라고 쓴다. 욕망, 기쁨, 슬픔은 스피노자가 주장한 세 가지 기본적 정동(affectus)이다. 스피노자에게 '욕망'은 코나투스(conatus : 사물이 자기 존재를 유지하려고 노력하는 힘)이면서, 우리가 의식할 수 있는 코나투스이다. 스피노자에게서 욕망과 충동은 사실상 구분되지 않으며, 충동, 의지, 욕망 또는 본능의 명칭으로 표시하는 인간 본성의 모든 노력이 '욕망'으로 정의된다. 그가 "욕망은 인간의 본질이다."라고 말할 때, 그것은 인간이 기쁨을 주는 것을 욕망하고, 슬픔을 주는 것을 회피하려 한다는 것을 의미한다. 인간과 사물의 본성을 구분하지 않았기에 스피노자의 '코나투스'는 자연(본성)적인 것이고, 이 지점에서 자유인과 노예는 구분되지 않는다. 그들 모두가 자신에게 '기쁨'을 주는 것을 욕망하기 때문이다. 이러한 구분이 불가능하다거나 무의미하다는 것은 스피노자의 생각이 아니다. 이 차이를 설명하기 위해 그는 '능력'의 문제를 제기한다. '운'에 의한 수동적 기쁨과 '능력'에 의한 능동적 기쁨이 그것이다. 이 지점에서 스피노자의 '욕망'은 '윤리'로 연결된다. 문제는, 신형철이 김애란의 문장에서 '욕망'을 읽어낼 때 사용하고 있는 '싸움'이라는 단어이다. '~면 좋겠다'라고 발화되는 욕망에 대한 김애란의 문장을 '싸움'으로 읽을 때, 여기에서는 기쁨과 정념에 대해 말하는 스피노자보다는 균열과 적대를 은폐한 위에 구축된 현실, 현실의 일관성을 지탱하고 있는 판타지를 뚫고 나아가라는 지젝의 그림자가 느껴진다.

3

바디우가 동시대의 철학자들을 겨냥하여 말했던 '윤리의 인플레이션'은 지금, 이곳의 비평에서도 목격되고 있다. 그러나 바디우라는 맥락을 제쳐두고 말한다면, 비평계에 불어 닥친 '윤리의 인플레이션'은, '윤리'에 대해 비평적 사유의 출발을 강제하는 '선물'이기도 하다. 사유란 이렇게 외부의 자극에 의해 호출되는 것이 아닌가. '소설의 윤리'에 관한 김미정의 두 편의 비평은 이 호출에 대한 적극적 응답이다. 김미정은 「종언과 개시 : 종언 '이후' 소설에 대한 단상」(계간 『너머』, 2007년 여름호)에서 이렇게 쓰고 있다. "그러나 태생적으로 소설의 필요조건(이라고 여겨왔던 것)과 행복하게 조우할 수 없는 이들은 아예 그 규준을 거부하고 있다. 이것은 단순한 반항도 부정도 아니라, 자기 조건과 한계를 극복하려는 이들만의 윤리이다." '종언 이후'라는 '와해된 자리'에서 행해지는 "가라타니식의 묵시록"에 대한 그녀의 응답은 종언(終焉)의 내부에서 미래의 시간을 개시(開始)하는 젊은 소설의 가능성이다. 그녀는 '종언'이라는 몰락의 자리에서 젊은 소설을 빌어 "폐허 위의 입법자"를 강조한다. 하나의 패러다임이 스러진 자리는 몰락의 자리이면서 동시에 개시의 자리라는 주장이다. 신형철의 "몰락의 에티카"를 연상시키는 '윤리'에 대한 이런 주장이 한층 뚜렷한 목소리를 획득하는 것은 「'버려야만 적합한 것이 되는 것'의 윤리」(『문학동네』, 2008년 가을호)에서이다. 이 글에서 그녀가 1990년대 문학의 '윤리'에 착목하는 방식을 보자. 그녀는 먼저 1990년대 문학에서 '윤리'가 특별한 기표로 등장하는 과정을 이렇게 설명한다. "우리의 문학사 속에서 '개인', '윤리'의 가치란, '그것', 즉 공동체(집단)의 결속력, 희망의 서사에서 방출된 개인들의 불우함을 반영하는 동시에, 그제야 비로소 자유로워진 이들의 자기책임과 의무를 함축하는 말이었다." 배수아의 소설에 등장하는 '나'들은 "어떤 권위나 버팀목이나 호명의 메커니즘 없이, 그 지난함에서 도약하여 스스로 자기를 구성해낼 수 있다"는 점에서 윤리적이라는 판단이다. 그런데 이렇게 얻어진 "일인칭의 견고한 주체들"은 그것을 넘어설 '타자'와의 관계를 결락함으로써 "삶과 세계의 현재적 지평을 넘어설 가능성"을 한 방향에서만 찾아온 것은 아닌가라는 것이 그녀의 질문이다. 이 지점에서 그녀는 조심스럽게 '차이'의 문제에 다가간다. "이제 개별자들을 사유하는 것만으로는 더 이상 유효하지 않다고 할 때, 그렇다고 해서, 이때 다시 우리는 옛 가치들을 즉각적으로 소환해야 할 것인가."라는 진술에 담겨 있는 의미심장함과 난감함은 결국 2000년의 문학이 "또 다른 터널"의 입구에 서 있다는 실감으로 이어진다. 그녀는 바로 그 자리에서 '윤리'를 말한다.

> 지금 우리가 고민해야 할 윤리가 있다면 그것은 우리가 알고 있는 공동체도 개인도 넘어선, '버려야만 적합한 것이 되는' 것에 대한 윤리가 되어야 할 것이다. 어느 시절에 간단히 구출·발견해낸 개인들조차 실은 공존재적 존재라는 것, 인간의 타인과의 '사이'에 존재함으로써 인간이 된다라는 존재의 그 명제를 다시 생각한다. 즉, 여기에서 중요한 것은 타자라든지 존재라든지 하는 개별자들 그 자체가 아니라, 어떤 개체나 전체의 본질도 전제하지 않는 '관계 그 자체'이다. 이 관계는 서로가 서로에게 침입자로서의 타자일 수밖에 없는 사태를 감안하고, 함께 살아야 하는 운명에 대한 것이기도 하다. 혹자들은 이를 일컬어 '급진적 소통의 체험'(J. L. 낭시) 혹은 '불가능한 것의 경험'(데리다)이라고도 했다. 이것은 일종의 한계 체험이고, 유한성의 경험이다. 같지 않음을 인정하고, 버텨야 하지만, 그것은 공통의 곤경과 과제를 인지하고 극복케 할 공통의 장이기도 한 것이다.

정리해 보자. 1990년대 문학에서 사인성의 '윤리'는 집단과 이념으로부터의 거리두기를 의미하는 것이었지만, 지금 한국문학이 당면하고 있는

'윤리' 문제는 개인과 공동체로 환원되는 두 가지 '윤리' 모두에서 자유로워야 한다는 것, 그리하여 개인과 공동체를 극복하되 인간을 단독자가 아닌 '관계 그 자체'로 받아들이는 경험이 필요하다는 것, "가까스로 구출해낸 '개인'(singularity)을 포기하지 않으면서, '공동체에 반대하는 공동체'를 다시 생각"하자는 것이 요지이다. 이 대목에서 김미정은 사실상 '윤리'가 타인과의 타자적 관계에서 사유되어야 하며, 그 모델은 데리다 '타자' 개념이나 블랑쇼-낭시의 '부정의 공동체'를 환기하고 있다. 블랑쇼에게 '타자'는 전체화된 공동체로 회수되지 않고, 언제나 초월적인 곳에서 출현하는 대상이고, '윤리'는 사유를 극한까지 밀어붙여 '나'의 바깥인 '타자'와 대면하는 일이다. 그가 예술을 현실의 조작이 아니라 세계의 전복이라고 말한 이유가 여기에 있다. 그리고 김미정의 이 글에는 블랑쇼만이 아니라 데리다, 레비나스, 들뢰즈, 네그리 등의 사상도 짙게 투영되어 있다. 이들 철학자의 사상을 소개하는 일은 이 글의 관심사가 아니지만, 어쨌거나 '나'라는 일인칭의 세계와 '우리'라는 전통적인 공동체의 형상으로 환원되지 않는, 항상 균열의 상태로만 가능한 공동체와 그것의 철학적 개념인 '타자'에의 사유가 김미정이 주장하는 '윤리'의 핵심임은 분명해 보인다.

4

정영훈의 「윤리의 표정」(『세계의 문학』, 2008년 봄호)에서 '윤리'는 레비나스적인 맥락에서 발화되고 있다. 레비나스의 철학은 두 개의 얼굴을 지닌 듯하다. 하나는, '타자'를 타인의 궁극적인 타자성으로 인식하는 '초월성(무한성)의 얼굴'이고, 또 하나는, '나'의 현존을 탈존과 외존으로 방향지음으로써 공동존재에 대한 가능성을 부정하지 않는 '관계의 얼굴'이다. 레비나스에게 '타자'는 '진리'를 추구하는 모든 합리적 이론의 전체성에 저항하는 잉여의 영역이다. 문학에서의 '윤리'를 1990년대 문학의 준거점으로 본다는 점에서 정영훈은 김미정과 인식을 같이 한다. 또한 '개인'으로 기호화되는 1990년대 문학의 '윤리'를 비판과 극복의 대상으로 삼는다는 점에서 두 사람의 의견은 일치한다. 그렇지만 1990년대의 '윤리'를 비판하는 맥락은 '조금' 다르다. 앞서 살폈듯이, 김미정은 '공동체'(1980년대)와 '개인'(1990년대)이라는 시대적 표상을 동시에 극복해야 한다고 주장하면서 '부정의 공동체'에서 우리 시대의 윤리적 가능성을 찾는다. 그녀에게 '공동체'와 '개인'은 선택의 시소가 아니라 동시에 극복되어야 할 대상이다. 사실, 정영훈이 주장하는 '윤리'의 초점도 여기에서 크게 벗어나지 않는다. 다만, 그는 '나'와 '타자'의 관계가, 전체주의로 회수되거나 주체의 시각에 의해 전유되어선 안 되는, 공동 관계로 사유하고 있고, 이 관계에 근거하여 타자에 대한 '나'의 책임과 응답의 의무를 강조한다. 그에게 '윤리'는 이 의무에 충실할 때에만 가능하며, 주체성 이론으로 회수되는 일체의 '윤리'는 공허한 것이다. 이런 맥락에서 그는 1990년대 문학이 강조했던 '윤리'를 "이념에 기대어 자기 증명을 시도했던 이들이 이제 새로운 환경 속에서 그것을 되풀이하기 위해 선택한 것"이라고 비판한다.

정영훈은 범람하는 윤리 담론들의 대부분이 "타자를 담론의 일부로 포함시키지 못한 채 사실상 자기와의 관계 속에서 윤리를 다루거나 타자에 대한 얕은 수준의 이해"를 드러내고 있고, 이것은 결국 "자기 보존의 원리"에 불과하다고 진단한다. 이러한 비판의 첫 번째 목표물이 '사소한 정치성'에 '윤리'라는 이름을 부여한 이광호이다. 이광호는 "불행에 대한 인물들의 '무심한' 태도"를 가리켜 윤리적이라고 평가했지만, 정영훈은 "밀폐된 최소 자아로의 회귀"를 의미하는 그들의 초연함은 체념의 '비윤리'에 지나지 않는다고 주장한다. "문학의 존립 근거를 마련하기 위한 고투의 흔적들만이 묻어 있을 따름이다." 비판의 두 번째 목표물은 서영채이다. 정영훈에 따르면 서영채가 바라보는 우리 시대의 문학은 "패배한 노래"이며, "현실적 승자"인 오디세우스가 아니라 "패자"인 사이렌의 편에 서 있다. 이 패자의 위치로서의 문학이 곧 신형철의 "몰락의 에티카"이다. 서영채에게 '윤리'는 '패자'의 위치에 있고, 신형철에게 '윤리'는 몰락의 위치에 있다. 서영채는 이 '패자'를 "자본제적 현실에 대한 타자"라고 규정하는데, 반대로 정영훈은 그것이 "무성생식을 통해 문학이 자기 증명을 시도함으로써 (…중략…) 문학의 자기 보존"을 꾀하는 것이라고 판단한다. 한 마디로 '타자'의 탈을 쓴 "주체성 담론"이라는 주장이다.

이러한 혐의는 신형철의 '에티카'에도 동일하게 적용된다. 그는 신형철이 '윤리학적 상상력'이라고 부르는 문학적 경향성을 "너의 끈질김을 초과하는 것을 끈질기게 밀고 나가기 위해 네가 할 수 있는 모든 것을 행하라. 중단 속에서도 끈질기게 밀고 나가라. 너를 포획하고 단절시킨 것을 너의 존재 속에서 포착하라."라는 바디우의 격률로 인식한다. 그는 신형철이 '에티카'를 통해서 강조하는 실재의 윤리를 바디우의 '진리' 개념으로 이해한다. 앞에서도 말했듯이, 나는 신형철의 '에티카'가 상징적 질서의 이면, 즉 실재가 상징적 질서에 남긴 잔여와 흔적을 통해 실재와 진정으로 대면하는 윤리를 주장해온 지젝의 '실재의 윤리'에 근접해 있다고 생각한다. 구조적인 환원불가능성을 직면하는 데 주저하지 말고, 환상을 횡단하여 실재계를 순회하는 것이야말로 진정한 윤리라는 그 가르침 말이다. 언젠가 서동진이 "사랑의 진정한 능력은 사랑의 윤리란 데 있다. 내게 닥칠 모든 불리를 감수하고 기존의 나로부터 완전히 벗어나겠다는 뜻에서의 윤리, 즉 세상의 규범과 의견이 무어라 말하든 당신을 사랑한 것이 옳으므로 당신을 사랑하겠다는 의지를 고집하는 것으로서의 윤리. 사랑은 그런 윤리적 행위이다."라고 말했을 때의 '윤리'도 같은 맥락이다. 지젝의 윤리는 실재가 열어놓은 자유의 가능성이고, 실재는 대타자의 환상이 찢긴 자리에서 대타자의 자리를 포기하지 않으려는 욕망의 자유와 같은 것이다. 그의 정신분석은 대타자가 없는, 텅 빈 공허(the Void)라는 실재의 공간을 자유의 욕망으로 채워가는 생의 정치학을 요청하고 있다. 물론, 신형철의 '에티카'가 바디우의 '진리'에서 비롯된 것인지, 지젝의 '실재'에서 비롯된 것인지는 중요하지 않다. 신형철의 '에티카'에 대한 그의 비판은, "신형철의 비평이 마주 대하는 타자들은 주체에 의해 대상화되지도 않고, 타자성이 훼손되지도 않은 채 가장 잘 보존되고 있다. 주체의 자기 이해가 타자가 자기동일성의 표현으로 귀착되는 것을 막은 덕분일 것이다."처럼, '타자'가 주체에 의해 매개되어 있다는 데 있기 때문이다. 그는 신형철이 '뉴웨이브'라고 명명한 시인들이 보여주는 "상상적 자아를 모두 소거하여 남는 텅 빈 장소"가 결국 주체에 관한 가장 최근의 진리들과 연관되며, 때문에 신형철의 비평에서 '타자'에 대한 대상화의 불가능성은 사실 타자의 초월성 때문이 아니라 타자가 자기동일성의 표현으로 귀착되는 것을 가로 막고 있는 주체의 자기 이해에서 발생하는 것이라고 말한다. 이 대립은 실상 '주체'를 둘러싸고 진행되는 라캉·바디우와 데리다·레비나스의 논쟁적인 대화를 연상시킨다. 신형철의 '윤리학적 주체'에 대해서 정영훈이 갖는 불만은 그처럼 무능한 주체들에게는 "타자와의 관계맺음에서 요구되는 윤리적 책임이나 의무를 물을 수 없다"는 것이다. '에티카'의 주체들은 타자에 대한 윤리적 책임과 의무에 관심이 없다. 왜냐하면 그것들은 '윤리학적'인 것이 아니라 '윤리적'인 것이고, 그런 한에서 추구해야 할 것이 아니라 단절해야 할 가치들이기 때문이다.

> 타자의 고통에 모종의 윤리적 책임을 느끼고 있다는 것. 정체를 알 수 없는 이 부채 의식의 근원에 있는 것이 무엇인지 묻노라면 실로 아득해진다. (…중략…) 레비나스라면 타자와의 비대칭적 관계 속에서 타자에 대한 윤리적 의무를 짊어지는 이러한 주체를 '나그네와 고아와 과부'의 얼굴, 곧 고통 받는 사람의 얼굴로 출현하는 타자들에 대해 책임을 지고 그들의 짐을 대신 짊어져 주는 주체의 모습으로 설명할 것이다. 레비나스에게 "윤리적인 것, 또는 윤리적인

> 된다는 것은 타인의 고통과 고난에 자신을 노출시키는 것을 의미한다." 고통받는 타자의 호소에 응답할 때 비로소 나는 "'응답하는 자'로서 '책임적 존재' 또는 윤리적 주체로 탄생"할 수 있다. 주체와 비대칭적인 관계 속에 있는 타자는 이렇게 우리에게 윤리적 의무나 책임을 불러일으킨다.

'책임'과 '의무'를 매개로 하여 주체를 성립시키는 이러한 '타자'는 레비나스의 것이면서 또한 가라타니 고진의 것이다. 칸트에 대한 독해를 통해서 얻어진 고진의 '윤리'는 그것이 타인에 대한 반응에 그치지 않고 어떤 사건이 자신을 원인으로 해서 일어난 것처럼 떠맡는 것, 즉 자신을 절대적인 입법자와 자기 원인자로 정립하는 행위 속에서 획득되는 것이다. 그가 "칸트가 말하는 의무는 자유로워지라'는 의무이다."라고 말할 때, 자유는 곧 책임이고 의무이다. 사실, 바디우의 '윤리' 역시 "타자와의 비대칭적 관계"를 사유한다는 점에서 다르지 않다. 고진의 '윤리'가 '책임'으로 주체의 형성을 설명한다면, 바디우의 '윤리'는 "우리는 충실성의 지지자, 즉 진리 과정의 지지자를 '주체'라고 부른다. 따라서 주체는 사건이 생기기 '이전의' 상황 속에서는 절대적으로 부재한다. 우리는 진리 과정이 주체를 도출시킨다고 말할 수 있을 것이다."처럼 '사건'으로 주체의 형성을 설명한다. 정영훈이라면 고진과 바디우의 '윤리'를 주체성 담론이라고 비판할지도 모르겠다. 실제로 고진의 '윤리'는 '책임'을 강조함으로써 타자의 강제성보다는 주체의 자발성을 옹호하는 방향으로 흘러갈 수밖에 없기 때문에 주체성 담론의 측면을 띠기도 한다. 이러한 비판은 레비나스의 '응답'과 '책임'을 타자의 강제라는 맥락(레비나스 철학에 관한 피상적인 이해들은 윤리만 강조할 뿐 타자의 강제성을 조망하지 않는다)으로 읽지 않으면 똑같이 적용될 수 있다. 왜냐하면 레비나스 역시 책임성을 내세워 궁극적으로 주체성의 발생을 이야기하기 때문이다. 레비나스에게 주체성과 책임성은 같은 것이다. "비대칭적 관계"란 현대철학에서 '윤리'가 사유되는 시발

점이고, 타자와의 관계란 결국 그 비대칭적 관계를 해소하기 위한 노력과 결단일 것이다. 물론, 레비나스 철학에서 이 비대칭성은 타자의 절대적 우위를 가리킨다. '윤리'와 관련하여, 오히려 '타자'는 데리다의 것이든, 바디우의 것이든, 혹은 블랑쇼의 것이든, '나'에게 사유와 행위를 강제하는 환원불가능한 단독성(singularity)으로 인식되어야 하는 것은 아닐까.

타자를 위한 '나'라는 레비나스의 기획에서 '타자'는 '얼굴'로 현전한다. 정영훈이 인용하고 있는 "나그네와 고아와 과부의 얼굴, 곧 고통받는 사람의 얼굴로 출현하는 타자"가 그것이다. 그런데 이러한 레비나스의 타자 우위와 책임으로서의 주체성을 고통 받고 있는 존재들에 관심을 기울여야 하고, 그들과 더불어 살아가려고 노력해야 한다는 식의 '책임'으로 읽으면 그가 말하고자 하는 윤리의 전-근원적인 사태를 놓치기 쉽다. 레비나스 윤리학에 대한 비판과 옹호 모두가 걸려 있는 덫이 이것이다. 지젝의 『신체 없는 기관』에는 베이루트에서 대학살이 있은 후에 라디오 방송에 출현한 레비나스가 "이스라엘 사람들에게 있어 '타자'는 무엇보다도 팔레스타인 사람들이지 않습니까?"라는 질문에 대답한 내용이 소개되어 있다. 그는 이 질문에 대해서 "타자는 이웃입니다. 동족일 것까지는 없지만 동족일 수 있는 이웃 말입니다. (…중략…) 하지만 당신의 이웃이 다른 이웃을 공격하거나 부당하게 대한다면 (…중략…) 타자성 속에서 우리는 적을 발견할 수 있지요."라고 대답한다. 이 대답에 대한 지젝의 코멘트는 다음과 같다. "레비나스가 기본적으로 말하고 있는 것은 타자성에 대한 존중은 원칙상 무조건적이지만(가장 고매한 류의 존중), 그럼에도 불구하고 구체적인 타자와 대면할 때는 그가 친구인지 적인지를 알아야 한다는 것이다. 요컨대, 실제 정치에서 타자성에 대한 존중은 엄밀히 말해 아무것도 뜻하지 않는다." '타자' 논의가 우-적이라는 근대정치의 패러다임에서 자유롭지 못한 공허한 말에 불과하다는 이야기이다. 이 대목에서 레비나스의 '타자'를 이론적이라고 비판하는 것은 쉬운 일이다. 그러나 현실과 연계되어 적용될 때, 레비나스 이론의 취약점은 '이론적'인 데서 발생하는 것이 아니라 충분히 '이론적이지 못한' 데서 비롯된다.

5

김형중의 「사건으로서의 이방인: '윤리'에 관한 단상들」(계간 『문학들』, 2008년 겨울호)에서 '윤리'는 바디우의 철학에서 기원한다. 그는 타자, 마이너리티, 디아스포라를 가리키는 데리다의 '이방인'을 바디우의 '사건'을 통해 전유함으로써 '윤리'를 둘러싸고 벌어지는 비평적 논쟁에 물꼬를 트려 시도한다. 그렇다면 흔히 레비나스나 데리다의 철학과 함께 논의되는 '이방인'을 '사건'으로 사유한다는 것은 어떤 의미일까? 바디우가 말하는 '사건'이란 "환원 불가능한 개별성들이며, 상황들의 '법'에 대한 '외재성'이다. 진리에 충실한 과정들은 매번 완전히 새롭게 발명되는 내재적 단절들이다. 진리의 과정의 국지적 경우들(진리의 '지점들')인 주체들은 특수하고 비교 불가능한 도출물들이다."(알랭 바디우, 『윤리학』) 미증유의 진리가 생산되는 절차가 곧 사건이라는 것이다. 바디우는 이미 존재하는 법과 권력의 범주 안에 머무르는 '의견'과 탈법적인 '진리'를 구분했다. 김형중이 잘 요약했듯이 '사건'은 "이미 주어진 것, 이미 굳어진 채로 어떠한 진리 산출적 공정도 가동시키지 못하는 '의견'들만이 난무하는 상황에 대해 '잉여적 부가물'"로서 발생하는 것이다. 바디우는 이 '사건'에 대한 충실성을 '윤리'라고 정의한다. 동시에 진리 산출의 네 가지 공정(정치, 사랑, 과학, 예술)에 대한 충실성은 '주체성'이기도 하다. 바디우의 '주체'는 진리 공정에 선행(先行)하는 존재가 아니라 사건에 의해 구성되는 주체인데, 진리 공정의 행위자, 즉 혁명가와 당, 연인, 과학자, 예술가를 항상 초과하는 행위 자체이다. 바디우의 철학에서 '주체'는 인격적 자아가 아니다. 바디우의 『윤리학』은 이러한 '진리'와 '사건' 개념을 내세워 레비나스와 데리다의

'타자'를 공격하고 진리와 주체의 철학을 재건하려는 철학적 기획이다.

알다시피, '타자'를 핵으로 삼는 철학적 사유에서 '차이'는 전략적인 요충지이다. 동일성이 차이를 동일화거나 억압·배제해 왔다는 비판, 그리하여 '차이'의 정치·윤리학적 의미에 주목해야 한다는 주장, 그것을 위해 주체에 대한 타자의 존재론적 우위와 비대칭적 관계를 도입한 것은 현대 철학의 출발점이기도 하다. 그런데 바디우는 현대의 정치철학이 앞세우고 있는 '차이'란 이미 주어져 있는 것에 불과함으로 거기에서는 어떠한 사유의 흥미도 유발되지 않는다고 잘라 말한다. '차이'를 존중하고 인정하라는 몇몇 사상가들의 주장에 대해 그는 "진짜 어려운 문제는 오히려 동일성의 인정이라는 문제"라고 반박한다. 한 마디로, '차이'에 에너지를 낭비하지 말고 차이를 소거하기 위해 노력하라는 것이다. 그렇다면 바디우가 비판하는 '차이'란 무엇인가? "차이들은 주어져 있는 것이고, 모든 진리는 앞으로 존재하게 될 아직 존재하지 않는 것이라고 한다면, 차이들이란 바로 모든 진리가 내버리려는 것, 또는 의미 없는 것으로 드러나는 것이라는 사실이다. 어떠한 구체적 상황도 '타자의 인정'이라는 주제를 통해 해명될 수 없다는 것이다."(알랭 바디우, 『윤리학』)

바디우는 '동일자'를 이미 존재하는 어떤 것이 아니라 "도래하는 것"이라고 정의한다. 그리고 그의 문화상대주의와 포스트모더니즘 비판을 통해서 확인되는 '차이'는 다양성이다. 즉, 그는 '동일자'를 형이상학적 동일자가 아니라 사건을 통해서 도래하는 것이라고 정의하는 한편, '차이'는 다양성에 불과하고, 따라서 서구의 문화상대주의란 곧 "나처럼 되어라, 그러면 너의 차이를 존중하겠다."라는 말에 다름 아니라고 주장한다. 그렇지만 그가 비판하고 있는 레비나스와 데리다는 물론, '타자'와 '차이'를 중요한 철학적 개념으로 사용하는 블랑쇼나 들뢰즈에게서 '차이'는 양적인 차별과 다르고, '타자' 역시 '타인'과 다르다. 이들 가운데 누구도 '차이'를 '나'와 '너'의 다름으로 사고하지 않으며, '타자'를 내 옆에 위치하고 있는 익명의 또 다른 자아라고 지시하지 않는다. 현대철학에서 '차이'는 이미 주어진 양적인 차별(구별)이 아니다. 데리다의 '타자'는 "안에 들어와 있는 바깥"과 같은 것이며, 데리다가 '타자'를 통해서 말하려는 것은 동일자와 타자가 이미-항상 서로 오염되어 있다는 것이다. 동일성이 차이를 토대로 만들어진 허구적 효과라고 주장하는 들뢰즈의 경우에도 동일성에 근거한 차이와 차이 그 자체를 구분한다. A와 B가 다르다고 말할 때의 '차이'는 동일자들 사이의 차이, 다시 말해 공통의 척도를 갖는 양적인 차이일 뿐이며, 차이 그 자체(différence en-soi)는 동일성으로 포착되기 이전의 차이, 사건을 발생시키지만 잠재적인 의미를 지니는 차이이다.

그런데 김형중은 어떤 대목에 이르면 레비나스와 데리다의 '차이'의 윤리를 바디우의 '진리의 윤리학'에 연결시킨다. 바디우의 '사건'과 '진리'가 레비나스와 '타자', 데리다의 '이방인'과 닮았다는 것이다. 이 지점에서 잠시 데리다에 대한 바디우와 지젝의 비판을 살펴보고 넘어가자. 바디우는 데리다의 철학을 시종일관 포스트 모더니즘적인 상대주의라고 비판한다. '차이'를 옹호한다는 이유에서이다. 그리고 지젝은 데리다의 '환대'가 불가능한 윤리적 이상에 불과하다고 비판한다. 두 비판 모두는 데리다의 '환대론'이 무조건적인 환대를 윤리적인 이상으로 설정하고 있다고 인식한다. 그런데 무조건적 환대를 이상적인 것으로 간주하는 이러한 시각은 그것의 완전성, 즉 내적 결핍이 없는 환대의 가능성을 인정한다는 점에서 플라톤적이며, 조건적인 것과 무조건적인 것을 분리할 수 있다고 믿는다는 점에서 형이상학적이다. 데리다의 '환대론'이 정말 무조건적인 환대의 윤리성을 주장하는 것일까. 해체론의 비조(鼻祖)인 그가 말하려던 것이 '조건적 환대는 비윤리적이고 무조건적인 환대는 윤리적이다'라는 소박한 도덕론이었을까. 아니다. 데리다가 타자에 대한 공동체의 구별이 폭력임을 내세워 조건적 환대의 문제를 지적한 것은 사실이지만, 그 비판이 곧 무조건적 환대의 긍정은 아니었다. 오히려 그는 조건적인 것과 무조건적인 것 모두가 내적으로 분열(결핍)되어 있어서 상호의존적일 수밖에 없으며, 때문에 둘 모두를 선택하거나 포기할 수는 있어도 어느 하나를 선택할 수는 없다고 말했다. 이것은 '환대'가 '조건적인 것'과 '무조건적인 것'의 '사이'에서 발생한다는 의미이다. 동일한 단어가 두 가지로, 어떤 때는 '이방인'으로, 또 어떤 때는 '주인(hote)'으로 번역된다는 사실을 빌려 말하려는 것은, 주인은 손님의 손님이고 손님은 주인의 주인이라는 것, 그리하여 주인은 그 자신이 손님일 경우에만 환대하는 주인이 될 수 있으며, 그렇기 때문에 환대하기 이전에 환대받고 있다는 것이다. 우리는 데리다의 철학이 아포리아, 문지방, 이중구속(double-bond)을 중심으로 전개된다는 것을 기억해야 한다. 이런 맥락에서 보면, "이방인은 진리처럼 도래하고, 진리는 이방인처럼 환대받아야 한다면, 사건으로서의 이방인이 제기한 문제에 충실하고자 하는 자는 또한 그를 어떠한 선별 과정 없이, "이중의 말소", "이름의 말소와 물음의 말소" 속에서 환대해야 한다. 2000년대 한국의 상황에서 이방인은 이렇게 이중적으로 윤리의 문제를 제기한다."라는 주장을 쉽게 받아들이기가 어렵다.

김형중은 "타자의 절대적 외부성을 말하는 것"과 "타자에 대한 무조건적 환대의 윤리를 말하는 것"이 동음이의어라고 말한다. 이러한 해석이 데리다의 '환대'를 지나치게 쉽게 받아들이는 방식임은 지적한 대로이지만, 김형중이 사용하고 있는 "완전히 다른 타자"라는 개념에 대해서는 약간의 보충이 필요할 듯하다. 여기에서 "완전히 다른 타자"가 "절대적으로 외부에 있는"이라는 의미라면 이것은 데리다의 '타자'보다는 레비나스의 '타자'에 가까운 것이다. 데리다의 '타자'는 주체의 바깥에 존재하는 또 하나의 실존이 아니라 '안'에 존재하는 어떤 것이다. '안'이지만 결코 '내부'는 아닌, 그렇기 때문에 '안'에 있으면서 동시에 그것을 넘어서는 이질적인 것이 데리다의 '타자'이다. 레비나스의 '타자'가 '초월(beyond)'에 방점을 찍는다면, 데리다의 '타자'는 '내속(in)'에 방점을 찍는다. 바로 이런 이유에서 "타자의 절대적 외부성을 인정하지 않은 이가 타자를 무조건적으로 환대할 수는 없기 때문이다."라는 비판은 데리다에게는 해당되지 않는다.

6

'윤리'에 관한 비평적 언설들이 넘쳐나면서 문학의 미학적 가치를 옹호하려는 입장들 또한 등장하고 있다. 이들은 '윤리'에 관한 철학적인 정당성이 곧 문학의 미학적 가치를 보증하지는 못한다고 주장한다. '문학'의 윤리와 '담론(철학)'의 윤리를 구분해야 하며, 담론이 문학(작품)의 미학적 가치를 입증하지는 못한다는 것이다. 이런 질문은 결국 '철학'과 '문학'의 경계를 확정해야 한다는 논리로 귀결된다. 그런데 이러한 경계선 긋기의 욕망은 철학/문학이라는 대립구조에 의해서 망각되어 온 철학과 문학의 관계, 즉 두 대립항의 '사이' 지대를 비가시적인 영역으로 만들어버린다. 문학과 철학의 '사이' 공간은 역설적이게도 '문학'과 '철학'이라는 대립항의 자기동일성을 가능하게 만드는 공간이면서 그것을 불가능하게 만드는 공간이다. 이 사실을 통해서 '사이' 지대는 '문학'과 '철학' 모두가 확정적으로 존재하는 고정된 대상이 아니라는 사실을 폭로한다. 또한 그것은 '문학'과 '철학' 모두가 새롭게 재구성될 수 있는 가능성을 제공하는 공간이다. 문학을 문학으로 만드는 것, 철학을 철학으로 만드는 것은 그것들 각각이 갖고 있는 고유한 자질이 아니다. '문학'과 '철학'의 자기동일성은 이 '사이' 지대로 인해서 가능해지며, 이는 '문학'과 '철학' 모두가 자신의 내부에 이미 들어와 있는 타자의 흔적에 의해서 비로소 구성될 수 있음을 뜻한다. 그러므로 '윤리'에 관한 비평적 언설들을 대상으로 '문학인가 철학인가'라는 오래된 질문을 반복하는 행위는 '사이'가 제공하는 풍요로운 가능성에 눈감고 우리를 '문학이냐 철학이냐'라는 낡은 질문 앞에 붙

들어두는 효과를 낳기 마련이다. 그것은 카프카가 문학인가 철학인가, 프루스트와 조이스는 문학인가 철학인가, 베케트의 부조리극과 말라르메의 시형파괴는 문학인가 철학인가라고 묻는 것과 마찬가지로 '규범적'이고 '도덕적'이다.

또 하나, '윤리'의 실천성을 강조하면서 '행동'을 요청하는 주장들도 있다. 모든 '윤리'는 '사이' 같은 (불)가능성의 영역에 의거하여 응답하는 행위라는 점에서 '행동'을 배제하지 않는다. 그렇지만 모든 '행동'이 윤리의 산물이라고 말하는 것은 순환논리에 불과하다. 발화주체와 발화행위 주체를 구분하는 정신분석의 언설은 우리가 초월적인 도덕법칙에 의지해서 '행동'할 때, 사실 거기에는 어떤 '행동'도 개입되어 있지 않다는 비밀을 폭로한다. '행동'은 도덕 법칙에서 도출되지 않는다. 스피노자에 관한 강의에서 들뢰즈는 이렇게 말했다. "그는 결코 우리가 무엇을 해야 하는지 묻지 않습니다. 그는 언제나 우리가 무엇을 할 수 있는지, 우리의 힘 안에 무엇이 있는지 묻습니다." 윤리는 '힘(능력)'의 문제이지 '의무'의 문제가 아니다. '행동'을 잣대로 '윤리'에 대해 말할 때, 우리는 종종 행동의 기원에 대한 질문을 빠뜨린다. 중요한 것은 '행동' 자체가 아니다. 도덕에서 비롯되는 맹목적 행위가 결코 '행동'이 아닌 것처럼.

탈서정
Postlyric

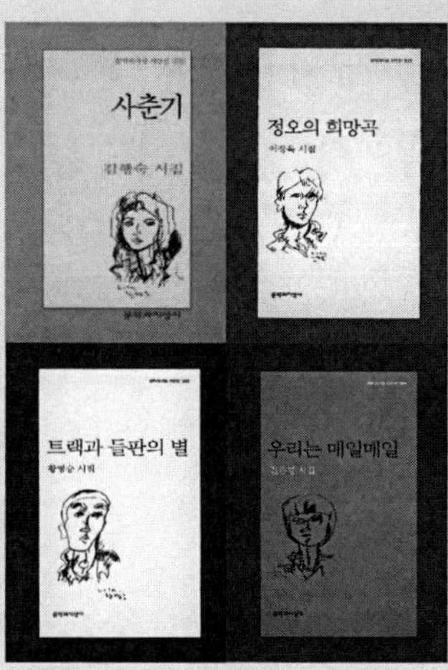
사춘기
김행숙 시집
정오의 희망곡
이장욱 시집
트랙과 들판의 별
황병승 시집
우리는 매일매일

2000년대 '탈서정' 생존기

■ 김종훈

문학평론가. 1972년생. 2006년 제13회 『창작과비평』 신인평론상 수상. 주요 평론으로 「시와 삶과 노동시의 재인식」 등이 있음. splive@chol.com

탈서정'의 운명

'탈서정'이란 말은 2000년대 시 안에서 어떻게 유용할 수 있을까? 시와 서정시가 같은 뜻으로도 쓰이고 있으며, 세계를 빨아들이는 일인칭 자아의 힘을 용인하는 시의 영역을 고려하면, 이 문제는 난제로 다가온다. 시에서 탈서정은 제 글꼴처럼 서정이란 말에 의존한 채 상정되어야 하는 불완전한 운명을 타고 났다. 서정과 탈서정이 나란히 놓여있다고 해도, 그것은 공존의 관계가 아니라 배척의 관계로 읽힌다. 탈서정은 온전한 제 이름도 얻지 못하고, 다시 서정으로 회귀할 일시적인 이탈 현상을 뜻할 뿐이다.

탈서정은 시의 범주에서 타율성의 운명을 벗어날 수 없다. 가령 탈서정에 제 이름을 주고자 서정을 전통으로 탈서정을 실험으로 상정하거나, 서정을 은유의 작동으로 탈서정을 환유의 작동으로 이해할 때, 2000년대의 탈서정이라 불리는 시들은 그 틀을 유유히 빠져나간다. '탈서정시' 들은 서정이란 글자 속에 들어 있는 감정이 메말라서가 아니라 들끓어서 문제이며, 자아가 은유의 형식으로 묶어 놓는 이것과 저것의 동일성을 그들도 구현하고 있다는 것이 더욱 문제이다.

탈서정의 영역을 좌우하는 서정의 개념은 고정된 것이 아니다. 서정은 '동일성의 시학'에서 '세계의 자아화'로, 또 그 '세계'가 '대상으로서의 자연'으로 인식되면서 의미가 점점 뚜렷해지는 한편 영역은 축소되었다. 탈서정의 영역은 그에 비례해서 점점 넓어진다. 시 장르에서 서정이 축소되고 탈서정이 넓어진다는 것은 무엇인가 잘못되고 있다는 표시이다. 서정을 부각시키느라 영역을 축소시킨 시도의 잘잘못을 여기서 따질 필요는 없다. 탈서정의 실효성에 대한 인식은 서정과 탈서정을 배척의 관계로 파악한 곳에 문제의 초점을 옮겨 놓는다.

탈서정은 서정에 기생한다. 이것을 인정할 때 시 안에서 탈서정은 살아남을 수 있다. 탈서정은 서정에 기생하는 대신 서정의 영역이 축소되는 것을 막는다. 이것을 인정할 때 세계를 참조하지도, 세계를 창조하지도 못한 채 점점 응고되고 있는 서정의 권위는 회복된다. 탈서정의 고유한 영역은 없다. 단지 서정이 누락시키는 주변부를 탈서정의 빛이 비추어 생생하게 할 뿐이다. 탈서정의 상정은 서정의 굳은 개념을 흔들어 사회적 조건과 함께 운동하게 한다. 기생하는 운명을 지닌 탈서정에 대한 인식이 시 안에서 살아남는 길은 이것밖에 없는 듯하다.

이 글에서 탐색하는 탈서정의 시는 서정의 바깥이 아니라 주변에 있다. 이들은 그곳에서 서정과 탈서정이 구축한 기존의 구획을 교란시킨다. 이들은 서정의 중심과는 어떻게든 다른 모습을 지니고 있다. 욕망과 규율이 잘 융화된 어른의 자아가 서정의 중심에 있다면, 이들에게는 크건 작건 욕망과 규율이 빚어낸 불화의 흔적이 보인다. 몸과 달리 아이의 마음을 지닌 어른의 시, 어른의 권위를 부리지 않는 어른의 시, 그 권위를 기존의 어른이 미처 생각하지 못했던 곳에서 부리는 어른의 시들이 중심의 권위와 서정과 탈서정의 경계를 풀도록 유도한다.

어른 자아의 불안감

2000년대 시 속의 부정성은 주장이 아니라 존재의 성격을 띤다. 전대의 목소리를 거스르는 내용보다는 존재 자체만으로 기존 체제를 위협하기 때문이다. 주장하는 부정성은 반대할 기존의 영역을 필요로 하는데, 이 경우 이 두 영역은 닮은 점이 없어야 한다. 따라서 주장하는 부정성은 이쪽과 저쪽을 구획한다. 하지만 존재하는 부정성을 지닌 '2000년대 탈서정의 시'는 그 경계를 교란시키고 영역을 나눈 관점을 재고하도록 요구한다. 그들은 주장이 아닌 제시의 방식으로 굳건한 믿음의 주변부를 조명한다. 황지우와 김행숙의 시는 서로 다른 부정의 모습을 보여주는 하나의 예이다.

> 아무도 사랑해본 적이 없다는 거;
> 언제 다시 올지 모를 이 세상을 지나가면서
> 내 뼈아픈 후회는 바로 그거다
> 그 누구를 위해 그 누구를
> 한번도 사랑하지 않았다는 거
>
> 젊은 시절, 내가 自請한 고난도
> 그 누구를 위한 헌신은 아녔다
> 나를 위한 헌신, 한낱 도덕이 시킨 경쟁심;
> 그것도 파워랄까, 그것마저 없는 자들에겐
> 희생은 또 얼마나 화려한 것이었겠는가
>
> — 황지우, 「뼈아픈 후회」, 『어느 날 나는 흐린 酒店에 앉아 있을 거다』, 1998

1980년대를 관통한 황지우가 1990년대 말에 발표한 이 시는, 후일담 문학의 시적 버전으로 흔히 언급된다. '잔치가 끝났다'는 말이 1980년대를 마감하는 표시라면 「뼈아픈 후회」는 잔치가 끝난 뒤에 밀려오는 회환의 표시이다. 이때 필요한 것은 회한하고 후회할 과거이다. 과거를 부정하는 곳에서 회환과 후회의 감정이 솟아오른다. 그러나 이 부정의 정신이 아무리 세다고 해도 후회와 회환을 만들어낸 자아를 겨냥하지는 않는다. '과거의 나를 부정하는 것'과 '과거의 나를 부정한다고 말하는 나'는 구별되어야 한다. 그가 부정하면 할수록 그 부정하는 자아는 커질 수밖에 없다.

남이 아니라 자기를 사랑해서 '나'는 후회한다. 남을 사랑하는 것도, 자기를 사랑하는 것도 굳센 자아가 전제된 행위이다. 그에게는 자아라는 유리컵이 약한 것이 아니라 큰 것이 문제이다. 사랑의 감정이 타인에게 흘러넘치기에는 '나'라는 유리컵이 너무 크다. 사랑의 감정은 결국 자기애로 갇힌다. 남을 사랑한 줄 알았는데 실제로는 자기를 사랑한 것에 지나지 않았으며, 남에게 헌신했다고 믿었는데 실제로는 나를 위한 헌신에 지나지 않았으며, 남을 위해 희생한 줄 알았는데 실제로는 도덕이 시킨 경쟁심에 지나지 않았다는 "뼈아픈 후회"의 이 실제는, 크고 강한 자아를 전제로 두고 감정의 방향을 거꾸로 튼 데에서 생겨난 깨달음이다. 여기서 문제되는 것은 방향이지 존립이 아니다. 크고 강한 자아 안으로 감정의 방향을 틀었을 때 반성이 생겨나며 그 방향을 고수할 때 고행이 수반된다.

이 자아는 두 가지 이미지를 만든다. 하나는 수도자의 이미지이다. 그것은 황지우가 도달하려 했으나 실패했다고 말하고 있는 그 과정에서 생겨난다. 뉘우침과 깨달음을 수반하는 이 이미지는 약하거나 작은 자아를 지닌 이들에게 비장미와 존경심을 불러일으킨다. 다른 한 가지는 동일성의 시학이다. 그는 자신의 황폐화된 상태를 "사막"에 비유하거나, 고행의 자세를 '제 몸을 매질하며 바다 위를 나는 새'(「오늘날, 箴言의 바다 위를 나는」)에 비유할 수 있게 된다. 사막이거나 날아가는 새이거나 그는 자책할지언정 이들과의 동일시 자체를 의심하지 않는다. 동일시에서 파생하는 감정은 자아와 대상 사이의 굳건한 관계를 기반으로 생겨나고 있는 것이다.

그런데 2000년대의 시는 이 동일시에 대한 믿음에 대해 주저하기 시작한다. 믿음 위에서가 아니라 믿음 자체에 대한 불확신에서, 믿음과 믿음 사이의 사소한 것들에서 감정은 솟아난다. 기존의 세계를 배경으로 거기에 있는 대상을 비판하거나 아쉬워하고, 또 그 대상과 닮아 안심하거나 닮지 못해 안타까워하는 것이 이전 시의 기제라면, 자신이 딛고 있는 세계에 대해 의심하고, 또 자기 자신에 대해서 의심하고 있는 것이 2000년대 시의 기제이다. 이들은 이전의 시각에서 보면 낯설고 사소하다. 그래서 이들은 서정이 아닌 탈서정의 영역에다 세워지기도 한다. 낯설고 사소함은 탈서정의 영역으로 배치되며 서투름으로 오해되기도 한다. 김행숙의 시에 대한 평가도 그랬다.

> 아주 조용하죠. 내 머릿속에서 훌쩍임들이 멎고 흘러나오던 콧물도 얼었어요.
> 꺽, 하는 뭔가 한꺼번에 넘어가는 소리가
> 고요를 분할했지요. 다음에 온 고요는 째근거렸어요.
> 정말 아이들은 잠에 빠져버렸나 봐요. 내 머릿속은 보육원이죠. 아이들의 악몽을 덮을 이불을 준비해야겠어요.
> 아이들의 악몽은 모퉁이에서 불쑥 튀어나오는 자동차 같아서 피하기가 어려워요. 자동차가 통과해 갔는데 내가 어떻게 콩나물을 사고 두부를 사겠어요?
> 더 이상 울지 않는 아이는 위험해요. 아주 조용하지만
> 조용히 내린 눈이 마을을 고립시키죠. 그리고 아무도 그 마을에 대해 들어 본 적이 없다면,
>
> — 김행숙, 「울지 않는 아이」, 『사춘기』, 2003

김행숙의 어른 자아는, 귀신과 여자와 아이가 목소리의 주인공으로 자주 등장한다는 점과 별도로 전형적인 어른 자아와 생김새가 조금 다르다. 「울지 않는 아이」에는 어른 자아의 흔적이 보인다. "내 머릿속은 보육원이죠"가 그렇다. 머릿속과 보육원이, 어떤 유사성으로 이어졌는지 되짚는 과정에서 어른 자아는 상처를 받는다. 둘을 잇는 것은 우선 '고요'이다. 울고 난 '나'의 머릿속은 고요해졌다. 잠에 빠져든 아이들도 고요하다. 그런데 '나'의 머릿속에는 이 아이들이 곧 꾸게 될 악몽처럼 다시 공포가 찾아올 것 같다. 이 공포는 사라지지 않는 것이다. 공포를 물리칠 부모가 없는 보육원 아이들의 근원적인 상실감이 고요를 매개로 머릿속까지 유입되었기 때문이다. 보육원 아이들의 고요가 결코 평화가 될 수 없듯이 머릿속도 결코 평온해질 수 없다. '나'는 '보육원'과 엮이며 오히려 불안해지고 힘들어진다.

「울지 않는 아이」가 조성한 자아는 분명 어른의 것이다. 제목의 '아이'는 보육원에서 잠든 대상이지 머릿속과 보육원을 동일시한 주체가 아니다. 하지만 '아이'가 환기하는 부모 상실의 불안, 잿빛으로 물들기 쉬운 희망, 불투명한 미래 등의 예감은 그 어른 자아의 권위를 흔든다. 황지우의 '사막'이 기지의 사실을 확인하기 위해 쓰였다면 김행숙의 '보육원'은 미지의 가능성을 예감하는 데 할애된다. 그 미지의 영역은 '서정'과 다른 곳이 아니라 '서정의 주변부'에 있다. 즉 '탈서정'이라고 부를 수 있는 바로 그곳에서의 예감이 어른 자아인 '나'를 불안하게 하는 것이다. 이 불안한 위치를 2000년대 시들은 서정의 주변부에서 그대로 보여준다.

서정의 옆쪽, 사소한 자의 '탈서정'

성숙한 어른 자아에게는 기존의 세계를 참조하고 소화할 넉넉한 자아와 거기에서 생겨난 권위가 있다. 그 권위는 동일성의 시학에 의해 유지된다. 그의 자아는 이 말과 저 말을 동일시하는 유사성의 근거를 자기가 쥔 채, 말들끼리 미끄러지는 계기를 차단한다. 진은영의 시는 동일성의 시각을 기본으로 하고 있다는 점에서 어른 자아 모습과 유사하나, 그 권위에 대해 의심한다는 점에서 그것과 갈라진다. 그는 말한다. "은유는 없다/그것은 푸른 얼음/따스한 구멍 속에서 녹아버렸다"(「Summer Snow」).

그의 발언은 '은유=푸른 얼음'이라는 은유의 속성을 따른다. 그러나 그가 쥐고 있는 유사성의 물질은 녹는다. 그 얼음이 녹은 물은 사라질 것이다. 그는 유사성을 포착하여 말이 미끄러지는 것을 막고 있으나 말의 의미에 기대어 그 의미를 기어코 미끄러뜨린다. 그의 말을 빌리면 이 착종의 현상은, '의미의 문법'을 따르자면 이상한 것이지만 '감각의 문법'을 따르자면 자연스러운 것이다. 지금은 물기가 남아 있겠지만, 후에는 흔적조차 사라지는 지점에 그의 은유가 있다. 그의 자아는 굳건한 형태로 녹는다. 이것이 서정과 탈서정의 구분에 균열을 내는 진은영의 방식이다. 그는 '나'를 지키되, 그것의 사소함에 대해 말한다. 그 과정에서 조명을 받는 것은 사소한 자아의 불안한 감정들, 휘발되는 감정들이다. 직접 '나'에 대해서 말하는 시, 「나는」을 확인해 보자.

> 너무 삶은 시금치, 빨다 버린 막대사탕, 나는 촌충으로 둘둘 말린 집, 부러진 가위, 가짜 석유를 파는 주유소, 도마 위에 흩어진 생선비늘, 계속 회전하는 나침반, 나는 썩은 과일 도둑, 오래도록 오지 않는 잠, 밀가루 포대 속에 집어 넣은 젖은 손, 외다리 남자의 부러진 목발, 노란 풍선 꼭지, 어느 입술이 닿던 날 너무 부풀어올랐다 찢어진
>
> — 진은영, 「나는」, 『우리는 매일매일』, 2008

'나'는 은유의 형태를 띤 채 변주된다. 시는 비유의 대상을 비워 둔 채 끝나며 다른 말들이 올 수 있는 여지를 남겨 두었다. 빈자리를 채울 수

있는 조건은 대략 초라하고 쓸모없어 보이는 것인 듯하다. 사소한 모든 것은 이 목록에 등재될 수 있다. 뜨거운 열정을 몸 안에 한 때 지녔으나, 지금은 차가운 현실을 바깥에 두른 것들이 적합하다. 시금치는 너무 삶아 맛이 사라졌고 막대사탕은 누군가 빨다 버려졌다. 가위는 부러졌고 나침반은 자력을 잃어버렸다. 하지만 자신의 모습을 스스로 비참하게 여기거나 그로 인해 슬픔을 토로하는 모습을 보이는 것은 안 된다. '나'는 감정이 거세된 장소이다. 슬픈 감정에 한 때의 열망과 회복의 희망이 포함되어 있다면 여기에 등재되기 부적절하다. 물론 진은영의 「나는」의 '나'도 좋았던 때를 기억한다. 하지만 그것은 회복으로 대치되는 대신 기억 그 자체로 방치되는 성격을 지녔다. 방치되어야만 시간을 운명으로 받아들이며, 시간과 함께 흘러갈 수 있다.

이 흘러가는 모습은 '사소한 나'의 단면 중 하나에 속한다. '나의 사소함'은 사소한 물건들과 동일시해서 생기는 것이 아니다. 동일시에는 동일시시키는 '큰 나'가 전제되어 있다. 자신을 하찮게 여기는 것의 진실은 '큰 나'가 감지되는 '그러므로 나는 사소해'라는 말을 지연시키는 것으로써 생겨난다. 진은영 시의 '나' 역시 '나는 사소해'라고 결론내리지 못하게 함으로써 사소해진다. 이 사소함의 특성은 예전의 최승자 시와 견줘보면 조금 더 뚜렷해진다.

> 일찌기 나는 아무 것도 아니었다.
> 마른 빵에 핀 곰팡이
> 벽에다 누고 또 눈 지린 오줌 자국
> 아직도 구더기에 뒤덮인 천년 전에 죽은 시체
>
> 아무 부모도 나를 키워 주지 않았다
> (…중략…)

내가 살아 있다는 것,

그것은 영원한 루머에 지나지 않는다.

— 최승자, 「일찌기 나는」, 『이 時代의 사랑』, 1981

「일찌기 나는」은 오늘날 최승자를 일반명사로 부르게 한 첫 시집 『이 時代의 사랑』의 첫 시이다. 「일찌기 나는」은 진은영의 「나는」의 주제와 화법을 선점하였다. '나는'을 대신하는 말들이 나열되고 있고, 대체로 '곰팡이' '오줌 자국' '시체' 등은 사소한 것들이라 할 수 있다. 하지만 이 사소하다라는 말만으로는 부족하다. 사소함에 사소함을 더한 하찮은 것이라 해야 어느 정도 부합될까? 최승자의 하찮음이 진은영의 사소함과 다른 까닭은, 시의 처음과 끝에 자신의 사소함을 선언한 사실과 무관하지 않다. "일찌기 나는 아무 것도 아니었다", "내가 살아 있다는 것,/그것은 영원한 루머에 지나지 않는다"는 자기 비하의 말은 시의 처음과 끝에서 그 사이의 말들에 영향을 끼친다. 최승자의 '곰팡이' '오줌 자국' '시체'는 진은영의 '시금치', '막대 사탕'과 견줘 얼마나 비참하게 느껴지는가. 최승자의 말들은 자의식이 담뿍 담겨 있어 그 자의식을 대변하는 말로써 임무를 완성하지만, 진은영의 말들은 자의식의 희미한 흔적들을 언뜻 보여주며 흘러간다. 최승자의 말은 중심을 가졌고 자기 비하의 선언에 갇혀 있다면, 진은영의 말들에는 다른 말들이 유입되는 문이 열려 있다. 그래서 이 두 시인의 말은 고통을 겪는 이들에게 위무하는 방식을 달리한다. 자신보다 더 큰 고통을 겪는 이가 있다는 사실로 최승자의 시는 위로를 주지만, 자신과 같은 고통을 견디는 이가 있다는 사실을 환기하는 것으로 진은영의 시는 위로를 준다. 최승자는 고통의 순례자이지만, 진은영은 아픔의 동반자인 것이다. 그것은 자아의 크기와 연루되어 있다. 하지만 자아의 크고 작음이 촌스러움과 세련됨으로 환원되어 인식되기는 어렵다. 최승자의 시는, 그리고 이 글에서 언급되는 이전의 시들은 촌스러웠던 것이 아니라 그런 자아를 낳은 그 시대에 충실했던 것이다.

서정의 뒤쪽, 노회한 자의 '탈서정'

어른 자아 옆에는 진은영의 시에서 보았던 것과 같이, 자신이 사소하다고 생각하는 다른 어른이 있다. 그런데 시간의 축을 따라 뒤로 가 보면, 권위를 놓아버린 또 다른 어른이 있다. 그에게는 한 때 자신을 통과했던 동일성의 흔적이 남아 있다. 여기에서 중요한 것은 '동일성'이 아니라 '흔적'이며 '한 때'이다. 물론 그에게는 단일한 목소리로 이것과 저것을 문면에 끌어들여 시를 관장하는 힘이 남아 있다. 하지만 그의 말이 가리키는 내용은 대개 이전의 권위와 자신의 욕망이 사라진 상태에 대한 것이다. 그의 자아는 늙어 있다. 노회한 그의 목소리는 권위를 강요하지 않아 지혜롭게 들린다. 이치를 고정시켜 놓고 변화하는 세계를 설명하려 할 때 노인의 말은 곤혹스럽다. 권위로 짓누른다고 해서 세계가 멈춰질리 없기 때문이다. 세계를 끌어들여 자아의 변화를 꿰는 시도가 불편한 지혜로운 자는 세계 속에 자아를 부려놓는 쪽을 택한다.

'잡담'이나 '오해'라고 자신을 인식하는 이장욱 시의 '나'가 이렇게 읽힌다. 그의 시에서 세계를 마주하며 들리는 목소리는 늘 한 사람의 것이다. 세계를 소화하는 자아를 가지고 있다는 면에서 그의 시는 서정의 중심에 놓여 있다. 하지만 그는 그곳에서 그 틀을 유지한 채 자아가 세계에 흩어지는 모습을 그린다. 그는 자아의 균열을 들려주지 않고 제시한다. 단정한 어투로 흩어짐에 대하여 말하기 위해 필요한 자아는, 권위를 앞세우는 전형적인 어른의 것도 권위를 체험하지 못한 아이의 것도 아닌, 권위의 정점을 지나친 노회한 자의 것이다. 그렇다고 '살찐 소파'가 되었거나 '흐린 주점'에 앉아 있는 자아는 여기에 어울리지 않는다. 그들은 소파에 누워 있거나, 주점에 앉아 있으며 회환에 휩싸여 있지만, 이 자아는 감정 없이 어디론가 이동하고 있는 중이다.

나는 코끼리의 귀가 되어 펄럭거리고
너는 개의 코가 되어 먼 곳을 향하고
우리는 공기 중을 부드럽게 이동하였다.

活命水를 마시고 있는 약국 안의 사내와 함께
머리를 말리고 있는 여자의 거울 속에서
우리는 우리의 배경이 되어
무한히 지나갔다.

오늘 아침의 세계는 역사와 무관하고
어젯밤의 세계는 다만 어젯밤의 세계,
우리은 어지럽고 아름다웠다.
먼지처럼
음악처럼

오늘은 누군가 성수와 뚝섬 사이에서 사라지고
누군가 병든 유태인처럼 창문에 머리를 기대고
누군가 박물관의 입구처럼 조용해지고
아침에는 추리 소설 속의 탐정처럼 깨어났다.

노련한 사서들은 언제나 음악의 비유를 경계했지만
우리는 미래의 음표로 나아가기 위해 현재에
집중해야만 하는 피아니스트와 같이

나는 내일도 기린의 목처럼 부드럽게 휘어졌다.
너는 모레도 하마의 입처럼 무거워졌다.
우리는 삼십 년 후에도 가득한 먼지처럼
천천히 이동하였다.

— 이장욱, 「먼지처럼」, 『정오의 희망곡』, 2006

가령 「먼지처럼」의 화자는 단일하고 그의 목소리는 단정하다. 내용만 제외하고는 모든 것이 서정의 중심부에 있다. '나'와 '너' 그리고 '우리'를 대신한 '먼지'나 '음악'은 세계로 흩어지는 자아의 사소함과 움직임을 동시에 대변한다. 이들은 실제로 세계와 '나' 사이를 부유할지라도, '나'에게는 이미 사라지거나 이내 사라질 것들로 인식되기 때문에 없음의 세계로 "천천히 이동"하는 노회한 자아를 시에 불러들인다. 이제는 거대 역사와 권위 있는 자아와 무관해진 위치에 놓여 있는 그런 자아가, "우리의 배경이 되어" "역사와 무관한", 그리고 어제와 무관한("어젯밤의 세계는 다만 어젯밤의 세계") "오늘 아침의 세계"를 맞이하는 것이다. 「먼지처럼」은 하나만 제외하고 모든 것이 서정의 중심부의 특성을 따르지만, 그 하나, 내용이 환기하는 노회한 자아의 모습으로 결국 서정의 주변부를 더 선명하게 하는 시이다.

그가 먼지가 되고 음악이 되자 떠돌고 사라질 공간이 필요해진다. 스쳐 지나가거나 어렴풋하게 짐작되었던 이 세계는, 이 과정에서 비로소 구체적인 모습을 보여준다. 서정의 세계에서 중시되는 '먼 곳'이 아니라, 그곳을 향해 이동하는 모습이 펄럭거리는 "코끼리의 귀"와 먼 곳을 향한 "개의 코"로 되살아나고, 배경으로 머물렀던 "活命水를 마시고 있는 약국 안의 사내"와 "머리를 말리고 있는 여자의 거울"이 '우리'의 참여로 주목된다. 이 세계의 선명함은 세계를 자아로 끌어들여 생겨난 것이 아니라 자아를 세계에 투영시키며 생겨난 것인데, 그로 인해 서정의 세계를 떠받

치던 원근법과 소실점은 사라진다. 앞으로 남게 될 오늘의 "역사"는 여기에서 별 언급이 없으나, 지금 사라지고 있는 복수의 "누군가"는 "병든 유태인처럼 창문에 머리를 기대고" "박물관의 입구처럼 조용해지고" "추리소설 속의 탐정처럼 깨어"나는 모습으로 주목받는다.

이 점이 서정의 옆과 서정의 뒤가 보이는 차이일 것이다. 두 곳은 모두 서정의 중심에서 사소하게 보인다. 진은영은 사소한 '나'를 말한다. 하지만 이장욱은 사소해지는 '나'를 말한다. 진은영은 '나'를 사소하게 하기 위해 '나'를 증식시키거나 쪼개었다. 하지만 이장욱은 '나'를 둘러싼 세계의 시공간을 바꾸어 그의 힘을 뺀다. 진은영의 시에서는 '나'의 여러 모습들이 미끄러짐을 연출하고 있으나 그 하나 하나는 기존의 세계를 배경으로 정지해 있다. 이장욱의 시에서는 단 하나의 '나'를 유지하지만 그 하나는 다른 세계 안에서 움직인다. 그 다른 세계는 이전의 세계를 기억하고 있는 다른 세계이다.

서정의 앞쪽, 아이 어른의 '탈서정'

서정시의 주변부를 황병승의 시만큼 잘 보여주는 예를 찾기는 어려울 것이다. 심지어 황병승 시의 자아는 어른의 것이 아니라 아이의 것처럼 보인다. 계속해서 미끄러지고 있는 의미, 무분별한 외국어의 대담한 사용, 인물과 사건의 도입, 퀴어의 세계에 대한 직핍한 묘사, 다른 필체로 전달되는 다른 목소리들의 수군거림 등은 서정시를 지지하는 모든 조건들의 바깥에 놓인 자아를 상상케 한다. 하지만 그의 목소리는 어른이 되고 싶지 않았던 어른의 것이다. "나는 어른으로서 이 시간을 견뎌야 한다 어른으로서"(「코코로지CocoRosie의 유령」)라고 다짐한 그는 아이인 어른의 모순된 처지를 고수한다. 그의 시에서 보이는 자아의 위치는 어른 자아의 앞이라 할 수 있다.

물론 이전의 장정일의 시에서도 아이 어른의 모습이 보인다. "실과(實果) 이래 자라난 우리는 망명세대/다가서지 않은 미래로부터도/쫓겨났다"(「텅 빈 껍질」)라고 하며 그는 미래로부터 유배된 세대를 자처했다. 이때의 망명은 미래, 어른으로부터 쫓겨남을 뜻한다. 그 또한 인물과 사건을 끌어들여 왔고, 외국어를 사용했고, 서로 다른 글씨체를 함께 섞어 썼다. 이 둘의 자아는 어른 세계의 주변부에 놓여 있다. 하지만 황병승의 심드렁함과 달리, 장정일은 주변부의 배치를 위에서처럼 '쫓겨남'이라고 표기하고 있다. 자신의 위치에 대해 말로 표현하는 것과 그렇지 않은 것의 차이는 분명하다. 그것은 두 시인의 개성 차이에서 빚어졌겠지만 근본적으로는 그들이 살았던 시대의 차이를 염두에 두지 않을 수 없다.

가끔씩 우상이 만들어진다. 여기서
하지만 볼 만한 희극도 비극도 이젠 상연되지 않는다.
한때 숱한 영웅들이 이 무대 위에서
자신의 운명 결정하곤 했지만
오래 전에 세계는 지긋지긋해졌다. 겨우
동성연애자, 보험가입자, 개업한 정신과 의사
따위가 우리들의 배우. 우리들에게 맡겨진
배역인 것. 수박만큼 두 눈을 크게 치뜨더라도
여기 없는 주인공을 나는
찾을 수 없다

— 장정일, 「입장권을 만지작거리며」 부분, 『햄버거에 대한 명상』, 1987

젊은 장정일은 첫 시집 『햄버거에 대한 명상』에 수록한 이 시에서 영웅에 대해 말을 꺼낸 뒤, 동성연애자, 보험가입자, 정신과 의사가 영웅을 대신해 무대에 곧 오를 것이라고 단언한다. 그리고 그는 그 배역이 "입장권을 만지작거리"는 "우리에게 맡겨진" 것이라고 하며 무대와 객석의 경계를 지운다. 흔히 영웅이 환기하는 시대는 근대 이전이다. 그런데 영웅에서 사소한 사람으로 배역이 교체되는 시기에 있는 그에게, 전근대는 그가 살고 있는 시대까지를 포함하는 것으로 인식된다. 배역이 교체되고 경계가 지워지는 시점에 살고 있는 그의 관심사는 배역의 교체되는 국면이지, 교체될 배역의 면면이 아니다. 그에게 더욱 절실한 것은 쫓겨나거나 물리치는 과정이다.

그런데 영웅의 반대편에 동성연애자, 보험가입자, 정신과 의사가 설정된 것은 특이하다. 이 자리에는 흔히 '사소한 사람들'과 같은 뭉뚱그려진 말이 온다. "수박만큼 두 눈을 크게 치뜨더라도" 이들밖에 없다고 하니, 이 세 유형의 사람은 '사소한 사람들'의 대변자이다. 자본에 얽매인 보험가입자나 미친자들을 교화하는 정신과 의사는 어른 세계의 가치관을 따르는 자이다. 사회에 적응한 사람은 보험을 가입한 자이거나 정신과 의사라는 것이 장정일의 견해이다. 정신과 치료를 받는 미친 사람은 사회 밖에 있어서 자신이 맡을 배역으로는 어울리지 않는다. 동성애자는 사회에 적응을 하지 못할 운명을 지니고 태어났으나, 그렇다고 사회의 타자로 남을 만큼 미친 것도 아니다. 그가 소년의 위치를 고수하고 있을 때, 택할 수 있는 것은 그의 견해에 따르면 동성애자이다. 하지만 그가 동성애자는 아닌 것 같다. 그는 동성연애자를 호명했을지언정, 그들의 입장에서 목소리를 내지는 않는다. 그는 여기에서 머뭇거린다. 이 머뭇거림이 '입장권을 만지작거리며'라는 시의 제목으로 형상화되어 있다.

장정일은 예민한 감각으로 소년의 위치에 파악하고 있으나 그의 눈은 굳건한 자아를 지닌 어른의 것이다. 황병승의 경우, 어른의 것이라 할 만한 자아를 찾기 어려운 쪽으로 목소리의 위치가 이동한다. 그는 소수자의 위치에서 그들의 목소리를 대변한다. 그가 아이 어른에 걸쳐 있는 까닭은 자기가 원해서가 아니라 세월에 몰려 어른이 되었기 때문이다. 영웅과 어른과 서정적 자아가 말하지 않는 곳에서 그의 목소리가 들린다.

> 큰오빠, 내 귀여운 숟가락아
> 우리 마미 로봇은 글쎄 내가 아기였을 때
> 이상하게 기어다니는 모습을 보고, 시간이 흐르면
> 곧 일어서게 되고 또 걷고 달리게 된다, 그렇게 믿어버렸지만
> 나는 오빠, 어쩐 일인지 일어설 수조차 없게 되었고
> 마미 로봇은 배신감에 치를 떨며 스팀을 뿜었다! 그 후로
> 맛있는 빵 대신 나에게 검은 오일oil을 주고
> 파티에 데려가는 대신, 가슴 판을 뜯어 스위치를 내렸지
> 어찌 보면 살아간다는 것, 때때로 누군가 완전히 죽여주는 것
> 큰오빠, 내 부러진 숟가락아
> 오빠는 마비가 된 후에 이름을 얻었지, 나는 이름을 얻고 나서 마비가 되었다
> 그러니까 큰오빠, 우리를 사라지게 하고 우리를 떠먹을 수 있는 건, 쇠심줄의 마미 로봇뿐
>
> — 황병승, 「썸 비치some bitch들의 노래」 부분, 『트랙과 들판의 별』, 2008.

두 번째 시집 『트랙과 들판의 별』에 수록된 이 시의 제목에서도 확인할 수 있듯이, 황병승의 시에는 욕설이 검열 의식 없이 자연스럽게 연출되곤 한다. 수많은 욕설이 그의 시에서 들린다. 하지만 이상하게도 거기에서 반감이라고 부를 만한 어떤 것을 찾기는 힘들다. 그의 욕은 남을 공격하기 위해서라기보다는 아이 어른인 자신의 처지를 드러내기 위해 쓰인다. 어른을 직접 공격하지 않으므로 거기에 감지되는 강한 자아 역시 없다. 그러나 그의 욕이 소통 불가능성이나 자폐성을 띤다고 보는 것은 비약이다. 그는 약한 자아와 여러 언어들과 여러 형태의 글꼴과 다양한 욕을 드러내지만, 결코 정서적인 유대로 이편과 저편을 가르는 사투리는

결코 쓰지 않는다. 그의 시는 그런 면에서 오히려 보편성을 지향한다.

"고무호수"를 목에 끼고 있는 오빠와 "마미 로봇"과 살고 있는 '나'는 나이가 차 어른의 세계에 어쩔 수 없이 편입되었다. 그는 일어서고 걷고 달리는 어른 세계에 일어설 수조차 없는 몸으로 남아 있다. 그는 빵 대신 오일을 먹고 파티에 가는 대신 스위치나 내리는 또 하나의 로봇이다. 오일을 받고 가슴에 달린 스위치가 내려가며 '나'는 로봇이 되고, '썸 비치' 라는 타인의 욕설에 의해 여자가 되었다. 어른인 그에게 어른의 자아가 있다고 말하기는 힘들다. 말하기보다는 보여주기로 관철되는 인용 부분은 그가, 자신의 생각을 말하는 데 주저하고 있다는 것을 일러준다. 가끔 중요하다고 생각한 말을 할 때, 가령 "살아간다는 것, 때때로 누군가 완전히 죽여주는 것"과 같은 말을 할 때에는, 확신을 미루는 표시인 "어찌 보면"을 앞에 단다. 생각이 덜 여문 것이다.

그러나 그는 성숙한 사고의 세계에 편입되기를 원하지 않는 것 같다. 그에게 어른이 된다는 것은 마비의 상태를 의미한다. "오빠는 마비가 된 후에 이름을 얻었지, 나는 이름을 얻고 나서 마비가 되었다". 이름으로 표현된 언어는 사고를 성숙하게 하는 대신 감정의 일부분을 억압한다. 그는 억압된 감정의 편에 놓여 있다. 마비되는 증상을 겪지 않기 위해, 어른이 되지 않기 위해, 결국 그에게는 엄마로봇에 기생하는 길밖에 없다. 그것은 아이 어른이 살아가는 유일한 길이기도 하다.

어른의 결단

이 글은 서정시의 앞과 옆과 뒤를 서정의 주변부로 상정하고 그 부분을 '탈서정'이라는 말로 명명했다. 하지만 '탈서정'이라는 말을 살리되 어른 자아를 부정하는 시들까지 포함시키는 길은 열려 있다. 이와 같은 시각을 따르면 '탈서정시'는 '서정시'와 아울러 2000년대 시 전체를 조망

할 수 있는 유용한 개념이다. '시적 주체'라는 용어를 쓰자는 의견도, 이와 같은 구도와 연루되어 있는 것 같다. '서정적 자아'가 배척하고, '시의 화자'가 은폐하는 영역을 '시적 주체'는 포섭할 수 있기 때문이다. 하지만 이 글은 용어만 따진다면 '서정적 자아'의 시각을 고수한 것이 되어버렸다. 용어의 보수성을 감안하고서라도 자아라는 개념을 중심으로 2000년대 시를 살펴본 까닭은 그 자아의 변화에 주목하고 싶어서이다. 폐기되는 것이 아니라 변화하는 것, 안에서의 변화뿐만 아니라 밖에서의 변화도 주목해야 한다는 것이 이 글이 취한 '자아'에 대한 입장이다. 굳이 나누자면, 폐기가 아닌 변화에 주목하는 견해는 '서정'의 중심에서 제출되는 의견을 따르는 것이고, 밖에서의 변화를 주목하는 견해는 '서정'의 바깥에서 제출되는 의견을 따르는 것이다. 어른 자아의 권위는 자신의 권위를 스스로 무너뜨리겠다는 결단에서 유지된다. 그 결단에서 권위는 변화무쌍한 세계의 국면들을 참조하게 되고, 그 지점에서도 새로운 세계는 창조될 것이다.

2부

유머
Humor

달려라, 아비
김애란
카스테라

웃고 있어도 눈물이 난다

— 박민규와 이기호의 소설에 나타난 '유머'

웃음은 자기 자신이 만드는 것이라면
그것은 얼마나 서러운 것일까
— 김수영, 「웃음」

■ 조연정

문학평론가. 1977년생. 2006년《서울신문》신춘문예 문학평론 당선. 주요 평론으로 「순진함의 유혹을 넘어서」 등이 있음. yeoner@naver.com

왜 유머인가

아리스토텔레스는 시인이 모방하는 대상이 보통 사람보다 고상한가, 저열한가를 기준으로 비극과 희극을 구분했다. 덧붙여, 잘난 인물(higher type)의 숭고한 몰락을 그리는 비극이 공포와 연민의 감정을 자아낼 때, 못난 인물(lower type)의 추한 행태를 그리는 희극은 웃음을 선사한다고 말했다. 저급한 인물들의 우스꽝스러운 행위는 "추악하고 비뚤어졌지만 고통을 주지는 않는"[1] 일종의 실수라는 것이다. 이처럼 여러모로 모자란 인물의 어리석은 실수가 경멸이나 혐오의 감정이 아닌 웃음을 불러일으킨다는 아리스토텔레스의 희극론은, 두고 두고 인용되어온 웃음에 관한 가장 오래된 언급이라 할 수 있지만, 시대와 장소를 초월한 보편적인

1) 아리스토텔레스, 천병희 옮김, 『시학』, 문예출판사, 2002, 45쪽.

웃음론이 되기에는 다소 불충분해 보이기도 한다. 특히 그가 사용한 '추악(aischron)'이라는 단어를 따져보아도 아리스토텔레스의 희극론은 쉽게 납득되지 않는 점이 있다. '추악'에 도덕적인 의미와 심미적인 의미가 동시에 내포되어 있다는 주석을 따른다면, 비천한 인물들의 선하지도 아름답지도 못한 행위가 불쾌나 동정심을 유발하지 않고 오히려 웃음을 불러일으킨다는 설명은 더더욱 이해되지 않는 것이다. 모자란 인물이 모자란 행동을 하는 것은 당연한 일이다. 그 당연한 상황이 우리에게 어떻게 큰 웃음을 줄 수 있을까. 충분히 예측 가능한 사건 앞에서 우리는 웃지 않는다. 매주 똑같은 설정을 반복하는 주말 밤 코미디 프로가 일상에 지친 우리를 때로 극도로 피곤하게 만들기도 하는 것은 그 때문이다.

어린아이의 놀이처럼 반복의 즐거움이 주는 쾌락을 무시할 수는 없지만, 누구나 경험을 통해 알 수 있듯, 웃음이란 예측 가능한 반복보다는 예측 불가능한 어떤 돌발적인 결합으로부터 더 자주 생겨난다. 웃음은 당혹스러움을 본질로 하는 경우가 많은 것이다. 따라서 우리를 웃게 만드는 것은 고상한 인물이 저지르는 어처구니없는 실수나, 어울리지 않게 근엄한 태도를 취하고 있는 비천한 인물이라고 해야 한다. 부자연스러운 결합이기 때문이다. 그렇다면 아우얼바흐의 '미메시스'론을 따라, 문학에서의 웃음은 애초에 고급한 것과 저급한 것 사이의 엄격한 분리 원칙이 흐트러지고 '스타일의 혼합'이 이루어진 근대 소설로부터 가능해졌다고 말할 수도 있을 것이다. 유머야말로 현대의 가장 '위대한 발명'[2)]이라고 말한 옥타비오 파스를 참조해볼 수도 있겠다.

돌발적인 것의 결합이라는 점에서, 웃음은 우연히 생겨나는 것이기도 하지만 대부분 발명되는 것이다. 웃음을 유발하는 발명의 메커니즘을 가리켜 우리는 유머(humour)라 한다. 그렇다면 2000년대 문학을 유머의 코

---

2) 밀란 쿤데라, 박성창 옮김, 『커튼』, 민음사, 2008, 152쪽에서 재인용.

드로 읽어보려는 이 글에서 마땅히 물어야 할 것은 우리 시대의 문학이 웃음을 필요로 한 맥락이 무엇인가에 관한 것이다. 가령, 질식할 것 같은 군사 독재의 정치 상황 속에서 숨구멍의 역할을 담당했던 1970~1980년대 문학의 풍자적 웃음과 달리, 거대 담론의 붕괴로 인해 환멸의 정서가 짙게 드리워져 있었던 1990년대 문학 속의 냉소적 웃음과 달리, 2000년대 소설에서의 유머는 어떠한 기능을 했던 것일까. 대체로 엉뚱한 발상이나 가벼운 입담 속에서 발휘된 2000년대식 유머의 성질을 확인하며, 우리는 1980년대 문학이 지녔던 순진한 희망이나 1990년대 문학이 지녔던 허탈한 절망의 정서와는 다른 우리 시대만의 망탈리테(mentalité)를 탐색할 수 있지 않을까.

2000년대 문학에서 특히 유머가 많이 목격되는 것은 이 시대의 문학이 사회의 경직된 요구와 점차 거리를 두며 '즐기는 것'으로서의 지분을 더 많이 확보하게 되었다는 것을 의미하기도 한다. 물론 그렇기는 하지만, 유머란 자연 발생하는 것이라기보다 대체로 감정의 경제를 위해 요청되는 것임을 염두에 둔다면, 2000년대 문학이 드러낸 유머 역시 외부의 어떤 요구에 충실한 결과라 해야 할 것이다. 어색한 웃음이든 자연스러운 웃음이든 그것은 불편한 상황을 조금이나마 유연하게 만들기 위해 요구된다. 어떤 상황을 부드럽게 만들 수 있는 가장 확실한 방법은 '판단중지(epoche)'의 태도를 도입하는 것이다. '판단중지'는 쉽게 받아들이기 힘든 상황에 놓인 우리가 외부의 폭력성 자체를 부정하거나 자신의 고통을 스스로 무화시킴으로써 고통의 상황으로부터 탈출하는 유일한 방법이 된다. 이렇게 유머를 통한 판단중지는 때로 자신을 압도하는 상황을 돌파하기 위한 최후의 보루가 되기도 한다.

때문에, 이제 결론을 당겨 말하자면, 2000년대 문학이 특별히 사랑한 유머란, 우리가 그것조차 없었다면 절대 건널 수 없었던 어떤 고통의 시절에 대한 존재증명이라 할 수 있다. 우리에게 유머란 급선무였지 차선책은 아니었던 것이다. 엄청난 고통을 '웃으며 견디는' 이야기들은 여러 번 읽어도 어쩐지 잔혹하게 느껴지기도 하는데, 그렇다면 우리는 2000년대의 유머담이 훈훈한 후일담으로 읽히기엔 아직 무리라 할 만큼, 여전히 힘겨운 시절을 지나는 중은 아닌지 모르겠다. 2000년대의 유머담을 읽는 일이 대단히 즐겁기보다 조금은 불편한 일이 될 수도 있다는 말로 시작하자.

이토록 숭고한 현실 : 박민규의 경우

"어머니는 농담으로 나를 키웠다"(김애란, 「달려라, 아비」). 그 엄마의 그 딸일까. 태어나기 전부터 아버지에게 버림받은 한 소녀의 상상 속에는 야광 반바지를 입고 썬글라스를 쓴 채 달리는 아버지의 모습이 있다. 소중한 사람으로부터 버림받은 비참함을 상대에 대한 증오나 온 세상에 대한 적의를 통해 보상받으려 하지 않고 즐거운 상상으로 감내하는 건강한 듯 안쓰러운 인물들을 우리는 김애란의 소설에서 보았다. 그녀의 소설이 보여준 이 같은 긍정의 자세는 현실의 우리를 감화시키기 충분한 것이었는데, 왜냐, 한 번도 본 적 없는 몹쓸 아버지를 즐겁게 그려보는 그녀의 상상은, 터무니없는 공상과도 거리를 두는데다가 남이 준 고통을 스스로 극복하려는 안간힘으로 만들어진 것이었기 때문이다. 저 멀리 이국으로부터 아버지의 죽음을 알려온 아버지의 또 다른 자식의 편지를 어머니에게 읽어주며, "아버지가 미안하대. 평생 미안해하며 살았대. 이 사람 말로는", "그리고 엄마, 그때 참 예뻤대……"라는 없는 말까지 지어내는 딸의 마음에서는, 아버지에게 버림받은 자신의 억울함보다도 남자에게 버림받은 여자의 비참을 위로하려는 어른스러움까지 느껴진다. 김애란의 소설이 등장과 더불어 누구에게나 전폭적인 지지를 얻을 수 있었던 것은 아마도 저 기특한 어른스러움 때문이 아니었을까. 김애란 소설을 읽는 진짜 보람은 이같은 애잔한 장면들 속에서 찾아졌던 것이다.

하늘 아래 눈물 나는 삶을 견디기 위해 뒤뚱거리며 '스카이 콩콩'을 타는 어린 소년의 모습(「스카이 콩콩」)에서 우리가 느꼈던 것도 이와 크게 다르지 않다. 그러나 소녀의 상상이나 소년의 '콩콩'거림이, 이들이 처한 질은 슬픔과 외로움을 우아하게 해결해줄 리는 없다. "스카이 콩콩에 장착된 스프링의 탄력은 형편없었다. 스카이 콩콩에 오른 뒤 그 자세를 그대로 유지하려면, 정신없이 콩콩콩콩콩-거려야 했다. 그리고 그 모습은 우아하지도 아름답지도 않았다. 자세를 유지하려고 버둥대는 몸짓은 경박하고 우스워 보일 정도였다"(「스카이 콩콩」) 감당하기 힘든 눈물을 삼켜보려는 몸짓이 아마도 다 이렇지 않을까. 탄력 없는 '스카이 콩콩' 위에서 '버둥대는 몸짓'으로 버티는 모습은 2000년대 유머러스한 소설이 보여준 공통의 이미지라 할 만하다. 'IMF' 외환 위기로 시작되어 실업의 불안을 통해 지속되고 있는 2000년대적 '빈곤'의 상황을 우리는 이처럼 경박해 보이기도 하는 일그러진 웃음으로 견뎌보려 한 것이다.

프로이트에서 라깡으로 이어지는 정신분석의 설명에 따르면, 저 경박한 쓴웃음은, 다시 말해 외부로부터 오는 비참함을 내부의 여유로 감내하려는 태도는 자못 숭고하다고까지 말해진다. 이것이 바로 유머의 메커니즘이다. 멍청할 정도로 외부의 자극에 무감한 사람이나 해탈의 경지에 이른 성인군자를 제외한다면, 우리는 누구나 쉽게 참아내기 힘든 고통 속에서 살아간다. 그리고 그 고통이 자신의 오류와 아무런 상관이 없는 것이라면, 가령 아무리 퍼내고 퍼내도 끊임없이 반 지하 방으로 새어 들어오는 빗물처럼(김애란, 「도도한 생활」) 불가항력의 것이라면, 우리가 품게 되는 당장의 감정이란 바로 억울함이다. 이때 억울한 감정에 휘둘려 스스로를 더 큰 고통 속으로 몰아넣지 않고, 외부의 상황을 내부로부터 새롭게 세팅하여 담대히 인정할 만한 것으로 뒤바꾸어 놓는 것이 유머의 순기능인바, 이로부터 우리는 숭고의 논리를 읽어낼 수 있게 된다.

월요일 아침 교수대로 향하며 "일주일이 참 보기 좋게 시작되는군"이라고 말한 한 강도의 농담을 예로 들며 프로이트가 설명한 유머를 참조하자면, 유머란 인간이 자신에게 다가올 고통의 가능성으로부터 스스로를 보호하기 위해 취하는 태도이다. 즉 자아의 비참함을 달래기 위해 초자아가 내보이는 여유 혹은 배려인 것이다. 전혀 즐겁지 않은 상황에 유머러스한 태도로 임하는 인간을 가리켜 프로이트는 "자기 자신을 어린아이로 취급하면서도 이 어린아이에 대해 월등한 어른의 역할을 동시에 하고 있는 것"[3]이라고 설명했는데, 자신을 가여운 아이로 여기며 동시에 어른이 되어 스스로를 달래는 이 같은 아이러니한 상황 속에서, 우리는 (아이로서의) 인간의 무력함과 (어른으로서의) 인간의 우월한 능력을 한꺼번에 파악할 수 있게 된다. 잘 알려진 대로 칸트는 '불쾌를 통한 쾌'라는 숭고(sublime)의 개념을 통해 인간의 무능과 가능을 동시에 설명했으며, 라캉은 프로이트의 '유머'와 칸트의 '숭고' 개념의 유사성에 주목했다.[4] 「웃음의 본질」에서 '웃음은 무한대의 위대함의 표시이자 동시에 무한대의 비참함의 표시'라고 언급했던 보들레르도, 유머를 숭고와 관련시켜 설명한 정신분석의 통찰을 공유하는 듯하다.

그러니까 2000년대 소설이 보여준 유머러스한 설정 속에서 우리가 확인할 수 있었던 것은 2000년대의 비참과, 그것을 견뎌보려는 (숭고하다고까지 말하기에는 무리가 좀 따르는) 어떤 안간힘이라 할 수 있다. 앞서 간략히 살펴본 김애란의 즐거운 상상은 물론이거니와, 2000년대의 기념비적 소설집이 되어버린 박민규의 『카스테라』(2005)가 보여준 희귀한 공상마저도, 가난한 현실에 대해 당대의 문학이 내놓을 수 있었던 유일한 대

3) 프로이트, 정장진 옮김, 「유머」, 『예술·문학·정신분석』, 열린책들, 2003, 513쪽.

4) 이에 대한 설명으로는, 알렌카 주판치치, 이성민 옮김, 『실재의 윤리 : 칸트와 라캉』, 도서출판b, 2004, 231~247쪽 참조.

안이라 할 만치 2000년대는 비참했고 지금도 여전히 비참하다고 할 수 있다. 옥탑방의 찌는 듯한 무더위 속에서 고장 난 냉장고 안에 세상에서 가장 소중한 것들과 가장 해로운 것들을 하나하나 넣어보는 공상을 펼쳐 보이는 「카스테라」의 가난한 대학생이나, 실종되었다가 '기린'으로 나타난 아버지에게 "무디슨가 어디서 우리의 신용등급이 또 한 계단 올라섰대요, 좋아졌어요. 그러니 돌아오세요. 이제 걱정 안 하셔도 된다니까요."라며 나름의 위로를 보내는 「그렇습니까? 기린입니다」의 시급 삼천 원의 '푸시맨' 청년이나, 실업과 변비로 동시에 고생하며 "일자리 구합니다. 똥이라도 먹겠습니다"라는 농담 섞인 비장한 각오를 내보이는 「야쿠르트 아줌마」의 청년의 모습이 허탈한 웃음과 더불어 짙은 비애감을 자아내는 것은, 박민규의 허무맹랑한 이야기들이 바로 '여기'의 현실을 토대로 하기 때문이라 할 수 있다.

김애란의 상상과 박민규의 공상은 '유머'를 통해 고난의 현실을 건넌다는 점에서 유사하지만 엄밀히 말해 이같은 '숭고한 유머'를 발휘하는 주체는 다르다. 김애란의 소설에서는 작중인물들이 유머를 발휘하지만, 박민규의 소설에서는 그 주체가 작가라고 해야 맞다. 아니, 더 정확히 말한다면, 한 사람의 내부에서 발생하는 유머와 화자와 청자 사이에서 발생하는 유머를 구별한 프로이트를 따라, 김애란 소설에서는 작중 인물들 스스로가 불우한 상황 속에서 숭고한 유머를 발휘하는 반면, 박민규 소설에서는 유머러스하게 묘사되는 작중인물이나 황당한 설정을 토대로 작가와 독자 사이에 유머가 공유된다고 구별해 말할 수 있겠다. 물론, 인물들로 하여금 스스로 유머를 발휘하도록 한 것도, 인물들을 유머러스한 상황 속에 집어넣은 것도 모두 작가이겠지만, 유머를 통해 여유를 부리고 있는 주체가 누구인가에 따라 이들 소설이 구별되는 것이다.

가령, 우주로 날아가 바라본 지구는 "뭔가 복잡한 느낌의 납작함", 다시 말해 "한 마리의 거대한 개복치"에 불과하더라고 말하는 「몰라 몰라, 개복치라니」의 설정은, "왜 고작 이따위로 사는 걸까?"(「그렇습니까? 기린입니다」)라는 작가의 목소리와 공명하며 이 지구상의 가난과 고통을 거대한 농담으로 넘어서려는 박민규의 숨은 의지를 환기한다. 시시한 농담과도 같은 이러한 설정을 통해 박민규는, '관점'을 달리한다면 현실의 고난 따위도 사소한 것이 될 수 있다는 "역설적 자기긍정"[5]을 시도하고 있는 듯하다. 결국 박민규의 유별난 소설을 통해 부각된 것은 기린이나, 개복치, 너구리 등이 등장하는 희한한 설정과 썰렁한 입담보다도 박민규라는 작가의 유머러스한 태도 그 자체인 것이다. 그 유머가 현실의 위력을 그대로 승인하는 '비극적 유머'[6]일지언정 우울한 열패감에 빠져 있는 것보다 훨씬 더 건강해보이기는 한다.

시대의 변화에 적응하지 못한 한 "운동권" 청년의 몰락을 그리고 있는 「코리언 스텐더즈」에서 도드라지는 것도, 작중인물의 유머러스한 태도가 아니라, 그 인물을 우스꽝스럽게 그려내는 작가의 태도이다. 농촌운동에 투신한 왕년의 투사 "기하 형"의 실패를, 박민규는 "〈앗 세상에 이런 일〉이 같은 곳"에 나올 법한 "외계인의 습격" 탓으로 그려낸다. 외계인의 습격이라니? "운동권", 혹은 "농촌"이라는 단어가 "〈9시 뉴스데스크〉"나 "〈PD 수첩〉"에나 나올 법한 것으로 조롱받는 현실과, 그러한 시대의 변화가 불가항력의 사태일 수밖에 없다는 사실을 동시에 보여주는 설정이 아닐 수 없다. 박민규가 고안한 이러한 어처구니없는 상황들은 웃음뿐만 아니라 어떤 울림마저 남기는데 그것은 "인간이 최선을 다하는 이유는, 무력하기 때문이었다"라는 전언을 기저에 담고 있기 때문이다. 그 전언을

5) 김영찬은 이같은 '역설적 자기긍정'을 박민규 소설의 핵심으로 지적했다. "세상의 어떤 형식과 규범에도 얽매이지 않는 개인용 쾌락을 통한 자기배려 의식을 경유해 형성되는 자기 충일성의 감각 같은 것"(「개복치 우주(소설)론과 일인용 너구리 소설 사용법」, 『비평극장의 유령들』, 창비, 2006, 145쪽)이 박민규 소설의 유머를 통해 발휘된다는 것이다.

6) 김영찬, 「2000년대 문학, 한국소설의 상상지도」, 위의 책, 89쪽.

적극 참조해 말하자면 박민규가 꾸며낸 유머는 심심풀이 농담인 것만이 아니라, 무력한 인간이 고통에 맞서 선택할 수 있는 최선의 방책이라고 할 수 있을지도 모른다.

이같은 박민규식 유머의 최대치는 시대의 변화에 적응하지 못한 영웅적 무신(武神)들의 이야기를 코믹하게 그려낸 「절」(『창작과비평』, 2008년 봄호)에서 찾아진다. '운동권'이 외계인처럼 보이는 시대이니, 전설의 무신 "四룡"이 뒷방 노인네 취급받는 것도 당연한 일이다. 박민규의 표현대로라면, "영웅의 시대는 끝이 났다, 바야흐로, 소녀들의 시대"가 온 것이다.

> 기천아! 하고 수저를 내려놓은 천수가 소릴 질렀다. 부르셨습니까? 뜨악하니 도제 하나가 방문을 연 것은 제법 한참이나 시간이 지나서였다. 들때밀 같은 표정으로 마당의 눈을 쓸던 바로 그 도제였다. 아까 내 전음(傳音)을 들었느냐 못 들었느냐? 어떤 전음 말이옵니까? 깻잎 말고 방앗잎을, 후추 말고 산초를 치라 일렀지 않았느냐. 머리를 긁적인 도제가 불쾌해진 얼굴로 목소릴 울먹였다. 사부님…그리 긴 전음을 도대체 언제쯤 들을 수 있다는 겁니까? 오년 수련에 오라 가라 간단한 전음도 들을까 말까인데…그리고 그런 말은요…휴대폰으로 하시면 되는 겁니다. 예? 어허, 고얀지고, 어느 안전이라고 네놈이…내 오늘 세분 무신께서 모이신다 그리도 일렀거늘! 울먹이던 도제가 결국 펑펑 울음을 터트렸다. 四룡께서 모이면 뭘요…뭘…정부라도 엎을 겁니까? 네 분이 힘 합치면 뭐…삼성한테 이길 수 있습니까?

"대의와 명분이 사라진 세계"에서 정부를 엎을 힘도, 심지어 (아니 당연히) 삼성한테 이길 힘마저도 없는 지난 시절의 영웅들은, 핸드폰도 쓸 줄 모르냐는 제자의 볼멘소리나 "제발 개량한복 좀 입지 마! 나 쪽팔려 죽겠어"라는 딸의 투정을 들으며, 간혹 부산행 비행기를 타는 대신에 축지법이나 쓰며 살아가고 있다. 이같은 시대의 부적응자들로부터 "부패를 못막으면 발효라도 시켜야 할 거 아닌가"라는 웃기지도 않은 농담을 진지하게 토해놓도록 하는 박민규가 의도한 것은, 부패한 시대에 대한 진지한 풍자는 아닐 것이다. 풍자와 조롱마저도 불가능한 상황에 처해 그저 농담 섞인 이야기를 읊조리며 자기 만족을 구해보려는 것이 박민규 소설의 진짜 목적일지도 모른다. 그렇다면 우리는 이러한 유머담 앞에서 어떠한 관객이 되어야 할까.

프로이트에 따르면 "유머를 듣는 사람은 유머를 드러내는 사람을 모방한다."[7] 즉, 화를 내거나 푸념을 하거나 절망을 해야 할 상황에서 익살을 떨고 있는 화자를 모방하며, 관객 역시 여러 가지 정서적 흥분들을 절약하고 그것을 쾌락의 원천으로 활용하게 된다. 이처럼 관객이 스스로 유머를 고안하기보다 단지 화자의 유머를 구경하고 모방할 뿐이라면, 관객의 유머란 숭고한 자기 긍정보다는 오히려 상황에 대한 둔감의 결과로 성취되는 것은 아닌지 모르겠다. 관객은 힘겹게 익살을 떨고 있는 유머의 주인공을 구경만 할 뿐이니 말이다. 그렇다면 박민규 소설의 성공 여부는 독자가 둔감한 바보가 될 수 있느냐 그렇지 않느냐에 달려 있다고까지 말할 수도 있을 것이다. 박민규의 소설을 읽는 일이 대체로는 즐겁지만 때로는 허탈하기도 한 것을 보면, 우리는 그의 성실한 모방자가 되기에는 역부족이라 할 만치 너무도 민감한 생활인인 듯도 싶다. 저 멀리 우주로 날아가 지구의 보잘것없는 고통을 달래보자는 그의 제안은 어쩐지 속편한 이야기로 들리기도 하는 것이다. 그렇다면 쉽게 모방할 수 없다는 것, 바로 그것이 박민규가 고안한 유머담의 성과이자 한계라 말할 수 있지 않을까.

---

7) 프로이트, 앞의 글, 511쪽.

웃을수록 미안해지는 : 이기호의 경우

그러니, 생활에 지친 우리들은 웃을수록 슬퍼질 수밖에 없다. 2000년대 유머담을 읽으며 우리가 눈물이 맺히도록 웃었던 것은 비단 생리적인 이유 때문만은 아니다. 웃음은 눈물을 감추고 있는 경우가 많았기 때문이다. 유머를 통해 우리는 우리 자신의 유한성을 우스운 것으로 받아들이도록 하는 자비로운 초자아를 만날 수도 있지만, 반면 유머가 잔인해지는 광경을 목격하기도 한다. 고통의 상황을 넉넉한 유머로 견뎌보라는 권유가 일종의 강요로까지 발전한다면, 그것은 잔혹한 폭력과 다름없는 것이 될 수도 있다. 지젝이 지적했듯, 누군가를 강간하며 "섹스가 쾌락을 주리라!"라는 문구가 쓰인 티셔츠를 입고 있는 것과 유사한 잔인한 조롱이, 강요된 유머 안에 있다. 이때 유머는 최고로 모욕적인 것이 된다.[8] 요컨대 유머러스한 초자아의 불가능한 요구를 따라가는 일은 쾌락이 아닌 고통을 수반할 수 있다는 것이다.

가령, 이기호의 등단작 「버니」에서, "보도방"의 아가씨로 팔려왔다가 신세대 여성 랩퍼로 변신하는 '순희'의 처지는 그야말로 끔찍한데, 지능이 모자란 '순희'는 제 자신의 처지가 어떤지 인지하지도 못한 채 언제나 무표정한 얼굴로 "순희는 가수가 될 거야"라며 '랩'을 흥얼거리고 있기 때문이다. 온갖 폭행을 당하는 순간에도 멈춤 없이 지속되는 순희의 "신음 같은 비트박스"는, '즐기라'는 초자아의 명령에 복종하는 자가 맞닥뜨리는 '쾌락을 넘어선 고통'까지도 환기하는 듯하다.[9] 라깡에 따르면 향락(jouissance)에 관한 초자아의 정언명령—즐겨라!—은 주체의 자발적인 수행을 넘어선 곳에 있다. 무시무시한 고통에 무감한 채로 랩을 흥얼거리는 '순희'는 초자아의 명령에 절대 복종하는 자동인형처럼 보여, 보는 우

8) 지젝, 박정수 옮김, 『잃어버린 대의를 옹호하며』, 그린비, 2009, 510쪽.

9) 위의 책, 512쪽.

리를 섬뜩하게 한다. 이런 식으로 우리는 「버니」를 통해, 비참한 자아에게 유희를 베푸는 초자아의 자비가 한순간 잔혹한 폭력으로 돌변할 수 있음을 확인하게 된다. 「최순덕 성령 충만기」에 대해서도 마찬가지의 이야기를 할 수 있겠다. 신실한 기독교 신자 '최순덕'이 "하느님이 저를 세상에 보낸 의미"를 찾는다며 길거리에서 우연히 만난 '바바리 맨'을 전도시키려 애쓰는 과정을 그리고 있는 이 소설도 결코 웃긴 이야기가 아니다. 오히려 처참한 이야기이다. 하느님의 말씀에 절대 복종하는 '최순덕' 역시 '순희'처럼 자기가 하는 일이 무엇인지 알지 못하기 때문이다. 이들의 우스꽝스럽고도 섬뜩한 행위 앞에서 우리는 얼굴을 찡그릴 수밖에 없다.

자신이 처참한 상황 속에 놓여 있다는 사실조차 인식할 수 없는 사람들의 모습을 볼 때, 우리는 왠지 모를 죄의식과 그로 인한 불편함을 동시에 느끼게 된다. 그렇다면 즐거운 웃음보다는 불편한 쓴웃음을 더 많이 안겨주는 이기호의 소설은, 소설 속 인물들에게나 그것을 보고 있는 우리에게나, 잔혹한 유머담이라고 해야 맞을 것이다. 이기호의 소설이 '정치적으로 올바른 개념 있는' 소설이라면[10] 이처럼 '불편한 감정'을 불러일으키기 때문이기도 하다. 김애란이나 박민규의 소설이 '2000년대적 빈곤'이라는 보편적 불행과 관련된 '모두'의 고통을 전제로 할 때, 이기호의 소설은 그중 더 비참한 '누군가'의 고통을 전제로 한다. 이기호가 보기에 이 시대의 불행이란 김애란처럼 즐거운 상상을 만들어보거나 박민규처럼 우주로 날아가 본다고 해서 해결될 일은 아니다. 그래서 그의 소설에서는 세계의 폭력성이 훨씬 더 철저한 방식으로 드러난다. 앵벌이, 조폭, 자해공갈단 등 애초에 정상적인(?) 노동을 통해 살아갈 방도를 찾지 못한 인물들을 그리고 있다는 것만으로도 이기호가 문제 삼는 이 세계의 고통

10) 신형철, 「(해설)정치적으로 올바른 아담의 두 번째 아이러니」, 『갈팡질팡하다가 내 이럴 줄 알았지』, 문학동네, 2006, 321쪽.

이라는 것이 매우 구체적인 것임을, 더불어 불평등한 것임을 알 수 있다. 요컨대 이기호의 소설에는 가해자가 분명한 피해자들이 등장한다. 그리고 피해자들은 제대로 억울함을 호소하지도 못하고 오히려 우스꽝스러워진다. 이처럼 부조리한 광경을 지켜보는 독자는 웃으면 웃을수록 가해자가 되어 버리는 자신을 발견한다. 이른바 '불합리한 죄책감'을 느끼는 것이다. 그래서 여기저기 농담을 부려놓고 있는 이기호의 소설 앞에서 우리는 마음 놓고 웃을 수가 없다.

이기호의 잔혹한 유머가 좀더 유연한 방식으로 발휘되는 것은 두 번째 소설집(『갈팡질팡하다 내 이럴 줄 알았지』, 2005)의 「당신이 잠든 밤에」 연작에 등장하는 비천한 '시봉'들의 이야기에서이다. 「당신이 잠든 밤에」의 '시봉'과 '진만'은 가진 것이라고는 자기 몸뚱어리밖에 없음에도, 자해공갈마저 제대로 성공하지 못하는 말 그대로 멍청하고 불쌍한 인간들이다. 공갈은커녕 오히려 어린 소녀한테 속아 동네 깡패들한테 두들겨 맞거나, 차에 뛰어들 타이밍하나 못 맞춰 자해도 못하는 이들은, '진만'이 '시봉'에게 타박하며 말하듯 "남한테 불쌍한 모습 보여주고 싶어서 안달난 놈"들처럼 보인다. 못난 인물들의 어처구니없는 행동이 그려진다는 점에서 아리스토텔레스라면 이 소설을 희극적으로 읽을 법하지만, 자해랍시고 자기 다리를 있는 힘껏 벽돌로 내리찧는 '시봉'의 모습을 보며 우리는 절대 유쾌하게 웃을 수 없다. 이들의 행동은 너무나 필사적이며, 나아가 이들의 삶 자체가 너무나 비참하기 때문이다. 이 소설이 희극적일 수 없는 것은, '시봉'같은 비천한 자들이 비단 소설 속의 인물만은 아니라는 이유 때문이기도 하다. 이기호는 이처럼 우스꽝스러워 보일수록 불쌍해지는 사람들의 이야기를 쓰고 있다.

이 같은 희비극은 「국기게양대 로망스 : 당신이 잠든 밤에 2」에서도 반복된다. 국기게양대에 내걸린 국기를 떼다 파는 아르바이트를 하는 '시봉'과 국기게양대와 사랑에 빠진 한 남자, 그리고 국기게양대를 유일한 대화상대로 여겼던 아내를 찾아 국기게양대로 오른 세 남자가 허공에서 만나고 있다.

"입을 맞추고 싶으면 맞춰도 되고요, 허리를 움직이고 싶으면, 움직여도 됩니다. 각자 자기만의 사랑법이라는 게 있으니까요."

왼편 남자의 지시에 얌전히 따르던 넥타이 사내가 실눈을 뜨며 물었다.

"저기, 이거 혹시 불법 아닌가요?"

"아이, 아저씨 말하면 안 되는데……"

"아니, 그래도 좀……"

"무슨 불법이요?"

"저, 그러니까 뭐 국보법 같은 거……"

"그런 거 생각하면 사랑 못 하십니다."

"그건 그렇지만…… 전 자꾸 국가와 뭘 하는 거 같아서……"

"그러니까 눈을 뜨지 마시라는 거예요. 눈 감으면 국가도 싹, 사라진다니깐요."

국기게양대와 사랑에 빠진 남자가 다른 두 사람에게 '국기게양대와의 사랑법'을 전수해주고 있는 부분이다. '국보법'이라는 단어가 갑자기 튀어나왔다고 해서 그것을 '국가'에 대한 엄숙한 풍자나 조롱의 의미로 읽을 필요는 없다. 국기게양대와 사랑에 빠진 사람과 그 사랑법을 전수받고 있는 사람 중에 누가 더 어이없는지 생각할 필요도 별로 없다. 엉뚱한 대상들을 섞어 놓으며 예기치 않은 웃음을 유발하는 이기호의 장난 섞인 재치 정도로 읽으면 될 일이다. 유머란 현대의 '위대한 발명'이라고 했던 옥타비오 파스를 참조하여 쿤데라가 했던 말을 인용하자면 "한 현실이 느닷없이 모호한 상태로 드러나고, 사물이 자기 본연의 명백한 의미를 잃"[11]을 때 우리는 웃는다. 위의 장면이 웃긴 이유도 그런 것이다. "그런

11) 밀란 쿤데라, 앞의 책, 152쪽.

거(국보법-인용자) 생각하면 사랑 못 하십니다."라는 천연덕스럽고도 진지한 대사와 함께, 저들이 처한 상황 자체가 모호해지고 또 어쩐지 짠해지지 않는가. 『최순덕 성령 충만기』에서 드러난 잔혹한 유머는 '시봉'들의 이야기와 더불어 애잔한 유머로 바뀌고 있다.[12] 독자에게 단순히 웃음을 주려는 목적이 아니라면, 그러니까 저 불쌍한 사람들을 위한 어떤 마음의 움직임을 유발하고자 한다면, 애잔한 유머보다는 잔혹한 유머 쪽이 더 효과적일 것 같기는 하다.

김애란의 유머에 동화된 우리가 세상을 긍정하는 법을 배우고, 박민규의 공상에 왠지 모를 허탈감을 느낀 우리가 현실의 위력을 새삼 실감하게 되었다면, 어쩐지 서글픈 감정을 불러일으키는 이기호의 소설을 통해 우리는 좀더 적극적인 방식으로 현실에 개입할 의사를 지니게 되었다고 말할 수 있지 않을까. 왜일까. 김애란이나 박민규의 소설에서는 고통의 당사자가 유머를 발휘하는 주체가 되고 있다면, 이기호의 소설은 고통의 당사자를 우습게 만듦으로써 독자에게 희미하게나마 죄책감을 강요하기 때문이다. 이기호의 이야기는 고상한 인물(higher type)의 몰락을 그리는 숭고한 비극이 아니라 비천한 인물(lower type)의 끔찍한 불행을 우스꽝스럽게 그리고 있는 잔혹한 소극(笑劇)에 가깝다. 아리스토텔레스의 고전적 정의에 따르면 우리가 비극을 통해 얻는 것은, 끔찍한 운명에 처한 인물과의 거리두기를 통한 안도감일 텐데, 이기호는 우리보다 못한 인물들의 비극을 유머러스하게 그림으로써 안도감을 자연스럽게 죄책감으로 뒤바꿔놓는다. 못난 인물들의 불쌍한 처지를 우스꽝스럽게 그리는 이기호의 소설은 절대 웃기지 않다. 오히려 잔인하다. 그 잔인함이 버거운 독자

12) 이기호의 첫 장편 『사과는 잘해요』(현대문학, 2009)는 죄와 벌에 관한 이야기, 다시 말해 보상 불가능한 죄에 관한 이야기를 다루고 있지만, 자신이 처한 상황을 정확하게 인식하지 못한 채 누군가로부터의 폭력을 '멍청하게' 감내하는 인물들이 등장하고 있다는 점에서 초기 소설들이 보여준 잔혹함과 유사한 느낌을 자아낸다.

라면 무언가 해야 할 일이 있을 것이다. 이기호는 얼렁뚱땅 이처럼 '좋은 소설'을 쓴 것이다.

웃는 듯, 우는 듯

가라타니 고진도 말했듯 "웃음이란 웃는 사람의 우월성의 표시"일 수 있지만, 언제나 그런 것만은 아니다. 어떤 웃음은 상대에 대한 자신의 무력함을 감추기 위해 일부러 만들어진 것이기도 하다. 그래서 웃음이 언제나 마냥 즐거운 것일 수는 없다. "웃음은 자기 자신이 만드는 것이라면 그것은 얼마나 서러운 것일까"(「웃음」)라고 자조적으로 말한 김수영은 아마도 약자가 만들어내는 유머의 고독을 정확히 알았던 자가 아닐까. 단순히 즐겁기 위해서가 아니라 마음껏 울 수도 없고 울어도 소용없는 상황을 견디기 위해 고안된 웃음이라면, 그것은 눈물보다도 더 서러운 것이다. 그것은 위로조차도 거부하기 때문에 더 외롭고 슬픈 것이 된다. 박민규의 허탈한 유머와 이기호의 잔혹한 유머를 통해 살펴보았듯, 2000년대의 유머러스한 이야기에서 우리가 확인한 것은 '약한 자의 슬픔' 쯤이 되지 않을까. 이들의 소설을 읽으며 우리가 통쾌하게 웃을 수 없었다고 해서 작가들의 허술한 유머감각을 탓해서는 안 된다는 말이다. 시대적 불운을 탓해야 할 일이다.

2000년대 소설이 감지한 시대적 불운이란 물론 '빈곤'이다. 사태가 너무나 전면적이고 직접적이었기 때문에, 그리고 어쩌면 그것은 너무나 유구한 불운이며 지속될 불운이기에, 우리는 사태의 책임을 물어야 할 곳이 어딘지 알 수도 없었다. 분노를 조롱이나 풍자로 뒤바꿀 힘이 없었던 것도 같은 이유 때문이다. 그렇다면 이렇게 말하며 끝내는 것이 좋겠다. 90년대를 풍미한 '비루한 것의 카니발'(황종연)이나 '세련된 시니시즘'이 사라진 후 오로지 이상하고도 무력한 유머만으로 가득했던 이 시대에,

다시 말해 웃을수록 허탈해지고 웃을수록 슬퍼지는 소설만이 넘쳐났던 이 시대에, 우리가 확인한 것은 웃음의 힘보다는 오히려 소설의 정직함이었다고 말이다.

환상

Fantasy

늑대의 문장
김유진 소설
지구영웅전설
박민규 장편소설

환상과 현실의 다층적 관계

■ 박진

문학평론가. 1970년생. 1998년 『세계의 문학』으로 등단. 숭실대 베어드학부대학 교수. 저서로 『장르와 탈장르의 네트워크들』, 『서사학과 텍스트 이론』, 평론집 『달아나는 텍스트들』 등이 있음.
libra3061@hanmail.net

2000년대적 환상에 대한 해석과 평가

'환상'은 2000년대 소설을 특징짓는 강력한 키워드라 할 만하다. 박민규로부터 시작하여 편혜영, 박형서, 천명관, 서준환, 김숨, 김이은, 김유진, 윤이형, 김주희, 염승숙, 황정은, 윤고은, 조현 등에 이르기까지, 2000년대 젊은 소설은 "기본현실 속에 주어져 있는 기본값들" 자체를 "새로운 설정치로 변경"[1]하는 환상적 경향을 강하게 띠고 있다. 이 같은 양상은 "리얼리즘 문학의 어떤 기본적인 규율과 현실의 인력도 발본적으로 무시하는 서사적 상상력", 또는 "무중력 공간의 탄생"[2]으로 명명되기도 했다.

---

1) 김태환, 「환상성의 구조」, 『문학의 질서』, 문학과지성사, 2007, 217~218쪽.

2) 이광호, 「혼종적 글쓰기, 혹은 무중력 공간의 탄생」, 『이토록 사소한 정치성』, 문학과지성사, 2006, 101쪽.

이들 소설에 대한 평가는 '새로움' 논쟁과 맞물려 극명하게 엇갈리고 있지만, 2000년대 이후 도드라져 보이는 소설 속 환상들이 적극적인 현실 대응 능력을 잃어버린 주체의 무력함을 드러내는 징후라는 해석에는 어느 정도 동의가 이루어진 듯하다. 2000년대 중반 김영찬, 김형중 등에 의해 제출된 이 같은 설명은 2000년대 후반 소설의 '엉뚱발랄'하고 '명랑'한 환상들이 사회적 맥락을 비껴가고 현실의 중압감을 덜어냄으로써 위축된 이야기 세계를 지켜내는 보호막/탈출구의 성격을 지닌다는 지적들로 계속 이어져왔다.[3)]

그런데 이런 논의들은 이들의 소설을 옹호하고자 할 때조차 환상의 탈현실적·회피적 성격을 기본 전제로 삼고는 이야기하기 자체의 욕망과 그 실현 가능성에서 일정한 의의를 찾는 경향이 있다. 하지만 이런 관점으로는 그들이 이야기하고자 하는 것과 이야기하는 방식의 관계, 또는 이들 소설이 환상을 통해 현실에 개입해 들어가는 특수한 과정들을 설명할 수 없을 것이다.[4)] 거기에는 또한 일상적이고 재현적인 리얼리티와 '현실'을 동일시하고 환상과 '탈현실'을 등치시키는 단순 논리가 깔려 있다. 이는 환상이라는 광범위하고 이질적인 영역과 복잡하고 다층적인 삶의 현

---

3) "현실세계 내부에서 전선을 찾아내기가 어려워져버렸고, 또한 세계의 외부를 상상하는 것도 힘들어져버"린 상황에서 환상은 "실제 세계의 폭력성으로부터 서사의 세계를 방어해내는, 얇지만 강렬한 보호막으로 작용한다"(서영채, 「명랑한 환상의 비애」 황정은, 『일곱시 삼십이분 코끼리열차』 해설, 문학동네, 2008, 281~282쪽)거나 "이 악몽 같은 현실로부터 더 이상 어떠한 출구도 발견할 수 없을 때, 그들이 마련하는 유일한 도피처가 바로 '환상'"(김형중, 「병든 신, 윈도우즈 속의 영웅」, 『문학과 사회』, 2008년 겨울호, 264~265쪽)이라는 언급, "환상은 궁극적으로 현실을 비껴가기 위한 방어기제일 것"(손정수, 「개인방언으로 그려낸 환상의 세계」, 염승숙, 『채플린, 채플린』 해설, 문학동네, 2008, 302쪽)이라는 언급 등이 그 대표적인 예들이다.

4) 이 부분의 내용은 필자의 다른 글 「환상, 루저(loser)들의 소심한 반란」, 『자음과모음』, 2009년 봄호, 490~492쪽을 수정, 보완한 것이다.

실 모두를 얄팍하게 도려내어, 그 의미장과 이해의 폭을 협소하게 만드는 결과를 초래할 수도 있다.

리얼리티가 '진짜라고 지각된' 것을 지칭하고 따라서 애초부터 지각의 한계 안에 놓여 있다는 사실, 리얼리티란 관습적으로 틀지어지고 제도적으로 '구성된' 산물이라는 사실을 새삼 설명할 필요가 있을까? 또한 우리의 현실 자체가 이데올로기적 환상을 통해 지탱되는 불안정한 허구에 불과하며, 그럼에도 그 환상들은 '실제로' 강력하게 작동하고 있다는 사실 말이다. 현실을 환상의 대립 개념으로 만들고 일상적·경험적 리얼리티의 영역으로 축소하게 되면, 문학이 현실과 관계 맺는 방식 또한 리얼리티의 재현이라는 좁은 테두리 안에 갇혀버리고 만다. 그러나 지금은 재현에 대한 믿음이 무너진 시대, 재현 대상과 그 가능성을 결정하는 '재현 체계의 이데올로기'를 의심하는 시대가 아닌가. 바로 지금 현실에 작용하는 문학적 수행의 가능성은 오히려, 리얼리티의 자명성을 흔들어 놓고 현실을 구조화하는 담론적 질서를 파열시켜 그 틈새에서 다른 언어, 다른 목소리를 생성해내는 데서 비롯되는 것이 아닐까.

환상의 이런 가능성을 선뜻 인정하기가 꺼려진다면, 그것은 대중문화와 매스미디어에 의해 살포되는 소비적 환상들에 대한 저항감 때문일지 모른다. 특히 실제를 자유자재로 변형하는 디지털 미디어 환경은 문학을 포함한 문화예술 전반에 환상적 경향을 확산시키는 데 결정적인 영향을 미쳤다. 하지만 그 변화는 이미지/환상을 무한정 소비하거나, 경험적 현실로부터 이탈할 수 있는 상상력의 자유를 극대화하는 방향으로만 진행된 것은 아니다. 실재를 대체하는 디지털 이미지의 하이퍼리얼리티(hyperreality)와 온몸 몰입형 가상현실(virtual reality)의 다중감각적 직접성 등은 실재와 가상이라는 인식론의 문제를 존재론의 차원으로 옮겨 놓았고, 이에 대한 대응의 움직임으로 리얼리티와 현실의 개념을 적극적으로 탈구축하는 성찰의 가능성을 열기도 했다. 디지털 혁명은 현실과 환상을 대립적으로 바라보는 사유들의 한계를 넘어서게 하는 반성의 계기로도 작용하고 있는 것이다.

다른 한편 우리 시대의 미디어 환경은 환상에 대한 수요를 창출하는 것 이상으로 리얼리티에 대한 강박을 유포하기도 한다. 디지털 조작으로 사실과 거짓을 분별할 수 없게 돼버렸다는 불안과 위기감은 리얼리티에 대한 강박적 집착으로도 표출됐고, 이런 심리는 온갖 미디어를 통해 리얼리티를 상품화하는 경향으로 나타나고 있다. UCC 동영상 같은 아마추어적인 사실성에 대한 애호, 거친 현장감을 담은 흔들리는 화면에 대한 탐닉 등은 리얼리티 쇼나 페이크 다큐(fake documentary)의 대중적 인기로 이어졌으며, 리얼리티의 환각을 조장하는 온갖 연예 프로그램(리얼 버라이어티 쇼)들을 양산하는 배경을 이루었다. 그러므로 우리가 지금 경계해야 할 것은 환상과 리얼리티 가운데 어느 한쪽이 아니라, 둘 모두를 잠식할 수 있는 소비적·관습적 충동이라 해야 한다.

2000년대 이후 환상적·탈재현적 소설의 집단적인 출현은 우리 문학의 지형을 실제로 변화시켰고, 문학의 정치성과 사회적 의미에 대해서도 그 변화된 지형 안에서 사유하지 않을 수 없게 만들었다. 리얼리티가 그러하듯 환상이 그 자체로 전복적이거나 도피적인 것이 될 순 없으며, 환상적 경향의 소설들이 현실과 관련을 맺는 정도나 방식들은 매우 다양하고 이질적이다. 소설의 변화된 지형에서도 우리가 여전히 문학의 정치성을 이야기해야 한다면, 이들 소설을 읽어내고 평가할 수 있는 섬세하고도 유연한 접근방식을 찾아나가야 할 것이다. 그러기 위해서는 가장 '탈현실적'으로 보이는 것들 속에서도 현실과의 드러나지 않은 접점들과 정치적 가능성들을 발견해내려는 적극적인 노력이 필요할지 모른다. 그것은 또한 2000년대 소설의 의미와 우리 시대 문학의 존재방식을 더 깊이 이해하는 길이기도 할 것이다.

알레고리적·풍자적 환상

환상은 흔히 풍자적 알레고리가 됨으로써 현실과의 긴밀한 관련성을 유지한다. 이런 방식은 문학이 환상을 동원하는 오래고 익숙한 방법이지만 박민규, 윤고은, 조현 등으로 이어지는 풍자적 환상의 계열은 2000년대 소설 전반의 대중문화적·장르적 혼종화 양상과 맞물려 2000년대식 환상의 두드러진 한 경향을 이루고 있다.

박민규의 『지구영웅전설』(2003)은 이 같은 경향을 인상적으로 예고한 소설이다. DC 코믹스의 슈퍼 히어로들과 함께 '정의의 본부'에서 일했던 황인종 '바나나맨'의 황당한 이야기는 미국의 세계 지배 전략에 대한 냉소적 풍자를 겨냥한다. 냉전시대의 '정의의 힘'을 대표하는 초인(超人) 슈퍼맨, 소련 붕괴 이후 노골적인 자본의 지배를 상징하는 재벌 영웅 배트맨, "전쟁에너지를 낮추고, 섹스에너지를 높"임으로써 "자유세계를 유지하는 평화의 여신" 원더우먼, "자유경제의 무역과 협상을 통제하는 바다의 왕자" 아쿠아맨 등은 미국적인 이데올로기와 신자유주의적 세계 질서에 대한 명백한 알레고리이다. 빈곤층에다 지진아였던 '나'는 아메리칸 히어로들에 매혹당하여 겉은 노랗지만 속은 흰 '바나나맨'이 될 수 있다는 희망에 부풀었다가 결국 버림을 받게 되고, 그래도 그들과 '친구'라는 한 가닥의 믿음으로 '지구의 변방'에서 영어강사로 근근이 살아간다. 우리 자신의 모습과 너무도 흡사한 '바나나맨'의 초라하고도 서글픈 상황은 이 소설의 만화적 상상력이 그저 유쾌한 농담이나 환상의 놀이가 아니라 현실 세계를 비틀고 뒤집어 말하기 위한 수단임을 분명히 보여준다.

이와 유사하게 단편 「고마워, 과연 너구리야」에서는 자신의 정체를 숨기고 살아가는 '너구리/외계인'의 환상이 산업사회의 적(敵)인 "즐거움 그 자체"를 추구하는 체제 외적 존재에 대한 알레고리로 등장하고, 「코리언 스텐더즈」(같은 책)에서는 '외계인의 침공'이라는 관습적인 모티프가 농촌 사회와 농민운동의 열악한 실상을 돌려 말하는 풍자적 환상의 기능을 한다. 무협소설의 장르적 관습을 끌어들인 「절(𪚥)」(『창작과비평』, 2008년 봄호)에서도 박민규는 대의와 명분, 명예와 법도로 이루어진 '무림의 세계'를 우스꽝스럽고 시대착오적인 것으로 묘사하는 과정을 통해 "대의와 명분이 사라진" 뒤 "연명(延命)만이 남아 있"는 현실의 초라함을 부각시킨다. "대의가 있다면… 서른 두 평 아파트"이고 "기개를 품은 남아라면 쉰 평 정도를 생각할 수도 있"다는 운무천마(雲霧天馬)의 말에서 냉소의 대상으로 떠오르는 것은 "경제가 전부"인 지금의 현실과 그 속에서 살아가는 우리의 모습이다.

박민규의 소설은 이렇듯 경험적인 리얼리티를 자유롭게 이탈하고 변형하지만, 그 황당하고 이상한 세계의 모습이 실은 우리가 사는 세상과 전혀 다를 바 없음을 깨닫게 하는 과정에서 지금의 현실을 다시 돌아보게 한다. 신자유주의와 무한 경쟁 이데올로기의 전면화로 자본주의 논리 바깥의 그 어떤 가치도 사라진 세상, 그 속에서 그저 살아남기 위해 버둥거리는 우리의 삶은, 실제로 다들 너무 잘 알고 있지만 그래봤자 달라질 것도 없어서 더욱 끔찍하고 지긋지긋하기만 하다. 이런 현실을 생생히 재현해내는 일, 더 비참하게 충격적으로 묘사하거나 곧이곧대로 비판을 가하는 일이 지금 어떤 효과를 낼 수 있을까. 박민규 소설의 환상은 오늘날 재현적인 리얼리티가 부딪힌 한계를 우회적으로 돌파하면서 그래도 우리 현실을 외면하거나 회피하지 않을 수 있게 만드는 2000년대식 현실 비판의 기능을 한다.

윤고은의 『무중력 증후군』(2008) 역시 달이 여섯 개로 분열하고 '무중력 증후군'이라는 신종 질병이 확산되는 기발한 환상을 동원하여 자본주의적 욕망의 무한증식과 현실의 걷잡을 수 없는 시뮬라크르화를 날카롭게 꼬집는 소설이다. 지루한 일상을 견디기 위해 날마다 좀더 끔찍한 사건사고들을 필요로 하고 종말론적 대재앙마저도 흥미진진한 뉴스거리로 소비하는 시대, 그 어떤 재난도 신종 기획상품의 마케팅 전략으로 활용할 수 있으며 이를 위해 거꾸로 재난을 만들어내고 유포하기도 하는 시대에 우리는 살고 있다. 모든 것이 상품화되고 상품/이미지가 실재를 대체하며 끝없이 욕망을 창출하는 지금, 윤고은에게는 이 같은 현실을 그려 보이는 방식 또한 리얼리티와 재현이 아니라 환상과 시뮬라시옹이 될 수밖에 없었는지 모른다. 이 같은 문제의식은 「박현몽 꿈 철학관」(『자음과 모음』, 2008년 겨울호)에서는 '꿈'마저도 상품화하고 꿈 판매 사업이 '기업화'함에 따라 수요가 폭발적으로 증가하면서 결국 꿈은 사라지고 '시장의 법칙'만이 남게 되는 씁쓸한 환상으로 변주된다.

조현의 「누구에게나 아무것도 아닌 햄버거의 역사」(『현대문학』, 2008년 4월호)에서는 우리가 아는 과거의 '역사적' 사실들마저 변형하고 비틀어 놓는(대체역사와 미시사적 상상력의 결합이랄까?) 더욱 과감하고 장난기 어린 환상을 만날 수 있다. 그러나 여기서도 그 환상은 맥도날드로 대표되는 거대 자본의 세계 지배 원리에 대한 신랄한 풍자로 귀결된다. 온갖 우연하고 엉뚱한 사건들의 연쇄를 통해 '마이클 햄버거'라는 시인의 시집이 맥도날드사의 마케팅 전략에 영감을 불어넣게 되는 과정, 그리고 신상품 '마이클 버거'의 증정품으로 시인들의 시가 철저히 주문제작·품질관리·납품되는 과정은 '시적 상상력'조차 어떻게 자본에 의해 이용되고 길들여지는지를 꿰뚫어 보인다. 「박현몽 꿈 철학관」과 유사하게 이 소설은 우리 시대에 문학(문화산업의 바깥에 존재할 수 없는)이 처한 딜레마를 자의식적으로 돌아보는 양상을 띠기도 한다.

박민규, 윤고은, 조현 등의 알레고리적·풍자적 환상은 명쾌하고 통렬한 만큼 현실과의 접촉면을 분명하게 드러내지만, 그렇기 때문에 한편으로는 그 함의가 다소 협소하거나 단순해지는 경향도 있다. '문학적' 환상은 현실과 유리되어 유희적 상상의 영역으로 훌쩍 넘어가버릴 수 없는 것과 마찬가지로, 명백한 알레고리로 환원되지 않는 두터운 의미장을 형성할 필요도 있다. 그런 면에서 이들의 환상이 더 풍부하고도 더 미묘한 방식으로 현실과 접속할 수 있었으면 하는 바람을 가져본다.

시뮬라크르의 매혹

한편 윤이형의 소설에서는 풍자적인 알레고리가 되는 데 저항하는 더욱 이질적인 환상들을 만나게 된다. 윤이형 소설의 환상은 아무래도, 뚜렷한 현실 비판의 수단이 되기보다는 매혹적인 '또 다른 세계'를 창조해내려는 욕망 쪽으로 기울어 있다. 「완전한 항해」(『현대문학』, 2008년 5월호)에서 무수한 갈래세계에 존재하는 '나'의 에디션들과 통합하여 완전성에 도달하고자 하는 창연의 시도는 자아의 정체성과 욕망의 문제 등을 흥미롭게 서사화하지만, 이 소설에서 더욱 눈길을 끄는 것은 '루'라는 비행체를 타고 날아다니는 눈송이보다 작은 생명체 '루족'들의 신비한 세계 그 자체이다. 「스카이워커」(『문학동네』, 2008년 여름호)는 윤이형 소설의 이 같은 지향을 상징적으로 대변하는 소설이다. '트램펄린'의 종교적 엄숙함과 권위에 맞서 '탕탕'의 순수한 즐거움을 되찾고 싶어 하는 '나'의 소망은 "중력을 거슬러 비상하는 (…중략…) 자유로움"을 향한 윤이형 자신의 예술적 충동을 그대로 암시한다.

게임 '월드 오브 워크래프트'의 세계를 실감 있게 되살려놓은 윤이형의 「피의일요일」(『셋을 위한 왈츠』, 2007) 역시 게임의 판타지적 세계에 대한 마니아적 탐닉에서 출발한 소설이다. 그런데 이 소설은 현실과의 접점을 표면에 드러내거나 구체적인 현실 상황을 직접 언급하지 않으면서도 우리 삶의 여러 국면들을 거듭 환기하게 만든다. '갇힌 세계'(게임 프로그램 속)에서 유저에 의해 조종당하는 인간들이라는 〈매트릭스〉적 상상력은 「피의일요일」에서 인간의 정체성 문제, 지배와 권력의 문제, 정치적 저항의 가능성 문제로까지 폭넓게 확장될 수 있다.

특히 자신이 원래 인간 종족이었음을 알게 되고, 뒤로 돌아서서 자신의 얼굴을 봄으로써 '바깥 세계'로 나갈 수 있음을 배우고도, 왜 그래야 하느냐고 되묻는 '언데드'의 모습은 우리 자신의 모습을 '섬뜩하게' 일깨운다.[5] "살아서 더 높은 레벨로, 더 나은 삶으로 올라가"는 것이 "모두의 희망이고 목적"인데, 이대로 살아가면 높은 레벨의 "안전하고 화려한 미래"가 기다리고 있는데, "조종되어 살아가는 일이 왜 나쁜 거"냐는 주인공의 질문은 우리가 입 밖에 내지 않은 채 수없이 되삼킨 말일지도 모른다. 인정하고 싶지 않은 그 같은 자기 목소리를 우리는 이 소설에서, '퀘스트'가 떨어지면 앞뒤 가릴 것 없이 살육전에 돌입하고 '쥐'를 씹어먹으며 에너지를 보충하는 언데드의 입을 통해 듣게 되는 것이다. 이렇게 완전히 '탈현실적'으로 보이는 이야기 속에서 우리 삶의 현실을 문득 발견하게 되는 일은 무척 낯설고도 의미 있는 경험이 될 수 있다. 이런 경험으로 우리를 이끈다면, 윤이형 소설은 알레고리적 환상의 단순성을 넘어서는 성찰의 힘을 지닐 수 있을 것이다.

반면에 「큰 늑대 파랑」(『창작과비평』, 2007년 겨울호)은 작가 세대의 현실적인 삶의 모습을 다루고 있으면서도 궁극적으로 이를 회피하는 방식으로 환상을 동원하는 예라 하겠다. 이 소설은 자신들의 삶이나 이 세상 전체가 돌이킬 수 없이 망가져 버린 것처럼 느껴지는 절망과 열패감을 좀비들에 의한 세상의 종말이라는 소망충족의 판타지를 통해 해소하는 경향이 있다.[6] 좀비가 된 부모(사랑의 반대자)를 도끼로 내려찍어 파랑을 구한 뒤 드디어 해방된 사랑(구원)을 향해서 파랑을 타고 달려 나가는 아영의 모습 또한 짜릿한 쾌감과 만족감을 주는 '낭만적 잔혹 판타지'가 아닐

5) 이 소설에 대해서는 「장르들과 접속하는 문학의 스펙트럼」, 『창작과비평』, 2008년 여름호, 45~46쪽 참조.

6) 이 소설에 대한 더 자세한 분석은 「변화에 대응하는 비평의 방식」, 『작가세계』, 2009년 여름호, 265~267쪽 참조.

수 없다. 이런 이유 때문에, 막연한 죄의식의 근원처럼 제시되는 '1996년의 가두시위'는 '세상 끝'에서 숨어들 수 있는 심리적인 도피처이거나, 해방적 사랑과 구원을 꿈꾸는 지극히 사적이고 소아병적인 욕망에 대한 변명 또는 위장술로 느껴지기도 한다. 「큰 늑대 파랑」은 정치사회적 사건이나 상황들을 직접 언급한다고 해서 환상적 소설의 현실성과 정치성이 확보되는 것은 아님을 씁쓸하게 예시하는 소설이라 할 수 있는데, 특히 윤이형 소설의 경우 환상의 정치성이란(「피의일요일」이 그러하듯) 경험적인 리얼리티로부터 멀리 이탈하여 '다른 세계'를 조형하려는 무용한 열정에서 뜻밖에 흘러나오기도 하는 것 같다.

김유진 소설 역시 환상 그 자체의 강렬한 매혹에 사로잡혀 있는 것처럼 보일 때가 있다. "엄마의 발목이 돌아왔다"(「마녀」, 『늑대의 문장』, 2009)거나 "나는 먼지와 빛이 만들어낸 아이였다"(「목소리」) 같은 첫 문장으로 소설이 시작되면, 꿈이라고도 전설이라고도 부를 수 있을 모호하고 신비로운 하나의 세계가 열린다. 그 세계는 폭사(爆死)(「늑대의 문장」)와 돌풍(「마녀」)과 점점 자라나는 거대한 저수지(「목소리」) 등에 점령당한 그로테스크한 세계이면서, 동시에 사라져가고 잊혀져간 것들의 비극적인 세계이기도 하다. 김유진은 '뱀피리를 부는 소년들'의 구전 노래처럼(「마녀」), '비밀스러운 풍문'처럼(「어제」), 그 "소멸의 역사"(「마녀」)들을 전하려 한다. 하지만 그것이 결국 "말하되, 의미를 전달하지 못하는 낯선 언어"(「목소리」)로, "더 이상 형체를 알아볼 수 없도록 번져 있"는 "글자들"(「마녀」)로 남겨질지 모른다는 불안과 좌절감이 그녀의 소설을 우울하게 감싸고 있다.

김유진의 소설은 구체적인 현실 세계나 의미의 세계로부터 멀어지려는 충동을 내장한다는 점에서 위태로워 보이는 것이 사실이다. 하지만 우리는 이 같은 충동이 어디에서 비롯되는지를 물어야 할 것이다. 리얼리티의 구속으로부터 자유를 갈망하는 윤이형 소설이 재현 체계의 규범에 대한 거부나 환멸(박형서와 천명관 소설에서도 발견되는)의 소산일 수 있다면, 김유진 소설은 삶의 비극적 진실을 전할 수 없는 언어의 무력함에 대한 절망과 애도(한유주 소설로도 이어지는)에서 태어난다고 말할 수 있다. 이들의 환멸 혹은 절망은 이 시대의 소설 전반이 부딪힌 한계나 '불가능성'의 감각과 맞물려 있다. "정형화된 문자", "이미 만들어진 문자의 규칙"들을 불신하면서 "상상 속의 문자", "내가 만들어낸 문자들을 포기하지 않"(「눈은 춤춘다」, 『문학들』, 2008년 가을호)으려는 김유진의 욕망이 아름답지만 "알아볼 수 없"는 "이국의 문자"(「마녀」)나 아련하지만 알아들을 수 없는 웅얼거림으로 남지 않고, 우리 삶을 규정하는 기존의 언어들을 파열시키면서 '다른 목소리'를 생성하는 데까지 나아갈 수 있을까? 그럴 수 있다면, 이 매력적인 환상/시뮬라크르의 세계는 한층 더 힘 있는 울림을 얻게 될 것이다.

언어의 체계를 뒤흔들기

그런 맥락에서, 언어와 의미의 질서를 교란/해체하는 과감한 시도와 맞물려 있는 환상들에는 좀더 주목할 필요가 있다. 시체와 전염병, 폭력과 환상이 난무하는 편혜영의 소설은 그 자체로도, 세계의 벌어진 상처들을 매끄럽게 봉합하는 상징 질서에 대한 반란일 수 있지만, 특히 불공가능(incompossibilité)한 두 세계를 뒤섞거나 병치하여 서사적 논리와 의미 체계를 교란할 때 그 효과는 극대화된다. 이를테면 해부대 위에 내장을 쏟아놓고 누워 있는 '나'와 화학실로 숨어들어가 그 장면을 목격하는 '나'(「맨홀」, 『아오이가든』, 2005), 낚시꾼들이 건져올린 '나'의 시체와 이 광경을 바라보고 감각하는 '나'(「시체들」) 사이의 갑작스러운 분열과 충격적인 대면이 그 전형적인 방식이라 할 수 있다. 편혜영 소설에서는 이렇듯 '나'가 살아 있는 하나의 세계와 '나'가 죽어 있는 또 하나의 세계가 아무렇지 않게 동시적으로 공존하고, 때로는 스파크를 일으키며 접촉하는 것

이다.[7)]

이런 양상은 세 명의 아이들이 등장하는 「저수지」에서도 찾아볼 수 있다. 이 소설에는 우선 병들고 기형적인 세 명의 아이들이 더럽고 썩어가는 방갈로에 숨어 사는 하나의 가능세계가 있다. 그리고 또 다른 가능세계에서 그 아이들은 이미 오래 전에 죽었거나 실신한 채로 쥐들에게 뜯기고 구더기들에 뒤덮여 있다. 불공가능한 이 두 가능세계는 아무런 매개없이 그대로 연접되고, 한 세계가 또 다른 세계 안으로 순식간에 무너져 내린다. '괴물'이 출몰하는 부패한 '저수지'는 흔히 무의식의 영역이라 번역되는 환상 공간 그 자체이기보다는 관습적인 의미화 체계를 붕괴시키는 혼돈과 암흑의 심연, 편혜영 소설이 만들어낸 언어의 블랙홀일 것이다.

서준환의 「수족관」, 「변기」, 「이보가 나무」, 「여명을 여는 풍적수」, 「해몽」 등에서도 환상은 인물과 장소와 사건들의 동일성을 와해시켜 언어와 의미의 체계를 송두리째 뒤흔들어 놓는 기능을 한다. 이들의 작업은 상징 질서에 대한 두려움 섞인 일탈의 욕망을 형상화하는 김숨의 그로테스크한 환상들, 「새」와 「지진과 박쥐의 숲」, 「손님들」과 「409호의 유방」 등과도 맥을 같이하며, 언어 그 자체를 비틀고 파열시키는 데 자의식적으로 몰두하는 정영문이나 김태용의 소설들과도 연결될 수 있다. 언어로 대표되는 상징적 규범 체계의 당위성과 고정성에 도전하는 이들의 소설은 그 체계의 자의성과 폭력성을 드러냄으로써 '다른 언어'와 '다른 현실'의 구성 가능성을 타진하는 힘겨운 모색으로도 이해될 수 있다.

흥미롭게도, 종종 알레고리적인 변신담의 성격을 띠는 황정은의 소설 또한 공식 언어와 지배 담론에 균열을 내는 의외의 힘을 지닌다. 「오뚝이와 지빠귀」에서 나약하고 무력한 인물 기조가 '오뚝이'로 변하는 환상 자

7) 편혜영 소설에 대한 분석은 「달아나는 텍스트들」, 『달아나는 텍스트들』, 랜덤하우스, 2008, 67~69쪽 참조.

체는 새롭거나 불온할 게 별로 없지만, 이 변신의 과정에서 기존의 언어들이 낯설게 변모하며 일그러지는 양상들은 좀 더 눈여겨보아야 한다. 크기가 줄어든 기조 때문에 무도가 "내 눈의 원근이 기묘하게 비틀리는 기분"을 느끼듯이, 환상적 세계가 가동을 시작함에 따라 일상의 언어들은 안정된 제자리를 벗어나 달그락거리기 시작한다.

> 5의 일을 5가 하고 있는 상황을 생각해봅시다. 그런데 그중 일부인 어느 1이 문득 0.7로 줄어버렸다는 것입니다. 5의 일을 4.7로 해야 한다면 0.3 분량의 갭을 해결하기 위해 누군가는 분주해지지 않겠습니까. 0.3이라면 5로서는 6퍼센트의 비율이고 1로서는 30퍼센트의 비율입니다. 우리 은행의 무담보가계신용대출의 연이자율이 10.98퍼센트라는 것을 고려했을 때, 어느 쪽이나 상당한 비율이라고 할 수 있겠습니다. 이것은 효율의 문제입니다.[8]

크기가 줄어든 기조 앞에서 은행 사람들이 늘어놓는 우스꽝스러운 논리는 '효율성'이라는 말의 의미와 이를 둘러싼 이데올로기를 전면적으로 의심하게 한다. 기조의 변신은 관습화·제도화된 언어들을 '자연스러운' 문맥에서 튕겨 나오게 하여, 그 속에 숨겨졌던 부조리한 폭력성을 선명하게 가시화한다. 오뚝이가 된 기조가 "끝없이 왜, 가 이어지는" 말들을 쏟아내는 것도 예사롭지 않다. 비로소 터져 나온 기조/오뚝이의 말들은 강요된 '평균'과 주입된 '정상성'의 세계를 집요하게 의문에 부친다.

> 저기, 무도씨. 보통이라면 무엇을 기준으로 보통이라는 거야. (…중략…) 예를 들어 한 달에 공식적인 평균으로 98.1명이 테러로 죽는다는 어느 도시에서 지난 5월엔 98.0명이 죽었다면 그것은 보통, 이라는 걸까. 저기 무도씨, 우리

8) 황정은, 「오뚝이와 지빠귀」, 『일곱시 삼십이분 코끼리열차』, 문학동네, 2008, 200쪽.

아버지는 말이지, 안 되는 일은 얼른 포기해야 괴롭게 살지 않는다, 라고 늘 말씀하셨는데 (…중략…) 결국은 사는 것이 그런 것, 그렇게 사는 것이라며 납득하는 것이 보통일까.[9)]

이처럼 「오뚝이와 지빠귀」의 환상은 현실에 짓눌려 '오뚝이처럼' 변해버린 왜소한 주체의 알레고리에 머무르지 않고, 정면 대항이 불가능한 세계를 향해 퍼붓는 언어적 저항의 신호탄/분출구가 된다. 이와 유사하게 「문」에서도 환상은 일상적인 리얼리티의 세계에서는 말하지 못했거나 말해도 들리지 않았을 '결정적인' 이야기를 쏟아낼 수 있게 하는 의미심장한 통로가 된다. m의 등 뒤에 달린 보이지 않는 '문'으로 걸어나온 두리안은 "말을 건네지도 건네받지도 못하면서 내가 누구에게 대답하는 일도 없이 누군가 내게 대답하는 일도 없이" 살아가다가 레일 위로 떨어져 죽은 남자다. 문/환상이 열리면서 그는 비로소, 비루하고 구차하지만 실은 "가장 무겁고 무서운 말들"을 속 시원히 털어놓을 수 있게 된다. 마침내 자기 이야기를 들려줄 수 있게 되자 두리안은 '흐릿한' 상태로도 '괜찮아'지고, 그의 이야기는 "결정적으로" "엔터가 없다"는 느낌에 사로잡혀 있던 m에게는 바로 그 "엔터 모양의 조각"이 되어준다.

재현의 논리와 언어의 질서를 교란하는 황정은의 작업은 그렇게밖에는 이야기할 수 없는 것들이 존재한다는 자각, 그 불가능성에 대한 절박한 인식의 산물이다. 이는 우리 시대에 문학적 환상이 갖는 의의와 그 역할을 암시하는 의미 있는 대목이 아닐 수 없다. 리얼리티를 왜곡/변형하는 2000년대 소설의 시도는 억압적인 공식 언어의 틈새를 열어 말할 수 있는 틈–구멍(loophole)을 만들어내는 게릴라전의 양상을 띠기도 하는 것이다. 2000년대 소설의 환상이 이렇듯 '목소리가 없는' 자들에게 '다른

---

9) 위의 책, 205쪽

목소리'를 찾아주는 역할을 할 수 있다면, 그것은 재현적 언어의 한계를 넘어 환상과 현실이 긴밀하게 접속하는 문학의 가능성으로 이어질 수 있을 것이다.

환상, 그 산발적인 가능성의 별자리들

2000년대 소설로 인해 우리는 문학적 환상의 더 폭넓은 스펙트럼을 갖게 되었고, 환상을 통해 현실에 개입해 들어가는 더 다양한 방식들을 접하게 되었다. 이들의 소설에서 기존의 관습을 변형하는 미학적 새로움만을 찾으려 하거나 표면적인 탈현실성의 한계를 지적하고 마는 것은 지극히 단순하고 협소한 시각이다. 2000년대 소설에 대한 가치평가는 개별 작가와 작품마다 달라질 테지만, 이들이 지금 어떤 곤경 속에서 어떤 돌파구를 찾고자 하는지 그리고 이 모색의 과정에서 왜 유독 환상적 요소들이 전면에 떠오르고 있는지에 대한 섬세한 이해를 동반하지 않는다면, 그 평가는 공허하고 원론적인 데 머무를 수밖에 없을 것이다. 누구도 낙관할 수 없는 암담한 상황과 이들이 부딪힌 간과할 수 없는 난제들 속에서 2000년대 소설의 작지만 소중한 가능성들을 발견해나갈 때, 그 산발적인 가능성들의 별자리가 바로 우리가 재구성해야 할 이 시대 문학성의 존재방식이 아닐까. 그리하여 아마도 우리는, 이미 보았지만 아직 주목하지 않았거나 지금은 만나지 못했지만 이제 곧 보게 될 또 다른 수많은 환상들에 대해 더 오래, 더 깊이 고심해야만 할 것이다.

칙릿
Chick-lit

스타일
달콤한 도시
걸프렌즈
쿨하게 한걸음
서유미 장편소설

칙릿의 시대

■ 허병식

문학평론가. 1970년생. 2006년《조선일보》신춘문예 문학평론 당선. 동국대 전임연구원. 주요 평론으로「청소년을 위한 문학은 없다」등이 있음. musil@dreamwiz.com

칙릿 등장

2000년대 후반 한국문학에 나타난 현상 중 가장 주목할 만한 것은 이른바 칙릿이 대거 등장했다는 점일 것이다. 1990년대 이후 우리 소설의 영토에 강세를 띠며 등장한 여성작가들의 작품들이 2000년대 이후 조금씩 변모한 모습을 보이기 시작하였고, 2000년대 후반 각종 문학상에 젊은 여성들의 일상을 다룬 소설들이 대거 등장하면서, 칙릿은 비평적인 조명을 받기 시작했다. 젊은 여성을 뜻하는 슬랭(chick)과 문학(literature)의 합성어인 칙릿(chick-lit)은 1988년 미국의 '여성문학전통'이란 강좌에서 처음 등장한 신조어이다. 크리스 마자와 제프리 드쉘은 1995년 발간한『칙릿 : 포스트페미니즘 소설(Chick Lit : Postfeminist Fiction)』이라는 엔솔로지에서 칙릿이라는 용어를 통해 새로운 여성문학을 조명하였다. 칙릿은 흔히 세련되고, 현대적이고, 직업적인 성공을 추구하는 이삼십대의 여성 주인공들을 다룬다. 그 소설들에서 여주인공들은 외모로 인해 고민하거나 쇼핑에 대한 열정을 지닌 것으로 묘사된다. 칙릿의 배경은 일반적으로 도시이고 플롯은 주로 인물들의 애정과 출판, 광고, 패션 산업 등에 종사하는 인물들의 직업적인 성공을 위한 투쟁을 다룬다. 칙릿의 문체는 가볍고 불량한 톤으로 쓰여지고, 공공연하게 성적인 주제를 묘사한다. 그리고 칙릿은 종종 유행하는 비속어들과 클리쉐들을 동원한다.[1)]

영화와 드라마로 제작되어 잘 알려진 「브리짓 존스의 일기」와 「섹스 앤 더 시티」같은 작품의 등장은 칙릿의 도래를 알리는 신호와도 같았다. 이 작품들이 우리나라에 소개되면서, 젊은 여성들의 일과 사랑에 대한 이야기들은 빠른 속도로 전파되어 가기 시작했다. 2000년대 후반의 한국문학만이 아니라, 문화에서도 중요한 용어로 등장한 칙릿의 유행은 비단 한국에서만 일어나고 있는 현상은 아니다. 뉴욕타임즈 2006년 5월 19일자에 실린 「칙릿이 전세계에 유행하다(The Chick-lit Pandemic)」라는 기사는 칙릿이 세계 전역에서 2000년대 문화의 우세종으로 등장했음을 알려주고 있다. 칙릿은 뭄바이에서 밀라노, 그단스크에서 자카르타까지, 다양한 지역에서 발생하고 있다. 자신의 재량에 달린 수입을 원하고 독립과 매력을 쟁취하기 위한 열망을 지닌 전업직장에서 근무하는 이삼십대 여성들이 그 주제와 독자층 양면에서의 인구학을 이루며 칙릿이 떠오르고 있다는 것이다. 칙릿의 이야기는 자신들의 어머니가 가졌던 것보다 더많은 번영과, 사회적이고 성적인 자유를 원하는 나이에 이른 도시거주 사무직 종사자들에게 흥미를 준다.[2)]

2000년대를 전후한 시점에서 전세계적으로 유행하기 시작한 칙릿이라

1) http://en.wikipedia.org/wiki/Chick_lit

2) Rachel donadio, "The Chick-Lit Pandemic", *The New York Times*, 2006.5.19.

는 장르의 대두에는 사회문화적인 배후가 존재할 것이다. 칙릿이 문화적 우세종으로 등장하여 시세를 얻기 시작한 것은 1990년대 중후반에 페미니즘을 대신할 담론으로 새롭게 등장한 포스트페미니즘의 주장과 무관하지 않다. 포스트페미니즘이란 기존 여성주의의 성과를 인정하면서 이를 넘어 일련의 특정한 정치적 가치와 상업적 목적을 결합시킨, 대중 문화 속에 확산된 문화이자 지배적 담론현상으로 정의될 수 있다. 이른바 지식경제와 초상업화된 문화환경, 신보수주의적인 가치들의 전파, 그리고 신자유주의의 부상 속에서 포스트페미니즘은 주체적인 여성의 '선택'과 자기계발, 독립성, 그리고 자기표현을 강조하며, 특히 이 과정에서 여성주체의 행위자성(agency of woman)을 소비와 특정한 스타일의 추구로 치환시킨다. 특히 소비(행위)는 포스트페미니즘이 주창하는 주체가 선택하는 주요한 전술이며 레저와 대중문화의 영역은 주체를 형성하는 장소가 된다. 또한 주체의 형성적 측면에서 포스트페미니즘이 주목하는 대상은 활기차고 우울하지 않은, 동시에 자신의 즐거움과 욕망의 추구에 매우 역동적으로 대처하는 발랄하고 독립적인 여성상이다.[3)]

말루리 영은 페미니즘이 충분히 뿌리내리지 못한 나라에서는 칙릿이 페미니즘적 자유의 즐거움과 포스트페미니즘적 소비주의의 즐거움을 동시에 안겨줄 수 있다고 말한 바 있는데,[4)] 오늘날 한국의 칙릿에서 발견할 수 있는 것은 가부장제와 같은 여러 억압으로부터 자유를 얻은 자아의 형상과 소비에 대한 욕망을 거부하지 않는 여성 주체의 자기구현에 대한 이야기인 것으로 보인다. 정이현의 『달콤한 나의 도시』 이후 봇물처럼 쏟아져

---

3) 이정연·이기형, 「'픽릿'소설, 포스트페미니즘, 그리고 소비자본주의 사회의 초상」, 『언론과 사회』 17권 2호, 2009년 여름호, 95~96쪽.

4) Rachel donadio, ibid.

나온 칙릿들의 이야기를 들어보자.[5] 이것은 칙릿에 해당하는 작품들에 대한 상세한 분석이 아니라, 칙릿이라는 장르에 대한 비판적인 보고이므로, 칙릿에 등장하는 주요한 주제에 따라 칙릿의 서사를 읽어볼 것이다.

칙릿과 더불어 성장을

칙릿은 종종 성장소설을 논의하는 비평의 목소리로부터 소환된다. 칙릿이 이삼십대를 지나는 여성들의 이야기, 결혼을 앞두고 있거나 연애에 고민하는 청춘의 이야기를 다루고 있다는 점에서, 칙릿이 오늘날의 성장소설로 읽힐 수 있다는 시각은 이해할 만하다. 정이현의 『달콤한 나의 도시』는 옛 애인의 결혼식날 베스트 프렌드의 결혼 발표를 듣게 된 31살의 주인공 오은수의 하루로부터 이야기를 시작한다. 그녀는 '혼자 금 밖에 남겨진 자의 절박함과 외로움'에 처음 만난 일곱 살 연하의 태오와 하룻밤을 보내지만, 그 일에 큰 의미를 부여하지 않는다. 그 돌발적인 '원나잇 스탠드'에 대해서 은수는 "그런 것들이 성숙한 인간의 태도라면, 미안하지만, 어른 따위는 영원히 되고 싶지 않다. 성년의 날을 통과했다고 해서 꼭 어른으로 살아야 하는 법은 없을 것이다. 나는 차라리 미성년으로 남고 싶다. 책임과 의무, 그런 둔중한 무게의 단어들로부터 슬쩍 비껴나 있는 커다란 아이. 자발적 미성년."이라고 말하며 성장의 과제를 외면한다. 그러나 이 서른한 살 여성의 이야기를 따라 읽은 독자들이 만나게 되는 것은 이 소설이 결국은 그녀의 성장에 대해 말하고 싶어 한다는 점이다. "지금 생각하면, 참 이상해요. 내 성장을 왜, 제도에 끼워 맞추려고 했을까요?

5) 이 글에서 다룰 칙릿 소설들의 목록은 다음과 같다. 정이현, 『달콤한 나의 도시』(문학과지성사, 2006); 이홍, 『걸프렌드』(민음사, 2007); 서유미, 『판타스틱 개미지옥』(문학수첩, 2007); 백영옥, 『스타일』(예담, 2008); 서유미, 『쿨하게 한걸음』(창비, 2008); 박주영, 『냉장고에서 연애를 꺼내다』(문학동네, 2008).

물 밖으로 나간다고 해서 어른이 되는 것도 아니고, 물 속을 떠돈다고 해서 어른 되기를 멈출 수 있는 것도 아닌데"라는 오은수의 자기 고백을 보라. 삼십대 여성을 둘러싼 사회의 여러 가지 제도들 속에서 성장을 수행하는 이야기가 『달콤한 나의 도시』가 목표로 삼는 서사인 듯하다.

서유미의 『쿨하게 한걸음』에 등장하는 33세의 여성 이연수는 오랜 남자친구 K와 헤어지고 나서 "K와 헤어진 것보다 서른세살씩이나 된다는 게 더 실감나지 않았다."라고 말한다. "이십대에는 더 이상 자란다는 것을 생각할 필요도 없을 만큼 스스로 성숙하다고 느끼지만 삼십대에는 좀더 성숙할 필요가 있다고 생각하게 된다."는 것이 막 실연을 경험한 그녀의 소회이다. 회사를 그만두면서 "이정표와 목적지가 사라진 도로 위에 망연히 서 있는 기분"에 빠졌던 이연수는 영화공부를 하면서 자신이 원하는 뚜렷한 목표를 발견하게 되고, 결국 한 영화잡지의 비평가 현상공모에 응모 준비를 하는 그녀의 모습을 보여주며 이야기를 끝을 맺는다. 이 소설에서 연수가 '쿨하게 한걸음' 걸어가고자 한 영역도 자아의 성장이라는 영토였음을 알 수 있다.

백영옥의 『스타일』에는 패션지에서 일하는 서른한 살의 이서정이 주인공으로 등장한다. 그녀는 유기농 커피를 파는 카페를 취재한 후, 아이들의 노동을 착취하지 않는 커피 농가들을 위한 모금에 앞장서지만, 정작 무엇이 참된 윤리인가에 대해서는 고민하지 않는다. 다만 "누군가 잡지에서 내 기사를 읽고 꿈을 키우듯, 나도 내 꿈을 펼칠 수 있는 시대에 곧 탑승할 것이라고 믿었다."는 것이 자신의 삶에 대한 보고인 것으로 보아, 이 유행하는 삶의 최신 '스타일'에 긴 보고도 결국 자아의 성장을 위한 이야기로 읽히게 된다. 그렇다면 칙릿은 진정으로 이 시대의 성장소설로 이해될 수 있는 것일까. 그녀들이 원하는 것은 어떠한 모습의 성장인 것일까.

이들 소설을 성장소설로 읽을 수 있을 것인가의 문제는 칙릿이 주목하는 여성의 일상에 대한 좀 더 많은 우회를 통해 살펴보아야 할 것이다. 『스타일』의 작가인 백영옥은 그녀가 쓴 다른 책에서 "무엇보다 한 끼 점심 값으로 제3세계 아이들의 미래를 고민하는 어른이 된다는 건 꽤 근사한 일 아닌가. 이 시대에 혁명이 있다면 나는 이런 사소한 것들이 아닐까란 생각을 종종 한다. 이런 것이야말로 진정한 생활의 발견이다."(『마놀로 블라닉 신고 산책하기』, 2007)라고 말한 바가 있다. 우리가 칙릿을 읽으며 발견하는 것은, 이들 소설에 나타난 생활의 발견에서 가장 앞에 와야 할 항목이 쇼핑이라는 점이다.

쇼핑하는 존재들

칙릿에 등장하는 여성 주인공들의 관심사 중 가장 우선 순위를 차지하는 것을 들라면, 그것은 무엇보다 쇼핑과 연애라는 항목이 될 것이다. 칙릿이 본격적으로 등장한 2000년대가 이른바 전지구적인 소비자본주의가 그 절정에 이른 시기라는 것을 증명하기라도 하듯, 이야기의 주인공들은 공들여 소비를 실천하고 유행하는 흐름에 몸을 싣는다. 그녀들은 "백화점 안에서 보내는 시간은 밖에서 내는 시간과 좀 다르게 흘러간다. 풍경도 없고 계절도 없다."(『판타스틱 개미지옥』)라는 것을 인지하고 있으나, 그 곳에서 어떻게 벗어나야 하는지 알지 못한다. 벗어나지 못하는 것이 아니라, 왜 그 쇼핑의 지상낙원을 벗어나야 하는지 이해하지 못하는 것일 터이다. "나는 소비하기 위해 사는가, 살기 위해 소비하는가."(『달콤한 나의 도시』)라는 것이 그녀들의 중요한 고민 중 하나이기 때문이다.

『판타스틱 개미지옥』에 등장하는 소영의 독백은 이러한 인물들의 내면을 여과 없이 보여주고 있다. "요즘 들어 툭하면 이런 식이다. 자꾸만 갖고 싶은 게 생긴다. 얼마 전에는 지갑을 샀고 그 전달에는 가방을 샀다. 처음에는 기껏해야 청바지, 티셔츠 정도였는데 점점 비싼 물건에 마음을 빼앗기고 있다." 쇼핑을 향한 욕망에 점점 더 자신의 마음을 빼앗기는 것을 넘어, 이 욕망을 정당화시키고 인정받기 위한 투쟁에 칙릿의 서사는 많은 대목을 할애하고 있다. 중요한 것은 그녀들이 이 쇼핑을 향한 욕망을 노골적으로 드러내는 것이 문학의 영토에서 수행된 바가 없다는 점, 또한 쇼핑에 빠진 여성들에 대한 세간의 평가가 그리 호의적이지 않다는 점을 강하게 인식하기라도 한 듯, 어떻게든 그 욕망을 정당화시키기 위해 안간힘을 쓰고 있다는 것이다. 그러한 자기정당화의 제일 앞에 선 인물로 『스타일』의 이서정을 빼놓을 수 없을 것이다.

> 내가 원하는 걸 당장 취하고, 자기 욕망에 충실한 것만이 훌륭한 인생의 본보기 같았다. 열심히 일해서 번 돈으로 내가 원하는 걸 샀다. 그것이 프라다란 이름을 가졌든, 샤넬이란 레테르를 붙였든 무슨 상관인가. 그것이 왜 부당한가! 아름다운 물건을 취하고자 하는 당장의 욕망이 미래를 어떻게 붕괴시킬 거란 말인가.
>
> —백영옥, 『스타일』, 위즈덤하우스, 2008, 166쪽

이서정이 이렇듯 자신의 욕망의 정당성에 대한 자기 확신을 지니게 된 계기는 성수대교가 붕괴하여 자신의 친언니가 죽게 된 사건을 경험하고 나서부터이다. 그녀는 언니가 갑작스러운 재난에 의해 죽음을 맞게 되자, '언제든 이 삶이 무너져버릴 수 있는데, 현재를 빼면 사람들에게 남는 게 뭔가.'라는 깨달음을 얻게 되고, 현재의 삶에 충실한 삶이 올바른 것임을 자신의 생활 속에서 실행하게 된다. 그 정당성의 구현은, 지금 갖고 싶은 것을 주저 없이 갖는 것으로 나타난다.

물론, 모든 칙릿의 서사가 이러한 쇼핑에 대한 정당화를 목표로 삼고 있는 것은 아니다. 자본주의적 쇼핑의 집약적인 공간인 백화점을 알레고리화하여 그 안에서 일어나는 물신화되는 존재들의 상실의 현장을 묘사

하고 있는 『판타스틱 개미지옥』은 근대적 소비의 공간을 일종의 지옥도로 묘사하고 있다. 그러나 이 작품에서 인물들을 돌연한 죽음과 파국으로 이끄는 방식은 이 소설이 애초부터 자본주의의 지옥도에 대한 도전을 수행할 수 없는 한계 속에서 시작된 것임을 알려주고 있다. 작품의 결말에서 어쩔 수 없이 주인공이 다시 백화점의 그 '위풍당당한' 문 속으로 들어가고 있는 장면 또한 이러한 대목을 증명하고 있다.

불가능한 연애, 계산되는 결혼

칙릿의 인물들을 사로잡고 있는 또 하나의 정념은 연애를 향한 것이다. 『달콤한 나의 도시』의 은수는 이렇게 말한다.

> 쇼핑과 연애는 경이로울 만큼 흡사하다.
>
> 한 개인의 파워를 입증하는 장(場)일뿐더러, 그 안에서 자신과 비슷한 취향을 가진 공동체에 속해 있다는 정서적 안도감을 느낀다.
>
> 그래서 쇼핑도 연애도 인간을 고뇌하게 한다.
>
> —『달콤한 나의 도시』, 문학과지성사, 2006, 114쪽

칙릿의 인물들로 하여금 인간적인 고뇌를 하도록 만드는 장이 쇼핑과 연애라는 점은 의미가 깊다. 『걸프렌즈』의 한송이가 자신의 애인에게 따로 만나는 여자들이 있음을 처음으로 감지하게 되는 것은 "그가 가슴에 독수리 날개 모양이 찍힌 짙은 초록색 니트를 입고"(『걸프렌즈』, 77쪽) 있는 것을 발견하면서부터이다. 패션의 취향은 그 사람의 정체와 인간 관계를 대변하는 바로미터와도 같다. 그 사람이 무엇을 입었느냐가 그가 누구인지를 말해주는 것과 같이, 그 사람이 어떤 상대를 꿈꾸는가가 그 자신의 현재를 보여준다.

『냉장고에서 연애를 꺼내다』의 주인공 서나영은 현모양처가 되는 것이 꿈이라고 늘 말하고 있지만, “누군가를 만나서 사랑을 하는 것, 게다가 오직 한 사람을 사랑해서 결혼을 하는 것은 아주 어려운 일이다.”라고 말한다. 이 작품은 서나영을 둘러싼 여러 친구들이 누구를 만나고 누구와 헤어지는가에 대한 이야기를 요리에 빗대어 이야기하고 있는 작품이다. “연애도 사랑도 인생도 요리처럼 레시피가 있으면 얼마나 좋을까”라는 바람을 노골적으로 드러내고 있는 서두에서도 알 수 있는 것처럼, 이 작품은 철저하게 결혼적령기를 지나고 있는 여성들의 시각에서 어떤 남자를 어느 시점에서 선택할 것인가에 대한 고민에 집중하고 있다. 『냉장고에서 연애를 꺼내다』에 여성들의 쇼핑에 대한 욕망이 노골적으로 등장하지 않는 것은 그런 이유로 인한 것이다. 인물들의 쇼핑의 욕망은 연애-결혼의 상대를 향하고 있다. 그러므로 작품의 층위에서 이 소설은 연애의 문제를 요리에 빗대어 설명하고 있는 듯이 보이지만, 그 속에 숨은 것은 소비자의 관점에서 본 쾌락추구의 문제로 전환된 남자만나기-결혼하기의 층위인 것이다. 오늘날 칙릿의 영토에서 결혼의 상대자를 구하는 것이 쇼핑하기와 다를 바 없음을 증명해주는 이야기로 『냉장고에서 연애를 꺼내다』 이상의 서사를 만나기는 어려울 것이다.

그러나 쇼핑에 대한 욕망을 집요하게 인정받으려 했던 칙릿 주인공들의 내밀한 욕구는 연애에 대한 이야기에서는 전혀 다른 면모로 나타나게 된다. “그러나 자신의 편협한 경험을 토대로 만들어진 기준을 타인에게 들이대고 단죄하는 일이 가능할까. 사랑에 대한 나의 은밀한 윤리감각이 타인의 윤리감각과 충동할 때, 그것을 굳이 이해시키고 이해받을 필요가 있을까.”(『달콤한 나의 도시』)라는 내면의 토로는 연애에 대한 칙릿 주인공들의 윤리를 대표한다. 그들에게 쇼핑의 욕구가 어떻게든 사회적인 추인을 받아야 하는 욕망이었다면, 연애를 향한 정념은 오로지 자신의 모습을 부조해내는 방편으로 이해되고 있다. 『냉장고에서 연애를 꺼내다』가

요리의 레시피에 빗대어 제시하고 있는 결론적인 연애의 요건은 다음과 같은 것이다. "아무리 요리를 못하는 사람도 한 가지쯤은 잘할 수 있다는 사실을 잊지 말자. 준비할 수 있는 최상의 재료를 준비하자. 처음부터 너무 욕심내지 말자. 돌이켜보고 반성하자. 느낌, 감각, 습관, 그리고 무엇보다 자기자신을 믿자."(『냉장고에서 연애를 꺼내다』) 어떠한 사회적인 인정의 필요도 없이 자신의 감각을 신뢰하는 것이 좋은 연애에 필요한 최량의 방편이 된다.

『걸프렌즈』에도 이러한 연애의 법칙이 등장한다. 그것은, '첫째, 가족 얘기는 삼가도록 한다. 둘째, 싸이월드에 함께 찍은 사진을 올리지 않는다. 셋째, 과분한 선물은 하지 않는다. 넷째, 사생활을 침범하지 않는다.'와 같은 항목으로 이루어져 있다. 자아를 존중하면서 동시에 철저하게 자신의 영역을 침범당하지 않는 것이, 이 후기현대를 살아가는 인물들이 여러 번의 실패를 경험하면서 체득한 사랑법인 것이다. 그 사랑법의 핵심은 "훗날 떠안게 될 막중한 책임이나 고통 따위를 진즉에 없애는 거다."라는 말 속에 잘 드러나고 있다.

이러한 연애를 향한 정념은 그 연애의 귀결이라고 생각되는 결혼에 이르러서는 조금 다른 면모를 지닌 채 다가오게 된다. 『쿨하게 한걸음』에서는 이연수의 베스트프렌드인 선영이 자유로운 생활을 추구하던 모습을 버리고 갑작스레 잘 나가는 의사와 결혼을 결심하게 된 이야기를 들려주고 있다. 집안에서 어머니의 건강이 나빠지고 오빠의 사업이 휘청거리게 되자 자신이 '이 나이 되도록 무얼 하고 살았나 싶은 생각이 들어서', 이제부터 자신이 보호자가 되어야겠다는 결심을 하게 되었다는 것이다. 자신이 가족의 보호자가 되는 일은 부유한 남자와의 결혼이라는 사회적인 계약을 통해 단번에 획득된다. 이 이야기를 전해 들은 연수는 "피터 팬과 네버랜드에 갔던 소중한 추억을 간직한 채 얼마나 더 멋진 웬디로 성숙해 가느냐가 관건일 뿐이다. 나는 멋진 웬디의 탄생을 축복해주기로 했다."라고 말한다. 연수가 선영의 결정을 추인하는 것은 여성이 결혼이라는 제도 속으로 들어감으로써 얻을 수 있는 재화들과 잃어야만 될 자질들에 대한 면밀한 계산을 통해 도출된 것이다.

『달콤한 나의 도시』의 오은수는 김영수와 맞선을 본 다음 "관능을 자극하고 함께 있는 시간이 기쁘고 서로에 대해 더 많이 알고 싶어지던 남자들하고만 거듭하여 만나온 결과, 현재 나의 모습을 요 모양 요 꼴이 되었다."라고 말한다. 그녀는 '첫인상이 강력하지 못했다는 이유만으로 놓쳐버린 인연'들을 탄식하며, 그런 우를 되풀이하지 않기 위해 김영수를 계속 만나보려고 마음먹는다. 그러나 그녀가 김영수를 계속 만나보려고 하는 이유는 놓쳐버린 인연에 대한 회한으로 인한 것이라기보다는, 현재의 남자친구를 대체할 든든한 보호막으로서의 결혼상대자에 대한 욕망에 따른 것이다. 은수는 자신보다 여섯 살이나 연하인 태오를 사랑한다고 느끼지만, 그와 평생 함께 할 수 없을 거라는 예감을 늘 지니고 있다. 그 예감의 원인은 그가 다시 태오를 만나기로 결심하면서, "현재의 사랑과 안정된 미래를 동시에 가질 수 없다면, 타협을 선택하여 현재의 사랑을 더나은 미래를 보장할 남편감으로 길들이기"를 시도한다는 말에서 선명하게 알 수 있다. 올바른 남편감이란 언제나 더 나은 미래를 담보하고 있는 존재여야 한다는 성숙한 여인의 계산법.

자신의 연인이 사귀고 있는 또다른 연인들과 걸프렌즈 클럽을 결성한 『걸프렌즈』의 한송이는 "그녀들과 그에 대한 이야기를 나누다 보면, 이 세상 누구도 알 수 없는 내 후미진 내부를 충분히 나누고 있다는 기분이 들었다. 정말 아무와도 나눌 수 없는 결핍을 그녀들과 나눌 수 있었다."고 말한다. 그녀가 말하는 '걸프렌즈'라는 우정의 동성공동체는 그러나 그녀에게 충만한 만족을 안겨주지 못한다. 그녀 역시 "그런데 이토록 나약한 남자를 믿고 이 한 몸 결혼이라는 제도 속으로 훌쩍 들이밀 수 있을까" 라는 고민을 늘 지닌 채 살아가야 하기 때문이다.

칙릿의 주인공들이 대체로 안정적인 결혼을 꿈꿀 수밖에 없는 이유는 오늘날의 사회가 그녀들에게 그러한 것을 요구한다고 느끼기 때문이다. "정신적으로는 미성숙하지만 미모도 출중하고 부유한 남편을 만나서 번듯하게 가정까지 꾸리고 사는 삼십대 여자와 가진 것도 없고 인구감소의 주범 역할을 하지만 머릿속에는 늘 생각이 들끓고 있으며 무언가를 향해 질주하고 싶어하는 삼십대 여자가 있다면, 세상은 누구의 편을 들어줄까."(『쿨하게 한걸음』)라는 항변 속에 세상의 이치를 넘어 자아의 자유를 꿈꾸는 칙릿 주인공들의 내밀한 욕망이 담겨 있다. 그러나 그들은 정말로 질주를 하고 싶었던 걸까.

그게 세상의 이치야

그녀들이 자신들을 넉넉히 감싸줄 결혼상대를 염원하는 이유는 이해해 줄 만하다. 그녀들은 여성의 몸으로 살아가기에 만만치 않은 이 사회를 이미 충분히 경험한 나이에 이르렀기 때문이다. 그녀들은 "삼십대는 빛나지도 않고 젊음의 절정도 아니며 여전히 바람과 파도가 아슬아슬하게 키를 넘기는 태풍 속일 뿐이다."(『쿨하게 한걸음』)라는 점을 일찌감치 깨달았으며, 회사의 구조조정 소식에 "안정적인 궤도라는 것은 어디에 있는지도 모르겠고 이루어놓은 것은 아무것도 없다."는 자각을 씁쓸하게 되뇌어 본 적이 있기 때문이다. 이 사회 속에서 어떻게든 발을 붙이고 살아가기 위해서는 누구보다도 먼저 시스템의 방식을 습득해야만 한다. "사회화가 덜 된 어린애들은 윗선들이 하는 말을 해석해내는 능력이 없다. 회사도 가르쳐주지 않는 냉혹한 조직의 생리란 보스가 모든 걸 결정한다는 사실이다."(『스타일』)라는 점을 깨달아야 하는 것이다. 이 사회에 올바로 진입하는 것조차도 그녀들에게는 쉬운 과정이 아니어서 그들은 늘 "서류심사와 면접에서 떨어지는 것보다 더 지긋지긋한 일은 전화연락을 기다리는 일"(『판타스틱 개미백서』)이라는 점을 깨달아야만 했던 것이다.

뿐인가. 그녀들은 가족과도 알 수 없는 불화를 경험한다. 어린 시절의 남자친구와 만남을 이어가는 엄마를 의혹에 찬 눈으로 감시하거나(『달콤한 나의 도시』), 느닷없이 대학을 가고 싶어하는 엄마와 퇴직을 하고 집에서 눈물을 흘리는 아빠의 모습을 보며 곤혹스러워 하는 경험(『쿨하게 한걸음』)을 누구나 한번쯤 겪어야 했던 것이다.

칙릿의 주인공들은 자신이 사는 원룸의 바로 위층에서 한밤에 강도를 당해 비명을 지르고 쓰러져 구급차에 실려간 여인의 생사를 파악하지 못하는 도시에서 살아간다(『달콤한 나의 도시』). 그리고 분식집에서 자신과 마지막 만찬을 하고는 다음날 자살한 친구의 장례식에 가서도 "타인의 죽음은 개인의 치통을 뛰어넘지 못하는 법이다. 이제 그걸 순순히 인정하는 나이가 되었다."라고 쿨하게 친구의 죽음을 받아들이는 모습을 보여준다(『쿨하게 한걸음』). 그녀들이 이러한 비정한 현실 속에서 깨닫게 되는 것은 『쿨하게 한걸음』의 이연수가 동남의 장례식장에서 현실 속의 자신의 모습을 받아들이고 인정하는 장면 속에 잘 드러나고 있다. "그러면서도 이런 보잘것없는 삶마저 전복될까봐 두려웠다. 그러다보니 나와 화해할 틈이 없었다. 자기 자신과 사이좋게 지낼 수 있다면 삶은 꽤나 평화로울 것이다."(『쿨하게 한걸음』) 자기자신과 화해하는 평화로운 삶에 대한 갈망. 세상의 이치를 다 이해하고 따라갈 수 없다면, 그 속에 사는 자아를 보존하여 최소한의 자유와 평화를 확보하기. 그것이 오늘날 칙릿의 인물들이 깨달은 삶의 방식이다.

『스타일』에서 주인공 이서정은 성수대교가 무너지는 것을 목격하고, 그 장면 속에서 자신의 친언니의 죽음이 상연되었음을 알게 된다. 그 후 '집안에 드리워진 두꺼운 커튼' 속에 자아를 가두게 된 서정은 "그것은 어떤 빛도 투과되지 않는 짙은 벨벳 같아서 그 속에서 나는 근원적인 어둠을 보았다고 믿었다. 보고 싶지 않던 삶의 이면을."이라고 고백한다. 그러나 그러한 '생의 이면'을 응시한 자들이 보여주는 자각이란, 지금까지 살펴본 바와 같이 세상의 이치를 온전히 수락한 상태에서 자신의 욕망을 긍정하고, 사회의 체계 속에 안착하기 위한 전략을 수행하는 것으로 드러나고 있다. 오늘날 자기-실현에 전념하는 자기애적 개성의 발전 자체가 자기 통제를 강화하게 만들어서, 주체들이 스스로를 생명정치의 대상들로 다루게 되는 것이고, 또한 국가적 생명정치의 공공연한 목표가 개인의 행복과 즐거운 인생, 자기-실현을 막을 수 있는 모든 외상적 충격의 제거에 있는 것이라면,[6] 세상의 이치를 깨닫고 만 칙릿의 인물들이 수행하고자 하는 개성의 발전과 자기 실현이란 정확하게 그러한 생명정치의 통제하에 있는 주체의 모습을 반영하고 있는 것이라고 볼 수 있다.

결백의 수사학, 칙릿의 시대

그리하여, 칙릿은 세상과 소통하는 그들만의 방식을 전개하게 된다. "작은 텔레비전 모니터 속에서 삶의 고단함을 잠시 잊고 울고 웃게 만드는 힘, 내 꿈도 노력하면 이룰 수 있을 거란 믿음, 세상이 어쩌면 살만한 곳일지도 모른다는 희망, 노인과 아이를 동시에 열광하게 하는 것, 나는 이것이 드라마가 가진 통속의 힘이라고 믿는다."(『스타일』) 이 말은 지금 이곳의 칙릿의 저자들이 독자들과 비평가들에게 하고 싶은 말일 것이다.

그리하여 칙릿이 선포하는 통속적인 윤리의 최대치는 다음과 같이 제시된다. "'프라다'에 끌리는 눈길과 굶어 죽는 아이들을 돕고자 하는 마음, 이 상반된 욕망은 어떻게 화해할 수 있을까." 더불어 "내겐 에르메스의 매혹적인 오렌지색 쇼핑백과 버림받은 아이들의 배고픔을 책임지고 싶은 욕망이 동시에 존재한다."(『스타일』)는 자아의 선언이 뒤따른다. 세상

6) 지젝, 김서영 옮김, 『시차적 관점』, 마티, 2009, 584쪽.

과 소통하고 싶은 욕망이란 권장되어 마땅할 것이다. 또한 인물들의 윤리가 다소 통속적이라 해서 그것이 거부되어야 할 이유는 없을 것이다. 그러나 이 자유주의적 관용의 윤리란 자본주의적 질서에 대한 복종에 의해서만 가능한 것이며, 기존의 세계를 조건 없이 수락하고 그것이 허용하는 윤리를 부여받은 것을 마치 자발적인 선택인 것처럼 혼동한 결과에 의한 것이라는 점을 알아차리지 못하기는 어렵다.

영미권의 칙릿을 분석한 성은애는 "칙릿의 대부분은 여성이 개인적 변화와 '자기관리'의 노력에 의해 원하는 것을 성취할 수 있다는 낙관적인 환상과, 사회의 구조적인 문제이기도 한 여성의 경제적인 문제를 너무나 간단히 해결해버리는 안이함, 그리고 여성이 사회에서 부딪히는 모든 문제들을 탈정치화하거나 정치적인 접근 자체를 조롱하는 경향을 보인다."[7]라고 말한 바 있다. 오늘날 우리 문학 속에 등장한 칙릿을 살펴본 결과는 위의 언급에 나타난 칙릿 비판이 정확히 우리의 소설에도 적용될 수 있다는 점이다. 칙릿에 대한 이 비판의 핵심은 이러한 작품이 현실에서 벌어지는 갈등을 주인공들이 구매하는 품목들에 대한 고민과 동일한 층위에서 '소비'하고 있다는 점이며, 또한 화려한 소비가 가져다 주는 쾌락과 자신의 불완전한 삶을 구원해줄 이성에 대한 추구에 지나치게 얽매인 나머지 실질적으로는 그들의 불안감을 조성한 원인이 되는 바로 그 현실을 고착하고 유지하는 데 기여하게 된다는 것이다. 이러한 맥락은 서두에 제시하였던 바, 칙릿에 등장하는 성장에 대한 판단을 내리는 데도 많은 암시를 준다고 할 것이다. '세상의 이치'에 대해 어떠한 이의도 제기하지 않은 채 자아의 안정된 영역을 확보하려는 이야기를 성장에 대한 것이라고 부르는 관행을 문학사는 알려주고 있지 않다.

수전 손택은 예루살렘상 수상 연설문인 「말의 양심」에서 우리시대에

7) 성은애, 「『악마는 프라다를 입는다』와 그 자매들」, 『안과밖』 22호, 2007, 241쪽.

'개인'이라는 말이 가지는 의미에 대해 의문을 제기하면서, "개인성과 자유란 끝없이 자기를 크게 만들 권리, 쇼핑하고 획득하고 사용하고 소비하고 낡은 것을 폐기할 자유에 지나지 않을지 모릅니다."[8]라고 말한 바 있다. 자본주의 사회가 '개인성'과 '자유'를 드높이는데 있어 기득권을 갖게 되었다는 손택의 증언을 읽다 보면, 오늘날 칙릿의 작가들이 얻어내고자 하는 바가 무엇인지 짐작할 수 있게 된다. 손택의 말처럼 소설이 '문학이라는 기획 자체를 영속화화는 것'이자 '현대의 포만에 저항하는 어떤 내성(內省)을 발달시키게끔 하는 것'이라면, 이러한 소설의 영토에서 칙릿의 자리가 얼마나 멀어진 것인가를 우리는 이해할 수 있을 것이다. 오늘날 자본주의 소비사회가 요구하는 신자유주의적인 문화가 문학을 불필요한 것으로 만들 것이라는 예언은 귀기울일 필요가 있다. 이러한 신자유주의적 이데올로기에 저항하고 비판하는 것이 진정한 '소설가의 임무'라는 손택의 말이 옳다면, 우리는 오늘날 칙릿의 서사가 당면한 과제가 무엇인지 이해할 수 있을 것이다.

소비자본주의에 대한 전면적인 순응 속에서 칙릿의 인물들은 '자기 자신보다 더 큰 어떤 것'에 복종하는 즐거움에 대해 이야기하고 있을 뿐이다. 이 '유동하는 근대' 속에서 소비자의 자유를 영위하며 살아가는 존재들이 발신하는 진정한 자아의 성장이라는 이상은 그리하여 헛된 꿈에 불과한 것으로 판명된다. 누구도 그 성장이 이루어지리라는 기대를 하지 않으며, 애초부터 그 꿈을 꾸어 온 것이 진정한 것이었는가도 의문에 부쳐지고 말, 그런 헛된 소망의 표명으로서의 칙릿. 세상은 온통 이해할 수 없는 일들로 가득차 있지만, 나의 욕망은 그것에 책임이 없다는, 이 결백의 수사학이 도래한 지금 여기의 시간은, 바야흐로 칙릿의 시대이다.

---

8) 수전 손택, 홍한별 옮김, 『문학은 자유다』, 이후, 2007, 201쪽.

키덜트
Kidult

일곱시 삼십이분
코끼리열차
카스테라
피터팬
죽이기
2004년 오늘의 작가상 수상작
김주희 장편소설
펭귄뉴스

탈(脫)성장의 정치적 상상력

■ 백지은

문학평론가. 1973년생. 2007년 제1회 『세계의 문학』 신인상 문학평론 당선. 주요 평론으로 「지금 만나러 갑니다 : 최근 한국 소설과 '낯선 삶의 출현'」, 「소설과 살다 : 독자 K씨의 스타일을 중심으로」 등이 있음. jienbaik@hotmail.com

(비)성장과 '키덜트'

어린이와 어른을 대립시키고 미성년과 성년을 가르는 논리에는 두 항목 사이에 성장 혹은 성숙이라는 발달적 과정이 가로 놓여 있음이 전제된다. 성인이 성장 혹은 성숙의 완성형이라면 미성년은 거기에 이르지 못한 미완의 존재인 것이다. 즉 성장이란 어떤 것이 아직 '없는' 상태에서 그것을 '획득'하여 도달해야 하는 지점으로 이동하는 과정이다. 육체적 정신적으로 완전하지 못하기 때문에 미성년에게는 신체의 완성과 이성의 발달을 위한 보호와 교육이 필요하다는 생각은 오늘날 상식적인 것이기도 하다. 그런데

---

* 이 글은 「탈성장의 정치적 상상력 : 2000년대 한국 소설에 나타난 '키덜트' 현상과 담론」이라는 제목으로 『비평문학』 33호(2009. 9, 249~273쪽)에 게재되었다.

성년과 미성년을 이렇게 가를 때 이는 '무엇에 대한' 완성이고 미완인 것인가? 그것은 우선 '문명화'라는 관점을 전제할 때 가능하다. 오늘날 우리가 익숙하게 사용하는 미성년 관련 어휘들, 가령 '소년', '청년', '어린이', '아동' 등의 말들이 현재처럼 사용된 것은 근대전환기부터다. 이 말들이 근대 이전에 없었던 것은 아니지만 이것들의 용법과 범위는 20세기 초부터 달라졌다고 한다. 소년(청년)과 노인을 대립시키는 논리는, 재래의 노소(老少), 장유(長幼)의 이분법을 이어받으면서도 그것을 역설적으로 전도시킨 형태로 드러났다. "근대 초기의 소년 담론에서 '소년'이라는 호명법은 미성년들을 재래의 질서에서 분리시켜 진보하는 문명의 시간에 접속시키기 위해 개발되었던 것이다."[2] 다시 말해 근대 초기 미성년에 대한 어휘들이 사회적 인식과 전략의 실천 단위로서 서로 혼용되거나 구분되고 때로 새롭게 만들어지기도 했던 데는 사회 전반적인 문명화의 시작이자 핵심으로서 나이 어린 계층을 포착해 낸 근대 계몽의 시선이 깃들어 있다.

이렇듯 어떤 용어가 생겨나서 상용되는 데는, 특히 사회 구성원으로서의 인간을 특정하게 지칭하고 규정하는 용어일 경우, 그 용어가 탄생하고 통용되는 장(場)과 그 장이 속한 사회의 주체 생성 기획은 결코 무관하지 않다. 각종 신조어가 범람하는 인터넷 환경에서 2000년대 들어 사용되기 시작하여 지금은 꽤 상용된 말들 중에 '키덜트(족)'라는 용어는 사

---

2) 조은숙, 「한국 아동문학의 형성과정 연구」, 고려대 박사논문, 2005, 52쪽. 근대 초기 미성년 어휘 관련 논의는 이 논문을 참고하였다. 부연하자면 20세기 초반까지도 이런 용어들은 생물학적 연령의 한 시기와 정확히 대응되지도 않았고 성장의 단계를 순차적으로 정렬시키는 하나의 동일한 시간 축 위에 정연하게 놓이지도 않았다. 사회 진화론적 문명 담론과 국가 논리가 전사회적으로 만연하여 '우승열패'의 논리가 당연한 것으로 받아들여졌던 근대 초기, 국가는 국제 경쟁 속에서 살아남느냐 죽느냐의 운명을 진 유기체처럼 상상되었고 '소년'의 능력은 한 국가가 성장, 진보해나갈 가능성이나 힘으로 치환되었다.

회문화적으로 특정한 경향성을 드러내는 까닭에 우리의 주목을 요한다. 아이[kid]와 어른[adult]을 합친 이 말은 어린이 같은 기호와 취향을 추구하는 20~30대 성인들을 일컫는 데 쓰이면서부터 상용화되었고, 유년에 대한 성인의 향수를 자극하여 동심이라는 감상성을 상품화하는 문화 산업의 전략에 의해 형성된 특정 소비 패턴을 지칭하기에 적절한 용어였다. 그러나 이 말은 여러 사회 문화 현상에 확대 적용되면서 그 함의가 달라진다. '몸은 어른이지만 마음속에 아이의 심상을 간직한 사람'(긍정적), '어른으로 응당 책임져야 할 사회적 책임을 잊거나 도피하려는 사람'(부정적) 등의 뉘앙스로써 이 말이 사용되는 사례가 증가하였고, 최근의 문학적 경향을 이 말로 받을 때 누군가는 "아이의 감성적 순수함과 어른의 차가운 이성을 동시에 표출하는 키덜트 문학은 기존 문학이 방치한 사각지대에서 태어난 새로운 문학"[3]이라고 긍정적 지지를 표명한 한편, 다른 누군가는 "그들의 감각과 그들의 느낌을 존중했을 때, 이제 남은 것은 아이들뿐이며 어른은 어디에도 없다"[4]라고 부정적 비판을 드러내기도 하였다. 중요한 것은 물론 '키덜트'의 뜻이 긍정적인가 부정적인가를 가르는 데 있지 않다. 일군의 사람들을 이 용어로 지칭함으로써 생성된 주체(들)의 성격이란 어떤 것인가, 즉 이 용어의 출현과 관련된 주체 생성의 기획과 효과는 무엇인가가 요점이다.

우선 '키덜트'라는 합성어의 특수성을 생각해보자. 상반되는 두 단어를 합쳐 하나의 단어를 만들었다는 사실로써 이 단어의 위상은 특이해진다. 앞에서 말했듯 아이와 어른의 속성을 구별하는 데는 아이에서 어른으로의 이행을 결핍에서 채움으로의 과정으로 파악하는 논리가 작용하는데,

3) 최강민, 「키덜트 가면 속의 두 얼굴, 체제 저항과 순응 사이에서」, 『작가와비평』 8호, 2008, 182쪽.

4) 여태천, 「더 절실한 내적 기율」, 『작가와비평』 8호, 2008, 148쪽.

이에 따라 아이와 어른이라는 각 속성은 상호 대립적이다. 그런데 대립적인 양자가 '키덜트'라는 한 단어에 포섭됨으로써 (아이와 어른을 구별하는) 일반적 관점은 이 단어에 대해 두 가지 자세를 취할 수 있게 된다. 하나, 어른과 아이는 별개의 속성인데 어른이 아이의 속성을 보인다는 것은 비정상이다. '키덜트'라는 단어는 하나의 대상(어른)을 가리키지만 이 합성어가 한 대상을 규정하는 것은 두 가지 별개의 속성, 즉 서로 대립되고 구별되는 별개의 자질로서의 '어른'과 '아이'라는 속성이다. 그렇다면 어른과 아이는 여전히 속성상 대립/구별되는 개체인데, 이미 아이를 지나 어른이 되어버린 사람이 다시 아이의 속성을 추구한다는 것은 성장이라는 발달 논리에 의하면 '퇴행'이거나 '미숙'이다. (이런 생각은 오늘날 자명하게 여겨지는 성장의 논리에 대해서는 다소 순응적일 것이다.) 다른 하나, 어른과 아이는 애초에 별개의 속성을 가진 존재가 아니므로 한 사람에게 어른과 아이의 특징이 함께 있는 것은 당연하다. 한 인간(어른)한테 그와 대립적인 속성(-아이)이 있다면 양자(어른과 아이)는 사실상 반대되는 속성이 아니고 심지어 명확히 구별되는 속성이 아닐 수도 있다. 그렇다면 둘을 구별하는 논리는 상징적 작위성에 의한 관념에 불과하다. (이런 생각은 '문명화'라는 전제에서 나온 '성장'의 논리에 대해 다소 전복적일 것이다.) 핵심은, 두 경우 공히, '성장'이라는 일반적인 논리에 위배되는 자리에서 '키덜트'라는 용어가 성립한다는 점이다.

2000년대 우리 문학을 논의하는 자리에서 어른의 목소리를 대체하거나 그것에 섞여 들려오는 아이의 목소리에 주목하는 경우는 그다지 드물지 않다. 그것은 근대적 계몽의 시대를 지배했던 '어른'의 목소리가 희미해지고 세상을 '아이'의 목소리로 읽는 양태들이 눈에 띄게 많아졌다는 표징일 것이다. 어른이 되지 못하거나 어른이 되지 않기를 스스로 바라는 이들, 혹은 '어른이다 아니다'와 같은 구분에 관심도 의미도 두지 않는 자들이 문화적 문학적 현상 속에 만연하다. 더 주목되는 것은 이 시대의 많은 젊은이들이 자기 자신을 키덜트라고 느낀다는 사실이다. 한 젊은 작가는 이렇게 고백한다. "'키덜트'라는 말에서 먼저 느껴지는 건 학생주임 선생님의 시선이다. 쯧쯧쯧, 혀를 차는 소리가 들리는 것 같기도 하다. 넌 대체 뭐지 자식이냐? 그렇게 아래위로 훑어보는 못마땅한 시선, 하지만 원인불명의 죄책감을 느끼며 혹시 나도 키덜트가 아닐까, 하고 자기 검열에 들어가기에 이 단어는 너무 모호하다."[5] 한 젊은 평론가는 젊은 작가들에게서 기성세대에 대한 증오, 세상 전체에 대한 저주 등을 읽어내고서 그러나 자기 자신도 그들과 같은 키덜트 세대라고 털어놓는다. "(…중략…) 나 역시 '키덜트 세대'였다. 〈오로지 나 자신을 위해 살고 나만을 위해 존재하다가 나 자신만을 위해 죽고자 하는, 그러나 다 큰 어른이 되어서도 아기처럼 취급받는다는 것에 은밀한 기쁨을 느끼는 이 시대 키덜트(Kidult)들의 흉터투성이 生〉이 키덜트의 본질이라면."[6] 그다지 젊지 않은 한 평론가도 '키덜트 문학' 예찬 끝에 이렇게 덧붙인다. "성인이 되었어도 만화와 전자게임을 여전히 좋아하는 나는 구상유취의 젖비린내를 풍기는 키덜트인 것 같다. 아내는 이런 나를 걱정스럽게 바라본다."[7]

이런 예시를 통해 확인되는 '키덜트'의 위상은 '원인불명의 죄책감'을 느끼고 타인의 '걱정'스러운 시선을 받지만 그럼에도 불구하고 '은밀한 기쁨'이 끼어드는 그런 자리다. 이들은 왜 이 신조어에서 자기의 정체성을 발견하는 것일까? 키덜트로 자인(自認)하는 데는 대략 두 가지 상태가 있는 듯하다. 위의 예시들에서 사용된 말을 사용하자면 '죄책감'과 '기쁨'이다. 전자는 이미 어른이 되었음에도 아직 완전하지 못하다는 자책으로 괴로

5) 윤이형, 「키덜트 세대의 문학」, 『작가와비평』 8호, 2008, 132쪽.

6) 정여울, 「이야기하지 않는 셰에라자드의 탄생」, 『내 서재에 꽂은 작은 안테나』, 문학동네, 2008, 142쪽.

7) 최강민, 앞의 글, 184쪽.

운 상태에 머무는 경우다. 후자는 어른이라는 상태에 대한 공포 때문에 스스로 아이에 머물기를 원하는 경우다. 전자를 '미(未)성장'이라 하고 후자를 '반(反)성장'이라 하고자 한다. 스스로 수락한 자기의 정체성을 부끄러워하는 것과 즐기는 것은 전연 다른 상황을 불러올 것이다. 그러나 어느 쪽이든 어른과 아이는 분리된다는 이분법에 의해 자기의 현재적 상황을 점검받는다는 점에서 공통된다. 하나 더, '미성장'도 '반성장'도 아닌 이런 경우도 있겠다. 스스로 '키덜트'임을 자인하지는 않지만 그 사유와 행위가 상징적 질서에 부합하지 않아 '성장'이라는 '정상성'에 대해 의문을 제기하게 하는 사례들이다. '결핍에서 획득으로, 미완에서 완성으로'라는 직선적 발달의 논리를 아예 내면화하지 않았기 때문일 것이다. 성장 논리가 근대 문명의 작위적 관념에 불과한 것이라면, 그에 따라 분리되었던 '아이'와 '어른'이라는 별개의 속성은 사실상 나눌 필요가 없는 것이었고, 따라서 '키덜트'라는 신조어는 상반되는 두 속성을 지닌 개체를 이르는 말이 아니라 애초부터 두 개의 지시어가 필요 없었던 한 속성, 즉 '인간' 본연의 어떤 모습을 이르는 말이 될 수도 있다. 이때 키덜트라는 말은 인간의 내적, 외적 존재 양상을 직선적 시간 질서 위에서 획일한 기준을 통해 구별할 필요를 덜어낸 인간의 한 모습, 제도적 편의적 구분으로는 의미화할 수 없는 어떤 속성에 관한 명명이 되지 않을까. 이런 생각을 바탕으로 '무(無)성장'의 경우를 더하겠다.

누군가의 개인적, 사회적 위상을 진단한다는 것은 그 자신의 정체성을 확인하는 것이기도 하고 이 사회의 실정을 묻는 것이기도 하다. 키덜트라는 용어로 명명되는 주체들에게서 이 시대의 어떤 실상과 그것에 대처하는 일련의 움직임들을 만날 수 있다면 우리는 이 시대 주체성의 한 구조를 살펴볼 만한 계기를 얻을 것이다. 물론 키덜트라는 하나의 명명이 이 시대를 파악하는 절대적 준거가 될 리 만무하다. 명명은 언제나 불완전한 행위이며 명명 불가능한 것을 드러내려는 시도의 실패를 포함하는 것이 아닌가. 다만 명명 자체에 명명행위의 가공성(架空性)을 넘어서는 어떤 실재적인 요소가 있다는 점은 무시할 수 없다. 키덜트라는 실체가 있어 그것을 총괄하는 것이 이 용어의 역할이 아니라 키덜트적이라 말해질 만한 어떤 증상이 있어 그것을 드러내는 것이 이 용어의 기능일 것이다. 그것을 통해 우리가 만나게 되는 이 시대의 증상들이 있다면 그 증상들이 사회적 형식의 가능성 혹은 불가능성을 어떻게 상상하는지 아는 것까지가 이 글의 목표에 포함된다.

未成長 : 그들은 아직도 성장통 중

먼저, 아직 어른이 되지 못한 사람들이 있다. 어른이 되고자 하였으나 그 지난한 과정에 연거푸 실패하였거나 그 과정을 채 빠져나오지 못한 사람들이다. 나이는 법령에 의거한 성인의 그것에 도달한 지 오래고 신체 또한 완전한 어른의 모습을 갖추었지만 이들은 사회가 인정하는 성인의 자리를 취하지 못했다고 느낀다. 스스로 자기 자신을 어른이라 생각하지 못하고 미성숙한 인간으로 여긴다.

성장했다는 것, 이제 어른이 되었다는 것은 개인의 형질 변화에 따른 것이 아니라 공동체의 질서에서 어느 위치를 차지하느냐에 달려 있다. 오늘날 우리 사회를 "청년 실업 120만"이라는 말로 지칭하는 것이 허위나 과장이 아님을 실감한다면, 개인의 법적 물리적 신체는 아이와 어른의 경계를 넘어섰지만 스스로 어른이 되지 못했다고 느끼는 이유 중 가장 흔한 것이 경제적 문제와 관계 있음을 인정하지 않을 수 없다. '시장 경제'라는 근대 사회의 보편적 공공 영역에 진입하지 못했다는 것은 곧 일상적인 사회적 공간에 편입하지 못했음을 의미하고 따라서 정상적이라 일컬어지는 사회생활에서의 한 포지션을 할당 받지 못했음을 가리킨다. 이 시대, 2000년대에 이런 상황에 처한 이들은 누구인가? 어쩌면 이들은

"단군 이래 가장 많이 공부하고, 제일 똑똑하고, 외국어에도 능통하고, 첨단 전자제품도 레고블록 만지듯 다루는 세대"(김영하, 『퀴즈쇼』)다. 지표적으로는 1997년의 외환 위기 이후 국민 경제가 거의 파국을 맞이하였던 상황 이후, 그 대다수가 비정규직에 편입되어 "88만원 세대"(우석훈)라는 불명예스러운 이름을 부여받은 불운의 세대이기도 하다. 이른바 '신자유주의 세계화의 그늘에서 고통 받는 20대 청년 실업자들', 최근 한국 소설에서 이들을 만나기는 어려운 일이 아니다.

2000년대 초 등장한 김애란의 이야기가 "키덜트 세대 전체의 알레고리"(정여울)로 읽혔던 것 역시 이런 맥락에서였을 것이다. 자식들이 번듯한 직장을 얻기를 바라는 부모들의 범속한 기대에 이르지 못한 청년들은 가족 친지가 찾아오지 못할 곳에 값싼 고시원의 방이나 옥탑방을 얻고서 홀로 지내며 방황한다. "부모로 표상되는 이 사회의 기성세대 전체는 결코 이들 욕망의 이해자도 조원자도 후원자도 될 수 없다. 이 소설 속의 주인공은 '청년실업시대의 서자(庶子)'로서 부모의 끊임없는 잔소리를 뒤로 하고 홀로 상경한다. 그는 차라리 어른들의 감시와 처벌의 시선이 닿지 않는 곳에서 자기만의 상상 속의 텍스트 유토피아를 건설하려 한다."[8] 소설 습작하는 주인공이 등장하는 단편 「종이 물고기」에 대한 이 같은 언급은, 소설 쓰기라는 작업을 일반적인 사회화 과정과 구별하여 "상상 속의 텍스트 유토피아 건설"과 같이 비현실적이고 무용한 작업으로 제시한다. 그러나 '소설 쓰기'라는 작업 자체가 사회적 활동이 될 수 없다는 생각은 직업 혹은 경제 활동에 대한 평자 자신의 편견이 작용한 것일 수 있다. 핵심은 「종이 물고기」의 주인공이 소설 쓰기라는 '자기만의 상상'에 몰두하였기에 사회화에 성공하지 못한 것이 아니라 소설 쓰기라는 사회적 활동을 성공적으로 달성하지 못하였기에 아직 '자기만의' 세계를 벗어나지 못했다는 데 있

8) 정여울, 앞의 글, 128쪽.

다. 그는 소설을 쓰기 위한 준비를 하던 중 옥탑방이 무너지는 바람에(소설을 쓰기 위한 메모들이 적힌 포스트잇을 사방의 벽에 붙여놓아서 조금씩 늘어난 벽의 균열을 보지 못하여 마침내 집이 무너지고 만다) 소설가가 되어 자기 몫의 사회적 역할을 하는 진정한 성인의 반열에 이르지 못한 것이다.

'자기 몫의 사회적 역할'에 대한 좌절의 양태는 김미월의 『서울 동굴 가이드』(문학과지성사, 2007)에 가장 많이 가장 충실하게 재현되어 있기도 하다. "요새 대졸 실업자가 얼마나 많은"지 "간다 해도 별수 없"는 대학에는 기대도 없고 따라서 "번듯한 직장"도 없이 "무작정 상경한 후의 생활"을 이어가는 젊은이들은 김미월의 소설에서 집중적으로 그려지는 인물들이다. "빨리 어른이 되기를, 그래서 빨리 이 마을을 떠날 수 있기를" 빌었던 아이들은 생물학적으로 법적으로 성인이 되자마자 가족을 떠나 고향을 떠나 진정한 어른이 되고 싶다. 그러나 자기를 스스로 지켜야 하는 현재, 타향 도시의 변두리에서, 이들은 자신이 "노래방 곡목집에 있는 수많은 곡들 중 일 년 내내 한 번도 불려지지 않는 노래"(「일기」)와 같다고 생각하게 된다. 법은 이들을 어른으로 호명하지만 이들은 여전히 "누군가 정답을 가르쳐주는 사람이, 길을 안내해주는 사람이 있으면 좋겠다." 간혹 어렵사리 취직이 된 자들은 행복한가? 서울에 올라오기 전 라디오로만 듣던 '테헤란로'에 가보는 것이 꿈이었던 한 청년은, 지금은 테헤란로를 "삼 년간 아침저녁으로 매일 다니"게 되었지만 여전히 "아직 한 번도 테헤란로에 가본 적이 없는" 듯 느낀다. 번듯한 직장을 가진 어른이 되어 도시의 일상을 활기차게 살 줄 알았던 아이의 희망은 과연 언제까지나 실현되기 어려운 것인가?

이들은 "'되고 싶다'와 '될 수 없다' 사이의 지난한 투쟁의 역사"를 겪어오다 마침내 '되고 싶다'의 "기권패"를 선언해 버리지 않을 수 없게 된 자들이다. 2000년대 소설에서 드물지 않게 들려오는 이런 사연을 하나 더 소개하자면 김주희의 『피터팬 죽이기』(2004)가 제목부터 적합하다. 이 소설에는 이력서를 백 번째 거절당하거나 카드빚으로 쫓겨 다니거나 대학원에서 '퇴보의 과정'을 밟거나 하는 등의 암담한 상황이 넘쳐난다. 전망도 출구도 없는 청년들은 방황, 불안, 고민에 휩싸이다 유서 쓰고 자해하는 식의 극단적 사건을 일으키기도 한다. 자신을 패잔병, 외롬족 등으로 부르는 이들은 자기들의 인생이 삼류 소설가가 쓰는 허구의 이야기라 생각하고 탈출을 시도하기도 하지만 이야기는 "탈출구를 찾아보려고 노력했다. 무의미했다."는 막막함으로 귀결된다. 이들은 더 이상 성공을 욕망할 수 없는 듯하다. 아니 그보다 먼저 성장을 욕망하는 것조차 불가능해 보인다. 그들은 "밖으로 나왔지만 갈 곳이 없"거나 "무엇을 언제까지 기다려야 하는지는 자신도 알 수 없"어서 "어쨌든 지금으로서는 기다리는 것밖에 할 수 있는 일이 없"(김미월, 「아무도 펼쳐보지 않는 책」)는 것이다. 그들은 이 '갈 곳 없음', '기다릴 수밖에 없음'의 상태를 부조리로 인식하거나 거부하지 못한다. 그들은 오히려 그 부조리의 자리를 스스로 떠맡아 자기가 무능하다고 인정해야 하는 괴로움과 무력감에 시달린다. 어른이란 시간이 지나면 자연스럽게 도달할 수 있는 자리라 여겼던 어리석음의 대가로 까닭도 원인도 불분명한 죄책감을 떠안게 되는 것이다.

그러나 진정 이들에게 사회로 진입할 수 있는 길이 열려 있었던 것일까? 이들은 어쩌면 무엇을 시도해보기도 전에 거부당했고 그러므로 이미 패배할 수밖에 없는 세상에 놓여있었다. 죄를 떠안아야 할 주체는 이들 자신이 아니다. 죄를 흘려보낸 곳이 있다면 오늘날 우리 사회의 그늘, 신자유주의에 전면 장악된 세상의 그림자, 성장 신화 일색의 지배 담론의 이면 등이 아닌가? 죄책감은, 이런 현실의 부조리, 즉 상징세계—대타자—의 결핍을 스스로 떠맡아 버린 나약한 주체들의 증상이다. 스스로 완전하지 못한, 결여되어 있는 상징계적 현실에서 어떤 '최대 낙원'[9]에도

9) 김미월의 『서울 동굴 가이드』의 해설에서 "개인의 사물화된 최소의 자기영역"(이광호)을

이르지 못하리라는 전망은 어쩌면 이들에게 이미 각인되어 있을 것이다. 낙원에의 욕망이 만족되지 않은 이상 이들은 언제까지나 행복한 어른이 아니다. 두렵고 고통스러운 어른이라면 차라리 아직 어른이 아닌 게 나은 것이다.

이상과 같은 2000년대의 소설들은 현실 세계에 자리를 얻지 못한 자들의 불안과 공포를 자조와 하소연의 톤으로 들려주는 데 그치고 마는가? 그 외에 이들이 무엇을 할 수 있을지는 막막하기도 하다. 여기서 이들이 때로 자기만의 세계에 빠져 버린 듯한 행동을 하며 즐거워하는 듯 보이는 순간들에 주목해 볼 만하다. 가령 김미월의 인물들이 사이버 세계의 아바타를 자기 자신의 분신처럼 과도한 애착으로 돌보거나(「너클」) 옥상 한 켠에 '나만의 정원'(「정원에 길을 묻다」)을 만들고 가꾸는 데 심혈을 기울일 때, 이들의 심리와 관련하여 다음의 것들이 노출된다. 만족의 경제를 따르는 욕망과 일탈의 전회를 가져오는 충동. 말하자면, 할머니한테 매 맞으며 자란 「너클」의 주인공이 자기가 돌보는 아바타만큼은 "살아오면서 한 번도 매를 맞아본 적 없는 소녀"처럼 키우기 위해 전력을 기울일 때 사이버 상의 아바타는 분명 그의 욕망을 대리 실현하는 대상이다. 그러나 아바타의 최고 순간인 "그토록 고대해온 무도회가 열리는" 날을 하루 앞두고 영원히 "디데이 전야를 보내는 중"으로 남게 함으로써 아바타에게 "앞날에 기다릴 무언가가 있는 삶"을 영원히 누리도록 하는 것은, 만족을 지연시키면서 "세상에서 가장 행복한 꿈"을 유예시키려는 일탈적 충동을 보여준다. 주인공 자신의 욕망(어른이 되는 것)을 유예하려는 심리를 반영하기도 하는 이런 행위는, 만족의 불가능성을 비-만족에 대

'최소낙원'이라 이름 붙인 것에 빗대자면, "상징적 아버지가 건설하는 유토피아적 공간"이란 것을 '최대낙원'이라 할 수 있지 않을까? 김미월 소설과 관련된 보다 자세한 논의는 백지은, 「어둠을 가리키며 걷기」(『세계의 문학』, 2007년 겨울호)에서 자세하게 행한 바 있다.

한 욕망으로 대체하고, 만족을 억압하는 운동 자체에서 만족을 발견하게 한다. 자기만의 세계에 빠져 버린 듯한 이런 행위들 덕분에 이들은 여전히 성장통 중에 있는 아픔의 일상을 버틸 수 있는 것일지도 모른다.

패배와 좌절로 진정한 어른이 되지 못하는 청년들의 현실성 넘치는 기록은 IMF 이후 세대의 사회 심리적 곤경을 정리, 분석하여 대변한다는 의미에서 일차적으로는 이 시대의 핵심적 증상을 드러낸다. 그러나 이것이 단순히 사회적 삶의 가능성에 대한 절망을 넋두리로 늘어놓은 것이라면 이들의 반복되는 출현은 더 이상 충격적이지도 절박하지도 않은 흔한 스토리에 그치게 되지 않을까? 이들의 결핍과 고통이 체념과 냉소만을 겨냥한다면 그것은 허구보다 더 강력한 현실의 사건들 사이에서 점점 더 무감각한 이야기로 전락해버릴지 모를 일이다. 그러나 우리는 이들에게서 사방이 꽉 막힌 암담함만 볼 수 있는 것은 아니다. 왜냐하면 이들이 자기 자신을 '패배한 어른'으로 규정하기보다 '아직 더 자라야 할 아이'로 생각하기 때문이다. 이 점은 반드시 주목되어야 하는데, 어른의 세계가 이들을 패배시킬 때 이들은 고통스러워하며 자기의 상처를 확인하는 데서 그치는 것이 아니라 그것을 통해 그들이 아직 도달하지 못한 어떤 이상적인 질서에 대한 기대와 관심을 포기하지 않는다. 스스로 자기를 아직 어른이 되지 못했다고 여기는 한 이들은 "앞날에 기다릴 무언가가 있는 삶"을 지속할 수 있다. 이 유예된 상태의 지속에 필요한 것은 욕망을 부추기는 환상이나 환상이 아니면 지탱되지 않는 욕망이 아니라, 아무 것도 도모하지 않아도 "걸음을 멈추지 않"는 인내나 인내를 위한 용기일 것이다. "다들 그렇게 살아가지 않는가"(김미월, 「일기」) 생각하면서 "자신의 삶에 그런대로 만족"한다고 말하기도 하는 이들의 목소리는 조금 우울할지 모르지만 주눅 들어 있지는 않다. 아바타를 키우고 소설을 습작하고 대학원에 다니면서, 그들은 언제까지나 이곳으로부터 "퇴장"하지는 않을 것이기 때문이다. "태어난 이상은 갈 데까지 가보는 거야"(김주희, 「피터팬 죽이기」)라고 여전히 되뇌고 있는 한, 비참할지라도 비관적일 수는 없으므로.

反成長 : 반항아들의 해방인가, 낙오자들의 도피인가

아이에서 어른이 된다는 것, 공동체의 질서 속에서 정당한(?) 자리에 안착한다는 것이 이 시대의 젊은이들, 장기화된 청년 실업과 새롭게 고착화된 신빈곤층의 무한 경쟁 이데올로기에서 살아가야 하는 자들에게, 결코 만만한 일이 아님은, 다매체 시대의 다양한 경로로써 숱하게 확인되는 바다. 아이에서 어른으로 변화하는 과정이 물 흐르듯 편하고 무탈하게 진행되기는 아마 우리 사회에서 기대하기 힘든 목록 중 하나일 것이다. 끊임없이 성장 신화를 선전하는 정권의 담론, 지배층 담론에 의해 더 이상 그 어떤 성장도 아름다울 수 없다는 회의감이 만연해진 이즈음, '성장'이라는 것은 불가능하다기보다 거부하거나 저항해야 할 과뮤처럼 여겨지기도 한다. 이런 지경이라면 성장을 충족하지 못하는 서사는 물론 성장을 혐오하고 기피하는 서사가 우세인 것도 한편으로는 자연스러운 일이다.

2000년대 한국문단에서 박민규의 이야기들이 시의(時宜)적으로 어필했던 요인이 이 지점에서 찾아진다는 것도 예외적인 일이 아니다. 1997년 외환위기 이후 우리 사회에 일어난 변화가 박민규의 이야기에는 통렬하면서도 익살스럽게 그려져 있다. 경제적으로 중하류 계급에 속하는 젊은이들이 자신과 가족이 처한 세상의 이치에 맞추어 자기를 형성해 가는 과정은, 세상 물정 모르던 아이가 "아버지의 산수"를 물려받아 "나의 산수"(「그렇습니까? 기린입니다」)를 알아가는 과정이라 표현되었다. 자기와 가족의 생계에 대한 의무를 깨닫고 일자리의 현장으로 투신하는 것이 그들에게는 일종의 입사(入社)지만, 취업 경쟁에 뛰어들어 인턴사원이 되었어도 시장 경제의 축소판인 회사에 안정적인 자리를 잡기는 쉽지 않다. 「고

마워, 과연 너구리야」 같은 단편에서는 남색가인 상사에게 성적 농락을 당하는 일화로 나타났듯이, 사회 속에 자기 자리를 마련한다는 것은 사회의 혜택을 얻는 것이 아니라 불합리한 권력에 의해 자기를 버려야 하는 (자아)상실로 드러난다. 사회화는 개인에게 자아발전의 계기로 작동하는 것이 아니라 개인의 자유와 즐거움을 탄압하는 압제로 작동한다.

박민규 소설의 이런 면모는 확실히, "이 시스템에 성공적으로 안착한다는 것은 어떤 것일까", "이 사회는 나의 항복을 원하는가", "여기서 밀리면 정말 끝일까" 등과 같은, 사회 속에서 개인이 처한 상황을 질문한다. 그러나 이 불운한 세대의 목소리가 박민규 소설에서 들려올 때, 그것은 이 비인간적인 계급 사회에 대한 불안과 공포가 아니라 그런 사회 구도에 대한 혐오와 비판을 더 많이 환기한다.[10] 장편 『삼미 슈퍼스타즈의 마지막 팬클럽』(2003)에서 자본주의적 경쟁을 무조건 정당화하는 '프로'의 세계를 전면적으로 냉소하였던 이래 이 작가의 인식론적 구도에 자본주의 사회의 구조적 모순 혹은 한국사회의 어떤 불구성에 대한 비판적 도해(圖解)가 깔려 있다는 것은 확실한 것으로 여겨졌다. 이 구도는, 다수와 소수, 부자와 빈자, 노동하는 어른과 유희하는 아이, 매수하는 자본가와 매수당하는 프로 등의 구분으로 세계를 이원화하는 단순성을 드러내는데, 작가는 종종 그 중 한 쪽에 대한 좌절과 상처 때문에 다른 한 쪽을 '선택'하여 탐닉해버리는 듯한 태도를 보인다는 것이다. 가령 시시하고 참담

10) 황종연은, 외환 위기 이후 빈곤층이 증가하고 빈부격차가 확대되어 중산층 붕괴가 운위되는 지경에서 계층 격차가 세대를 통해 지속됨으로써 계층이 고정되는 사태에 이르러 개인의 사회적 이동성이 축소되었다는 진단과 더불어 다음과 같이 말한 바 있다. "박민규 소설에 기록된 사회적인 것의 환멸은 중하류층의 젊은이에게 계층상승의 가망이 불투명한 격차사회의 존재, 바로 그것을 배경으로 한층 실감 있게 다가온다. 근대 시민 사회의 이상과 형제간인 만인 공통의 입신출세 서사는 2000년대의 신진 작가의 소설에 이르러 과거 어느 때의 소설에서보다 단호하게 부정되고 있는 듯하다."(「매 맞는 아이들의 정치적 상상력」, 『문학동네』, 2007년 가을호, 362~363쪽.)

한 지구상에서 사는 일이 재미없다면? 박민규 스타일은 지구를 버리고 우주로 날아가 버리는 것. 지구를 떠나 지구를 바라보니 '개복치같이 생겼더라'라고 하는 "개복치 우주론"(「몰라몰라 개복치라니」, 『카스테라』, 2005)에 이어, 더 나아질 희망 없는 인간계를 지구상에서 제거해 버리고 새로운 형식의 지구로 다시 포맷을 하자는 "지구 언인스톨"(『핑퐁』, 2006)에 이르기까지 거침없는 상상이 펼쳐졌다. 황종연은 박민규의 소설이 "규칙, 관습, 문화에 대한 냉소를 금치 못하는 반면 어떤 이유에서든 거기에 적응하지 못한 작중 인물의 외로움, 유치함, 일탈성에 얼마간 동화적인 순정을 주입"함으로써 "반사회화의 알레고리"를 두는 것은 "동시대 사회의 경험적인 맥락에서는 특별한 박력이 있다"고 평한 바 있다.[11] 박민규를 "키덜트적 세계관으로 소설을 창작하는 대표적 작가"로 지목하는 근거를 "과거 B급 내지 3류로 취급되었던 하위문화적 요소의 적극적 활용"에서 찾은 경우도 있다.[12] 이러한 착목과 평가는 그 나름으로 타당하기도 할 것이다.

그러나 우리는 박민규의 소설이 세계를 속악한 어른/다수와 그에 대립하는 아이/소수로 이원화하여 아이/소수의 편을 들고 그것을 사회적 대안의 하나로 제시한다고는 생각하지 않는다. 그의 소설에 그런 구도가 내재하는 것은 사실이지만 그의 이야기의 목적이 그 구도를 재현하고 폭로하려는 데 있지는 않다. 이 작가에게 중요한 것은 현실이 '어떠한 경로로 그렇게 되었는가'가 아니라 그러한 현실에서 사람들이 '어떠한 형태로 살고 있는가'인 것이다.[13] DC코믹스, 소년중앙, 챔프 같은 옛날 만화책에서

11) 황종연, 위의 글, 363쪽.

12) 최강민, 앞의 글, 171쪽.

13) 박민규의 이야기 속에서 이 세계는 "어떤 거짓말을 해도 그렇고 그렇게 들릴 만큼, 그렇고 그런 곳이 되었"거나 "아무리 쉬쉬해도 언젠가 세상이 엉망이란 걸 알게"되는 곳, 이

나 통했을 법한 황당무계하고 유치찬란한 이야기들이 펼쳐질 때, 인물들이 보여주는 것은 속악한 메커니즘에 맞서 싸우는 지사적 저항이 아니지 않은가. 답답한 지구를 넘어 광활한 우주로 뻗어가는 만화 같은 상상, 개그 같은 입담은 명백히 유치한 아이의 세계를 지향할 때, 이로써 이들은 인류적인 것/혹은 문명적인 것에 대해 성찰하거나 질문하는 것이 아니라 그것을 가지고 장난을 치거나 농담을 만드는 익살적 태도를 표방한다. 이 익살이 겨냥하는 것은 저 이원적 도식의 이편에서 저편으로 건너가기가 거의 불가능해진 세상에 대한 비웃음이고, 그런 세상에서도 저편 세상의 부조리한 룰과 그 룰에 조종당하기 위해 스스로 애쓰는 사람들의 헛된 노력에 대한 조롱이다. 이때 그들은 스스로 우스꽝스러워지고 비루해져서 희화화된 주체가 된다. 그들의 세상은 이곳의 부조리를 대신할 대안적 세계가 아니다. 그들의 비루함은 차라리, 이런 부조리한 세계 속에서 '이렇게 살지 않고 달리 어떻게 살 수 있단 말인가'라는 설의법(設疑法) 문장을 몸소 보여주는 연기(演技)다. 그들이 마침내 역설하는 것은 세상의 메커니즘을 따르려는 노력의 난처함이기 때문이다.[14)]

미 시시하거나 쓸쓸하거나 참담한 것으로 결정나버린 곳이다. "세상은 엉망이다", "아무튼 이 나라는 고장이다", "소외가 아니고 배제야" 등의 에피그램 같은 말들이 현실의 표상을 대신한다. 그러므로 박민규의 소설에서 현실에 대한 이원적 구도가 느껴진다 해도 그것은 이야기의 질감과는 직접 관련이 없는 작가의 세계관일 뿐이지 작품으로 창출된 새로운 의미 혹은 문학적 효과 등으로 환치되지 않는다. 정작 우리가 박민규의 소설에서 보게 되는 것은, 현실의 이러저러한 사태에 '대응'하는 인물들의 행태와 그것을 전달하는 화법이다.

14) 약간의 설명을 덧붙이자. 이 농담하는 주체는 개인의 현실을 조종하는 절대적 타자인 대타자에 대해 공포를 느끼거나 분노하거나 반항하는 주체가 아니다. "아버지의 산수"를 물려받은 이 주체는, 마음 놓고 방귀도 못 뀌는 고시원에서 살고 취업을 위해 남색가에게 당하는 모욕을 견디면서 '자본주의'라는 대타자의 논리를 깨닫고서는, 그 힘의 생리와 논리에 스스로 충실히 따르고자 한다. 이들은 깨달음으로써 비판하고자 하는 것이 아니다. 아무리 열심히 노력해도 이들은 여전히 가난하고 소외당한다는 사실, 바

이른바 박민규식 "개복치 우주론"의 황당무계함으로부터 이어서 생각해볼 수 있는 사항이 몇 가지 있다. 우선, 2000년대 많은 소설들에 우주 관련 화소가 도입되거나 그와 연관된 상상과 사유가 펼쳐지는 것, 즉 'SF적'이라 부를 수 있을 경향이 유행한다는 사실에 주목할 만하다. 지구 바깥 혹은 지구의 자장을 벗어난 "무중력" 상태를 일상적인 상상의 영역으로 불러들인 것, 장르적 혁신은 아니지만 시공간적 배경이나 서사의 논리화 같은 요소를 부분적으로 SF화하거나 인물의 취향, 성격 같은 디테일 측면에서 경험 현실의 논리를 거스르는 방식을 도입하는 것 등은, 확실히 전 세대 문학에서는 퍽 드물었으며 2000년대 이르러 꽤 흔해진 면모 중 하나다(『카스테라』 이후의 박민규 단편 중 「깊」, 「크로만, 운」 쪽 계열이라 불리는 작품들이나 윤고은의 『무중력 증후군』, 윤이형의 「마지막 아이들의 도시」, 「완전한 항해」, 「스카이 워커」 등에서 쉽사리 확인된다). 말하자면 이것은 사회적인 로망을 지구라는 보편 토대 위에 한정하지 않겠다는 의욕, 중력 혹은 만유인력이라는 보편 필연적 힘을 거부하려는 실험 정신 등을 표출하는 것이다. 우주적 상상력, SF판타지 등은 현실과 괴리된 채 특수하게 상징화된 세계 혹은 이상화된 알레고리적 세계였는데 이제는 우주 혹은 상상 같은 것들이 현실 속으로 깊숙이 침투해버린 느낌을 줄 만큼 친숙

로 거기에 있다. 역설은 이 자리에서 나타난다. 대타자의 법칙을 스스로 원하고 열렬히 순응하여도 그 원리에 동일화되지 못하는 이 주체들이야말로, 역으로 대타자의 원리란 결코 훌륭한 것, 완전한 것이 아님을, 어디선가는 분명 실패를 포함하고 있음을 역설적으로 보여주는 존재들이다. 박민규의 소설을 미국이라는, '프로'라는, 자본주의라는 가혹한 대타자의 악덕에 대한 비판적 저항으로만 이해한다면 그가 들려주는 농담을 겨우 반 정도만 이해한 것이다. 이 작가는, 주체적 개인 그 자신은 아무도 홀로 아름다울 수 없는 대타자적 현실에 누구나 '이미 벌써' 연루되어 있음을 이미 벌써 잘 알고 있다. 그래서 그가 마련한 주체의 자리는, 상징적 질서가 비껴가는 곳이 아니라 상징적 질서가 '실패'하는 곳이다. 그리하여 상징적 질서의 빈 곳이 스스로—저절로—드러나도록 유도하는 것. 이것이 박민규 소설의 키포인트다.

해지기도 한 것이다. 같은 맥락에서 2000년대 문학에서 (현실 외의) 가상적인 것이 두드러진 현상에 대해서도 생각해볼 수 있겠다. 마치 재현적 리얼리티라는 관습에 전적으로 의지하는 길만은 피하겠다는 듯, 얼추 가늠해보아도 양적으로 절반이 넘을 만큼 다수의 소설들이 환상적 요소에 의거하는 풍토가 만연하다. 소설 속에서 두드러지는 환상이란 일종의 '도전의식'을 함축한 장치가 될 수도 있는데, 왜냐하면 환상이나 가상은 관습적 지각의 관성을 흩트리고 해체하기 때문이다. 다시 말해 그것은 진중한 현실 세계의 구속력을 수락할 의사가 없는 자들이 자기들만의 세상을 가볍게 구축하는 것으로 기성 질서에 도전하는 것이라 파악될 수 있다. 그러나 이는 한편, 세계를 변화시킬 수 없다는 무력감에 일정 정도 빚지고 있는 것인지도 모른다. 이들은 반항하고 있을 때도 이 현실 세계, 즉 아이에서 어른의 세계로 도약해야 하는 성장의 논리를 내장한 세계로부터 자유롭지 못하다. 이들은 매순간 그 논리 자체와 길항하지 않을 수 없어서, 순응이 아니라 저항일 경우에도 (역설적으로) 반대급부로서 그것의 자장 안에 강하게 종속된다. 그래서 이러한 현상을, 그 (현실의 성장) 논리에 대응 능력을 잃어버린 주체의 무력함을 드러내는 징후로 보아 "이 악몽 같은 현실로부터 더 이상 어떠한 출구도 발견할 수 없을 때, 그들이 마련하는 유일한 도피처가 바로 '환상'"[15]으로 읽히게 될 가능성도 배제할 수만은 없다.

하나 더 떠오르는 것은, 하위문화적 체험이나 하위문화적 연대감이 최근의 문학적 목소리들을 견인하는 힘이라고 보는 일각의 목소리다. "독특한 취향의 소유자들 사이의 교감에 가까운 문화적 세대 감각"이 2000년대 문학을 이전 세대와 분리시킨다고 본 한 평론에서는, 2000년대 시에서 "어른의 세계를 거부한 아이들의 목소리로 만들어진 세계"를 발견

15) 김형중, 「병든 신, 윈도우즈 속의 영웅」, 『문학과 사회』, 2008년 겨울호, 264~265쪽.

하고 그것을 "성장을 거부하는, 혹은 간절하게 어른이 되기를 원하지 않는 아이들, 그것은 미성숙이 아니라 반성숙의 주체성"이라고 진단한다. "2000년대 시가 문화적 취미공동체의 박물지처럼 느껴지는 까닭은 시인들이 사회를 거부하기 때문이 아니라, 사회적인 가치 규범이 제대로 작동하지 못하게 만듦으로써 새로운, 다른 가치규범들을 만들 필요성을 제안하기 때문"[16]이라고 했을 때 그가 지적한 것은 하위문화의 힘이었다. 반권위적 예술체험 전반에 대한 범박한 지칭처럼 쓰이게 된 '하위문화적 감각과 취향'은 최근의 소설에서도 자주 발견되는 문화적 주조(主潮) 중의 하나다. 대표적으로 김중혁의 단편집 『펭귄뉴스』(2006)에서 그려지는, 점점 무용해지는 옛날 물건들에 대한 애착과 아날로그적 취미에 대한 애호 등을 떠올릴 수 있겠다. 라디오, 타자기, 자전거, 지도 등 현대 문명으로부터 멀어져가는 것들에 대한 이데올로기적 감정적 경사는, 기성 사회와 주류 문화에 대해 명백히 카운터 방향을 취한 선택으로 보인다. 비슷한 문화 예술적 취향을 공유하는 사람들 사이에 느슨한 유대감 같은 것이 싹터서 일종의 마니아 집단 같은 것을 형성할 때 그것은 저항적 연대를 창출하는 세력처럼 보일 수도 있겠다. 다만, 이런 다소나마 반사회적인 감각이 "아무리 의미 있게 봐도 클럽문화 수준의, 공통의 환상 위에 성립하는 남자 사이의 형제애적 유대에 머물러"[17] 있는 것일지, 개인들 사이에서 가능한 공생과 호혜의 새로운 질서에 대한 관심과 자유와 해방의 기획으로 나아갈 수 있는 것일지에 대해서는 선부른 판단을 유보해두어야 할 것 같다. 앞서 저들의 환상 세계에 대해 "변혁은커녕 세계에 대한 이해마저 불가능할 때" 등장하는 것, "현실의 무게를 환상 속의 무중력으로

16) 고봉준, 「아이, 그 反성숙의 주체성」, 『작가와비평』 8호, 186~188쪽.

17) 황종연, 앞의 글, 380쪽.

이겨내는 것"[18] 등의 비판이 가능한지 여부를 조금 더 숙고해보아야 할 것이라 했던 것과 마찬가지로 말이다.

그러나, 그럼에도 불구하고 우리는 성장 논리의 방향에 반대급부적인 선택을 감행하여 그것을 과감하고 통쾌하게 그려내는 이들의 시도를 단지 '정신 승리법'(김형중)이라 비칭(卑稱)하는 데 반대한다. 기성 질서의 수락을 통해 미숙에서 완숙으로 나아간다는 것, 즉 성장한다는 것이 지극히 난망하거나 회의적인 시대에, 무조건 성장과 무차별 경쟁이 용인되는 지배 담론에 의해 무턱대고 낙오자로 취급당하는 사람들에게 '반성장'이라는 선택이 공명하는 바가 분명 있기 때문이다. 이는 가령 20대 문화 백수들 사이에 공감을 형성하여 그들을 위로한다는 식의 얄팍한 취지와는 거리가 멀다. 이는 차라리 그들이 느끼는 고통의 감각이 그들 스스로 느끼게 된 것이 아니라 타자의 세계로부터 주입된 것임을 깨닫게 하는 편에 가깝다. 성공적 성장에 관한 특권적 담론들이 평범한 사람들을 패배자로 점찍고서 분발과 극복을 요구하는 세상에서, 그것은 모두의 진리가 아니라 일부의 특권적 입장임을 깨닫게 하는 것, 자기 자신의 행복과 고통을 느끼는 방법은 다른 곳에도 있다는 점을 알게 하는 것이다. 저들이 겁을 주어 불안과 공포를 조성하더라도 그것에 의연하게 다른 길을 선택하는 방법, 성장의 논리를 따르지 않더라도 불안 공포 없이 삶의 지속 가능성을 이야기하는 방식을 보여줌으로써. 행여 이들의 다소 엉뚱한 목소리가 지배 이데올로기에 대한 동일시를 돌이켜보게 할 충격을 유발하기도 한다면, 이들의 사유와 상상은 나아가 지금 여기의 유일성을 점검하는 정치적 에너지의 동력이라고까지 할 수 있지 않을까.

18) 김형중 외, 좌담 「한국소설의 현재와 미래」, 『문학과 사회』, 2009년 봄호, 347쪽.

無成長 : 성숙한 세계에 대한 타자성

성장의 서사는 근대의 상징적인 형식이기도 하다. 변화가능성으로 가득한 젊은이가 성장의 과정을 거쳐 완숙한 인간이 되듯 근대 문명 역시 자신의 발전 가능성을 실현시켜 계속 번영해간다는 유비가 둘 사이에 성립하기 때문이다. 소설의 가장 고전적인 정의를 루카치에게서 빌려 올 때, '인물의 모험적 행동의 내용과 목적이 사회적 관계와 성취의 여러 구조 속에서 영혼의 가장 내면적인 것을 찾는 이야기'가 곧 소설이며 이에 의하면 모든 근대소설은 성장 소설이다. 소설에서 우리가 기대하는 공동체 체험은 신비주의적인 것이 아니라 자기 자신 속에 폐칩하고 있던 인물들이 서로 마찰하는 과정에서 자신을 조정하고 적응시키는 섭렵적인 것이다. "그것은 이를테면 풍부하고 또 풍부하게 만드는 체념의 결실이고, 교양이라는 과정 속에서 얻게 되는 마지막 승리이자 또 투쟁과 노력을 통해 얻게 되는 성숙인 것이다."[19] 이것이 근대 소설의 근본 토대였음을 새삼 상기한다면, 오늘날 우리 사회에서 소설이 가능하기는 한 것일까? 루카치가 상정하였던, 사회적 삶의 모든 형식을 인간 공동체의 필수불가결한 형식으로 이해하고 또 긍정하는 자유로운 인간성의 이상을, 더 이상 상정하기 어렵게 된 사회에서 가능한 서사는 어떤 것일까? 저 '성숙'의 과정이 곧 소설의 논리가 되지 않는 서사를 위해 우리는 다른 원리를 생각해야 하는 것이 아닐까?

유기체적 시간에 근거한 성숙의 논리를 '부재에서 획득'이 아니라 '충만에서 상실'로의 이행으로 보는 것은 프로이트의 견해였다. 널리 알려

19) 루카치, 반성완 역, 『소설의 이론』, 심설당, 178쪽. 여기에는 물론 몇 가지 가능성에 대한 믿음이 필요하다. 인간적이고도 내면적인 공동체를 가질 수 있다는 가능성, 인간들 상호간에 본질적인 것에 대한 이해의 가능성, 무엇인가를 함께 이룰 수 있음을 서로 믿는 가능성 등이 전제되지 않으면 사회적 관계와 성취 속에서 내면적인 것을 찾는다는 것은 불가능하다.

져 있는 '유아 성욕론'의 핵심은 유아의 (양적으로) 과잉된 '성(욕)'을 의미하는 것이고 성숙이란 그것에 한계를 부과하여 감쇄하는 것, 상실시키는 것이다. 아이에서 어른이 되는 것이 무엇을 보충하는 과정이 아니라 오히려 상실을 감내하는 과정이라는 정신분석의 입장은 일반적인 성장 논리에 반하는 것이 아닐 수 없다. 그러나 프로이트는 이 상실의 시간적 흐름에 '발달'의 단계들을 부여함으로써 연대기적 시간에 토대한 성숙의 논리를 뒤집지 않는다. 획득이든 상실이든 그 마지막 단계가 성인이라는 사실은 유기체의 생물학적 시간에 토대한 직선적 흐름을 인정하는 것이고 이 전제 위에서는 발달과 함께 퇴행의 개념도 중요하게 부각된다. 프로이트의 대전제를 받아들이면서 성숙의 문제를 발달이라는 시간적 관점이 아닌 주체 형성이라는 구조적 관점으로 전환한 것은 라캉이었다. 아이가 오이디푸스 콤플렉스와 거세 콤플렉스를 거치면서 유아 성욕을 상실하는 것이 아니라, 말을 한다/배운다는 사실, 즉 타자를 통해야 한다는 사실에 상실의 계기가 내재한다고 하여 그는 성숙의 논리를 유기체적 시간에 근거한 과정이 아니라 언어에 기초한 주체의 탄생으로 대체한다. "그가 타자라는 말을 동원하는 이유는 말이 말하는 자의 것이 아니라 그에게 말을 가르쳐준 자의 것이기 때문이다."[20)]

이에 따르면 주체는 어떤 연령기를 통과하거나 일정한 사건을 겪음으로써 형성되는 것이 아니라, 모든 인간들, '말하는' 모든 존재들에게 적용되는 논리적인 계기다. "말하는 주체에게는 성숙이라는 개념 자체가 무의미해진다. 주체는 처음부터 끝까지 주체일 뿐이다. 만약 의미론적인 주체에게 성숙이란 게 존재할 수 있다면 그것은 단지 그 자체가 하나의 의미 효

---

20) 맹정현, 「미성년은 존재하지 않는다」, 『문학과 사회』, 2004년 여름호, 683쪽. 성숙에 관한 정신분석적 입장을 간결하고 압축적으로 잘 정리한 글이라 판단된다. 이 문단의 내용은 이 글에 정리된 내용을 따랐다.

과로서일 뿐이다. 그 의미가 퇴행이 될지 발달의 밑거름이 될지는 오로지 그 다음에 어떤 기표가 오느냐에 따라서만 결정이 되는, 언제나 미래를 향해 열려 있는 효과이다."[21] 이렇게, 언어의 질서를 통해 말하는 존재로서의 주체 탄생이라는 측면을 염두에 두자면, 지금 우리가 살펴보고 있는 '키덜트'란 연대기적 시간성 위에서 성숙의 여부를 가늠해야 하는 존재가 아니다. 그들은 그들 자신의 '말하기'에 의해, 그들만의 고유한 언어에 의해 새로 탄생한 주체라고 볼 수 있다. 이때 어떤 키덜트의 말이 퇴행인지 성숙인지, 정체인지 발달인지, 반항인지 순응인지는 당연히 핵심이 아니다. 키덜트라는 이 단어 안에서 어른과 아이가 합쳐진 이상, 말하는 (키덜트) 주체는 성장의 논리 자체에 대해 무심하기 때문이다. 자기 자신이 어른이 되었는가 안/못 되었는가 혹은 어떻게 하/되는 것이 성장인가 아닌가 따위에 관심조차 없으면서, 어른이 이야기하는가 싶으면 아이 같이 물색없는 말을 하고 다시 아이의 철없는 소리인가 하면 어른도 할 수 없는 현자의 깨달음을 주기도 하는 이 목소리의 주인들은 누구인가. 이들은 무엇을 말하고 어떻게 말하는가.

최근에 첫 단편집을 발표한 황정은은 다소 기묘한 것들을 이야기하는 작가다. "세 남매의 아버지는 자주 모자가 되"(「모자」)는가 하면, 은행에 잘 다니던 아내는 키가 조금씩 줄고 배가 조금씩 나오다 어느 날 오뚝이가 되어버리고(「오뚝이와 지빠귀」), 말하는 동물과 함께 지내기도 한다(「곡도와 살고 있다」). 현실적으로 말해 이것들은 이상한 얘기지만, 그는 이 얘기들을 '이상하게'가 아니라 '당연하게' 말해 버린다. 아버지가 변해서 된 모자와 아내가 변해서 된 오뚝이는 기괴하거나 망측한 게 아니라 그저 그렇게 되어버려 다만 조금 불편할 뿐이다. (가령, 아버지가 이불장을 업고 대문을 나서다 모자가 되는 바람에 이불장을 피해 드나드느라 식구

21) 위의 글, 686쪽.

들이 애를 좀 먹은 정도.) 대부분의 상황은 기이한 사태가 아닌 예사로운 일상처럼 진행되고, 이야기는 처음부터 끝까지 천연덕스럽다.[22)]

황정은의 인물들이 기묘한 일들을 문제적으로 여기지 않고 현상 그대로 받아들인다는 점, 놀라지 않고 의심하지 않으면서 그저 어쩌다 처하게 된 상황 정도로 여긴다는 사실에 주목해 볼 필요가 있다. 문제가 생겼을 때 그것과 씨름하고 마침내 해결하는 과정이란 곧 성장의 과정과 같은 것이다. 그런 의미에서라면 황정은의 소설에는 성장이란 없다. 아무리 이상한 일도 그럴 수 있다는 듯 겪어내는 인물들은 질문하지 않고 변모하지 않는다. 문제 해결의 과정을 거쳐 변화하지 않는 사람이란 처음부터 끝까지 어른이 아니었거나 처음부터 문제 해결 능력이 없는 아이 같은 어른이다. 즉 황정은의 인물들은 어른이 된다는 일 같은 것에는 지극히 무심하다. 그의 소설에 왕왕 등장하는 '파씨'는 주인공 화자가 자기의 어린 시절에 형성되었다고 기억되는 자아와 같은 존재인데, 주인공은 어른이 되어서도 줄곧 파씨와 함께 지낸다고 여기거나 파씨가 자기와 분열된 한 존재라고 생각한다. 말하자면 이들은 성장이라는 개념 자체에 대한 의식이 없고, 따라서 성장하지 않은 아이들/어른들처럼 보인다.

그러자, 이곳 황정은 소설 속의 질서는 재편된다. 살다 보니 이런 일도 생긴다는 듯 모자가 되었다가 다시 아버지로 돌아오는 소설적 설정이 시종일관 유지되는 이곳은 경험적 현실의 세계는 아닌 것이다. 이곳은 아버지, 선생님, 경찰관, 어른들의 질서와 전연 무관하게 작동하는 세계다. 천진한 새 세계다. 이곳의 사건은 현실을 지배하는 무수한 원칙들에 대해 냉담하고, 이곳의 언어는 문법의 권위에 무심하다. 가령 저 '모자'는 더 이상 현실의 (지시적) 언어 체계에 제약을 받는 존재가 아니며, 이 모자

22) 황정은의 텍스트에 대해서는 백지은, 「이상하고 당연하고 쓸쓸한」(『세계의 문학』, 2008 겨울)에서 보다 자세하게 분석한 바 있다.

가 놓여있는 세계 또한 현실의 원리에 지배당하는 세계가 아니다. '모자', '오뚝이', '곡도' 등의 단어들이 발산하는 심상들은 현실의 인과를 무시한 채 내닫는다. 이때 진짜 유효한 것은 아버지가 모자가 되었다는 상상이 아니라 그것을 가능한 이야기로 끌고 가는 말들이다. 진짜 기발한 것은 말하는 동물을 소설에 등장시킨 상상력이 아니라 그것을 무리 없이 배치하여 이야기를 끌고 나가는 정략이다. 기교도 울림도 없는 간결한 구문들로 익숙한 언어의 눅눅한 때를 말려버리기, 상투적인 의미화를 끊어내기 위해 의도적인 단절을 만들어내기, 포인트가 어긋나는 대화를 나열하거나 침묵과 장광설을 교차시키기 등의 방법들이 기존의 언어 환경에서 빠져나온 저 말들에 에너지를 준다. 변신담이라는 모티브도 그렇거니와 그러한 것을 타당한 이야기로 전환하는 이 어조(tone)는, 황정은 소설 속의 세상을 일반적 세계, 정상의 세계, 성인의 세계에 대해 타자적인 것이 되게 한다. 그냥 낯선 것에 관한 이야기라면 기괴하고 섬뜩한 정서를 유발하겠지만, 그런 것이 아니라 기이한 것이 온당한 듯 나타나서 오히려 평범한 현실이 낯설어지는 야릇한 분위기가 발생한다. 그러니 기묘한 것은 소설 속에 등장하는 저 이상한 사물들이 아니라 그것이 야기하는 분위기다. 이 분위기를 우리는 '성숙한 세계에 대한 타자성'이라 불러도 좋을 것이다.

이런 '타자적인' 분위기란 구체적으로 어떻게 나타나는 것일까? 황정은의 인물들이 어떤 사태에 맞닥뜨렸을 때, 그것을 비껴가지도 않지만 해결에 적극적으로 나서지도 않으면서 중얼대는 말로 '쓸쓸하다'가 있다. "쓸쓸하다, 쓸쓸한데, 쓸쓸해"라고 종알종알 말해지거나 "그거 지독하네" 같은 냉소로 변주되기도 한다. 저 타자적인 분위기의 정체는 이 쓸쓸함과 통하는 것이 아닐까? 쓸쓸함이란, 비애도 비관도 아니고 무기력이나 체념과도 다르다. 쓸쓸한 느낌이란 슬픈 감정이 아니라 슬프지만 견뎌야 하기에, 절망했다는 사실이 아니라 절망 속에서도 살아가야 하기에 생겨나는 것이기 때문이다. (좋아서 모자가 되는 게 아닌데도 모자의 상태와 아버지의 상태를 오가며 살고 있고, 남들이 찌르고 밀고 놀려대는 오뚝이가 되어서도 지빠귀는 어떻게 울까를 궁금해하며 지내고 있다.) 이들은 자기에게 닥친 사태에 대해 성숙한 어른의 방식으로 해결을 시도하지 않지만 순진한 아이의 시선으로 대안을 도모하지도 않는다. 아이로서의 삶도 어른으로서의 삶과 마찬가지로 팍팍하고 고통스럽다. 아이와 어른의 삶의 방식이 따로 있지 않은 그들에게 어느 한 쪽은 다른 쪽의 대안이 아니다. 그런 구분을 떠나 이들은 그저 지금까지 계속 그렇게 살아왔던 것, 그렇게 살아올 수밖에 없음을 보여준다. 그리하여 끝내 어떤 정상적인 세계를 지향하지 않고 이 기묘한 사태를 쓸쓸하게 응시하며 정상성의 바깥에 머문다. 그리고 이때 쓸쓸함은 상실이나 절망감에서 기인한 일시적 감정이 아니라 삶의 조건, 운명 같은 것이 된다. 성장이라는 상투화된 해결 방식에 전혀 구애되지 않은 채 삶의 억압을 견디는 이들의 이야기는, 어쩌면 성급한 기대일지 모르지만, 2000년대 서사에 일종의 방향 전환을 가져다 줄 수 있지 않을까. 이것은 반성장을 지향하는 서사들이 노출하는 대(對)사회적 도전이나 반항과도 다르고, 특권적 지배 권력을 다른 형태 혹은 반대 형태로 대체하려는 욕망을 에너지로 삼지도 않는다. 그럼에도 불구하고 이것은, 우리가 자동화된 감각으로 수락하는 일상 세계에 대한 거리를 유지시키고 상투화된 세계의 습속에 휘말리지 않을 수 있는 불감증을 전염시킨다. 이 어긋남의 느낌 속에서 마침내 얼굴을 드러내는 것의 정체는 무엇인가. 그것은 아마도, 너무나 당연하다는 듯 사회적 일상성 혹은 정상성이라 불리는 것들에 내재한 '부조리' 그 자체일 것이다.

불가피한, 소수의 정치성

지금까지 '키덜트'라는 신조어에 어울릴 만한 소설 속의 인물들을 선별하여 그들이 내는 목소리가 어떤 파장을 지니는지 살펴보았지만, 이 이야기들에 '키덜트 문학'이라는 이름을 붙여도 좋을지는 여전히 의문이다. 이른바 '키덜트 문학'이란 것을 말할 수 있다면, 그것은 실제적으로 존재하는 키덜트라는 계층이 있어 그들을 등장인물로 하고 그들이 벌이는 사건을 특히 다루는 문학을 따로 지칭하기 위한 용어는 아닐 것이다. 만약 그런 분류가 가능하다면, 그것은 어떤 독특한 언어들, 즉 일반적 언어 속에서 일반적 언어와 함께 나타나면서도 그와는 '다른' 쓰임새로 수행되는 어떤 언어들의 문학적 특성을 변별하기 위해서일 뿐이다. 그러므로 그것은 표준화된 어른들의 문법이 주도하는 주류의 언어 환경에서 이질적인 말들의 쓰임을 드러내는 일군의 작품들에 대해 '키덜트적'이라는 수식어를 붙여볼 수 있지 않을까 하는 조심스러운 타진보다 더 확정적인 것일 수 없다. 다만 그것은 '일반의 언어 사용'이라는 믿음이 그와는 다른 이질적인 언어 사용들을 억압하는 폭력의 실체가 되는 순간을 감지하게 할 수는 있을 것이다. 나아가 '일반적 언어 사용'이라는 믿음 자체가 허구적으로 만들어진 것임을 알리는 것도 가능해진다.

그렇다면 '키덜트 문학'의 핵심을, 언어의 다수적 쓰임새가 아닌 '소수적' 쓰임새라는 말로 표현해 볼 수 있다. 주지하다시피 언어의 소수적 쓰임새란 수적으로 소수의 사람들의 이야기를 뜻하는 것이 아니라 다수의 언어들 틈에서 일반적인 법칙이나 관습과 다르게 말해지는 이야기를 뜻한다. '어른'이란 기존의 일반적 코드를 주재하는 집단 일반을 가리키는 것일 텐데 키덜트들의 이야기는 그 코드로부터 벗어나 있다. 2000년대 들어 우리 문학의 여러 분야에서 키덜트들의 목소리가 자주 들려온다고 했지만, 그 크기와 빈도가 아무리 증가하였더라도 그것은 여전히 지배적 언어의 쓰임새에 부합하려는 노력이 아니라 그것을 이탈하려는 시도에서 나온다. 지배적 쓰임새를 불변적 요소로 고착화시키려는 주류적 언어 환경이 지배 집단의 의도를 반영한다면, 언어를 그런 불변적 요소로부터 해방시켜 가변적 조건들에 연결 지으려는 목소리들은 지배 집단의 의도에 대해 위협적이다. 그런 의미에서 언어의 소수적 쓰임새는 '정치적'인 성격을 띨 수밖에 없다. 키덜트란 '아이'나 '어른'이라는 일종의 '정상성/평범성'을 벗어나 있으면서 역으로 그것과의 관계에 의해서만 얻어지는 정체성이므로 끊임없이 정상성/평범성의 범주를 재탐색하게 하고 재조정하게 하는 자리에 처해 있는 것이다.

'키덜트'라는 명칭은 개인의 주체성에 드리워진 증상을 의미할 수 있지만, 그 명칭이 존재하는 범주는 개별적 사태가 아니라 집단적 세력인 것으로 보아야 한다. 키덜트의 목소리는 어른이라는 정상성에서 이탈한 한 사람의 개성을 노출하는 것이 아니라 정상성이라는 다수로부터 소외된 집단의 탈인격적 특성을 담지하는 것이기 때문이다. 2000년대 문학에서 이런 목소리들이 재차 들려올 때, 지금까지 무슨 일들이 일어났고 앞으로 무슨 일들이 일어날 것인가? 거창한 의미를 부여하자는 것은 아니다. 성장이라는 인생의 가장 '정상적인' 과정을 거부할 수 없는 틀로 인식하지 않는 것, 당연한 진리처럼 가장된 그 직선적 흐름은 자연적인 수평선이 아니라 무언가에 의해 한쪽 끝이 들어 올려진 가파른 사선임을 돌아보는 것, 그 선분을 지나오기 위해 나를 억제하거나 남을 억압해야만 했던 장면을 잊지 않는 것, 그리하여 의미와 가치로 가득 채워졌다고 믿었던 세계의 유일무이성을 의심하는 것, 다른 언어로 이 세계를 교란하는 것, 그저 이런 평범한 생각들에 잠시 젖어들게 되는 순간이 몇 번 나타났다 사라질 뿐이리라. 이것을 흔한 말로 '전복적'이라 하지 못할 까닭이 있나. 그래도 그렇게 부르지는 않는 것이 좋겠다. 그렇게 말해 버리면 저 어리벙벙한 키덜트들이 갑자기 의기양양해져 당당한 어른인 양 굴게 되거나 반대로 갑자기 머쓱해져 줄곧 해오던 생각도 그만둘지 모르니까 말이다.

디스토피아

Distopia

미나
김사과 장편소설
빛의 제국
철
鐵

제로 옵션의 유토피아

■ 정은경

문학평론가. 1969년생. 2003년 《세계일보》 신춘문예 문학평론 당선. 주요 저서로 『디아스포라 문학』, 『한국근대소설에 나타난 악의 표상 연구』 등이 있다. 원광대 문예창작과 교수. lenestrase@hanmail.net

한국문학에 세기말적 상상력이 범람했던 것은 지난 세기 말이다. 인류 미래에 대한 암울한 비전은 세기의 전환기와 밀레니엄 소요라는 특수한 시점에서 발생한 것이지만, 1990년대 후반 한국문학이 보여준 디스토피아의 '진정성'은 동구권 붕괴, 자유민주주의 승리 이후에 온 허탈감과 절망에서 기인한 바 크다. 자유를 향한 인류의 도정이 이미 완결되었다는 '역사적 종언'은 1980년대부터 한국문학을 추동해 왔던 변혁의 열기, 특히 이제 막 모험에 나선 청년들을 '너무 이른 종점'으로 이끌었고, 이 상실감과 절망은 감상적 허무주의와 낭만주의, 포스트 모더니즘, 불가지론, 상대주의, 개인 내면과 만나면서 1990년대적인 디스토피아를 산출해냈다.

세기가 바뀌어 10년이 흐르는 동안에도 묵시록적 상상력은 지속되었다. 근대적 계몽의 기획이 유토피아가 아니라 지옥일 수 있으며, 인류를 멸망으로 이끌 수 있다는 비관적 진단은 일찍부터 있어 왔던 것이고, 이

'근대적 합리성의 역설'을 공유하고 있다는 측면에서 2000년대 문학은 1990년대적 것과 궤를 같이 하고 있다. 그럼에도 불구하고 2000년대 문학의 디스토피아에 특징적인 것이 있다면, 1990년대 문학의 과도한 주관주의적 경향에 기댄 낭만적 색채가 사라지고 대신 냉정한 세계진단에 의해 자발적인 세계 폐기가 이뤄지고 있다는 점이다. 또 하나, 이들이 보여주는 어두운 세계는 과거의 묵시록과 달리 '원인'이 부재하거나 적으로서의 '타자'가 불명확하다는 것이다. 다소간 차이는 있을지라도 1980~1990년대 이전의 한국문학의 디스토피아적 상상력은 근대화 프로젝트의 허상과 폭압, 개인의 자유를 억압하는 파행적 정치와 전체성, 빈곤과 불평등이라는 기반에서 작동했다. 그러나 1990년대 말 세기말적 파토스를 거치면서 한국문학의 묵시록에는 반체제성이나 빈곤과 불평등 같은 정치경제적 차원의 이데올로기, 심지어 1990년대를 뜨겁게 달구었던 개인의 정치학 같은 것조차 사라져버렸다.

2000년대 문학의 디스토피아는 오히려 너무나 난만한 '개인주의와 풍요'에 기대고 있다고 해도 과언이 아니다. 편혜영, 김숨, 윤이형, 김사과, 한유주, 김태용, 이응준, 박민규 등의 작가들이 기왕에 제출해놓은 암흑상에는 산업사회의 대량 생산과 소비문화, 개인의 세련된 취향, 국경을 넘나드는 유목적 삶, 가족·직장·민족 같은 공동체와 연대감으로부터의 자유가 미만해있다. 그럼에도 불구하고 이들의 작중 인물은 가장 비참한 세계 속에서 살아간다. 인류의 해방 기획의 끝자락에서 '가장 많은 자유'—자기 자신을 소유했다는 의미에서—를 소유한 이들은 이렇게 말하는 듯하다. '너무나 자유가 많다.' 그러나 너무나 많은 자유는 사실, 자유가 없다는 것과 동일하다.

금세기 우리는 어떤 직업을 택할 것인지, 누구와 살 것인지, 어디에서 살 것인지 등을 결정하는 데 있어 과거 그 어느 때보다 가장 자유로워졌다고 할 수 있지만, 이 모든 영역에서 수행된 '개인화'의 역설은 그것이 행복을 보장해주지 않는다는 것이다. '온전히 내 어깨 위로 떨어진 책임'이란 실패와 위험을 '혼자'서 감당해야 한다는 것을, 스스로 가치를 만들고 결의해야 한다는 것을 의미한다. 또한 이러한 다원주의는 이것저것 널려 있는 것들을 단지 개별 조합할 수 있는 자유를 의미할 뿐, 결코 전체를 선택할 수 있는 자유를 뜻하지 않는다. '생활세계를 식민화'(하버마스)하는 '체제'는 개인을 훨씬 벗어난 곳에 있을 뿐 아니라, 개인은 결코 그 실체를 알 수 없다. '체제와 개인을 잇는 가시적 연결고리는 용해'(지그문트 바우만)되었고, 개인은 체제의 위험을 징후적으로만 감지할 수 있을 뿐이다. 현대 사회의 개인에게 주어진 무한 자유란 엄밀히 말해 체제의 미로 속을 헤맬 수 있는 자유를 뜻하는 것이다.

위험사회

최근 재난 영화(Disaster Movie)의 변화를 보면, 우리 사회의 묵시록적 비전이 어디로부터 연유하는지 알 수 있다. 과거 재난 영화의 명작으로 꼽히던 〈타워링〉, 〈포세이돈 어드벤처〉, 〈타이타닉〉, 〈에어포트〉, 〈트위스터〉 같은 영화에서 재난은 화재, 호화 유람선의 난파, 여객선 추락, 허리케인 같은 자연재해이거나 사고에 의한 국지적 불운이었다. 그런데 최근 재난 영화에서 재난은 전 지구적이며, 대개 문명에 근거하고 있다. 환경오염으로 불임의 시대를 맞은 인간의 종말을 그린 〈칠드런 오브 맨〉이나 눈먼 사람들에 의해 전염되는 역병을 다룬 〈눈먼 자들의 도시〉, 포름알데히드가 다량 배출되면서 탄생한 괴물과 맞서 싸우는 〈괴물〉에 이르기까지, 원인은 주로 산업사회의 '역류'에서 발생하고 그 재앙은 전 지구적으로 뻗어간다.

이러한 진단에 기댄다면, 우리는 바야흐로 진보와 과학에 의한 생산력 증대와 복지라는 '고지'가 아니라, 그 고지를 넘어 빠르게 추락하고 있는 것이다. 이렇듯 역사상 유례없는 '거대한 풍요를 이룩한 근대 산업 사회의 원리와 구조 자체가 파멸적인 재앙의 사회적 근원으로 변모하는 사회'를 울리히 벡은 '위험사회(Risikogesellschaft)'라 정의하고 있다. 그가 주목하고 있는 위험들은 바로 재난영화들에서 보여준 산업사회의 잠재된 부수효과들—핵분열이나 방사성 폐기물, 유독 화학 물질에 의한 환경 오염과 생태 위기, 화학 비료에 의해 길러진 식량, 기름 유출, 산성비, 스모그, 신종 질병 등등—로 그것은 1 : 1의 구체적인 흔적을 남기지 않지만, 잠재적으로 번성하면서 전 지구적 재난으로 확산된다. 우리의 경우만 보더라도, 지난 쇠고기 협상을 둘러싼 광우병 논란, 태안 기름 유출 사고, 사스, 신종플루 소동을 떠올리면, 과학 기술 문제가 이례적인 일이 아니라 우리의 일상이 되어 버렸음을 알 수 있다.

울리히 벡에 따르면, 위험사회는 다음과 같은 특징을 지닌다. 첫째, 위험 사회는 과거 단순한 근대성에서 성찰적 근대성으로의 이행을 뜻한다. 둘째, 현대의 위험은 방사선과 같이 인간의 평상적인 지각 능력을 완전히 벗어난다. 셋째, 이러한 사회에서는 더 이상 굶주림이 아니라 비만이 문제가 되며, 재화의 분배 문제는 위난의 분배 문제로 바뀐다. 어떤 사람들은 다른 사람들보다 위험의 분배 및 성장에서 더 큰 영향을 받는다. 즉 위험의 사회적 지위가 나타난다는 것이다. 넷째, 사람들은 부를 소유할 수 있지만, 위험에 대해서는 단지 영향을 받을 뿐이다. 다섯째, 위험은 하층 계급에 축적되는 경향이 있으나, 그것을 감당하는 것은 '개인'들이며, 종내는 스모그처럼 민주적으로, 전지구적으로 확산된다. 여섯째, 과학 기술상의 위험 문제는 전문 기술자와 행정 기구들에 의해 관리되며 사회는 거기에 종속된다. 일곱째, 사회적으로 공인된 위험은 특수한 정치적 폭발력을 지니고, 비정치적인 것으로 여겨졌던 것들이 정치적으로 변한다. 여덟째, 과거 근대화의 문제는 '평등'과 관련되었으나, 새로운 근대성에서는 '안전(safety)'이 문제가 되고, 불안(anxiety)의 공동성이 필요의 공동성을 대체한다. 그리하여 위험사회의 유토피아는 소극적이고 방어적인 성격을 지닌다.

2000년대 문학에서 가장 이채로운 묵시록적 비전을 보여준 편혜영은 위에서 열거한 '위험사회'의 특징을 압축적으로 보여주고 있다. 최근 편혜영의 소설은 초기 과잉된 그로테스크, 엽기의 바로크적 그림에서 벗어나 일상의 불안 심리, 히스테리에 기초한 심리적 리얼리즘으로 옮겨가고 있으나, 초기 작품들이 보여준 종말론적 세계가 단지 괴담, 하위장르, 하드코어 상상력에 기댄 '비현실'과 '실재'라고 볼 수만은 없다.

초기 편혜영의 대표작이라고 할 수 있는 「아오이가든」(『아오이가든』, 문학과 지성사, 2005)에서 문제 삼고 있는 것은 '역병'이다. 역병이 돌아 외부로부터 차단된 한 마을의 풍경은 다음과 같다.

> 시커먼 개구리들이 비에 섞여 바닥으로 떨어졌다. (…중략…) 동물의 배설물과 사체도 쓰레기 더미에 섞여 거리에 남았다. 거리에는 집에서 쫓겨난 동물들이 많았다. 그들은 이른 아침부터 밤늦도록 떼를 지어서, 혹은 혼자서 어슬렁거리며 거리를 배회했다. (…중략…) 신호 체계가 쓸모 없어졌기 때문에 차들은 아오이가든 주변 거리를 마구 질주했다. 붉은 십자가가 그려진 차들이 소독약을 뿌리고 가기도 했다. 흰 구름처럼 피어오르는 연기가 시커먼 도시를 잠깐 감추었다. 연기가 사라질 때면 독한 성분 때문에 몸에 두드러기가 피었다. 아주 드물게 사람이 눈에 띄기도 했다. 그들은 웅크리거나 누워 있었기 때문에 주검이거나 주검에 가깝게 느껴졌다. 멀리서 보면 쓰레기를 담은 자루 같았다.
>
> 그 모든 것을 제치고 정작 거리를 차지한 것은 냄새였다. 도시 전체가 부식되면서 냄새를 풍겼다. (…중략…) 비가 자주 왔지만 냄새는 씻겨가지 않았다. 오히려 하수도가 역류하면서 분뇨를 거리로 토해냈다. 하수구가 제 역할을 못하게 된 것도 병이 돌면서부터였다. 도시를 가로지르는 일곱 개의 하수도는 끊

어졌고, 부식된 파이프는 교체되지 않았다. (35~37쪽)

주민들이 떠나고 사체와 쓰레기, 악취, 버려진 동물, 분뇨, 소독약, 역류하는 하수로 넘쳐나는 이 버려진 도시는 국적도, 시대도 불명확하게 그려지지만, 우리 안에 분명히 존재했던 하나의 장소를 가리키고 있다. 2003년 전 세계를 강타했던 신종 질환 '사스(SARS : 중증급성호흡기증후군)'의 피해지역이었던 홍콩의 '아모이가든'. 「아오이가든」은 213명의 사스 환자가 발생하자 열흘간 1만 7천여 명의 아파트 주민을 격리시켰던 바로 이 지역을 모델로 한 것이다. 물론, 편혜영의 미학적 모험은 이곳을 비현실적으로, 부풀리고 있다. 구체적인 시공간이 지워진 도시, 몇 십 년 전부터 지속되어 온 역병, 하늘에서 쏟아지는 개구리, 개구리를 낳은 '누이', 고양이 자궁 적출 등은 분명, 미학적 '과잉'에 해당한다. 그러나 서로를 경계 감시하는 이웃과 집에서조차 마스크를 쓰고 침묵과 비접촉으로 일관하는 가족 풍경은 쉽게 짐작할 수 있는 '실제'에 닿아 있다.

역병에 감염된 일상, 이곳에서의 삶은 오직 '역병'에 의해 구획된다. 타인은 단지 잠재적인 '역병의 매체'이고, 애완동물 또한 전염의 위험요소이며, 거리에 나다니는 이들은 감염자이거나 미친 사람이다. 방문객은 오직 위생청 관리 직원에 국한되며, 모든 음식과 사물들은 의심스러운 매질로 변환된다. 개구리를 낳는 사람, 불임 시술로 생존이 용인되는 애완동물, 개구리 비로 이루어진 종말론적 풍경은 원인 불명의 신종 질병을 둘러싼 갖가지 소문—동물 바이러스의 인간전염 등—을 소설화한 것이지만, 궁극적으로는 근대 합리성에 대한 조롱이자, 자연의 유전자를 변형하고 오염시킨 인간에 대한 심판을 뜻한다.

그렇다면, 이 재난에 직면하여 인간은 무엇을 할 수 있는가. 역병에 의해 침윤된 삶의 불모성을 작가는 다음과 같이 말하고 있다. "병에 걸리면 죽은 일을 기다리는 것과 다른 사람에게 병을 옮기는 것밖에는 할 게 없었다. 오히려 그들은 언제 닥칠지 모르는, 공기 중에 떠도는 역병의 기운과 언제 걸릴지도 모른다는 두려움에 맞서느라 죽은 것이나 다름없이 살고 있었다." 교회, 절은 물론 일체의 집회가 금지되고, 빨간 스카프를 두른 소녀가 역병을 옮긴다는 흉흉한 소문이 떠도는 이곳에서 마땅한 치료법이나 예방법도 모른 채 역병에 무방비하게 노출되어 있는 사람들은, 잠정적인 죽음 상태에 있는 유령일 뿐이다. 치료법은 커녕 감염경로와 역병의 정체조차 파악할 수 없는 상황에서 인간은 불안과 공포에 휩싸인 채, '방어'와 '속수무책'이라는 총체적 무기력으로 이끌린다. 울리히 벡의 진단대로 근대 사회의 재앙은 산업화의 부수효과이지만, 그 위험에 대한 대응은 지극히 '개인화'되어 버린 것이다. 뿐만 아니라 전염병에 의한 재난은 질병관리, 식품 위생, 방역 체계를 둘러싼 전문 행정가들에 대한 사회적 의존도를 높이고, 기술-경제적 이슈들을 정치적 문제로 바꾸어 버린다. 실제 2003년 당시 가장 막강한 영향력을 행사했던 것은 WHO(세계보건기구)와 의학 행정 전문가들이었으며, 이들의 '추정들'은 곧장 정책으로 이어져 일상을 바꾸어버리기도 했다. 「아오이가든」에서 역병이 발생하자 그 감염경로를 '낙후된 배수관'이라고 추정한 당국이 이 지역의 하수구를 외부로부터 차단해버리고, 주민 전체를 격리수용하는 등의 통제가 전체주의의 폭압이 아닌 합리적인 것으로 정당화되는 이 예외상황이란, 바로 문명사회에 도래한 생명 정치의 한 예를 보여주는 것이라 할 수 있다.

편혜영의 국적 불명의 재난 소설은 또 한편, 우리에게 불어닥친 세계화의 어두운 면을 보여주기도 한다. 사스, 신종 플루, 조류 독감에서 우리가 이미 경험했듯, 국가간·지역간 방어시스템은 이제 군사력이 아니라 방역체제가 장악했다. 국제 공항은 물론, 지역간 경계지점에서 방독면을 쓴 검역관이 체온계를 들이밀고 끊임없이 소독약을 뿌려대는 모습은 이제 자연스러운 일상이 되어 버렸다. 당시 중국을 비롯, 홍콩, 베트남에 이어 독일, 캐나다, 스위스 등으로 사스가 급속하게 퍼져나간 것은 세계화란 곧 전세계적 경보(Global Alert)이기도 하다는 사실을 명백히 보여준다. 민족, 국가, 인종, 계급, 성별을 가리지 않고 민주적으로 뻗어나가는 산업사회의 재난은 「만국박람회」에서 다음과 같이 상징적으로 그려진다.

> 다음 전시관은 텅 비어 있었다. 거기에다는 토막 난 채로 말라 죽은 지렁이들, 개들이 먹다 남긴 산 지렁이, 하도 주먹질을 해대서 너덜너덜해진 개의 가죽. 유효 기간이 지난 구호품 봉지, 찢어진 만국기. 학교에서 훔쳐 온 비커와 알코올 램프. 효능을 알 수 없는 의약품 따위들을 널어놓았다. 그러자 기분이 흐뭇해졌다. 그것들은 내게 있어 유일한 미래이자 전망이었다. (164쪽)

세계의 첨단 기술과학을 전시하는 만국박람회에서 만국기와 함께 펄럭이는 것은, "새로운 미래에 대한 낙관적이고 기계적인 시대와 희망"이 아니다. '지렁이, 유효기간이 지난 구호품, 알 수 없는 의약품' 등이 상징하듯 기술-과학의 합리성에 의해 짓이겨진 존재론적 재앙이다. 「만국박람회」에서 세계의 이목이 변방의 과학 기술 박람회가 아니라 희대의 마술사이자 사기꾼(데이비드 커퍼필드로 짐작되는)의 마술쇼에 집중되듯, 박람회는 인공강우로 인한 수재를 은폐하기 위한 정부의 정치쇼로, 어린 아이와 개의 피비린내나는 싸움에 내기돈을 걸게 하는 야만적 쇼로 둔갑한다. "진보와 문명, 과학"이라는 첨단 기술 박람회는 허위이자 마술에 불과한 것으로 바뀌어버린 것이다.

「아오이가든」의 상상력을 확장하여 장편화한 『재와 빨강』(창비, 2010)에서도 묵시록은 역병에서 시작된다. "감염경로가 확실하게 알려지지 않은 채 최초의 발병국을 넘어 짚자리에 불이 붙듯 전세계 대부분의 국가에서 폭발적으로 확산되고" 있는 상황에서 주인공 그는 C국으로 파견된다. 감기를 앓던 그는 공항에서 검역관에 의해 하얀방으로 끌려가 하루동안 억류당했다가 풀려나, 숙소에 짐을 풀지만 C국에서의 유일한 연락책인 몰은 그에게 최장 열흘간의 휴가를 준다. 이렇게 꼬이기 시작한 그의 운명은 점차 카프카의 K처럼 미궁으로 빠져들게 된다. 출근하는 데 끝내 실패하고 쓰레기 더미와 공원, 하수구를 전전하는 부랑자에서 쥐를 잡는 방문 방역원으로 바뀌는 그의 비극적인 행로에 작가는 다음과 같은 곤궁을 배치해놓고 있다. 첫째, 전염병의 창궐로 인한 국가적 비상체제. 그의 숙소는 「아오이가든」에서처럼 격리되어 일체의 외부 접촉이 금지된 채 음식을 배급받으며 생활하게 된다. 둘째, 베드타운으로 기획되었으나 쓰레기 매립지로 전락한 외딴섬에 있는 그의 주거지, 그리고 쓰레기 방치로 악취가 들끓는 C국 전체의 '쓰레기 파동'이다. 그는 거리에 넘쳐나는 쓰레기 더미에서 '쓰레기'와 다름없는 '폐기물'처럼 떠돈다. 셋째, C국에서 알게 된 전처와 개의 잔혹한 죽음, 그리고 자신의 범행에 대한 의혹이다. 그는 C국에 입국 후, 집에 두고 온 개를 떠올리고 친구이자 전처의 새 남편, 또다시 전남편이 된 유진에게 개를 부탁하지만, 유진이 그의 집에서 발견한 것은 칼에 난자당한 전처와 개의 시체이다. 그는 자신의 손목의 푸른 멍 자국을 보며 자신의 행위일 수 있음을 '짐작'할 뿐이다. 넷째, C국에서의 그의 운명을 쥐고 있는 몰과의 접선 불가능. 그는 전처의 사망 소식을 접하고 그의 집을 방문한 누군가—경찰로 추정되는—를 피해 거리의 부랑자로 전락하고 끊임없이 몰을 만나려하지만 거대한 관료 시스템은 그를 철저히 차단한다.

이러한 서사적 배치를 통해 작가가 문제 삼고 있는 것은 크게 두 가지이다. 하나는 개인과 체제를 차단하는 관료주의와 실종된 공공영역. 주인공은 근무하기로 한 회사를 방문하여 '몰'을 만나려 하지만, 경비는 그에게 면담 신청서 작성을 요구한다. 그 뒤 다시 회사를 방문하여 그 결과를 묻는 그에게 경비는 어찌하여 면담 결과가 송부되지 않았는지 자신은 알지 못하며 그 일에 대해서는 다시 상부 책임자를 만나 물어보기를, 그러기 위해서는 다시 면담신청서를 작성해야 한다고 말한다. 현대인의 소외는 이렇듯 개인을 철저히 고립시키고 파편화함으로써 전체에의 통찰과 개입을 불가능하게 하는 거대한 메커니즘에 의해 발생한다. 이와 동일한 맥락에서 그의 기억 상실은 인간이 삶의 주체는 커녕 총체적으로 재구성할 수도 없는, '자신의 타자'로 추방되었음을 보여준다. 여기에서 인간은 자신이 살아가는 전체 사회에서 그리고 그의 삶에서 '누락'되어 홀로 떠도는, 개별자일 뿐이다.

또 하나는 역병과 쓰레기라는 재난 설정에서 드러나는 난민과 추방의 코드이다. 전염병 환자 혹은 의심 환자가 격리, 구류 등 보호를 가장한 위생법에 의해 체제 바깥으로 추방되자, 그들은 '벌거벗은 생명'으로 전락하고 만다. 뿐만 아니라 역병에 의한 비상체제는 전시를 방불케하는 통제와 감시를 통해 일상을 총체적 파국으로 몰아가는 것이다.

편혜영 작품의 디스토피아는 대체로 미학적 과잉에 의해 엽기, 그로테스크로 직조되지만, 그러나 그 핵심에는 현대 사회가 직면하고 있는 '위험'에 대한 예민한 촉수가 들어있다. 앞서 살펴본 작품들도 그렇거니와 많은 작품들이 실제 일어났던 사건을 소재로 했다는 점에서 편혜영의 묵시록은 일면의 진실성을 획득하고 있다. 가령 쓰레기 수거업에 진출한 마피아 일당들이 쓰레기 수거 후에 나폴리에 버린다는 의문이 제기되면서 발생한 나폴리 쓰레기 파동(『재와 빨강』), 몽골 울란바토르 근처, 추위를 견디기 위해 맨홀에서 살아가는 버려진 아이들(「맨홀」), 어린이 대공원 코끼리 탈주 사건과 여의도 한복판에서 발견된 비밀 지하벙커(「퍼레이드」) 등은 편혜영의 디스토피아를 촉발하는, '사실들'이다.

편혜영이 초기부터 일관되게 주목하고 있는 것은, '불안'과 '공포'라는 현대인의 심리기제이다. 그리고 이러한 불안의 근처에는 근대 합리성의 맹목적 질주에 의해 발생한 숱한 위험과 재난들이 놓여 있다. 신종 역병은 물론, 도로에서 위태롭게 우리들을 위협하며 질주하는 탱크로리에 찍힌 '위험물'이라는 붉은 글자(「소풍」), 개에게 물린 아이를 안고 병원을 찾아 나선 주인공 일행을 끊임없이 좇아오는 '사육장의 개소리'(「사육장 쪽으로」), 통조림처럼 규격화되고 압축되어 유통기한으로 표시되는 인간의 삶(「통조림 공장」) 등은 기괴하리만치 팽창한 산업사회의 위협을 알리는 메타포라고 볼 수 있다. 역설적인 것은 우리 모두는 산업사회의 풍요의 수혜자이면서 동시에 피해자가 되어 버렸다는 것. 주체이면서 동시에 타자가 되어버린 현대인의 존재론적 재앙 위에 선 편혜영의 묵시록은 "아까 우리가 죽인 게 뭐였어?"라는 「소풍」의 물음처럼 두려움에 가득 찬 막바지 근대의 복화술인 것이다.

철선이라는 주거노트

김숨의 『철』(문학과지성사, 2008)은 '조선소 노동자'를 통해 산업화 과정과 그 해체를 다루고 있는 작품이다. 조선소가 설립된 초창기부터 부흥기, 그리고 '강(鋼)'의 패러다임으로 바뀌면서 조선소가 와해되고, 급기야 마을이 물에 잠길 때까지의 약 30여 년간의 '철의 시대'를 그리고 있다. '조선소'라는 상관물을 통해서 본 일종의 근대사라 할 수 있으나, 특이한 것은 흔히 생각하는 역사소설 또는 장편소설에 대한 관습적 기대 지평에서 벗어나 있다는 점이다. 다양한 인물 군상이 등장하지만 개별 인물 형상은 '압화(押花)'처럼 창백하고, 삶의 디테일은 제거되어 있으며, 대사와 행동은 시극처럼 부자연스럽거나 비현실적이다. 이에 반해 비대해진 '철, 어금니, 녹, 조선소'를 둘러싼 마을의 풍경, 이에 대한 작가의 치밀한 묘사력은 『철』을 한편의 이채로운 그로테스크한 세밀화로 바꾸어 놓는다. 이 알레고리에 가까운 추상화, 건조하고 냉정한 문체, 장면의 반복, 지리한 서사로 이루어진 '노동의 연대기'는 무조음악처럼 완만하게 우리를 어둠의 한복판으로 이끈다. 그리고 그 어둠의 한복판에서 우리는 인간의 눈을 멀게 한 '빛'을 발견하게 된다. 강렬한 명암 대비에 의해 그려지는 한 마을의 흥망성쇠는 다음과 같은 세 장의 정지 화면으로 구성된다.

1) 조선소가 들어서기 전까지, 그곳은 순전히 자갈밭이었다. 경사가 심한 데다 흙이 메말라 밭농사도 지을 수 없는 황무지였다. 북쪽 대도시에서 내려온 거물이 일만 평에 달하는 그 땅을 똥값에 사들였다는 소문이 나돌더니 굴삭기와 덤프트럭이 몰려왔다. 자갈들을 가려내고 땅을 평평하게 다져 조선소를 세웠다. 조선소는 세워지자마자 대대적으로 노동자를 구했다. 무쇠처럼 단단한 손과 멀쩡한 어금니만 있으면 누구나 조선소 노동자가 될 수 있다고 했다. 무엇보다도 조선소 노동자가 되면 날마다 노동이 주어질 것이라고 했다. 마을 남자들은 그렇지 않아도 노동을 원하고 있었다. 노동이 가져다 주는 먹을 것과 입을 것을 원했다. (14쪽)

2) 조선소가 마을에 세워진 지도 어느덧 칠 년. 조선소 노동자는 무려 천 명에 달했다. 그리고 그만큼 마을 인구도 늘었다. 마을에는 한 개밖에 없던 학교가 두 개로 늘어났으며, 시외버스 터미널과 은행이 들어섰다. 라디오를 들여놓지 않은 집이 없었다. 감칠맛이 나는 조미료가 북쪽의 대도시로부터 흘러들어 마을 사람들의 입맛을 홀렸다. (…중략…) 조선소에서 임금이 꼬박꼬박 나왔기 때문에 조선소 노동자를 남편으로 둔 여자들은 씀씀이가 헤퍼졌다. (…중략…) 조선소 마을은 세상 어느 마을보다도 평화롭고 풍족한 지상낙원이었다. 조선소가 들어선 뒤로 마을은 홍수 한 번 지지 않았다. 남자들이 온종일 철선의 완성을 위해 힘써 일했기 때문에 전쟁이 일어날 새가 없었다. 녹이 마을을 천천히 그러나 걷잡을 수 없을 만큼 확고하게 집어삼키고 있었지만, 마을 사람들은 녹마저도 마을에 내려진 축복이라고 여기고 있었다. (73~74쪽)

3) 녹이 아이들의 눈동자와 폐를 갉아먹고 있었지만, 누구 한명 조선소를 탓하지 않았다. 마을 사람들은 녹에 무뎌져 있었고, 그만큼 녹에 관대했다. 세

계 최대, 세계 최강이 될 철선의 완성을 위해서라면 녹쯤은 얼마든지 감내해야 한다고 생각했다. (…중략…) 녹에 휩싸여 처참하게 말라 죽어가는 나무를 보면서도 마을 사람들은 녹이 사람 목숨에 치명적인 독이 될 수도 있다는 생각을 전혀 하지 못했다.

녹으로 인해 가장 큰 피해를 보는 이들은 바로 조선소 노동자들이었다. 녹은 조선소 노동자들의 혀뿐만 아니라 식도와 폐까지도 서서히 마비시켰다. 그들은 서서히 굳어가는 식도와 폐 때문에 고통을 느끼면서도 탄식을 내지르지 못했다. (…중략…) 녹이 좀처럼 가라앉지 않자 보건소에는 나흘 내내 녹주의보를 내렸다. 녹은 안개와도 같았다. 녹은 뭉클뭉클 움직이며 다녔고, 가시 거리를 좁게 했으며, 사람의 의식을 서서히 마비시켰다. 끔찍한 죄악의 현장을 비밀스럽게 뒤덮었다. (122쪽)

인용문 1)은 조선소가 들어서기 전의 마을의 빈곤과 황폐상, 설립 직후의 활기를 서술하고 있다. 척박한 땅, 빈약한 자원, 낮은 교육 수준으로 인해 찢어지게 가난했던 마을 주민들은 조선소 노동자가 되면서 서서히 윤택해진다. 꼽추의 질투가 보여주듯, 이 마을에서 이제 조선소 노동자란 부와 명예를 보장받은 신흥 부르주아 세력으로 급부상하게 된다. 마을 주민들은 이 변화의 원천인 조선소의 '노동'을 유일한 희망으로, '구원이자 축복이며 선'으로, 심지어 '종교'로까지 숭배한다. 쇠를 절대적으로 신봉하는 마을 사람들은 멀쩡한 어금니 대신 쇠로 만든 틀니를 심고, 쇠붙이를 부적처럼 몸에 지니고, 심장과 간과 위를 튼튼하게 해준다며 쇠를 복용한다. '강한 번식력을 자랑하는 남녀'로 암시되는 이 생산력 증대 시기는 산업사회의 눈부신 발전단계로, 어느 누구도 계몽 이성과 과학 기술을 의심하지 않는 초창기 근대를 암시한다. 녹이 조금씩 마을을 흐리기 시작하고, 일부 종교 맹신자들이 "노동은 종교가 될 수 없습니다.…오로지 굶지 않기 위하여 맹목적으로 노동을 하는 것은 참으로 서글픈 일입니다"라고 경고하더라도 진보를 향한 이들의 행렬은 흔들림 없이 계속된다.

인용문 2)는 산업사회의 성공신화를 보여주는 장면이다. "근면, 성실, 진보, 지향"을 외치는 확성기 소리에 맞춰 일사분란하게 '노동'하던 마을 주민들은 유례없는 물질적 부를 축적하게 된다. 터미널, 은행, 라디오, 조미료 등으로 표상되는 문명의 확산과 취향의 변화, 향락은 주민들을 이 세속적 '유토피아'에 도취하게 하고, 이미 작동하기 시작한 파멸의 징후를 볼 수 없게 만든다. 이 풍요의 정점은 화려하게 열린 '만국박람회'에서 극에 달하는데, 동시에 진보의 역설은 본격적으로 이 마을을 잠식하기 시작한다. 마을 공기를 흐리는 '녹'이 안개처럼 점점 짙어지면서 사람들은 하나둘씩 지워지기 시작한다. '철판에 깔렸다, 용광로에 뛰어들었다'는 소문만 남긴 채 노동자들은 사라지고, 폐병으로 죽어가고, 하나둘 쫓겨나면서 거대한 조선소는 서서히 몰락하기 시작한다.

인용문 3)에 이르면, 한 세대가 바뀌어 마을의 청년 노동자들이 조선소에 새롭게 영입되지만, 그들에게 '노동'은 더 이상 구원도, 축복도, 선도될 수 없다. 천 명의 노동자가 92명으로 줄고, 파업이 일어나고, "유럽의 한 마을에서 녹슬지 않은 철이 발명되었다"는 소식이 전해지면서 막강한 '철의 시대'는 역사 저편으로 서서히 저물어간다. 그리고 그 끝에서 그들은 자신들의 모든 것이었던 '철선'의 실체를 보게 된다.

> 그 누군가 또 "철선이다!" 하고 소리 질렀지만 햇빛이 너무나 눈부셔서 사람들은 철선을 제대로 볼 수 없었다. 긴장된 침묵에 잠긴 채 서로의 눈치만 살피던 사람들은 저마다 기어 들어가는 목소리로 '철선'을 탄식처럼 외쳐댔다. 언젠가 만국박람회장에서처럼, 빛이 한순간 점멸하듯 사라져버릴까 두려워하며…… (259쪽)

폭우에 휩쓸려 물에 잠긴 지붕 위에 앉은 마을 주민들이 목격한 철선이란 윤곽도 형체도 없는 '빛'일 뿐이다. 만국박람회 때 공개된 철선의 자리가 텅 비어 있었던 것처럼, 그들은 몰락의 끝에서 열망의 '텅 비어 있는 기표'를 확인한다. 위 세 개의 스케치가 보여주는 김숨의 그로테스크 세밀화는 거대한 조선소를 향하는 노동자의 행렬의 굳센 행보를 밑그림으로 하고 있다. 소비에트 사회주의 시기의 정치선전 포스터처럼 이 단순하고 역동적으로 형상화된 그림에서 노동자의 행렬은 낙관적 미래로 향해 나가는 듯하다. 그러나 이 굳센 프로파간다는 촘촘하게 덧칠해진 붉은 녹에 의해 덮힌다. 안개처럼 그들을 휩싸고 있는 녹덩어리에 의해 이들의 행렬은 둔중해지면서 천천히 조선소 저 너머의 물 속으로 침몰해간다. 그 끝에는 이 검붉은 전체 화면을 흡입하는 하나의 소실점, 빛이 그려져 있다. "철선은 어쩌면 녹이 만들어내는 추상적이고 형이상학적인 무늬에 지나지 않는 것이 아닐까?"라고 물었던 노동자 김만도의 질문에 반향하듯, 이 '빛'의 블랙홀은 한 세기 인류를 '광기와 흥분'으로 내몰았던 근대 산업사회의 기술문명과 풍요에 하나의 거대한 구멍을 만든다.

『철』은 한 마을의 흥망을 통해 산업사회의 원리 자체에 기초한 내적 한계와 분열증적 근대를 알레고리적으로 형상화하고 있다. 여기서 '빛'으로 상징되는 '철선'은 진보와 기술문명이 약속한 유토피아를 뜻하지만, 그것은 '형이상학적 무늬'처럼 불가능한, 혹은 폐기된 환상임이 판명된다. 조선소의 주인은커녕 철선의 실체조차 알지 못하고 일하는 조선소 노동자들의 근면 성실한 행위는 현대 산업사회에서의 노동의 소외를 보여주고 있을 뿐만 아니라, 그 맹목성이 불러오는 디스토피아적 미래를 암시하고 있다. 녹슨 조선소의 형해만 남은 이 앙상한 묵시록을 통해 작가는 '철선'으로 표상되는 매끈한 자본의 이데올로기란 결국, 우리에게 행복과 파멸을 약속하는 주거노트(juggernaut : 힌두교의 신인 크리슈나의 이름. 이 신의 신상을 실은 거대한 수레에 치여 죽으면 극락 환생한다는 믿음 때문에 많은 사람들이 이 수레에 깔려 죽었다고 한다)일 수 있음을 성찰하게 한다.

신인류, 일렉트로닉 몰(electronic mole)에서 길을 잃다

인공두뇌학의 개척기에 미래를 예고하는 것으로 주장되었던 일렉트로닉 몰은 인간이 각자의 캡슐 속에 들어가 플러그를 꼽고 모든 일상을 해결하는 시스템이다. 지그문트 바우만은 사회적 네트워크가 해체되고 효과적인 집단 행동의 주체들이 와해된 미래의 디스토피아를 이 일렉트로닉 몰에 비유한 바 있다. 근대는 과거 '공동체'에 예속되었던 인간을 '개인화'함으로써 많은 자유를 가능케 했으나 그 심화는 고립과 단절, 공공영역의 해체를 가져왔으며, 개인을 시민의 최악의 적으로 돌려놓았다. '공공의 이익'이 도대체 '나와 무슨 상관이야'라고 묻는 이기적 개별자들은, 자신의 운명에 대한 '완전한 자유'라는 부도수표를 쥐고 있을 뿐이다. 2000년대의 어떤 디스토피아적 상상력은 이러한 '개인들의 사회'에서 작동한다.

김사과의 『미나』(창비, 2008)는 십대들에 관한 이야기이다. 문제 많은 "대한민국 교육시스템"을 충실히 좇아가며 학교와 학원을 오가는 이들은 지극히 평범한 청소년들이라고 할 수 있다. 『미나』가 보여주는 묵시록적 비전은, 이런 '평범한' 대한민국 청소년들이 갖고 있는 무시무시한 '내면'과 체제순응성에서 파생된다. 『미나』의 청소년들은 기성 세대가 우려하는 것처럼 '되바라져 있으며' '폭력적이며' '불온하며' '냉소적이며' '비인간적이며' '소비지향적'이다. 이들은 술 담배는 기본이고 멀쩡한 엠피쓰리 플레이어를 밥 먹듯 갈아치우며, 선생을 우습게 알고, "씨발, 존나" 등의 쌍욕을 함부로 내뱉고, 심지어 고양이와 친구를 살해하는 '무서운 아이들'이다. 그러나 그들이 그렇게 될 수밖에 없었던 것은 폭력과 섹스로 가득 찬 영화나 인터넷 문화나 게임 때문이 아니다. 기성세대가 힘들여 일궈놓은 풍요로운 소비사회이다. 이들의 형상을 빚어놓은 거푸집은 이렇다.

수정과 미나가 사는 도시 외곽에 있는 뉴타운은 평평한 땅에 격자형으로

선을 그어 만든 계획도시로서 선 안에 네모반듯한 시멘트 건물들이 가득하고 건물 사이사이로 시원하게 뻗은 도로에서는 힘이 느껴진다. 선과 면으로 이루어진 합리적인 풍경이다. (…중략…) 몇 분을 주기로 똑같은 간판과 인테리어를 걸친 상점들이 이어진다. 피자 체인점과 베이커리 체인점과 스테이크 체인점의 자리를 또다른 베이커리 체인점과 치즈케이크 체인점과 커피 체인점으로 채우고 다시 그 자리를 또다른 커피 체인점과 샐러드뷔페 체인점과 베트남음식 체인점으로 대체한다. 이리저리 흔들리며 도착한 곳은 상품들로 가득한 또다른 상점이다. 평생 겪어야 할 데자뷰를 수십분 동안 집약하여 경험하는 수정과 미나의 얼굴은 평온하다. (144쪽)

위 인용문의 도상은 우리가 현재 살아가고 있는 '가공할 만한' 시공간이다. 온갖 체인점의 동어 반복이 계속되는 이 반듯한 도상에서 우리가 "발걸음을 멈출 순간은 돈을 지불해야 하는 순간뿐이다. 그게 아니라면 그저 앞으로 나아가는 수밖에 없다." P시라는 곳에서 이뤄지는 이들 십대들의 일상 또한 저 도상과 크게 다르지 않다. "학원. 집. 학교. 시험. 학교. 학원. 숙제. 과외. 학원. 집. 과외. 학원. 집. 학교. 다시 학원. 다시 과외. 다시 시험"으로 채워져 있는 이들 삶은 선과 면으로 이뤄진 도면을 닮아 있다. 간간이 이들 사이로 틈입해오는 노래방과 올드 타운으로의 소풍은 단지 피로한 일탈에 불과하다. 이들의 삶은 천편일률적이며 합리적으로 구획된 시공간과 꼭 닮아 있다.

『미나』의 문제적 인물, 수정은 이러한 시공간이 낳은 완벽한 '신인류'에 해당한다. 작가가 제시한 P시의 십대들은 세 분류로 나뉜다. 학창시절을 자신의 계급을 유지시키고 확장시키는 과정으로 받아들여 영리하게 대처하는 최상층, 가망 없는 미래 앞에 서성이며 '수용소'의 삶을 인내하는 학생들, 이 둘 사이에서 방황하며 우울증과 망상으로 결국 자살에 이르고 마는 학생. 수정은 그 첫 번째에서도 가장 우수한 학생에 속한다. "가장 성공할 것 같은 친구에 삼년 연속 일등"인 수정은 학교와 학원에서 요구하는 숱한 질문에 '완벽한 정답'을 적어내고, 수동적인 학습을 마다하지 않으며 "어른들이 제시하는 모든 것을 있는 그대로 복사하여 순발력 있게 흉내 내는" '체제순응적인' 아이다. 수정에게 세상은 숫자와 직선이며, 행복은 물론 성적순이며, 삶이란 그렇게 뻗은 직선을 따라 곧장 최정점까지 올라가는 것을 의미한다. 그녀에게 루소를 안다는 것은 루소의 『고백록』에 대해 완벽한 영어(정확한 시제와 대명사)로 설명하는 것을 뜻하며, '혁명'이란 아침에 일찍 일어나는 것이다. 남자친구는 있지만 사랑 따위는 덜떨어진 소모적인 감정으로 여기는 쿨한 태도를 갖추고 있음은 물론이다. 수정은 그런 자신을 '완벽'하고 '순결'하다고 생각한다. 그런 그녀에게 갑작스러운 혼란과 균열이 발생한다.

어느 날 수정과 미나는 친구 '박지예'가 투신자살했다는 소식을 접한다. 수정은 그 소식을 접하고 혼란스러움을 느끼지만 곧 깔끔하게 정리한다. 자신과 무관하기 때문에 생각할 가치도 없다는 것. 그러나 문제는 미나의 반응에 있다. 그녀는 시험지 답안지를 백지로 내고 불면증에 시달리다가 결국 학교를 그만두고 대안학교로 전학한다. 박지예의 자살 사건을 계기로 이 둘은 갈라지게 된다. 수정은 여전히 완벽하고 무감한 '수용소'의 세계로, 미나는 혼란스럽고 소란스러운 '수용소' 밖으로. '명확한' 곳에 혼자 남은 수정은 미나와의 결별을 직감하고 알 수 없는 혼란과 불안에 휩싸이는데, 왜 그렇게 되어버렸는지 어떻게 그것을 풀어야 하는지를 배운 바 없기 때문에 그녀가 알고 있는 유일한 방법, 즉 숫자와 문법으로 대처한다. 즉, P시라는 자신의 삶 안에 담을 수 없는 더럽고 낡고 복잡한 것들은 모두 파괴해버리는 것.

> 나는 사람이 싫다. 멍청하니까. 그래서 화가 난다. 비생산적이고 비실용적이다. 왜 그러고 사는지 모르겠다. 너 같은 인간은 세상에 존재할 이유가 없다고

말해주고 싶다. (…중략…) 나는 좋은 사람이 되지 않는다. 위대한 사람이 될 거다. 위대한 사람들은 사람들을 많이 죽였다. 위대하다는 것은 사람을 죽일 권리를 부여받는 것이다. (…중략…) 도대체 누구부터 죽여야 할지 모르겠다. (101쪽)

수정은 이 복잡한 문제에 대한 해법을 '삭제'에서 찾고, 미나를 잔혹하게 살해한다. 물론, 폭발 직전에 민호에게 자신의 심경을 우회적으로 털어놓고 도움을 청하기도 한다. 그러나 민호는 미나가 고양이를 죽이는 장면을 담은 동영상을 보고도, 또 동생 '미나'를 죽여버린다고 해도 그저 침묵하거나 동의할 뿐이다. 민호는 수정과 근본적으로 같은 인간, 즉 '사람들의 행동을 이해하지 못하며, 아무 말도 하지 않고 아무것도 묻지 않으며 자신 외에 아무도 느끼지 않는' 인간이기 때문이다. "오직 필요한 것만 취한 채 책임도 권리도 회피하는" 이들은 요컨대, 타인과 세상에 대해 절대로 질문하지 않고 받아들이기만 하는 "완벽하게 개인적이면서도 완벽하게 집단에 순응하는" 인물들인 것이다. 민호는 수정이 갈팡질팡하며 베란다를 걷어차고 화를 내는 것을 전혀 이해 못하면서 '귀엽다'고만 생각한다. 결국 미나를 살해하고 난 뒤, 수정은 이렇게 중얼거린다.

너 때문에 너무 머리가 아파왔어. 그동안, 너 때문에 아무 것도 할 수가 없었어. 니가 나를 방해했어. 너, 때문에 뒤돌아봤고 너 때문에 생각했고 너 때문에 궁금했어. (…중략…) 나는 정말로 울고 싶어. 하지만 안 울거야. 울면 지는 거야. 비웃음을 당하는 거야. 복잡해지는 거야. 쓰레기가 되는 거고. 장애물이 되는 거야. 장애물을 제거하고 나는 달려간다. 이수정. 끝까지 달려가서 승리한다. 나는 달려간다. 이수정! 달려간다. 이수정. 성공한다. (307쪽)

이 끔찍한 폭력과 분열증의 현장은 이들을 경주마처럼 훈육하고 있는 기성 세대들의 안락한 삶을 되비춘다. 한때 학생운동에 열중했으나 유럽 상품으로 취향을 바꾼 미시족, 복권과 부동산 투기에 몰입하는 번역가 겸 소설가인 지식인, 절망스런 십대를 방관하는 학원 강사, "세상은 가해자와 피해자, 단지 두 종류의 사람들로 이루어져 있다"라고 가르치는 어른들, 어학연수와 스키캠프만이 유일한 자녀 교육이라고 생각하는 부모들로 이루어진 사회 시스템. 미나와 수정은 이 거대한 시스템에서 발생한 하나의 오류이자 정글의 희생양이다. "이기적이고 무지하며 책임감이 결여된 미성숙한 삶이 이런 식으로 유지되어나가는 동안 그 삶이 어떻게 생겨났으며 어떻게 반복되고 있으며 그것의 죄악이 무엇인지에 대해 모두가 입을 다무는" 무책임한 어른들의 사회는 익명의 권력을 통해 그들을 냉혹한 정글로 몰고 시스템 안에서 주체적인 '행동능력'을 금지시킨다. 그들에게 유일하게 남는 행동능력이란 '범죄'와 '폭력'일 뿐이며, 우리 사회의 디스토피아는 이 체제순응적인 기계 아이들이 오작동하는 순간에 완성된다.

첨단 과학 기술의 테크노피아의 상상력에 기대고 있는 윤이형의 묵시록은 테크노 음악처럼 건조하고 쿨하지만, 비정하고 잔혹하다. 컴퓨터 게임, SF 같은 윤이형의 테크노피아에서 인간적인 것과 비인간적 것, 기계 리듬과 생체 리듬이 마구 섞이면서 인간은 캐릭터로, 삶은 프로그램으로 바뀐다. 가령 다음과 같은 장면.

> 고기는 맛이 있었다. 에너지가 한꺼번에 충족되는 느낌이었다. 나는 상쾌한 기쁨에 젖어 일어섰다. 그리고 내리막길을 따라 달라기 시작했다. 머릿속이 희고 정갈했다. 랄랄라, 노래라도 부르고 싶은 심정이었다. 그리고 어서 죽이고 싶었다. 저 아래에서 기다리고 있을 무언가를. 다른 누군가 그것의 뼈를 우두둑 부러뜨리고 탐욕스럽게 씹어 먹기 전에. 7초 후 그 욕망은 충족될 것이었다. (…중략…) 손에서 동그란 불덩어리가 튀어나갔다. 목울대 아래쪽에서 보

라색 섬광이 치받혀 올라 정수리 한가운데를 뚫고 나갔다. 불덩어리 맞은 해골이 바로 반격해왔다.[1)]

인용문에서 인간은 1초 단위로 움직이면서 퀘스트를 수행하고, 타자를 만나면 죽이거나 도구화시키고, 죽었다가도 다시 살아나는 무적의 캐릭터로 변신한다. 윤이형의 이러한 판타지는 인간이 기계를 다루면서 행동양식 뿐 아니라 얼굴표정, 감정까지 얼마나 기계장치의 획일성과 닮게 되었는지를, 또한 어떻게 인간의 삶이 경험(Erfahrung)으로부터 체험(Erlebnis)의 영역[2)]으로 이동하게 되었는지를 보여주고 있다. 죽을 때마다 의식을 상실하고 부활할 때마다 새로운 개체로 탄생하는 캐릭터 언데드는 과거, 미래의 '지속'의 시간 속에서 구성되는 '자아 동일성'을 상실한 채, 매일매일 달려드는 '즉각'적 충격의 방어에 몰두하는 현대인에 대한 메타포이며, 이들이 매일 겪는 '피투성이'의 살육현장이란 약육강식의 정글사회와 비인간성에 대한 알레고리이다.

인공지능로봇이 인간과 함께 살아가는 미래 도시를 배경으로 하는 「판도라의 여름」의 주인공 닥터 판은 기계장치를 통해 인간의 내면을 파헤치는 과학자이다. '운동과 보톡스, 성형'으로 적절하게 관리된 몸매, 냉소와 무정으로 무장된 닥터판은 사이보그처럼 완벽하게 통제된 삶을 살아

---

1) 윤이형, 「피의일요일」, 『셋을 위한 왈츠』, 문학과지성사, 2007, 88쪽

2) 벤야민에 따르면 기계 문명에 익숙한 현대인들은 전통과 타인, 집합적 과거에 기초하고 있는 '경험(Erfahrung)'으로부터 분리되어, 방어적인 의식에 작용하는 '체험(Erlebnis)'만을 갖게 된다. 체험은 지속, 무의지적 기억과 무관한 '쇼크'의 사건이라는 점에서, 시적인 것과는 거리가 멀다. 벤야민은 '쇼크의 체험이 규범이 되어버린 경험 속에서 어떻게 서정시가 자리잡을 수 있는가'라는 물음을 보들레르 시를 통해 분석한 바 있다. 발터 벤야민, 반성완 옮김, 「보들레르의 몇 가지 모티브에 관해서」, 『발터 벤야민의 문예이론』 민음사, 1995.

가지만 결국 그녀는 남편을 통해 이제까지 알고 있던 것이 진실이 아니었음을 깨닫고 절망한다. 닥터 판의 파국은 "결코 알아낼 수 없는 것, 통제하고 소유할 수 없는 것, 우리를 무력하게 하는 것"을 남겨두지 않겠다는 강박증적인 현대문명이 어떻게 우리를 장악하고 통제하고 있는지를 통렬히 보여주고 있다. '일체형 자동 시스템'(주민등록번호로 모든 행정업무와 경제적 행위가 이루어지고 있는 현재), "자신에게는 부족한 것이 전혀 없으며, 다른 어떤 사람도 필요로 하지 않는" 단자화된 개인은 바로 그러한 강박증의 소산인 것이다. 그 개인들은 서로의 내장을 물어뜯는 좀비들의 세상에서 물러나와 그들에게 속한 유일한 공간인 디지털 회로 속에 갇힌 채, "언제나 찾아올 것 같기만 하고 정작 오지는 않던 세상의 끝이 어딘가에서 이미 시작된 듯"한 예감에 사로잡혀, 이렇게 묻는다.

> 우리가 뭘 잘못한 걸까? 그 사람들처럼 거리로 나가 싸워야 했던 걸까? 그때 그러지 않아서 지금 이렇게 되어버린 걸까? 난, 무언가를 진심으로 좋아하면 그걸로 세상을 바꿀 수 있을 줄 알았어. 재미있는 것들이 우리를 구원해줄 거라고 생각했어.[3)]

그리고 이 영문도 모른 채 체제 속을 헤매는 '개인들'은 그 예감을 다음과 같이 완성한다.

> 우리는 피실험자들의 난자와 정자가 더 이상 정상적인 생식 기능을 수행하지 못한다는 사실을 확인했다. 이것은 태어날 때부터 난소와 정소에 문제가 있어 난자와 정자를 생산하지 못하거나 성 염색체에 결함이 있는 사람들의 문제와는 다른 것으로, 피실험자들은 모두 정상적인 성호르몬을 가지고 남성

---

3) 「큰 늑대 파랑」, 『2008 작가가 선정한 오늘의 소설』, 작가, 2008, 50쪽.

과 여성으로 살아온 사람들이었다. 난소와 정소에서는 아무런 문제가 발견되지 않았으나, 그들의 난자와 정자는 자궁 내부에서나(자연 수정), 외부에서나(인공 수정) 서로 결합할 능력을 상실한 것으로 보인다. (…중략…) 피실험자들의 난자와 정자는 따로 떼어놓으면 정상적으로 활동했지만 같은 공간에 풀어놓으면 마치 서로 외면하는 것처럼 행동했다. 정자는 자궁 내를 헤엄쳐 다녔지만 결코 난자와 결합하려 하지 않았고, 난자 또한 정자를 자신 쪽으로 유도하려 들지 않았다.

—「마지막 아이들의 도시」

난자와 정자가 서로 만나지 않는 세상, 이 불임의 대재앙은 극단적 개인화에 대한 비유로 볼 수 있다. 「마지막 아이들의 도시」는 돌연사로 지구 인류의 절반이 사망한 대재앙 뒤의 잔상을 그리고 있다. 이 세상의 끝에서 인간의 수명은 마흔 살로 단축되고, 재앙 1세대들은 개 인간, 고양이 인간 등의 1종 변인들을 낳고, 후세 여자들은 더 이상 아이를 낳지 못한다. 그 원인이 '바이러스'이든, '유독물질'이든 중요한 것은 인류는 과학에서도 종교에서도 실패했으며, 궁극적인 멸종을 맞게 되었다는 것이다.

'마지막 아이들'은 인류의 존속을 위해 생식을 강요하고 관리하는 도시에서, "왜 너희밖에 생각하지 않느냐고, 인류 역사의 끝이 가까워진 이 시점에 왜 아무런 책임감을 느끼지 못하느냐"고 다그치는 어른들을 벗어나 다른 곳으로 가려한다. 그러나 개 인간 '페로'에 의해 폭로되는 것은 세상에는 동일한 이름을 가진 도시들만이 존재한다는 것, 즉 '다른 곳'은 존재하지 않는다는 현실이다. 이 '차이'의 불가능성과 불임은 획일화되고 단자화된 개인화에 드리워진 '지속 불가능한 근대'의 그림자이다.

타자는 어떻게 흡수 통일 되는가

김영하의 『빛의 제국』(문학동네, 2006)과 이응준의 『국가의 사생활』(민음사, 2009)은 분단과 통일문제를 다루고 있다. 그러나 이들이 '북'이라는 '타자'를 작동시킴으로써 문제 삼는 것은 현 남한의 자본주의 체제이며, 이 '자본주의 완전정복'이 보여주는 세계의 암흑상이다.

『빛의 제국』의 주인공 김기영은 표면적으로 보자면, 대한민국의 평균적인 중년이다. 대출을 얻어 삼십 평대를 얻고, 아내와 딸 하나를 키우며 지루한 일상을 반복하는 중산층의 전형. 그러나 그에게는 '남파 간첩'이라는 또 하나의 정체성이 존재한다. 이야기는 북의 귀환명령으로 사화산처럼 '묻혀진 타자성'이 활화산처럼 다시 작동하면서 시작된다. 김기영은 이 단 하루밖에 주어지지 않은 남한의 삶을 되돌아보며, 이미 자신에게 남한은 '욕망과 속물성으로 가득 찬 미제국주의'의 점령지가 아니라, 너무나도 익숙하고 안온한 '자신의 삶'이 되어버렸음을 깨닫는다.

> 이 세계에 있을 시간이 하루밖에 없을 수도 있다고 생각하자 그의 눈앞에서 펼쳐지는 모든 장면들, 하나의 상투성에 불과했던 이미지들이 살아서 꿈틀대기 시작했다. 그는 바싹 마른 재생지가 되어 세상이라는 만년필이 자신에게 휘갈기는 모든 것을 탐욕스럽게 빨아들였다. 창작열에 불타는 얼치기 시인처럼, 엉겁결에 첫 키스를 하게 된 소년처럼, 그를 둘러싼 모든 것이 시적인 것으로 몸을 바꿨다. 사물들은 대구를 이루거나(바트 심슨과 체 게바라) 갑자기 비유로 변신하여 시침을 뗐다(청바지 광고모델과 깃발을 든 추레한 노동자들). 그들은 현실이 아니라 마치 자본주의 사회에 대한 그의 감수성을 일깨우기 위해 갑자기 등장한 연극배우들 같았다. (96~97쪽)

위 인용문에서 김기영의 시선은 남한의 자본주의 풍경에 감각적 활력을 불어넣는다. 그 시선에는 환멸이 아니라, 향수가 담겨져 있다. 김기영은 더 이상 자본주의 체제 바깥의 '타자'가 아니라, 완전히 동화된 자본주의 '원주민'이 되어 버린 것이다. 그리하여 김기영에게 되살아난 자신의 '본래면목'은 거꾸로, 자신의 것이 아닌 섬뜩한 '타자성'으로 감각된다. 이 타자성은 김기영의 고유성이면서, 동시에 자본주의의 타자성이기도 하다. 즉, '빛'이라는 자본주의 체계 안에 '구멍, 얼룩, 어둠'으로 존재하는 이 '타자성'에 대한 무자비한 폭격과 사살, 그리고 최종 봉합이 『빛의 제국』의 최종적인 의미인 것이다.

『중국의 붉은 별』을 탐독하며 어린 법대생과 밀애를 즐기는 아내 장마리, 바트 심슨과 동일한 미적 대상으로 상호교환되는 체 게바라, 경찰 간부와 성을 거래하는 좌파, 전향한 386세대 등등, 『빛의 제국』을 화려하게 장식하는 키치들은 자본주의 체제 바깥에 있는 것들(타자성)과 고유성(사용가치)이 어떻게 이 '자본과 욕망'(교환가치)이라는 동일성에 봉합되고 있는지를 보여준다. 모든 고유성과 진정성은 '돈'과 '욕망'이라는 최종 심급 X에 의해 치환되고 수렴되어 사라진다. 김기영이 귀환명령을 거부하고, 이명준처럼 제3국으로 떠나려고 방콕행 티켓을 끊었으나 여권이 만료되었다는 것은, 자본주의 세계 그 바깥의 어떤 것도 불가능하다는 것을 의미하며, 이 최종 선고는 장마리의 마조히스트적인 '난교'와 대비되어 축포처럼 터지면서 모든 어둠을 몰아내고 제국의 하늘을 빛으로 채운다. 간첩 김기영을 쫓던 국정원 직원이 그에게 '소득세' '세무사' 운운하며 다른 두 간첩과 함께 신분 세탁해 줄 것을 건의하는 장면은, 이데올로기는커녕 어떤 사회정의나 공권력도 존재하지 않는 '자본'의 완전정복을 보여주는 '빛의 제국'의 대단원에 해당한다.

이응준의 『국가의 사생활』은 통일 이후의 대한민국이라는 가상현실을 그린 소설이다. 그가 그리고 있는 통일 대한민국의 모습은 이러하다.

지하 3층, 지상 6층의 광복 빌딩은 두 개의 세계로 이루어져있다. 이남 상류층 남자들이 이북 여성 접대부들을 만끽하는 최고급 룸살롱 은좌라는 지상의 세계(지하 1층까지 포함하여), 그리고 희대 미문의 조선 인민군 출신 폭력조직이 스너프 필름에 뒤지지 않는 리얼 잔혹극을 펼치는 지하의 세계. '대한민국의 모델하우스'라고 불리는 이 광복빌딩은, 통일 대한민국이란 이북 여성이 이남 남자들에게 유린당하고, 이북의 인민군은 온갖 폭력과 범죄로 사회에 보복하는 정신착란적 현실임을 압축적으로 드러낸다. 북한의 대량 무기는 암시장에서 거래되고, 인민군은 조직폭력배가 되었으며, 북한 인민은 '주민등록'에서 누락된 대포인간이 되어 어두운 놀이터를 배회한다. 이남의 기업과 부자들은 이북의 땅을 사재기하기 위해 몰려가고, 초상류층인 북한의 아나운서였던 할머니는 잠실야구장의 청소부로 전락하여 자살하고, 김일성 종합대학의 철학부 소장파 교수는 조폭의 집사가 된다. 김일성 훈장과 레닌의 어금니 같은 사회주의 유산들은 조잡한 기념품이 되어 거리에서 팔리고, 공원에는 무료급식을 받기 위해 줄을 선 이북 출신자들로 가득하다. 요컨대, 남한 자본주의에 의해 흡수된 통일 대한민국이란 혼란을 넘어선 '대재앙'이라는 것이다.

작가의 이러한 상상은 물론, 완전한 공상은 아니다. 이북 사람들이 인육을 먹는다거나, 북한 수용소에서 온갖 고문이 자행되고 있다거나 하는 등의 날조된 사실과 풍문들, 그리고 90년 통일 이후 겪고 있는 동독인들의 박탈감과 사회문화적 분열은 통일 대한민국의 미래상에 대한 충분히 근거 있는 자료일 수 있다. 그러나 대동강 단원을 둘러싼 음모와 배신, 폭력으로 점철된 플롯은 이 작품이 분단의 갈등을 '느와르풍' 조폭 영화와 같은 활극으로 소모하고 있음을 보여준다. 혼란과 상실감을 '레드아이'라는 신종 환각제로 달래는 냉혹한 킬러 리강, 맹목적 살인에 탐닉하는 통일 희생자 김동철, 춘부로 전락한 북조선 최고 인민회의 대의원의 딸 서일화 등, 남북 갈등과 반목은 이 작품에서 조직 폭력배의 텅 빈 내면을 비극적 사실감으로 채울 수 있는 디테일로 사용된다. 이렇게 만들어진 '국가의 사생활'이란 실재 국가와 광장에서 난무하고 있는 온갖 풍문들을 〈대부〉 버전으로 재가공하여 스크린에 투사해 놓은 착란적 '밀실'에 다름 아니다.

그러나 '미래란 우리의 열망과 무관하게 완강한 현실에서 열린다'라는 작가의 신념에 세워진 이 디스토피아는 현재적 삶의 연장이자 필연적 귀결이라는 점에서 자본주의에 대한 비판적 함의를 지닌다. 즉 "종교인들과 예술가들까지 전부 자기 잇속만 챙기는 회사원이 되어버린 현실", "큰 정의에 대해서는 솔깃해하지만 신체 장애인이나 정신 장애인은 수치스럽게 생각하는 허위로 가득찬" 현실에 대한 작가의 냉소와 조롱이 들어 있는 것이다. 하여 이 작품은 온갖 이데올로기와 가치, 삶의 온존성과 개인의 진정성 등 자본 바깥에 있는, 타자성을 탐욕스럽게 소화하여 룸살롱과 스너프 필름으로 토해놓는 괴력난신의 자본주의의 완전정복에 대한 또 하나의 기록이 될 것이다. 통일된 이후의 대한민국과 그 재난에 대한 보고서이지만, 사실 그 재난이란 작금의 신자유주의 경제질서라는 것이다.

이상에서 2000년대 문학의 디스토피아를 편혜영, 김숨, 김사과, 윤이형, 김영하, 이응준의 작품을 통해 살펴보았다. 이들의 디스토피아는 각각 역병, 노동, 청소년, 테크노피아, 분단에서 출발하고 있지만, 공통적으로 계몽 이성과 진보, 자유를 내세워 질주해 온 근대 산업사회가 직면한 한계지점을 보여주고 있다. 이는 이제 우리를 위협하는 것은 우리와 분리된 '타자'가 아니라, 우리가 몸담고 있는 현재적 삶이며, 우리 자신임을 말해준다. 문제는 이제 위협이 된 '우리, 나'의 전체상을 파악할 수 없으며, 그럼에도 불구하고 우리는 그 재난들에 영향을 받고 있다는 것이다. 구호처럼 울려퍼지는 '자본주의' '자유'는 관념이지 실제적인 총체상이 아니다.

한때 출판시장을 휩쓸었던 하루키의 『1Q84』는 이 미궁에 빠진 현재에 대한 메타포를 담고 있다. 『1Q84』의 기원인 조지오웰의 『1984』는 인간의 존엄성과 자유를 박탈한 전체적 질서를 텔레 스크린, 사상경찰, 언론 통제 등으로 명료하게, 낱낱이 보여주고 있다. 그러나 『1Q84』는 결코 이러한 총체성을 보여주지 않는다. '1Q84'란 달이 두 개 떠 있는 비현실, 문득 1984년이라는 현실이 Question으로 모호해져버린 세계를 의미한다. "그것이 어떤 구조를 가진 세계인지, 어떤 원리를 바탕으로 움직이는지 그는 아직 알지 못한다. 그곳에서 앞으로 무슨 일이 일어나려는지 예측할 수 없다"라는 덴고의 고백은 무한자유의 개인들이 직면한 위태로운 근대 이후의 모험을 예고하고 있다.

3부

세대
Generation

달로
부코스키가 간다
여우야 여우야 뭐하니
완득이

2000년대 벼랑끝 청춘들, 싸구려 커피의 발원지

■ 권유리야

문학평론가. 1965년생. 2005년 『작가세계』 평론 부문 신인상, 2006년 《부산일보》 신춘문예 문학평론 당선. 평론집 『야곱의 팥죽 한 그릇』, 연구서 『이문열 소설과 이데올로기』가 있음. 부경대학교 강의전담계약교수. k-juria@hanmail.net

생존을 위한 색다른 고투

신세대에 관한 이야기는 언제나 신선하다. 아니 신선하다고 믿는다. 어떤 형태로든 과거와 차별되며, 새롭다는 점이 종종 흥미를 끌곤 한다. 10대 후반에서 20대~30대 중반에 이르는 젊은 세대는 성적 관습, 구매력을 바탕으로 한 새로운 소비양식, 영상문화라는 환경, 컴퓨터와 같은 새로운 표현 방식으로 삶을 유희하는 사람들이었다. 신선한 젊음의 에너지, 창조적 상상력을 분출해 보임으로써 보기 좋게 기성세대의 뒤를 치는 모습이 시대를 이끄는 추진력으로 이해되곤 했다.[1)]

---

1) 신세대를 생물학적 연령으로만 묶이는 것은 부당하다. 하지만 시대와 기성문화에 대한 대타의식이 이 연령대에 속한 젊은층에서 대체로 유사하게 나타난다면, 신세대를 생물학적 연령과 관련짓는 것은 어쩔 수가 없다. 즉 생물학적으로 18~25세 사이의 연령에 속하며 유사한 시대의식을 가진 사람들로 정의하면 무리가 없겠다. 안영노, 「신세대 : 그들의 정치경제」, 김진송 외, 『신세대론 : 혼돈과 질서』, 현실문화연구, 1994, 100쪽 참조.

그런데 2000년대 젊은 작가들의 작품에 등장하는 젊은 세대는 이러한 재기발랄함과는 거리가 있다. 유년의 대부분을 IMF의 불행으로 채웠으며, 이후 굴곡 많은 경제와 정치 환란으로 신세대는 젊음을 마음껏 누릴 환경을 제공받지 못했다. 신세대의 상징처럼 보였던 정치투쟁은 여러 시민단체와 세대의 몫으로 균등 분배되면서 신세대의 입지는 한없이 초라해지고 있다. 지금 세간에는 장기하의 〈싸구려 커피〉 이야기가 화제다. 발바닥이 쩍 달라붙는 장판이야기가 2000년대 젊은이들에게 먹히고 있다는 사실만으로도 지금 신세대의 시계가 가난했던 1970년대를 향해 거꾸로 돌아가고 있음을 알 수 있다. 소규모 수공업 음반인 〈싸구려 커피〉의 성공이 그리 반갑지만은 않은 것은 이 현상이 신세대의 몰락을 예견하게 하는 시대적 징후로 해석되기 때문이다.

2000년대 한국문학에서 무모하고 당돌한 젊은이'에 대한' 공포증으로 구세대를 몰아붙이던 신세대는 이제 없다. 노년과 중년 사이에 끼여 필요에 따라 선택되고 혹은 배제당하는 사회적 난민들. 오히려 삶의 공포증은 고스란히 취업게시판 앞에서 서성이는 젊은이들'의 것'이 되고 말았다. 김애란의 『달려라 아비』(창비, 2005), 이재웅의 『그런데, 소년은 눈물을 그쳤나요』(실천문학사, 2005, 이하 『소년』), 조영아의 『여우야 여우야 뭐하니』(한겨레출판, 2006, 이하 『여우』), 이기호의 『최순덕 성령충만기』(실천문학사, 2006, 이하 『최순덕』), 한유주의 『달로』(문학과지성사, 2006), 김려령의 『완득이』(창비, 2008), 김중혁의 『악기들의 도서관』(문학동네, 2008, 이하 『악기』), 김사과의 『미나』(창비, 2008), 한재호의 『부코스키가 간다』(창비, 2009, 이하 『부코스키』) 등은 한결같이 2000년대 젊은이들의 '생존을 위한 색다른 고투'를 환기하고 있다. 비참한 1970년대적 환경에서 자기를 함부로 내던지는 이들의 고투는 절박하다.

상실에서 얻어내는 과잉 현존

지금 한국사회에서 젊은층의 절망감은 '단지' 소설이 아니다. 실제상황이다. 지금의 10대들은 자본이 마음대로 이름 지은 1318세대, 1525세대, 2030세대들은 이른 바 인질경제라고 하는 세대착취현상 앞에 속수무책으로 노출되어 있다.[2] 이러한 현상을 반영이라도 하듯 『소년』의 12살 준태는 자신은 이미 늙어버렸다고 고백을 하며, 『완득이』의 17살 완득이는 기초생활수급자로 학교에서 천덕꾸러기로 살고 있다. 『여우』의 13살 상진이도 청운연립의 옥상집이 무허가라는 이유로 보상 한 푼 받지 못하고 쫓겨나야 하는 시한부 인생이다. 그럼에도 불구하고 이들 소설이 독자대중, 특히 10대 청소년들의 커다란 공감을 얻고 있다는 사실[3]은 소설 속의 빈곤이 결코 남의 일이 아니기 때문이다.

그런데 소설에 대한 대중적 공감이 변경 불가능한 확정된 사실로서의 빈곤에 대한 것이라면 문제는 심각하다. 『여우』가 집이 철거당하기까지의 과정을 즐기고 있는 것은 아닌가 하는 의구심이 떨쳐버릴 수 없었고, 『소년』은 매춘부가 된 어린 소녀의 몰락을 설득력 있게 제시하지 못하고 있다. 사실 이들 소설에서 가족이 해체되고 통제불가능한 불행에 빠진 데 대해 이들에게 책임을 묻기는 어렵다. 1997년 IMF 이후 한국은 20대 80의 사회를 지나 10대 90의 사회로 맹렬히 이행 중이다. 세계화는 부의 지역화를 정착시켰고, 절대빈곤의 세계화로 각인되었다. 극심한 빈곤은 결국 10대들을 강요된 나태에 빠트렸다. 강요된 나태, 즉 가난과 실업은 인간관계도 파괴했다. 유독 최하위계층에서 가정불화와 자살이 많은 이유

2) 우석훈·박권일, 『88만원 세대』, 레디앙, 2007, 68~78쪽 참조.

3) 2008년 12월 27일 기준으로 25만 부나 팔렸으니, 한국의 어지중간한 청소년문학 시장에서 확실한 돌풍을 일으켰다. 문학계의 대박을 터트린 『완득이』는 청소년이 공감할 수 있는 주제와 문체, 만화 캐릭터 같은 주인공을 내세워 이른바 영 어덜트의 감성을 사로잡았다는 출판계의 평이다. http://cafe.daum.net/semirae(2009년 3월 30일) 참조.

는 이 때문이다.[4] 이들은 불행에 대응하는 것조차 게을러서 상황은 극한으로 치닫게 내버려 둔다. 찌들린 가난에서 나고 자란 청춘들에게는 넘쳐나는 풍요의 기억이 없다. 빛나는 과거가 없기에 고통스런 현실에 원한을 갖지 않고 자기만의 방식으로 적응해 간다. 「코탱의 골목」, 「봉덕동 블루스」, 「노는 인간」, 「동백여관에 들다」 등 함부로 자기를 얕보는 『노는 인간』의 인물들이 그렇다. 특별히 『부코스키』는 탈출구가 없는 현실에 원한을 갖기보다 오히려 잃어버린 자신을 찾아가는 과정으로 바꾸어가는 능력이 돋보인다. 하지만 30살 백수가 실업의 고통을 부코스키라는 정체모를 남자를 미행하는 과정에서 얻어가는 존재 확인의 가치가 충분해서인지 현실은 논의의 대상조차 되지 못한다.

물론 현실에 대해 발언하는 소리가 없지 않다. 『최순덕』은 이러한 10대의 이중적 착취에 대한 미학적 투쟁이라는 점에서 의미 있다. 나이 어린 계집애들을 데리고 영계보도방 일을 하는 19살 고등학교 중퇴자의 「버니」, 지하철에서 구걸을 하는 고아원 출신의 두 청년의 「옆에서 본 저 고백은」, 사회와 분리된 채 살아가는 감자밭 어린이의 「발밑으로 사라진 사람들」 등의 모든 이야기 속에는 주로 10대들의 이중착취에 대한 고발의 목소리가 있다. 1318마케팅의 목표인 10대는 착취하기 편하고 유혹하기 쉬운 경제적 약자들이다. 부모들이 가진 구매력을 빼먹기에 가장 쉬운 매개물이고, 마케팅의 주체들은 그런 눈으로만 10대를 바라본다. 말하자면 지금의 10대는 가난에 볼모로 잡히고 또 한 번 마케팅의 대상으로 낙점된 이중의 경제인질이다. 하지만 『최순덕』은 자학의 어조로 물들이거나, 랩과 같은 과격한 미학적 고투로 인해 애초에 의도했던 고발의 목소리가, 의도가 반감된 것도 사실이다. 이 의기소침한 목소리는 의도했든 그렇지 않았든 사회에 대하여 절대 침묵을 하는 것과 다르지 않게 되었다.

---

4) 김만수, 『실업사회』, 갈무리, 2004, 186~188쪽.

한데 재기발랄해야 제격이던 젊은층이 고통 앞에 절대 침묵으로 버틴다면, 이는 생존을 위한 신세대만의 또 다른 방식의 응수일 수 있다. 권력이 없는 자들에게 침묵은 오히려 힘이다. 침묵으로 체제를 거부하지 않으니 친사회자로서의 가능성을 유보한 것처럼 보일 터이고, 자신의 사회적 책임을 회피하는 중요한 알리바이로 활용된다. 사실 소설 속 청년들의 고통은 근본적이다. 자신은 애초부터 재수가 없다고 믿는 『소년』, 의붓자식 콤플렉스로 똘똘 뭉쳐 열정 없이 소멸해 버리기를 기다리는 『달로』가 그렇다. 『완득이』의 어머니는 처음부터 집을 나간 상태였다. 『부코스키』는 주인공이 백수 이전의 삶을 아예 염두에 두고 있지 않았다. 『여우』에도 과거의 행복은 제시하지 못한다. 이렇게 모든 불행이 '처음부터 그랬다.'이다.

이점을 그냥 놓칠 수 없다. 바로 여기에서 '피해자의 당당함'이 나오기 때문이다. '원래부터 그랬다.'는 '지금도 그럴 수밖에 없다.'는 논리를 만들어낸다. 이들이 막다른 골목에 내몰린 삶을 감추지도 극복하지도 않는 이유, 오히려 추락하는 삶을 최선을 다해 과장하는 이유는 여기에 있다. 만일 『최순덕』의 「버니」가 집요하게 랩의 형식으로 끌고 가지 않았더라면 10대의 성적 타락은 평범한 이야기가 되고 말았을 것이다. 「햄릿 포에버」의 유령의 전면적 돌출이 아니었다면, 「최순덕 성령충만기」에서 성경의 문체를 노골적으로 패러디하지 않았다면, 즉 과장하지 않았다면 불행의 근원으로 돌아가기 힘들었을 것이다. 자기가 선택하지 않은 과거는 현재 타락의 유용한 알리바이가 된다. 본래 그랬으니 마음껏 타락해도 된다는 논리, 그러니 '자신은 죄가 없다'는 논리는 세상의 경건함과 가치로부터 자신을 해방시킨다. 그리고 자기를 변호한다.

이 자기해방 혹은 자기추방을 통해서 역설적으로 신세대는 이 사회에서 존재해야 할 절박한 이유를 얻어낸다. 추방이란 예외가 된다는 뜻이고, 예외는 일반적인 규범에서 배제된 개별 사례이다. 하지만 예외는 배제되었다는 사실 때문에 역설적으로 규칙과의 관계를 유지하게 된다. 『노는 인간』에서 「봉덕동 블루스」의 쓸쓸한 미혼과 『악기』의 「유리방패」의 취업 낙방생은 결국 결혼제도와 직업제도를 긍정하고 만다. 이들은 자신이 사회의 낙오자라는 사실을 증명함으로써 체제 내에 있다는 사실을 역으로 증명한다. 사실 이 사회는 누군가를 배제시킴으로써만 그것을 포함하는 극단적인 형태의 예외관계를 적절히 활용한다. 비정규직, 실업자, 부랑아, 왕따들이 불만에 차 있으면서도 결코 사라지지 않는 이유는 이들이 예외라는 포함인 배제[5]를 통해 심리적 보상을 얻기 때문이다. 따라서 젊은 세대의 자기추방은 진지하게 삶의 밑바닥을 통찰한 결과라기보다 생존을 위한 궁여지책의 산물이다.

물론 여기에는 제도의 허점을 개인의 몫으로 돌리려는 사회의 무책임성이 우선적으로 언급되어야 한다. 노인부양예산을 효도라는 이름으로 각 가정에 강요하며 그렇지 않을 경우 불효자라는 낙인을 찍어버리는 것이 공적 문제의 사적 이전이라는 이 사회의 얄팍한 떠넘기기다. 이렇게 사회적 난제를 개인사로 재정의하게 되면 '불행은 온전히 너의 것'이 된다. 그러면서 실업과 가난은 개인의 심리학적 차원에서 사회부적응, 무능력, 불안, 노이로제와 같은 청년 개개인의 책임으로 떠넘겨진다. '나는 불행하다'를 주문처럼 외우는 『달로』의 주인공, 자칭 30살 소년인 사회적 미숙아인 『부코스키』의 백수, 『여우』의 저능아 형 등 초라한 인생들이 직면한 거대한 경제모순을 개인적 차원의 느린 유머와 은빛 여우라는 환상 속에 매몰시키는 것은 이러한 맥락이다. 자연히 불법이주노동자 문제, 가족 붕괴, 매매춘의 아래에 깔려 있는 사회적 층위를 살짝 비껴간다. 이들 소설 어디에도 사회를 겨누는 원한은 찾아 보기 어렵다. 현실의 심층을 뚫어보려는 최소한의 제스처도 보여주지 않는다.

그런데 불행을 묵묵히 견디며 사는 모습에서도 역시 신세대의 명민함

5) 조르조 아감벤, 박진우 옮김, 『호모 사케르』, 새물결, 2008, 66~67쪽 참조.

을 느낀다면 역설일까. 이 견딤에서 신세대의 불행은 한없이 강조될 것이고, 자신들이 마땅히 누려야 할 행복을 잃어버린 존재라는 점을 강하게 어필하는 효과를 낳는다. 결여를 상실로 옮기는 우울증의 기만적인 번역이 우리로 하여금 대상의 소유를 주장할 수 있게 해준다는 점이다. 이들의 의도대로 갖고 있지 않았던 것을 상실할 수는 없다. 역으로 무엇인가를 상실했다면 이는 이전에 그것을 가지고 있었다는 뜻이 된다. 『부코스키』에서 직장을 가기 위해 매일 이력서를 쓰는 거북이, 『여우』에서 네 식구가 맘 졸이지 않고 살 수 있는 집이 돌이킬 수 없이 되어 버린 상실의 상황 속에서 대상은 분명하게 존재한다. 『완득이』가 해피엔딩으로 나아가는 것도 여기에 근거를 둔다. 『미나』에서 수정이가 미나를 잔혹하게 살해하면서도 침착하게 학교 갈 준비를 하는 것도 결여를 상실로 바꾸고, 궁극적으로 회복의 단계로 나아가려는 수순이다. 상실은 없는 것이 아니라, '과잉 현존'을 만들어낸다. 이전에 결코 가져본 적이 없었던 어떤 대상을 소유하는 유일한 방법은 아직 우리가 완전히 수중에 넣고 있는 어떤 대상을 마치 그것이 이미 상실된 것인 양 다루는 것이다.[6)]

문제는 『여우』, 『부코스키』, 『소년』, 『완득이』 등에서 상실을 통해 그럭저럭 대상을 소유하는 이면에는 신세대가 불가피하게 그림자인간이 되어간다는 데 있다. 이러한 기획 속에는 자본주의가 좋아하는 말 잘 듣는 인간이 되겠다는 결심이 없을 리 없다. 복종의 형태를 띠지 않은 자발적 복종은 분명히 어딘가에서 권력과 만나게 되어 있다.

부재를 존재로 바꾸는 힘, 도착과 광란

이제 부조리한 사회에 피투성이 몸으로 맞서던 젊음은 없다. 사회로

6) 슬라보예 지젝, 한보희 옮김, 『전체주의가 어쨌다구?』, 새물결, 2008, 221쪽.

부터 자기를 추방하며 친사회적 제스처 속에서 기성세대의 견제를 피하려는 젊은이들은 무모하지 않다. 당돌함 속에 발랄함의 포즈를 부각시키며 대항의 의도가 없음을 은근슬쩍 노출한다. 말하자면 젊음은 세계를 겨누던 칼로 자기 심장을 찌르며, 이 자기처벌 속에서 출구를 모색하고 있다. 그러나 세계와 척을 지지 않으나, 그것이 세계와의 동맹관계는 아니라는 점에서 이들의 자리는 여전히 불안하다. 아예 선수를 쳐서 자기를 처벌하지 않으면 세계가 자기를 몰아낼지도 모른다는 공포 속에서, 존재와 부재의 경계에서 유령처럼 어른거린다. 2000년대 소설에는 유령처럼 혹은 그림자처럼 일상의 표면과 그 아래를 부단히 떠도는 청년들의 모습이 빈번하게 목격된다. 『소년』처럼 아무도 자기를 기억하지 못하는 유령과 같은 존재거나, 『달로』처럼 주변을 맴돌기만 하는 그림자가 있다. 특히 『달로』는 생의 이면에 대한 관심을 비수를 꽂을 것 같은 냉정함으로 그려내고 있다. 기억조차 지워져버린 존재하지 않는 존재들, 인간이 사라지고 단어가 사라지고 하다가 아예 자신을 세계로부터 살해해버리는 '적극적인 유령되기'의 양상이 펼쳐진다.

그런데 여기에는 그림자에 대한 신세대만의 새로운 해석이 작용한다. 햇빛은 반드시 그림자를 동반하기 마련이다. 따라서 그림자는 생존을 위해 아우성을 칠 필요가 없다. 비극적인 청년이 존재하지 않으면 세계 역시 존재하지 않는다는 말이기 때문이다. 자신이 발버둥친다고 해서 달라질 현실도 아니고, 어차피 패배자인 것을 굳이 피튀기는 싸움으로 주름살 하나 더 늘릴 필요가 없다는 그림자의식은 극단적으로는 『악기』처럼 햇빛 알레르기를 일으키거나 아니면 『달로』처럼 양지에서 스스로를 살해하기까지 한다. 여기서 존재와 부재의 틈새에서 서성이는 젊은이들의 우울증은 광적이다. 우울증은 말 못하는 열정이다. 단지 우울해서 생기는 병이 아니다. 비범한 통찰력과 민감성으로 현실의 이면까지 날카롭게 꿰뚫은 자가 공포를 삭일 때 우울증이 된다. 우울증 환자들이 외부보다

자신을 지배하는 열정에 더욱 집착하는 것은 이 때문이다.[7]

젊은 세대가 우울증에 빠져 있다는 점은 절박한 사정에도 불구하고, 대수롭지 않은 말투에서 감지된다. 『노는 인간』에서 햇빛이 없는 삶이 조금 아쉬웠을 '뿐'이라는 식의 대수롭지 않은 표현이 오히려 절박함으로 다가온다. 『여우』에서는 피아노를 친 사람이 누가 됐든 자기 기억 속에 그렇게 남아 있으면 '그만'이라는 표현도 마찬가지다. 처절한 발작과도 같은 고통을 별것 아니라는 식으로 '가볍게 툭' 던져버리는 말투 속에 젊은 세대의 광적인 우울증이 감지된다. 하지만 이러한 광증이 가장 극명하게 드러나는 작품은 아무래도 김사과의 『미나』다. 하나의 시체 그리고 두 개의 울음, 그리고 셀 수 없는 어둠이 『미나』가 바라보는 세상이다. 출구 없는 입시지옥에서 10대 고등학생들은 생명을 살해하면서 비상구 없음을 선언한다. 편혜영이 『아오이가든』에서 끔찍한 시체더미를 보여주며 격정적으로 전복을 꿈꾸는 것이나, 천운영이 『바늘』에서 살점을 마구 씹어 먹으면서 새로운 질서를 희망하는 것과는 다르다. 편혜영이나 천운영은 아무리 파괴라 해도 이를 통해서 무언인가를 꿈꾸고 있다면, 『미나』는 수정이가 미나를 죽이고 광란의 아리아를 부르는 모습에서 아무 것도 바라지 않는 광기의 절정을 본다. 피로 낭자한 미나의 시체 앞에서 민호와 함께 환하게 웃는 수정에게서 진짜 절망이 한국문학 속에 막 도착하였음을 느끼게 된다. 서서히 죽음을 향해 가는 고양이의 낮은 신음소리와 작은 뒤틀림이 비닐봉지의 사걱거리는 모습을 소름끼치도록 냉정하게 음미하면서 수정은 세계에 저항하는 것이 아니라 자기를 다독인다. 따라서 서서히 죽어가는 고양이에 대해 답답함과 지루함과 미안함을 동시에 느끼는 이 기괴한 애도는 수정의 광기가 어쩌면 정당할지도 모른다는 생각을 하게 된다. 선명한 슬픔이 아닌 복합적인 희비극만이 가능한 지금의

7) 미셸 푸코, 김부용 옮김, 『광기의 역사』, 인간사랑, 1991, 165~169쪽 참조.

현실에서 수정의 광란은 정당방위일 수밖에 없다. 입시라는 가혹한 제도, 그럼에도 불구하고 죽으면 저만 손해라는 식의 모순된 논리 속에 살아있는 존재들은 미치지 않을 수가 없다. 과거처럼 자기를 잃어가면서 생의 이면에 다다르려는 낭만적 절망의 차원은 벗어났다. 완전한 암흑에 직면하여 이를 무감각하게 바라보는 초점 잃은 동공에서 진정 어찌 살아야 할 것인가 하는 신세대의 공포는 조금도 허구가 아니다.

사실 현대사회에는 희망이 부족한 적은 없었다. 현대사회는 언제나 좋은 사회라는 모델을 다량으로 생산해 내는 공장이었다. 현대사에서 일어났던 참혹한 전쟁들은 언제나 희망과 희망 사이의 충돌이었지, 희망 있음과 없음 사이의 충돌은 아니었다.[8] 가장 확실한 고문은 억지가 아니라, 그럴싸한 말 고문이다. 내일은 달라질 것이라는 추측은 그렇게 된다는 확신으로 둔갑하여 마구 발설된다. 그러나 신세대는 이 모든 과정을 알고 있다. 이들은 세상의 모든 상처를 독차지하고야 말겠다는 결연함으로 희망의 허구성을 까발린다. 『소년』에서는 자신이 괴물이라서 결국 모두가 자기 곁을 떠나고 말 거라는 거지소년, 어차피 창녀가 될 거라는 초등학생, 인신매매에 자포자기하는 어린 누나, 이들은 모두 광기로 자기 삶을 파탄으로 내몰면서 희망 대신 절망에 반응한다. 그리고 절망의 열정은 끊임없이 재충전된다. 이들은 세계에 대해서 침묵하고 자기만을 벌하는 방식으로 세계를 벌한다. 그렇게 보면 젊은 세대의 도착과 광기는 단순한 자학이 아니다. '자기처벌을 통한 생존'의 한 방식이다.

김애란의 『달려라 아비』가 이러한 도착과 광란에 '부재를 존재로 바꾸는 힘'이 있음을 성공적으로 그려낸다. 「노크하지 않는 집」에서 세상이 나를 버린 것이 아니라, 그들이 통화중이어서 부재중이어서 전화를 받을 수 없다는 거짓 위로, 「누가 해변에서 함부로 불꽃놀이를 하는가」에서 창

8) 지그문트 바우만, 정일준 옮김, 『쓰레기가 되는 삶들』, 새물결, 2008, 31쪽.

피해서 죽어버리고 싶은 순간이 곧 민족 중흥의 역사적 사명 운운하는 국민교육헌장을 떠올리는 순간으로 대치된다. 김애란은 거짓위로와 도착의 방식으로 생존을 모색하려는 젊은이의 고뇌를 발랄하게 담아내는 데 성공하고 있다. 「사랑의 인사」에서 내가 버림받은 것이 아니라 아버지를 실종시킴으로써 원한에 의해 지배당하게 내버려 두지 않으려는 의지가 눈물겹다.[9] 오로지 쓸모없고 혐오스러운 것만이 시간이 흘러도 살아남을 수 있다. 혐오를 유발하는 대상에 대해서는 아무도 주의를 두지 않는다. 누구도 접근을 꺼리는 혐오스런 대상이 자신에게 위해를 가할 리는 없기 때문이다. 자기와 가족을 혐오스럽게 만듦으로써 견제와 처벌을 면하려는 태도가 비록 한심한 것이기는 해도 효과 하나는 확실하다. 사실 쓰레기 자체는 혐오감을 주는 이외에 뚜렷한 용도가 없다. 그러나 새것은 쓰레기 없이는 유지될 수 없다. 쓰레기가 만들어져야 새것의 필요성이 설득력을 얻는다. 그래서 체제는 언제나 쓰레기 생산에 열중한다. 기득권세대는 오히려 혐오스런 대상을 통해서 안전을 보장받고, 청년세대는 혐오로 무장함으로써 견제를 당하지 않기 때문이다. 이런 양측의 이해관계가 합치되는 지점이 바로 청년들의 '자발적인 쓰레기되기'다.

이렇게 보면 2000년대 젊은 세대의 도착증이 단순한 탈사회적 돌출행동이 아니다. 스스로 나쁜 것이 됨으로써 좋은 것을 돋보이게 하는 역할을 외부로부터 인정받는다. 이렇게 자신을 절대적 외부인으로 고정하고, 쓰레기임을 강조하면서 생존을 도모하는 점에서 오히려 사회적이다. 흥미로운 것은 신세대가 이렇게 생계형 친사회적 존재가 되는 가운데 아버지 세대를 이해하는 모습을 보여준다는 모습이다.

9) 김동식, 「달려라, 작가 : 생의 도약과 영원회귀의 잠재적 공존」, 김애란 외, 『달려라 아비』, 창비, 2005, 246~247쪽.

이해한다는 말, 공유된 죄의 메커니즘

그간 우리문학에서 자녀세대와 부모세대는 서로 별개의 심리적 영역에 속해 있었다. 사실 여부와 관계없이 세대 간의 경쟁관계로 설명하는 방식이 가장 깔끔하고 설득력이 있었다. 이런 논리는 20대와 386세대를 설명할 때 자주 등장한다. 유신세대는 개별적으로는 20대의 부모들이기는 하지만, 전체적으로는 자신의 세대에게 주어질 분량을 떼어서 20대에게 지원해야 하기 때문에 경쟁관계로 인식할 수밖에 없었다. 세대 간 협력보다는 국민 전체의 경제성장률을 높이는 것이 효율적이라는 유신세대의 향수를 가지고 있기 때문이다. 그런 점에서 박정희 독재경제의 혹독한 수업을 마친 386세대는 20대가 누려야 할 몫을 가장 많이 노리는 약탈자라는 논리다.[10] 그러나 지금의 극심한 경제환란에서 부모 자식을 따로 구별할 이유가 없다. 청년실업의 수치가 크게 체감되지만, 중년실업의 수치 역시 바닥을 치기는 마찬가지다. 사회주력부대라는 말이 무색할 정도로 부모세대도 안락한 노후는 기대할 수 없는 상황에 직면해 있다.

2000년대 여러 소설에는 이러한 가난과 고독의 공포를 함께 겪은 두 세대 간의 애틋함이 자주 목격된다. 『여우』에서 숱하게 등장하는 '이해'라는 표현이 예사롭지 않다. 물론 세상이 마음에 들지 않아 거대한 폭발을 기다린다거나, 세상이 쓸쓸하다거나 하는 표현이 초등학생 어린 소녀의 눈에 비친 만큼 진정성 있게 들리지는 않는다. 따라서 하루 종일 리모컨만 눌러대는 아버지나 포장마차를 하면서 점점 화장이 진해지는 엄마를 이해한다는 말이 '그냥'이라는 수식어로 인해서 유아적 이해의 한계를 벗어나지 못하는 것도 사실이다. 이는 『완득이』도 마찬가지다. 싸구려 카바레 춤선생인 난쟁이 아버지, 지압용 구두창 파는 말더듬이 삼촌, 외국인 불법노동자, 그리고 불량담임 똥주 등 모든 관계에서 복잡다단한

10) 우석훈·박권일, 앞의 책, 174~175쪽.

현실의 문제는 훈훈한 인정으로 손쉽게 봉합된다. 물론 『달려라 아비』의 경우는 좀 다르다. 엉뚱함이 도리어 영원한 도약과 실존적 고양을 간절하게 표현하면서 삶의 이면을 애정으로 보듬고 있기 때문이다. 조금만 더 시야를 세상 밖으로 확대했더라면 세상과 멋지게 조우하는 신세대를 볼 수 있었을 것이다.

이러 저러한 장단점을 고려하더라도, 2000년대의 작품들은 적어도 이해의 의지와 순수에 대한 갈망이 있다는 점에서 1990년대 은희경의 『새의 선물』과는 다르다. 이는 어쩌면 현실의 차이가 아니라, 대응 방식의 차이일 것이다. 1990년대 『새의 선물』에서 12살 진희가 세상을 절대로 믿어서는 안 될 것이라고 한 것이나 비슷한 또래의 『여우』와 『완득이』, 『소년』의 어린이들이 세상을 추악한 곳으로 보는 것이나 별로 다르지 않다. 현실적으로 보면 2000년대 세상이 훨씬 가혹한 곳이다. 『새의 선물』에서 진희의 비극이 어머니의 자살과 아버지의 재혼이라는 개인적 차원에 놓인 것이라면, 2000년대 어린이들은 첨예한 사회 현실의 문제에 직면하고 있기 때문이다. 그런데도 1990년대 진희는 세상에 대한 이해의 의지가 전혀 없었던 반면, 논리적으로 미숙한 2000년대의 아동들은 무작정 이해하려는 과욕을 부린다. 지금의 청년세대나 부모세대에게 서로에게 적대적 감정을 가질 이유가 없다. 2000년대 작품에 유독 어린화자가 자주 등장하는 것은 심리적 일체감을 형성하려는 의지가 작용했을 수 있다. 자녀세대와 부모세대는 발언할 수 없다는 점에서 닮아있기 때문이다. 기득권층에 의해 항상 호명되기를 기다리고 있고, 그래서 항상 타자로 머문다는 점에서 오히려 강한 연대감을 갖는다. 그런 점에서 『완득이』나 『부코스키』를 성장소설로 보기는 어렵다.[11] 『새의 선물』의 진희가 결국 성장하면서 아버지의 질서로 포섭되는 것과는 달리, 『소년』이나 『여우』는 자

11) 조연정, 「백수가 간다」, 한재호 외, 『부코스키가 간다』, 창비, 2009, 217~222쪽 참조.

포자기해 버린 부모와 함께 연대하면서 영원히 질서의 그늘에서 살아야 하기 때문이다.

그러니 이 연대는 '죄의식의 연대'이다. 영원히 성인이 되지 못하고 사회적 미숙아로 멈추어 버린 『악기』의 인물들은 이를 은폐하기 위해 페르소나를 만들어낸다. 「나와 B」의 거리의 기타연주자, 「엇박자 D」의 음치, 「유리 방패」의 M 등은 아무리 발버둥을 쳐도 적을 감당할 수 없어 가면을 쓰고, 그 안에서 자폐적으로 안주하는 비겁자들이다. 이들은 「메뉴얼 제너레이션」처럼 전자제품을 만들기보다 그 제품에 대한 매뉴얼 제작에 몰입하거나, 「비닐광 시대(Vinyl狂 時代)」처럼 음악이 아닌 음반 수집을 둘러싼 해프닝을 다루는 데 집중한다. 매뉴얼이나 음반과 같이 진짜를 소유하지 못한 것을 감추는 가면들, 삶의 본질대신 취향[12)]을 운운하며 사회로부터 한 발 물러선다. 그래서 이들은 비겁하다. 『미나』의 부모는 필사적으로 자신의 아이들에게 죄를 물려주려고 하고, 자녀들은 어떻게든 세계의 가장 높은 곳으로 기어 올라가서 모두를 함부로 여기는 사람이 되고 싶어 한다. 이러한 '공유된 죄의 메커니즘'은 상대방이 도덕적 기준을 위반하도록 세심한 주의를 기울인 이후, 도덕적 불신 속에 빠진 상대방을 위로해 주면서 그 아픔을 나누면서 확실하게 전파된다. 그러나 둘의 결속을 튼튼하게 해 준 죄가 공유된 순간 대외적으로 그 죄는 부인되고 없는 것이 된다. 비극을 자녀에게 전수하고, 자기 불행을 확장시킨다는 점에서 두 세대는 단절이 아닌 연속성의 관계에 있다. 여기서 신세대의 자기선언으로 흔히 이야기되는 '나는 아버지처럼 살지 않겠다.'는 슬로건은 효력을 잃는다.

물론 그렇다고 해서 '나는 아버지와 같다'는 뜻으로 완전한 합일로 이

12) 신수정, 「리믹스, 원본도 아니고 기치도 아닌 : DJ 소설가의 탄생」, 김중혁 외, 『악기들의 도서관』, 문학동네, 2008, 288쪽.

해하기까지는 어렵다. 『노는 인간』에서 부모세대와 완전히 공감하기 어려운 미세한 균열을 발견한다. 이 작품집은 전체가 망설임으로 채워져 있다는 점에서 매우 현실적이다. 「형제이발관」의 화자는 사회와 연을 끊고 사는 아버지를 이해할 수 있을 것도 같고 없을 것도 같다며 끊임없이 망설인다. 목이 마르다고 말하고 싶다는 사실을 말하려고 했으나, 입이 열리지 않았다고 의지를 놓아 버린다. 「동백여관에 들다」의 경우 더 이상은 모르겠다고 아예 판단을 중지해 버린다. 아니면 불가능하다와 가능하다의 사이를 부산스럽게 오고 가다가 가능했으면 좋겠다는 기원으로 처리하고 만다. 이들은 의문상태를 끝까지 끌고 가는데, 이는 의문을 발설하는 순간 사회로부터 추방될 것에 대한 두려움 때문이다.

결국 부모세대에 대한 이해는 진정한 애정에서 나온 것이기보다는 '방관의 결과'라고 해야 옳다. 방관자는 언제나 무엇에 대해서든지 이해할 준비가 되어 있다. 자기 문제가 아니기 때문에 너그러워지고 포용할 수 있는 것이다. 그래서 힘을 가진 핵심집단 속으로 매몰되는 것이라는 『미나』의 결론은 자녀세대의 이해가 결국에는 방관자적 타협에서 나온 것으로 이해하게 한다. 지금의 청년들은 아버지가 패한 이유가 아버지의 무능이 아니라는 사실을 알고 있다. 자본의 위력 때문에 아버지가 무너진 것이라면, 아버지를 이해한다는 것은 이를 통해 아버지의 실패까지도 이해해야 한다는 논리를 만들어 낸다. 이는 결국 아버지를 무너뜨린 자본주의 체제를 수락하는 것으로 이어지기 마련이다.

여기서 지금의 청년세대가 패자부활전이 허용되지 않는 시대에서 만성패자가 될 준비를 하고 있는 것은 아닌가 하는 비관을 감지하게 된다. 현재의 승자독식게임이 가지고 있는 특이한 점은 경쟁 그 자체가 아니다. 그보다는 패자부활전과 같은 보완장치가 거의 없을뿐더러, 중간에 개입하는 보증자도 없다는 사실이다. 적어도 산업화 이후 우리나라에서 이렇게 완벽한 승자독식의 게임은 진행된 적이 거의 없고, 이렇게 차가운 자본주의가 펼쳐진 적도 없다.[13] 개인이 불행하든 말든 도시의 스펙터클은 날이 갈수록 거대해지고 장엄해진다는 『달로』의 고백은 이해라는 표현이 세대담론에서 얼마나 무섭게 전이되고 있는가를 보여준다.

가장 무모한, 그래서 가장 본능적인

세계화 시대가 도래하면서 낙관주의자들은 풍요가 일상화되었다고 한다. 한쪽에서는 실업의 일상화라고 비관론을 펼친다. 한술 더 떠서 21세기 한국사회는 고도산업사회이면서 고도실업사회이며 앞으로 더욱 그렇게 될 것이라 한다. 시대는 비관주의자들의 손을 들어주었다. 청년실업자가 백만을 넘어섰으니. 청년실업자가 많아서인지 장기하의 음반도 덩달아 대박을 치고 있다.

얼마 전에 장기하는 '2009 한국대중음악상'에서 3관왕의 영예를 안았다. 「청년실업」을 노래하던 가수가 스타가 된 것이다. 장기하의 출현은 대한민국의 청년백수들의 위상을 살피는 데 중요한 역할을 한다. 패배주의, 비주류의식을 20대들의 특권으로 바꾸었기 때문이 아니다. 이러한 B급 정서가 특정계층에만 가능한 특권이 되기 위해서는 여기에 낭만이라는 심리적 보상이 더 크게 뒤따라야 하는데, 지금의 한국 상황은 낭만이 끼어들 여지가 없다. 따라서 장기하의 공은 다른 데서 찾아야 한다. 만일 장기하가 메이저리그 소속이었다면 그의 음악이 조명을 받을 수 있었을까. 만일 자본주의의 그늘에서 마음껏 유영하며 후줄근한 패배자가 아니었다면. 얘기는 달라진다.

장기하 얘기가 많이 길어진 것은 이 가수의 모습에서 2000년대 청춘의 자화상이 그대로 겹치기 때문이다. 상실과 도착증을 오히려 보호색으

13) 우석훈·박권일, 앞의 책, 99쪽.

로 삼는 지금의 청춘과 네온사인 휘황한 자본주의 한복판에 1970년대의 패배주의를 무모하게 들고 나와 역설적으로 성공가도를 달리고 있는 장기하의 모습은 너무도 유사하다. 2000년대 한국문학에서 청춘들은 가난을 사적 영역에서 공적 문제로 역이전해 버리는 무모함으로 생존을 보장받을 수 있었다. 빈곤에 허덕이는 청년들이 기득권자 앞에 뻔뻔하게 서기 위해서는 사실적인 빈곤만으로는 어렵다. 과장된 빈곤이어야 한다. 이뿐만 아니다. 자기를 추방하면서 자본의 구속으로부터 자기를 해방하는 명민함, 스스로 미쳐감으로써 자신의 부재를 존재로 바꾸어 놓는 것도 같은 맥락이다.

어차피 실패한다 해도 별로 잃어버릴 것이 없는 자들은 그 실패의 가능성 앞에서 무섭도록 결연해짐으로써 기득권자를 두려움에 떨게 만든다. 가진 것이 많은 자들은 여차하면 큰 피해를 입기 때문에 무모한 자를 두려워한다. 따라서 빈곤과 패배자라는 사실을 배짱의 근거로 삼아 더욱 처절하게 실패해'줄' 의향이 있음을 공론화하는 2000년대 문학의 청춘들, 이들의 능동적인 자학은 많이 가진 자들의 두려움을 이용하기 위한 것이다. 그런 점에서 이들은 인생을 거는 가장 무모한 생존본능으로 자본에 대처한다. '가장 무모한 방식으로 생존을 보장받으려는 본능적인 존재'들, 이것이 2000년대 한국문학에 나타난 신세대의 자화상이다.

가족
Family

너는 모른다
잘 가라, 서커스
천운영 장편소설

욕망과 비밀 그리고 로망

— 키워드로 읽는 2000년대 가족소설

■ 이광진

문학평론가. 1976년생. 2007년 《동아일보》 신춘문예 문학평론 당선. 중앙대 강사. 주요 평론으로 「죽음, 그 이후의 글쓰기」 등이 있음. pas0517@hanmail.net

욕망 : 가족의 기의, 신화의 기저

2000년대는 유독 가족소설이 강세를 보이고 있다. 1990년대에 '나'에 대한 강박적인 관념이 있었다면, 2000년대에는 "'나'의 근처"에 대한 근원적인 물음이 있다(박민규, 「근처」). 1990년대 가족소설은 한 가정의 구성원으로서의 '내'가 겪은 상처와 그 상흔에 대한 후일담, 성장통은 있되 성장은 없는 노스탤지어의 서사를 주로 다뤘다. 2000년대 가족소설은 현재형으로 되돌아오고 있다. 이야기는 가족의 기억보다는 가족들이 맺는 '관계'와 그들 사이에 일어나는 '사건'에 초점이 맞춰지고 있다. 관계를 이어가는 동력은 '욕망'이며, 사건을 조종하는 배후는 '비밀'이다. 그리고 욕망과 비밀은 '로망'(로맨스)이라는 형태로 드러난다. 욕망이 가족의 기의라면 로망은 가족의 기표라 할 수 있다. 비밀이 가족의 기원에 대한 모의(謀議)라면, 로망은 가족의 형성(혹은 재구성)에 대한 모의(模擬)라 할 수 있다. 욕망과 비밀 그리고 로망 등을 "'가족'을 이해하기 위한 핵심단원목표" 혹은 "키워드"로 삼아, 2000년대 가족소설에 대해 이야기해 보자(이기호, 「김 박사는 누구인가?」).

오늘날 가족소설을 논하기 위해서는 우선 가족과 소설에서 차지하는 여성의 위치에 대해 살펴볼 필요가 있다. 가족소설 속의 여성들은 대체로 '과잉 모성' 및 '잉여 여성'의 두 가지 모델로 형상화된다. 과잉 모성은 헌신적인 어머니 혹은 희생양으로서의 어머니 등으로 기호화된다. 1990년대 이전의 가족소설에서 욕망(뿐만 아니라, 서사)의 주체는 철저히 남성이었고(예컨대, 이문열이나 송기원의 소설에 등장하는 방황하는 소년/청년들), 1990년대 이후부터는 여성이 욕망의 주체로 등장했다(특히, 전경린, 은희경, 공지영 등의 소설에 등장하는 기혼녀/이혼녀들). 2000년대에는 누군가의 어머니-아내인 '나'만이 아니라, '나'의 어머니가 욕망의 주체로 부각되고 있다(하성란, 「알파의 시간」; 정미경, 「무언가」). 욕망하는 어머니에게서는 더 이상 과잉된 모성을 기대할 수 없다. 그런데, 2000년대의 어머니 서사를 읽는 열쇠말은, 뜻밖에도, 신경숙의 『엄마를 부탁해』라 할 수 있다. 기본적으로 이 소설 속의 어머니 역사는 지난날 우리가 읽어왔던 어머니들의 그것과 그다지 다를 바 없다. 다만, 이 소설의 어머니는 일인칭 화자로 등장하며, 자신의 목소리를 낸다는 점에서 이전 소설들 속의 어머니들과 차별화 된다.

한편, 잉여 여성은 가족관계에서 자기 자리와 존재 의미를 찾지 못하는 아내의 모델이라 할 수 있다. 1990년대 소설 속의 여성은 남성(만 아니라 사회구조)과의 대결구조를 통해 그려진 탈주와 불륜의 주인공(이자 화자)이었다. 2000년대 아내의 서사는 이만교의 『결혼은 미친 짓이다』 및 박현욱의 『아내가 결혼했다』에 등장하는 여주인공들을 계기로 전환점을 찾았다. 이 소설들이 가족의 해체 및 여성성의 독립을 다룬 여타 소설과 맥락을 달리하는 점은 가족을 비꼬거나 비판하는 게 아니라, 가족주의의 폐해를 과감하게 생략한다는 데 있다. 2000년대 이전까지만 해도, 누군가(대체로 아버지) 부재하거나 무엇인가(주로 돈) 결핍된 가족은 비정상적인 집단으로 그려졌으며, 그 가족풍경은 불행할 뿐만 아니라 불온하게 비춰졌다. 이에 비해 오늘날의 가족서사는 부재와 결핍에 구애받지 않고, 새로운 가족윤리와 모럴을 제시하고 있다. 이를테면, 편부모가정, 재혼가정, 다문화가정 등이 하나의 오롯한 가족공동체로 인정받고 있으며, 보편적이지 않은(정상적이지 못한 게 아니라) 형태의 대안가족이 속속 등장하고 있다. 가족소설이 가족주의의 진부함뿐만 아니라 성장소설의 전형성으로부터 자유로워진 것이다.

문제는 가부장적인 가족이데올로기를 대체하는 것이 "헤픔"(과잉)과 "군더더기"(잉여)의 철학이라는 점이다(『아내가 결혼했다』). 새로운 가족 형태 속의 여성가장들은 남성화된 억척 여성으로 정형화 되었다. 택시를 운전하는 여자는 "씨발, 씨발, 하면서 돈"을 벌어 딸을 키우고(김애란, 「달려라, 아비」), "사내들의 콧바람에서 묻어나오는 역겨운 냄새"를 풍기는 여자는 거칠게 일하면서 노모와 딸을 부양한다(천운영, 「명랑」). 어떤 여성가장들은 남성보다 뛰어나서 남성과 동등한 대우를 받는 '슈퍼우먼'으로 등장한다. "영리하고 비겁하고 교활한" 여자들이 "착한 아들과 착한 남편, 너무 착한 딸아이"를 보살핀다(서하진, 「착한 가족」). 무슨 일에든 완벽한 여자는 자유결혼주의를 주창하여 아비가 누구인지도 모르는 자식을 낳고(『아내가 결혼했다』), 베스트셀러 작가인 여자는 자유연애를 만끽하면서 각각 성이 다른 세 자녀들을 키우고(공지영, 『즐거운 나의 집』), 동시통역사인 여자는 아무 남자들과 사랑에 빠지면서도 어머니와 조카를 돌본다(천운영, 「알리의 줄넘기」). 이 여자들은 모두 헤프거나 넘친다. 근본적으로, 2000년대 가족소설에서 보여주는 헤픈 것, 군더더기의 것은 모성이나 여성성이 아니라, 바로 욕망이다.

천운영의 『잘 가라, 서커스』에서 제시하는 가족의 형태는 현실적이고도 현대적이지만, 여성의 모습은 통속적이면서도 전근대적이다. 오직 가족을 위하여, 어머니는 모든 것을 바쳐야 하며, 아내는 자기 자신마저도 버려야 한다. 가족의 욕망과 억압을 이야기하기 위해 또 다시 과잉 모성과 잉여 여성을 서사의 모티프로 삼은 것이다. 2000년대의 욕망은 가족 구성원 모두의 문제로 확장되었다. 그러나 이 소설 속의 여성들은 여전히 욕망의 주체가 되지 못한다. 이 가족의 삶은 '선녀와 나무꾼', '배따라기', '여자 팔자 뒤웅박 팔자' 식의 운명담론에서 조금도 진보하지 않았다. 처음부터 불구의 가족이었다. 부재하는 아버지, 발 한쪽을 잃은 어머니, 목소리를 잃은 형, 형을 위해 모든 것을 양보해야하는 아우, 그리고 돈 때문에 시집 온 조선족 여자가 있다. 아우는 형을 대신해 형수가 될 여자를 간택하고, 서로의 결핍을 채워주던 형제는 여자에 대한 욕망까지도 공유하게 된다. 아우의 환상/이야기 속에서 형수는 날개천을 두른 선녀의 몸으로 둔갑한다.

> 꿈속에서 나는 한 여자를 보았다. 몸에 천을 감은 작고 가녀린 여자. 거미줄을 만들어내는 거미처럼 여자에게서는 끊임없이 천이 생겨났다. 가녀린 여자의 몸. 내가 손을 대려하면 여자는 재빨리 천을 풀어 멀어졌고, 나는 여자가 풀어놓은 천에 휘감겨 버둥거렸다.
>
> —『잘 가라, 서커스』, 문학동네, 2005, 18쪽

형수와 사는 게 아우의 꿈이었으나, 어머니가 살아 있는 한, 형이 죽지 않는 한, 형수를 취할 수는 없는 일이었다. 아우는 집을 떠나 뱃사람이 되고, 아우가 집에 들른 날, 어머니는 죽음을 맞이한다. 어머니가 죽고 아우가 떠나자, 형은 마지막으로 남은 가족인 여자의 손목과 발목을 묶어 집 밖으로 나가지 못하게 한다. 여자의 몸은 날개를 빼앗긴 선녀로, 팔다리가 꺾인 나비로 변신을 거듭하면서, 여자로부터 떨어져 나와 '이야

기 세계'에 유폐된다. 이윽고 여자의 몸은 탈출을 결심한다. 거미줄에 묶인 여자의 몸이 제 스스로 팔과 다리를 잘라버리기로 한 것이다. 그녀가 버리는 것은 그녀의 두 손을 따뜻하게 잡아줬던 어머니일 수도 있고, 그녀의 두 발을 꽁꽁 묶었던 형일 수도 있으며, "두 팔에 매달릴 아이 둘"일 수도 있다. 그 모든 것(가족)을 포기하고 집을 떠나기 전, 여자는 만신창이가 된 몸을 닦으면서 제 이름을 세 번 부른다.("해화야!" / "내 이름은 해화야. 림, 해, 화.") 이는 여자의 완전한 자유를 위한 자기주문이지만, 결국 자기초혼(自己招魂)과 다를 바 없다. 바라보여지는 나, '이름 불리는 나'는 해화이다. 그런데 해화를 바라보며 그 이름을 부르는 여자는 누구인가. 집을 나와 방황하던 어느 날, 여자는 제 몸에서 흘러나온 검붉은 핏덩어리를 본다. "덧없는 욕망"이 "어머니와 나그네(남편)와 시동생의 얼굴이 한데 뒤섞여" 변기 속으로 흘러간다. 여자는 가족으로부터 자유로워진 게 아니라, 자기 자신으로부터 소외된 것이다.

여자의 자기소외 모티프와 함께 눈여겨봐야 하는 것은 아우의 가족살해 모티프이다.[1] 불구자인 가족들은 모두 죽음을 맞이한다. 의족을 떼어내고 혼자 집 밖으로 나와 죽음을 선택한 어머니, 그 어머니를 잃고 제 몸을 놓아버린 여자, 그 여자를 잃고 배 위에서 바다로 몸을 던진 형, 이들의 죽음은 모두 자살로 추정된다. 살아생전 어머니가 착용하던 의족은 어머니의 죽음과 함께 감쪽같이 사라졌다가, 몸을 화장한 뒤, 아우에 의

1) 오늘날 가족소설에서 타자살해 모티프는 왕왕 발견되고 있다. 에로스가 타나토스와 서로 깍지 낀 관계에 있듯이, 욕망은 종종 타자에 대한 살의를 동반한다. 예컨대, 조경란, 전경린, 김인숙 등의 경우, 욕망하는 여자들은 집을 떠나거나 집을 비우는 방식으로 가족을 죽이고 싶어 한다. 어떤 여자는 남편과 아들이 "어딘가로 감쪽같이 떠나주기를", 그래서 낯선 남자와 텅 빈 집에 남아있기를 "간절히 원"한다(김인숙, 「짧은 여행」, 176쪽」). 또 어떤 여자는 "멀쩡히 살아 있는 몸을 송장처럼 이고" 누워 있는 남편과 늙고 패악스러운 시어머니가 죽어주기를 바라면서 모텔의 러브체어에 몸을 뉘인다(김인숙, 「모텔 알프스」, 197쪽」).

해 장롱 깊숙한 데서 발견되었다. 아우는 어떻게 어머니가 의족 없이 집 밖으로 나올 수 있었는지, 누가 의족을 숨겨 놓은 건 아닌지 자문한다.

> 엄마는 어떻게 의족을 떼어놓고 마당을 지나 배롱나무까지 걸어갈 수 있었던 걸까? 부축하는 사람도 없이 목발도 없이…… 엄마는 정말 내가 오기를 기다렸다가 죽음을 감행했던 걸까? 의족은 왜 굳이 떼어놓고…… 나는 때 묻은 의족을 엄마의 약들과 함께 가차없이 쓰레기봉투에 처넣었다. (89쪽)

어머니는 하필이면 아우가 집에 들른 날 죽었고, 시체를 발견한 사람도 하필 아우였다. 형수를 사랑했던 아우는 어머니(아버지를 대신하여 가족의 질서를 담당하는 큰타자)를 무의식중에 살해한 것이다. 또한 아우는 형을 살해하기도 했다. 중국 외지에서 "일부러 형을 놓"쳐버리기도 했으며, 형이 바닷물로 뛰어드는 것을 그저 바라보고만 있었다.

> "나를 버리면 안 돼, 형은." 형이 사라진 문 쪽을 향해 말했다. 바람이 불어와 내 목소리를 지워버렸다. 날 버리지 마, 형. 눈물이 날 것 같았다. (218쪽)

아우는 끊임없이 형에게 죽음의 주문을 걸어왔던 것이다. 자신이 형을 버렸듯이, 형이 자신을 버려주기를 바라면서 말이다. 이 소설은 아우와 여자, 두 명의 1인칭 주인공 화자가 교차하는 방식으로 쓰였으나, 실질적으로는 아우의 시점으로 시작해서 끝나는 단독 일인칭 소설에 가깝다. 사건의 서술은 언제나 아우의 목소리로 이루어지며, 여자는 간간이 아우의 목소리를 반복할 뿐이다. 뿐만 아니라, 욕망의 선상에서, 여자는 아우 서사의 목적어이다. 이 욕망의 서사(그리고 이 소설의 줄거리)는 아우가 여자를 변신시키고, 버리고, 죽이는 수순으로 진행된다. 아우는 가족을 버리고 가출한 형수를 용서하지 못한다. 그래서 형과 마찬가지로 여자가 죽어주기를 바란다. 여자를 죽이는 방법은 자신의 발에 상처 입히는 것이다(여자는 이제 아우의 발로 변신한다).

> 계속해서 바닥을 울려대는 동물들의 울음소리를 지우려 애를 쓰고 있는데 무언가 무거운 것이 내 발등 위로 떨어졌다. 나는 단말마의 비명을 지르며 자리에서 일어났다. 내 발 위에 떨어진 것은 박제 사슴이었다. (155쪽)

오이디푸스가 자신의 죄를 깨닫고 스스로 눈을 찌르는 체벌을 가함으로써(끝까지 법의 집행자로 남음으로써), 오이디푸스 자신과 신화는 살아남았다. 가족에게 가정을 이끌어나가기 위한 법(가부장 따위의 '아버지의 법')이 있듯이, 가족신화에도 이야기를 이어나가기 위한 법칙이 있다. 가족의 이야기는 개인의 욕망을 억압함으로써 가족공동체를 지켜나간다. 그래서 아우는 어머니에게서 큰타자의 자리를 물려받아, 지극히 주술적인 방법으로 자신을 거세한다. 상처 입은 자신의 발처럼 여자의 몸이 상하기를 바란 것이다. 아우는 선녀가 목욕하는 샘을 가르쳐줬던 사슴을 잡아와 그 사슴의 목을 친다. 그리고 뾰족한 사슴뿔로 스스로 제 발(아우의 페니스, 여자의 몸, 오이디푸스의 눈)을 찌른다. 흥미로운 점은, 아우가 형수를 죽일 뿐만 아니라 뒷수습까지 맡아 처리하는 데 있다. 아우는 환상 속에서 형수의 장례 의식을 치른다.

> 나는 여자가 죽었을 거라고 생각했다. 차가운 길바닥이나 어느 이슥한 골목에서 죽었을 것이라고, 신원확인도 못 해 시체보관소에 누워 있을 거라고 단정했다. 그리하여 죽은 여자는 무연고 시체로 대학병원이나 연구센터로 보내지리라. 여자의 몸은 갈가리 찢기고 까발려지리라. 그렇게 흩어졌던 뼈와 살들은 다시 한데 담겨 불길 속으로 들어가리라. 나는 한줌 재로 남은 여자가 바람을 타고 흩어지는 모습을 상상했다. (222쪽)

결국 욕망은 실현되지 않으며, 가족의 이야기는 화해 없이 끝나버린다. 가족관계가 욕망을 근거로 할 때, 그 관계는 폭력으로 점철되어 변질된다. 관계가 변질되면(좌절되면) 가족은 불가능하다. 성장소설(교양소설)을 표방하는 소설에서 욕망은 종종 가족의 해체를 야기한다. 가족에게 개인의 욕망은 해소해야 할 과제가 아닌 해결해야 할 골칫거리이다. 이를테면, 김인숙의 『봉지』에서 반복되는 산갈치 전설은 처녀성을 강요하는 가족의 경고이며, 전경린의 『언젠가 내가 돌아오면』에서 들려주는 클레먼타인 설화는 근친애를 금지하는 가족의 전언이다. 그리고 『잘 가라, 서커스』의 선녀 이야기는 욕망을 억누르기 위한 가족의 주문이다. 욕망을 제어하여 가족이라는 공동체와 그 신성성을 보호하는 것이다.

가족에겐 으레 지켜야 할 것, 즉 의례라는 게 있다. 가족 울타리 안에서, 욕망은 죽음의 주문이나 장례 의식과 같은 작업을 거쳐서만(즉, 2차 가공을 통해서만) 형상화된다. 요컨대, 이야기의 기저에는 욕망이 꿈틀대고 있지만, 욕망이 가족을 만들어낸 것은 아니다. 가족관계는 욕망을 바탕으로 형성되지만, 욕망은 이야기 속에 표출될 수 없다. 때문에 욕망은 가족의 기의가 될 수 있지만 가족의 기원도 기표도 될 수 없다.

비밀 : 가족의 기원, 소문의 근거

가족의 기원은 가족구성원의 정체성을 확보하기 위한 근거가 된다. 그런데 가족(특히 부모)은 종종 그들의 기원을 철저한 비밀에 부친다. 부모와 관련된 이야기는 수수께끼투성이다. 자녀가 부모의 이야기를 하는 행위, 즉, 가족소설을 쓰는 행위는 가족관계에서 불거지는 욕망을 은폐 혹은 승화하기 위한 것이기도 하지만, 그 관계의 비밀을 밝히고 궁금증을 해소하기 위한 방편이기도 하다. 한국 가족소설에서 흔히 발견되는 출생의 비밀은 크게 사생아 이야기(심윤경, 『달의 제단』)와 업둥이 이야기(이순원, 『해파리에 관한 명상』)로 나뉜다.[2] 우리는 종종 자녀가 들려주는 가정사에서 일종의 "서자 의식"을 발견하게 되는데, 이는 비밀에 대한 강박이 만들어낸 하나의 징후라 할 수 있다(이순원, 「수색, 어머니 가슴속으로 흐르는 무늬」).

서자 콤플렉스와 비밀 콤플렉스의 한가운데에는 '아버지의 자리'가 있다. 1980년대 이전까지 가족소설의 팔 할은 아비 찾기 서사였다. 아버지의 권좌는 언제나 비어 있었으나 누구도 거기에 오를 엄두를 내지 못하고 그 주변부를 배회했다. 오늘날 아버지는 여전히 하나의 '자리'로 남아 있으나, 상황은 역전됐다. 이를테면, 2000년대 가족들은 "'과연 법적으로' 아버지의 빚을 우리가 갚아야만 하는"지에 대해 매우 회의적이다(박민규, 「갑을고시원 체류기」). 가족은 벌써부터 아버지의 이름과 법, 부재와 원죄 등의 문제에서 벗어나 제 갈 길을 모색하는 중이다. 어머니가 아버지가 되고(김애란, 「도도한 생활」 및 「칼자국」), 딸이 아버지가 되고(권지예, 「풋고추」; 천운영, 「아버지의 엉덩이」), 아들이 아버지가 됨으로써(김영하, 「오빠가 돌아왔다」), 가족은 생존하고 있다. 심지어 하나님이 한 가정의 주인이 되어 한 소년의 큰타자로 자리 잡기도 하고(이만교, 「너무나도 모범적인」), 기린이

2) 전통적인 의미에서 가족소설은 모두 일종의 성장소설이라 할 수 있다. 자기가 언제/어디서/어떻게/왜 태어났는지 궁금한 아이는 스스로 이야기를 지어내는데, 이에 대해 프로이트는 '신경증 환자의 가족소설'의 두 갈래로 사생아 환상과 업둥이 환상을 설명했다. 정신분석학에서 말하는 가족소설은 (가족에 대한 소설이 아니라) 아이가 현실을 부인하고 친부모를 다른 부모로 대체하려고 하는 거짓말/환상을 가리키며, 가족 로망(가족 로맨스)이라는 말과 동의어이다. 이후 마르트 로베르는 서양 소설을 사생아 방법론과 업둥이 방법론에 따라 분류한 바 있다. 예를 들어, 김영하의 『검은 꽃』에 나라를 잃고 새로운 나라를 건설하려는 사생아들이 등장한다면, 같은 작가의 『빛의 제국』 및 『퀴즈쇼』에는 다른 세상에 '옮겨다 심어놓은 사람'인 업둥이가 등장한다. 즉, 사생아의 소설이 세상에 맞서 더 발전적인 결론을 지향하는 반면, 업둥이의 소설은 외부세계에 대해 대책 없이 회의적이고 다만 현실에 안주하고자 하는 나르시스적인 성격이 강하다.

아버지를 대신하여 추락한 가장의 자리에 서기도 하면서(박민규, 「그렇습니까? 기린입니다」), 가족소설의 맥락은 이어지고 있다.

정이현의 『너는 모른다』는 가족 비밀에 대한 소설이다. 그런데 이 소설 속 인물의 가족관계도는 처음부터 명확하게 드러난다.

> "김상호, 김은서, 진옥영, 강미숙? 야 좀 이상해. 아빠, 누나, 새엄아, 친엄마, 보통은 이렇게 저장하는 거 아니야?"
> 혜성은 고개를 끄덕였지만 수정해야겠다는 마음은 먹지 않았다. 엄마, 아빠, 누나. 그런 유의 혀 짧은 단어들에서 배어나오는 비릿하고 달착지근한 냄새는 그를 두렵게 했다.
>
> —『너는 모른다』, 문학동네, 2009, 20쪽

가족의 탄생 배경 역시 친절하게 설명되어 있다. 가족이 생겨나게 된 "과오"는 "한 남자가 순간적인 욕정을 참지 못한 탓"이었으며, "한 여자가 제 생리주기를 제대로 파악하지 못한 탓"이었다. "1980년대에나 2000년대에나 흔하디흔한 이야기"로, 부부는 곧 이혼했고, 그 연애담을 "낭만적으로 재구성"하는 작업은 불필요하다. 헤어진 가족은 그 나름대로의 삶을 꾸려간다. 이야기는 아버지와 새어머니, 전처소생의 은성과 혜성, 새어머니에게서 태어난 유지의 시점을 오가면서 시작된다. 이들은 "평균적이면서도 조심스러운" 가족관계를 형성하고 있다. 그러나 아버지가 폭력적이거나 무능력하지 않고, 어머니가 바람났거나 가출하지 않은 "가계도를 보고서 의문을 품지 않는다면", 이는 독자의 "직무유기에 해당할 터"이다. 아버지는 책임감 있는 가장이지만, 수상쩍은 사업을 하고 있다. 새어머니는 기품 있는 안주인의 역할을 다하고 있지만, 가끔씩 알 수 없는 이유로 집을 비운다. 은성은 남부럽지 않게 풍족한 생활을 하지만, 집밖을 나돌며 사랑을 구걸한다. 혜성은 번듯한 의대생이지만, 자기세계에 갇혀서 사람들과 관계 맺는 것을 거부한다. 유지는 예술에 천부적인 재능이 있지만, '세컨드'일 뿐만 아니라 국외자인 어머니 때문에 스스로를 세상으로부터 '왕따'시킨다.

이들은 모두 자신만의 비밀을 갖고 있고, 비밀을 숨기기 위해 취하는 행동양식은 "너무나 전형적"이다. 그리고 어느 날, 유지가 실종된다. 사건이 일어나자, 가족들은 "분열하고 싸우고, 상대에게 책임을 떠넘기느라 몹시 바쁘다". 그러면서 가족의 진짜 비밀이 하나씩 까발려진다. 아버지는 불법 장기매매 브로커였으며, 새어머니는 옛 애인과의 관계를 청산하지 못했으며, 은성은 친족 유괴를 꾀한 적 있었으며, 혜성은 방화 충동이 있을 때 마다 차에다 불을 질렀다. 가족 구성원 모두에게 영향을 끼칠 수 있는 이 비밀들은 가족 공동의 비밀이 아니라, 철저히 개인의 문제로 상정돼 있다. 핵심은 비밀의 내용이 아니라, '가족에게 비밀이 있다'는 이야기의 끈이다. 비밀이 무엇인지 캐내기 위해 아이가 실종된 게 아니라, 아이가 실종됐기 때문에 이 가족의 비밀이 의미를 갖는 것이다.

가족의 비밀을 하나씩 캐어내는 우리는 어느 순간, "독자나 관객을 위한 최소한의 심리적 안전판 혹은 창작자의 기만적인 자기 방어선"에 부닥친다. 작가가 가족의 진심 혹은 소설의 진실을 은폐하기 위해 지극히 도의적이고도 지나치게 이기적인 장치를 고안해낸 것이다. 소설의 결말을 이야기하자면, 아이는 죽지 않고 돌아오고, 가족 중 누구도 죽지 않았으며, 심지어 서로를 이해하기에 이른다. 다만, 가족의 울타리에 들어올 수 없었던 밍밍(새어머니의 애인)만이 살해당한다. 가족의 죄(의식)에 대한 면죄부를 작가는 가족 밖에서 찾은 것이다.

앞서 우리는 죽음을 부르는 주문(자기초혼 및 자기거세, 가족살해 모티프)이 신성한 가족을 보호하기 위해 고안된 욕망의 제어 수단이라 설명한 바 있다. 이와 마찬가지로, 죽음의 제의는 신성한 가족비밀을 지키기 위한 극적인 장치(일종의 데우스 엑스 마키나)라 할 수 있다. 죽음을 통해 비밀 서사의 전환점 혹은 출구를 모색하는 것이다. 『엄마를 부탁해』는 실종된 어머니를 두고 가족구성원들이 쓰는 소설이다. 이 소설에서 주목해야할 점은 주체/주어의 낯설게 하기라 할 수 있다. 가족관계에서 '나'는 '너', '그' 혹은 '당신'으로 타자화 된다. 어머니를 '잃어버린' 뒤, 가족은 어머니의 삶을 하나의 예술작품처럼 신성화하고, 어머니의 죽음을 심리적으로 인정해 버리는 일종의 '애도 작업'에 돌입한다. 그런 식으로 스스로를 어머니의 실종 사건으로부터 떨어뜨려놓는 것이다. 한편, 정미경의 「발칸의 장미를 내게 주었네」는 아버지가 가족을 뒤로 한 채, 자신의 죽음을 준비하는 연극 같은 소설이다. 아버지는 가족이라는 "즉흥 공연의 어리둥절한 관람객", 동시에 "막이 내리기만을 기다리는 지친 배우"로 등장한다. 아버지는 자작극을 벌인 뒤, 스스로를 위한 '장례 작업'(욕망과 그 좌절)에 돌입한다. 같은 작가의 「나의 피투성이 연인」은 죽은 남편이 썼던 글을 바탕으로 아내가 다시 쓰는 소설이다. 남편의 비밀스러운 인생을 재구성하면서 아내는 그의 죽음을 현실로 받아들이게 된다. 남겨진 가족으로서는 애도 작업에 성공한 셈이다. 이와 같이, 가족은 누군가의 죽음을 상정하는 희생 제의를 통해 존속한다. 핵심은 누군가의 실종이나 죽음이 아니라, 살아남은 자의 삶인 것이다.

『너는 모른다』의 아이 찾기 모티프는 친아비 찾기 서사로 흘러갈 뻔했다. 다행히 유지의 친아버지가 누구인지, 끝내 진실은 밝혀지지 않는다. 여태껏 유지가 밍밍의 딸이라고 짐작했던 독자들은 새어머니가 밍밍에게 던진 한 마디("네 아이가 아니야. 유지는.") 때문에 혼란스러워진다. 실종 당시 아이에게 무슨 일이 있었는지 우리는 알 수 없다. 애초에 아이가 사라지게 된 원인마저도 불분명하게 남는다. "'가족'이 일부러 아이를 잃어버렸을지" 혹은, "'아이'가 일부러 가족을 버린 것일지도 몰랐다."(천운영, 「그림자 상자」) 이야기는 "가족들의 진술이 거짓이 아니라는 대전제하에서"

이루어지지 않았다(『너는 모른다』). 더 근본적인 문제는 비밀이 풀린다고 하여 진실이 밝혀지는 게 아니라는 점이다. 서로가 서로에게 "영원토록 알 수 없"는 무엇인 채, 가족은 집으로 돌아오고, 가족이야기는 그렇게 이어져나간다. 독자로서는 가족신화의 비밀에 가까워지기는커녕 가족신파극 한 편을 본 셈이다.

2000년대 소설에서, 비밀은 진실과 자꾸 멀어지고 있을 뿐만 아니라, 가족비밀로써 더 이상 유효하지도 않다. 정이현의 「홈드라마」에서, 결혼을 앞둔 남녀는 각각 성병을 얻고 혼자 고민한다. 두 사람 모두 같은 성병을 앓고 있지만, 공동의 비밀은 공유되지 않는다. 뿐만 아니라, 비밀은 이들의 결혼을 가로막지 못한다. 오히려 지저분한 비밀은 가족이 되는 순간서부터 해결된다(혼인이라는 신성한 의례를 통해 깨끗이 묻혀버린다). "따뜻하고 아름다운" 가족(극)을 위해서라면 "영원히 혼자 간직할 비밀 하나쯤은 괜찮"다. 한편, 이장욱의 「고백의 제왕」에서, 가족의 비밀은 더 이상 신기한 것도, 신비스러운 것도 아니다. '곽'이 들려주는 가족의 비극은 독백형식의 로망티슴(로맨티시즘)에 빠져서 "도스토예프스키의 부친 살해"나 "로베스피에르의 단두대"(즉, '죄와 벌')와 같은 식상한 코드로 전달된다. 그렇게 가족비밀은 충격적이면서도 흔해빠진 신화, 즉 신파로 전락한다.

2000년대의 작가들은 "가족들에 대한 모든 이야기들"이 "진부하고 통속적"이란 것을 알고 있다(김인숙, 「술래에게」). 그래서 비밀은 가족의, 그리고 가족이야기의 무료함을 달래기 위해 지어낸, 출처 불명의 소문일 지도 모른다. 그럼에도 가족이 여전히 화두로 등장하는 까닭은 그 가족이 서로가 서로를 믿지 못하는 "참 이상한 가족"이어서다(서하진, 「개양귀비」). 이미 "유대가 끊어져 있"는 가족에게 소통이 있을 리 없으니, " '서로'의 소식은 소문 같은 것"이다(구효서, 「도라지꽃 누님」). 즉, 가족비밀이란 내용물이 쏙 빠져버린 소문의 근거에 지나지 않는다. 말하자면, 가족소설에서 비밀을 캐내는 작업은 '로망'을 만들어내기 위한 하나의 구실이라 할 수 있다. 이런 식으로 누군가(가족)의 로망은 우리를 '낚는다'. 신화든 신파든, 독자는 가족 로망에서 희망적인 무엇을 발견하고자 한다. 그것이 진실 되든 사기성 짙든, 2000년대 가족은 헤쳐모이고 있는 중이며, 그 가족의 형태는 계속 곁가지 치고 자꾸 확장되고 있다.

로망 : 가족의 기표, 신파의 기제

오늘날 가족이라는 기호는 욕망이라는 기의와 로망이라는 기표를 통해 소설화되고 있다. 가족소설의 내용이 신파극이라면 그 형식은 역할극에 가깝다. 내용이 뻔히 들여다보이는 가족극은 시나리오의 각색을 통해 끊임없이 재생산 되고 있다. 시나리오가 워낙 풍부하다보니, 전통적인 가족 로망(각주 2를 참조할 것)의 이론으로는 가족극의 현대적인 유형들을 다 포괄할 수 없다. 욕망의 주체가 누구인지에 따라, 가족 로망은 그 형태를 달리한다. 여기서는 배수아의 『일요일 스키야키 식당』을 텍스트 삼아, 가족 로망의 다양한 방법론에 대해 살펴보도록 하자. 이 소설에서 수차례 언급되는 '일요일 스키야키 식당'은 실재하는 장소가 아니다. 일요일은 더 이상 가족의 시간이 아니며, 이 소설 속의 가족들이 식당에 모여 앉아 식사하는 일은 절대로 일어나지 않는다. 오래전부터 가족들은 자신의 방(집이 아니라)에 숨어서 나오지 않는다. 그렇지 않아도 폐쇄적인 가족 집단 속에서, 가족구성원은 자기만의 방에 은둔한다. 카프카의 벌레가 오늘날 "무성생식을 하는 단세포생물"로 변신을 거듭한 것이다(정미경, 「소년은 울지 않는다」).

『일요일 스키야키 식당』의 초반부에 등장하는 표현정과 부혜린은 친모녀간이지만, 흡사 신데렐라와 계모의 관계를 연상케 한다.

풍성한 스커트 아래 금박 장식이 붙은 고전적인 디자인의 낡은 구두에 가서 그 눈길은 멈추었다. 표현정의 오래된 살롱화였다. 분명히 부혜린의 발에는 작았을 것이다. 그런데도 억지로 신은 것이다. (…중략…) 그런데 왜 그렇게 우물거리고 쭈뼛거리니. 모르는 사람이 보면 내가 너를 잡아먹기라도 하는 줄 알겠구나. / "그럴 리가요." / "그런데 청소는 분명히 마쳤겠지? 난 주방에서 머리카락 하나라도 나오는 것 보지 못한다. 알고 있지?"

—『일요일 스키야키 식당』, 문학과지성사, 2003, 43쪽

부혜린은 아버지가 죽은 후, 자신을 길러준 홀어머니를 "죽음처럼 두려워"하면서 "죽음처럼 사랑"한다. 그리고 "여자가 혼자 딸을 키우는 것이 얼마나 힘들고 어려운 일이었는지", "상상"하며, 어머니를 신격화한다. 부혜린이 표현정에게 품는 환상처럼, 자식이 부모에 대해 쓰는 소설 같은 이야기를 자녀 로망이라 부르기로 하자. 자녀 로망은 두 가지로 분류 가능하다. 첫 번째 유형은 우리가 말하는 성장소설로서의 가족소설, 즉 전통적인 가족 로망을 가리키는데, 친부모 찾기나 가족의 역사 탐구 등, 일반적인 가족 로망이 이에 해당된다. 자녀 로망의 두 번째 유형은 자녀가 상상하는 부모(혹은 대체적인 부모)의 삶으로, 부모의 성장, 만남, 결혼, 이혼 등을 재구성하는 시나리오이다. 김애란의 「달려라, 아비」, 고은주의 「꿈을 꾸었어요」, 하성란의 「그 여름의 수사」, 정이현의 「소녀시대」, 서하진의 「아빠의 사생활」 등을 그 예로 들 수 있다.

어머니를 신성화하는 부혜린의 자녀 로망은 단지 피학적인 환상에 그치는 것이 아니라, 환상의 주인공이 역전된 새로운 모델을 제시한다는 점에서, 90년대 성장소설의 플롯과 차별화된다. 우선 그녀는 훌륭한 어머니의 딸이 아니라, 몹쓸 아버지의 자식이다. 딸의 가족극에서, 신데렐라는 자신이 아니라 어머니이고, 시련을 겪는 사람도 보상을 받아야 할 사람도 어머니이다.

2000년대 가족소설에서 욕망의 주체가 자꾸 확장되듯이, 환상의 주체

또한 다양해지고 있다. 김연수의 「달로 간 코미디언」과 「내겐 휴가가 필요해」는 죽은 아버지의 이야기/역사를 쫓는 딸과 아들의 가족 로망이다. 자식들의 로망은, 특이하게도, 제3자의 시선과 시점(3인칭이 아니라)을 통해 서술된다. 로망의 주체가 제3자이므로 이 소설들은, 엄밀히 말하자면, 자녀 로망이라 할 수 없다. 이기호의 「김 박사는 누구인가?」는 딸이 어머니에 대해 쓰는 환상이지만, 이 소설의 화자는 딸 뿐만 아니라 '김 박사'이기도 하다. 게다가 김 박사라는 자는 딸의 환상을 부추기는 일등 공신이다. 환상의 주체가 두 명이므로 이 소설 역시 자녀 로망으로 분류할 수 없다. 이처럼, 가족 로망을 자녀 로망에 한정지어서는 가족소설을 논의할 수 없다. 이를테면, 자녀가 부모에 대해 로망을 갖듯이, 부모가 자녀에 대해 쓰는 소설도 있다.

> 이 세상에는 많은 종류의 남자들이 있지만 일단 돈, 특히나 여자의 돈을 보아버린 남자들의 행동은 단지 한 가지뿐이다. 일단 훔치고 그 다음은 술이나 도박에 탕진하기 위해서 도망가는 것이다. 표현정은 그런 이유로 언제나 딸을 갖고 싶어했다./부혜린이 그녀의 돈을 알게 된다면 행실을 헤프게 굴어서 모든 것을 망쳐버릴지도 모른다. 그래서는 안 된다. 상상도 할 수 없다. 표현정은 머리카락을 쥐어뜯었다. 만일 내 돈에 손끝하나 피해를 낸다면 내 딸일지라도 갈기갈기 찢어 죽여버릴 것이다. 살아 있는 심장을 날것으로 파먹어버릴 테다!/그러나 그녀의 딸 부혜린은 돈이 한 푼도 없으므로 늙어 죽어갈 때까지 표현정을 떠날 수 없을 것이다. (53쪽)

"부혜린이 딸이 아니고 아들이었다면 표현정은 키우지 않았을 것"이다. 자기가 키울 아이의 성별까지도 자기가 쓰는 소설 속에서 이미 정해 놓은 것이다. 이와 같이, 부모가 자식의 과거뿐만 아니라 현재 및 장래에 대해서 지어내는 소설적인 환상을 어버이 로망이라 부르기로 하자. 오늘날 가족소설에서 돈은 가족구성원의 "정체성"을 보장해준다. 표현정은 딸을 돈(돈을 버는 에너지, 돈을 쓰는 버러지)으로 물화시키는 변전의 환상과 딸을 자신의 아기집으로 집어넣으려 하는 전치의 환상을 통해 자신의 정체성을 확보한다. 변신 및 모태회귀의 주체가 어머니로 뒤바뀌면서, 신데렐라이야기는 가족잔혹극으로 변질된다. 작가의 친족살해 모티프는 90년대 작품에서부터 시작됐지만, 이 텍스트의 새로운 점은 환상의 주체가 어머니라는 사실이다. 자식의 환상이 아니라, 부모가 꿈꾸는 친자살해 환상은 여태껏 보아오지 못한 모델이다.[3)]

소설에 등장하는 또 다른 인물, 음명애는 "왕의 아이를 어린 시절에 훔쳐다가 빈민가에서 키우면 저렇게 될 것만 같다는 그런 느낌을 주는 얼굴"의 세원에게 접근한다.

> "(…) 그런데 톨스토이 읽어본 적 있어?" / 세원은 아니라고 고개를 저었다. / "그는 아주 고귀한 귀족의 아들로 태어났지." / "그렇다면 끝내주는 인생을 살았겠네요." / 세원은 별로 흥미가 없다는 듯이 심드렁했다. / "그럼 아주 끝내줬지. 가난뱅이 노인네가 되어 시골역에서 죽었어." / "나이 들어서 초라해지는 것은 아주 싫어요." / 세원이 진저리를 쳤다. 그리고 덧붙였다. / "배우나 그런 것이 되어 성공한다면 기술을 배우는 것보다 백 배는 더 부자로 살 수 있을 텐데요." / "톨스토이를 읽는다면, 넌 정말로 유명한 뭔가가 될지도 모르지." (102쪽)

---

3) 물론, 배수아의 가족이야기가 현대 가족소설의 성향을 설명한다고 단언할 수는 없다. 1990년대 한국 소설에서, 아버지의 부재는 가족의 총체적인 난국을 의미했으나, 2000년대에 와서 부재하는 부모는 로망의 대상이 되었다(「달려라, 아비」가 대표적인 예이다). 반면, 배수아의 경우, 1990년대 부재하는 부모에게서 비롯된 자녀의 로망은 2000년대 와서 무능력하거나 폭력적인 어버이의 로망으로 변화했다.

음명애(대체적인 어머니)는 세원(잠정적인 아들)을 상대로 엽등이 우화를 쓴다. 여기서는 환상의 주체와 대상이 뒤바뀌었다. 아이가 평범한 친부모를 부인하고 고귀한 가짜 부모를 꿈꾸는 게 아니라, 어머니가 보잘 것 없는 아이의 실체를 거부하고 범상치 않은 가짜 아들로 포장하고 있는 것이다.

소설은 김요환과 배유은 부부의 이야기로 넘어간다. 아내에게 아이가 생기자, 남편은 중절수술을 권유한다.

> 그리고 그녀(배유은)의 귀여운 남편(김요환)의 얼굴을 꼭 끌어안았다. / "생각해봐, 아이에 대해서. 우리도 충분히 즐거울 수 있을 거야. (…중략…) 넌 언제나 개나 고양이를 기르고 싶다고 말해왔잖아. 그것과 다르지 않아. 아니 그것보다 더 특별해. 자신의 아이란, 낳지 않으면, 절대로 가질 수 없는 것이니 말이야. 그럴 때 생각하고 계획해야 해. 즐겁지 않아? 그러면 처음에 할 일은 뭐가 있지?" / "이름을 지어야 해." (…중략…) "(…중략…) 텔레파시나 복제인간 등이 나오는 SF 영화를 보고 너도 흥분하곤 했잖아, 그런 상황과 비슷해. 이런 제기랄, 너도 느껴봐야 하는 건데. 하여간 굉장히 이타적인 기분이었어. 너는 언제나 내가 이타적이 되기를 바랐잖아, 안 그래?" / "그건 대상이 나의 경우의 기대였지. 하여간 무슨 영화였는데?" / "엑소시스트와 오멘." (163~164쪽)

자녀의 입장에서, "사람의 이름을 만드는 것은 대개의 경우 그 부모지만 불려지는 것은 당사자"이며, "이름은 바이러스나 박테리아처럼 그 사람의 인생에 침범"한다. 자녀의 로망이 가능한 것은 부모가 자식에게 부여한 부당한 운명 때문이다. 부모는 자녀에게 이름과 가난과 질병 따위를 물려줌으로써 자녀의 인생을 망친다. 반면, 부모의 입장에서, "자식이란, 노동은 조금도 안 하고 돈 쓸 궁리만 하면서, 자신에게 모든 당연한 권리가 있다는 듯이 '부모'가 말라 비틀어져 죽을 때까지 돈을 달라고 손을 벌리는 존재"이다. 김요환과 배유은은 아이를 사물이나, 동물, 괴물처럼 여긴다. 이들의 어버이 로망은 흥미진진하고도 섬뜩한 한 편의 공포영화인 것이다.

또 한편, 부부의 입장에서, 김요환과 배유은은 자신들의 미래에 대해 '따로 또 같이' 걱정하고 있다. 이들은 남자와 여자, 남편과 아내의 역할을 뒤바꿔 살고 있다. 남편은 요리와 집안일에 열성적이며, 부인은 공격적으로 자기 일에 몰두한다. 출산과 육아에 대해 공포에 떠는 것도, 심지어 임신을 하는 당사자도, 이 부부관계에서는 남편의 역할이다. 부부는 성역할이 전도된 생활을 할 뿐만 아니라, 서로에 대해 기대하고 요구하는 로망을 감추지 않고 있다. 부부가 상대방에 대해 과거 및 현재, 미래에 대해 지어내는 이야기를 배우자 로망이라 부르기로 하자.

배우자 로망은 이미 1990년대, 아이가 없는 핵가족형 부부 관계에서 형성된 가족소설로 자리매김 했다(남편이 만들어내는 아내에 대한 소설인 은희경의 「빈처」, 아내가 지어내는 남편에 대한 소설인 김영하의 「흡혈귀」 등이 잘 알려져 있다). 2000년대 와서는 한강의 『내 여자의 열매』, 천명관의 「프랭크와 나」, 정미경의 「나의 피투성이 연인」, 김연경의 「내 아내의 모든 것」, 정이현의 「순수」 등이 그 계보를 잇는다. 그 중에서도 정미경의 「모래폭풍」은 2000년대 배우자 로망의 단면을 여실히 보여준다. 이 소설의 여주인공이 사실혼 관계에 있는 남자에게 보이는 집착은 '가족의 유혹'(이 말은 프로이트가 거론한 원초적 환상들 중 하나인 '어머니의 유혹'과 최초의 '막장드라마'로 유명한 '아내의 유혹'을 비틀어낸 말이다)에서 비롯된 것이다. 여자가 꿈꾸는 관계는 남자에 대한 욕망의 발로에서가 아니라, 가족에 대한 유혹에 의해서 만들어진 것이다.

"마구 떼를 쓰는 현수는 열두 살의 내가 된다. 가지 말라고 날 혼자 두고 가지 말라고 막무가내로 떼를 썼다면, 내가 늘 현수에게 지고 말듯, 엄마도 한숨

한 번 쉬고 내 곁에 머물러 있었을까?"

"내가 이 세상에서 그의 유일한 보호자가 된 듯한 기분이 든다. 아이를 갖게 된다면, 그래서 아직 말을 할 줄도 걸을 줄도 모르는 아이를 품에 안게 된다면 꼭 그런 마음을 갖게 될 것 같다. 내 삶을 전부 지불해도 좋을 그런 연민."

—「모래폭풍」, 『발칸의 장미를 내게 주었네』, 생각의나무, 2006, 175쪽, 186쪽

배우자 로망은 종종 가족 로망의 여타 하위 범주와 겹쳐지거나 뒤섞여 나타나는데, 「모래폭풍」의 여자는 아내의 역할을 하면서 어머니의 흉내를 내고 있다. 여자가 욕망하는 대상은 (남성이 아니라) 남편인 동시에 아들이다. 어머니에게 버림 받았던 트라우마를 안고 있는 여자는 남자에게 어린 날의 자신을 투영한다. 뿐만 아니라, 남자와 혼인하여 그의 아내가 아닌 어머니가 되고 싶어 한다. 자녀 로망이 배우자 로망으로 변질되고, 배우자 로망이 다시 어버이 로망으로 윤색된 것이다. 배우자 로망의 주체는 상대를 단순한 로망의 대상(환상의 대상, 복수의 대상 등등)으로 한정시키지 않는다. 이를테면, 부부가 '함께' 환상의 대상(주로 자녀)을 외부에서 찾아 쓰는 배우자 로망이 있는데, 백민석의 『목화밭 엽기전』이 그 좋은 예이다. 때로는 부부가 '동시에' 환상의 주체로 등장하기도 한다. 부부의 시선이나 목소리가 교차하는 소설의 예로, 서하진의 「슬픔이 자라면 무엇이 될까」 및 「모두들 어디로 가고 있는 것일까」 등을 들 수 있다.

다시 『일요일 스키야키 식당』으로 돌아와서, 누군지 알 수 없는 남자가 보이지 않는 누군가를 상대로 유서를 쓰듯이 독백하고 있다. 그리고 노용이라는 남자가 등장한다.

"그렇다면 준희의 오빠라는 말인가요?" / "남들이 그렇게 말하더군요." / "말도 안 돼요." / "뭐가 말입니까?" / "준희는 아침에 오빠가 죽었다는 소식을 듣고 갔어요. 어떻게 생각하세요?" (…중략…) 흥, 죽었다고, 나 말고 누가 죽었다

는 거지? 아니면 준희가 일을 쉬고 싶어서 거짓말했을지도 모르겠군. (212쪽)

노용과 준희 남매는 공통의 비밀을 안고 있다. 이들에게는 기억이 생기기도 전에 헤어진 형제가 있다. 그 형제가 죽었다. 이를 계기로 준희는 새로운 가족 로망을 쓴다. 준희에 의하면, 이들 세 남매는 "방이 열두 개나 되는 집에서 태어났"으며, 그들이 "태어나서 기억이 채 시작되기도 전에", "부귀영화는 사라져버렸다." 준희가 "황금 요람에 누워 있던" 시절이 있었다고 믿는 반면, 노용은 "보육원의 비린내 나는 요람에 누워 있었"다는 것만을 기억한다. 동상이몽의 소설을 쓰고 있는 오누이를 이어주는 유일한 끈은 가족의 비밀, 즉 신원미상의 형제이다. 이름도 얼굴도 모르는 세 번째 형제는 노용과 준희가 가족관계를 이어나가기 위해 만들어낸 환상의 대상이라 할 수 있다. 비밀이 실은 로망에 불과했던 것이다. 오누이가 따로 혹은 같이 쓰는 이 소설을 형제 로망이라 부르기로 하자. 형제 로망이란, 말 그대로, 형제자매가 서로에 대해 혹은 다른 가족에 대해 쓰는 소설로, 김애란의 「기도」, 김인숙의 「그 여자의 자서전」 등이 그 좋은 예이다.

『일요일 스키야키 식당』은 하나의 거대한 가족 로망이며, 이 로망은 성두가 약혼녀 진주에 대해 지어내는 배우자 로망을 계기로 집대성된다. 약혼녀가 가족을 미화하는 1차적인 이야기를 바탕으로, 성도는 2차 가공, 즉 "문학적인 작업"을 한다. 성두의 작업은 약혼자의 보잘것없는 로망을 다시 그럴듯한 로망으로 만들어내는 것이다. 그리고 이 배우자 로망은 그가 쓰는 '슬픈 빈곤의 사회'라는 제목의 글을 통해 (긍정적 의미에서) 희화 혹은 (부정적 의미에서) 신화화된다.

나는 그녀의 성장 과정을 낱낱이 기록했고 그녀가 스스로 가족을 미화하기 위해서 은연중에 만들어내는 거짓말까지도 토를 달아 기록했다. (259쪽)

> 언제나 초연한 척하고 있지만 가난은 그녀에게 크나큰 수치였다. 그녀는 나에게 양질의 교육으로 인해 빈곤에서 벗어나게 된 어떤 젊은 계층의 유형을 보편적이지 않은 방법으로 보여준 사례가 되었다. (267쪽)

행복하고 화려한 로망에 비해, 가족은 슬프고 가난한 사회이다. 로망이 아닌 현실에서, 우리는 세상에 버려진 "미아"이며, "무리에서 떨어져 나와 길을 잃은 철새"이다(김연수, 「네가 누구든 얼마나 외롭든」). 가족이 곁에 있을지언정, 부모는 자식에게 "벗어 내려놓을 수 없는 장기배낭"이며(정미경, 「무언가」), 자식은 부모에게 "돌덩이로 가득한 배낭"이다(「소년은 울지 않는다」). 가족의 굴레가 무거운 만큼, 가족이라는 이야기 혹은 가족풍경을 담은 그림은 "그림자이고 빈 껍데기"에 불과하다. 가족의 로망은 그저 하찮고 "조잡한 픽션"에 지나지 않는다(「무언가」). 허나, 거꾸로 생각하자면, 우리는 그 "한없이 사소한 것에 기대어 삶의 무게를 견디기도" 한다(정미경, 「검은 숲에서」). "이런 삶을 지탱하게 만"드는 것은 가족이 아니라 로망일지도 모른다(조용호, 「신천옹」). 결국 가족을 꾸리고 이끌어 나가는 것은 해맑고 어수룩한 낙천주의가 아니라, 해묵고 의뭉스러운 낭만주의이다.

단정적으로 말하자면, 2000년대 가족소설은 기존의 가족소설과 딱히 다르게 읽힐 수 없다. 가족은 이미 오래전에(아마도 조세희의 「난쟁이가 쏘아올린 공」 이후로) 해체되었거나 붕괴되었거나 삭제되었다. 그리고 언제부턴가(아마도 은희경의 『새의 선물』 이후로) 재구성되고 있다는 소문이 들리고 있다. 다만 가족은 아직 화해하지 않았다. 오늘날 가족의 환상이 다성적이고 다각적으로 이루어지는 반면, 가족의 관계는 여전히 침묵으로 일관되거나 일방적으로 진행되고 있다. 가족은 재결합한 게 아니라, 전치와 변전의 전략, 즉, 로망을 통해 비밀리에 재구성되고 있을 뿐이다. 문제는 가족을 이야기하는 우리의 강퍅한 태도이다.[4] 가족은 가장 신성한 공동체이지만, 또 가장 속물적인 집단이다. 가족소설은 가장 진실한 이야기인 동시에, 가장 가식적인 연극이다. 각자 품고 있는 신파와 책임지고 있는 역할을 극적인 형태로 버무린다고 해서 '우리'가 (재)탄생하는 것은 아니다. '우리'에 대한 로망과 그로인한 억압을 깨지 못한 채, 가족의 기의는 기표 아래로 끝 간 데 없이 미끄러진다. 로망은 이루어지지 않기에 로망일 뿐이다. 로망에 기댄 가족은 불가능하다. 그럼에도/그렇기에 가족소설은 자꾸(아마도 영원히) 반복된다.

4) 더 큰 문제는 가족을 포장하려고 하는 불순한 의도에 있다. 사회집단의 분류에 끼워 맞추기 위해 끊임없이 가족을 정의하는 행위는 가족에 대한 일종의 억압이다. 가족의 속성이나 가족소설의 키워드만으로 가족의 본질을 설명할 수 없으며, 가족소설의 의의를 확보할 수도 없다. 가족 자체를 하나의 본질이나 정체성으로 보는 데 그쳐서는(가족이 하나의 억압이어서는) 가족소설이 진화할 수 없다. 오늘날 가족소설이 모색하고 있는 것, 우리에게 제시하고자 하는 것은 어쩌면 가족 이전의 혹은 이후의 자기정체성일지도 모른다.

빈곤
Poverty

악기들의 도서관
김중혁 소설
이재웅 장편소설
그런데, 소년은 눈물을 그쳤나요
타잔
유랑가족

일등만 살아남는 더러운 세상!

— 2000년대 문학에 나타난 빈곤과 사회 양극화 현상

■ 최강민

문학평론가. 1966년생. 2002년《조선일보》신춘문예 문학평론 당선. 『작가와비평』 편집동인. 경희대 학술연구 교수. 평론집으로 『문학 제국』, 『비공감의 미학』이 있음. c4134@chol.com

확산되는 빈곤층과 2000년대 문학

한국사회는 1997년 금융 위기 이후 외부의 개입에 의해 적자생존이라는 신자유주의 체제에 강제적으로 편입된다. 후기 자본주의의 또 다른 이름인 신자유주의 체제는 현실 사회주의권의 몰락 속에 자본주의의 끝없는 이윤 추구와 세계를 계속 지배하려는 미국의 패권 전략이 합작해 만든 산물이다. 강자가 더 많은 것을 탐욕스럽게 가져가는 신자유주의 체제는 소득 분배에 있어 사회적 양극화 현상을 필연적으로 초래한다. 더 많은 이윤을 창출하기 위한 자본주의의 합리적 효율성 추구는 적자생존의 구조를 정착화시킨다. 사회 구성원의 생존경쟁 속에 이윤은 단기적으로 극대화된다. 1997년 이후 한국사회에서 평생직장의 신화는 붕괴되었고, 노동시장의 유연성은 곧 실직이라는 공포와 불안을 대량 양산했다. 2000년대에 실업자인 백수는 더 이상 남의 이야기가 아니라 바로 우

리 자신들의 이야기였다. 신자유주의 체제에서 살아남기 위한 스펙 열풍은 삶의 여유를 쓰레기통에 던져버리게 했다. 새마을운동의 신버전인 아침형 인간이 다시 각광을 받은 것은 일찍 일어나 더 많은 것을 생산하도록 하는 후기 자본주의 시스템이 만들어낸 것이다. 이 과정에서 삶과 세계를 성찰하는 인문학적 가치도 동반 폐기되었다. 일등만이 살아남는 세상이기에 학벌주의는 더욱 강화되고, 강자가 모든 것을 차지하는 승자독식사회는 정당화된다.

1960~1970년대 박정희 군사정권은 누구든지 열심히 일하면 성공할 수 있다는 개발주의 시대의 신화를 탄생시켰다. 하지만 1997년 이후 아무리 열심히 일해도 성공하기는 힘들어졌다. 열심히 일해도 빈곤을 벗어날 수 없는 '일하는 빈곤층(워킹 푸어, working poor)'은 신자유주의 체제를 대변하는 새로운 빈곤층을 상징한다. 일하는 빈곤층은 고용의 불안정과 저임금에서 비롯한 것이다. 일하는 빈곤층의 확대는 누구든지 열심히 일하면 성공할 수 있다는 개발주의 시대의 신화가 최종적으로 파산했음을 뜻한다. 노동자라고 해도 모두 같은 노동자가 아니다. 능력별, 직종별, 성별에 따른 차등 임금 지급 속에 노동자들은 다시 정규직과 비정규직으로 계급 분열이 이루어졌다. 자본가들은 노동의 유연성 강조를 통해 노동자 상호간에 계급 차별을 발생시켜 궁극적으로 계급 내의 상호 연대를 차단시켰다. 그 결과 막강한 자본가를 상대할 노동자들의 역량은 예전보다 턱없이 약해졌다. 노동 조합의 와해 내지 축소 속에 노동자들의 고용 환경은 더욱 악화되었다. 2008년에 이명박 정권이 등장할 수 있었던 것도 일자리와 부의 창출이라는 개발시대의 환상을 국민들에게 다시 제공했기 때문이다. 불행히도 그 환상은 얼마 못가 산산조각 났다. 2009년에 한국개발연구원(KDI)은 2008년 도시가구의 상대빈곤율이 14.3%로 늘었다고 밝혔다. 이에 비해 상류층은 22.4%로 증가했고, 중산층은 63.3%로 오히려 줄었다고 밝혔다. 한국개발연구원이 아닌 경제협력개발기구(OECD)가

회원국을 조사한 바에 따르면 한국의 빈곤율이 0.15로 회원국 중 6번째로 높다고 발표했다. 한국은 7명중 1명이 상대적 빈곤층이라는 것이다.

문학은 당대 현실을 일정 부분 반영한다. 1997년 이후 한국의 문인들은 정도의 차이는 있지만 빈곤이 점차 확대되고 있는 한국의 현실을 형상화했다. 절대적 빈곤과 상대적 빈곤, 실업과 백수, 빈곤과 공간의 상관성, 이주노동자와 빈곤 등 다양한 문제들이 작품화되었다. 빈곤은 나라 임금님도 해결하지 못한다는 말이 있다. 이것은 빈곤이 일시적 현상이 아니라 구조적 문제임을 뜻한다. 20세기 초반 러시아와 중국에서 사회주의 혁명이 일어난 것도 기존 지배사회가 당대 사회의 빈곤 문제를 제대로 처리하지 못했기 때문이다. 이처럼 빈곤의 문제는 단순한 사회 문제가 아니라 체제 존립과 긴밀하게 연관되어 있다. 일등만이 대개 살아남는 신자유주의 체제는 세계적 차원에서 보면 선진국이나 강대국을, 자국 내에서는 지배층과 부르주아만을 풍요롭게 하는 불공정한 식민성의 체제이다. 이런 상황 속에서 1920년대 중반에 등장했던 신경향파와 카프의 빈곤문학이 21세기에 새로운 형태로 다시 등장하고 있다. 나는 지금 2000년대에 생산한 빈곤문학을 찾아 가파른 여행을 떠난다.

빈곤이라는 저주의 마법?

마녀는 언제부터인가 사람들에게 경원의 대상이다. 마녀의 마법이 자신에게 어떤 해꼬지를 할지도 모른다는 사람들의 공포와 불안감 때문이다. 동화에서 마녀의 장난에 의해 왕자는 순식간에 개구리가 되거나 백조가 된다. 그리스로마 신화에서 오디세우스의 모험을 보면 부하들이 마녀 키르케의 독초액을 먹고 모두 돼지로 변신해 버린다. 과거에 초자연적 힘인 마법은 매혹의 대상이자 동시에 공포의 대상이었다. 인간의 이지가 발달하고 계몽적 이성을 내세운 근대의 도래 속에 마녀들은 사라졌다,

동시에 마법도 사라졌다. 아니다. 마녀는 사라졌지만 자본주의 시스템이라는 마녀는 여전히 살아 있다. 자본주의는 무한경쟁이라는 적자생존의 마법을 부려 사람들을 끊임없이 움직이게 하는 속도의 마법을 사용한다. 자본주의는 로또라는 대박의 마법도 부리지만 그보다 많이 구사하는 것은 빈곤이라는 저주의 흑마법이다. 그런데 신기하게도 사람들은 이 후기 자본주의가 행사하는 마법의 독성을 알아차리지 못하는 경우가 많다. 사람들은 빈곤의 흑마법에 점령당했을 때에야 비로소 후기 자본주의의 위험성을 깨닫는다.

이재웅은 장편 『그런데, 소년은 눈물을 그쳤나요』(2005)에서 빈곤 계층이 직면할 수 있는 다양한 비극적 장면을 등장시킨다. 빈농 출신의 아빠는 농촌을 떠나 도시로 이주해 도시 빈민이 된다. 공사장 인부였던 아빠는 빈곤의 악순환을 벗어나려고 발버둥쳤으나 결코 벗어나지 못한다. 빈곤은 유전자처럼 대물림 되었던 것이다. 소년 이준태의 엄마는 빈곤을 견디지 못해 가출을 하고, 몇년 후 이복누이도 가출을 한다. 엄마의 죽음 후 방황하던 아빠 이달식은 서른다섯의 나이로 가난과 외로움, 그리고 병마에 점령 당한 채 숨지고 만다. 부모가 없어진 소년은 할머니 품에서 외롭게 성장한다. 이때 "가난은 나를 늙게 했다. 나를 떠돌게도 했다. 할머니는 언제나 방세에 밀려 더 추한 곳, 더 어두운 곳, 세상의 빛이 미치지 못하는 곳으로 갔다." 빈곤은 소년에게 세상을 빨리 알도록 채찍질 했고, 소년은 졸지에 늙은 소년이 되었다. 소년은 학교 아이들에게 자신의 가난을 들키지 않기 위해 거짓말을 한다. 소년은 빈곤이라는 저주의 마법에 걸려 거짓말쟁이로 변신했던 것이다. 소년은 부모의 부재 속에 제대로 먹지 못해 영양실조 속에 손바닥의 껍질이 하얗게 벗겨지기도 했다. 할머니는 아빠가 죽고 난지 3년 후에 세상을 떠나고, 소년은 12살에 혼자가 되었다. 그때 소년의 앞에 나타난 이복누나. 그녀도 가출한 이후 생존하기 위해 청소년임에도 불구하고 어른 행세를 해야 했다. 빈곤은 이복누이를

19살에 스트립댄서가 되도록 했고, 끝내 고급 창녀로 변신시켰다. 이 소설에서 악덕 부르주아를 상징하는 포주인 문곽호는 이복누나를 착취하는 폭력적 존재이다. 이처럼 빈곤은 주체가 원하지 않는 모습으로 변신시키는 마법을 부렸던 것이다. 소년의 학교 친구인 못 생긴 완주도 집 빚을 갚기 위해 초등학생임에도 불구하고 창녀가 되기를 꿈꾼다.

빈곤이 지배하는 세상에서 출구는 부재하다. 늙은 소년은 이러한 세계에 대해 증오를 하면서 문곽호가 유일하게 두려워하는 '칼막써'로 변신하기를 욕망한다. '칼막써'는 계급 혁명을 통해 사회전복을 꿈꿨던 카를 마르크스를 상징한다. 이복누나를 괴롭히는 포주 문곽호를 죽이기로 결심하고 칼을 휘두르는 연습을 하는 예비 범죄인 소년. 기존 지배질서를 부인한 소년은 고아원 소년인 친구 태호를 위해 가게에서 인라인 스케이트를 훔친다. 이러한 소년에게 어떠한 죄의식도 없다. 아무리 열심히 일해도 빈곤의 덫을 벗어날 수 없는 구조적 불합리 속에 지켜야 할 도덕적, 유리적 원칙은 소년에게 존재하지 않는다. 소년이 파악하는 인간은 우는 인간과 울지 않는 인간 단 두 종류이다. 불행하게도 소년의 주변 사람은 우는 인간이 많았다. 이 소설에서 우는 인간은 '하류층=빈곤=프롤레타리아'이고, 울지 않는 인간은 '상류층=풍요=자본가'이다. 한국은 경제적 성장 속에서 절대적 빈곤층은 사라졌다고 말하고 싶을지 모르겠다. 하지만 이재웅의 소설에서 보듯 경제적 빈곤으로 고통받고 있는 절대적 빈곤층은 엄연하게 존재하고 있다. 신자유주의 체제는 '절대적 빈곤층=무능력'이라는 사고의 틀 속에 빈곤을 사회보다 개인의 무능력으로 돌린다. 이것은 빈곤의 문제를 해결하는 것이 아니라 방치할 뿐이다. 이 과정에서 칼을 든 아이들이 무수하게 성장해 체제 전복의 폭탄을 던질지 모른다. 빈곤은 반사회적, 반체제적 범죄를 대량 생산하는 자궁인 것이다.

인간이 사회를 살아가면서 필요한 것을 요약하는 말로 흔히 의식주(衣食住)를 이야기한다. 2000년대 작가들이 당대의 빈곤을 보여주기 위해 흔히 집중했던 것은 의식주 중에서 주거 공간인 '주'이다. 공간적 상상력을 통해 빈곤을 드러내는 방식은 2000년대만의 특징은 아니다. 1950년대에 손창섭은 단칸방으로, 1960년대에 박태순은 비좁은 서울의 방으로, 1970년대에 조세희는 철거로 빈곤을 이야기했다. 그렇다면 2000년대 문학에서 빈곤을 드러내기 위해 자주 등장했던 공간은 무엇일까. 이 시기에 자주 등장하는 것은 지하방, 옥탑방, 고시원이다. 이 중에서 고시원은 집단적 가족의 성격보다 개인적 밀실의 성격이 강하다. 박민규의 「갑을고시원 체류기」, 김미월의 「서울 동굴 가이드」, 김영하의 『퀴즈쇼』에서 등장하는 고시원은 후기 자본주의 사회에서 점점 개인화, 왜소화 되어가는 존재의 상태를 효과적으로 드러내는 상징적 공간이었다. 고시원은 처음 고시 준비를 위한 사람들을 위해 마련된 공간이다. 하지만 1990년대부터 고시원은 도시 빈민들이 주거하는 일종의 쪽방으로 변질되기 시작했다. 서울의 대표적인 5대 쪽방촌은 영등포구 영등포동, 종로구 돈의동, 종로구 창신동, 중구 남대문, 용산구 동자동이다. 이곳은 저소득층, 장애인, 독거노인 등이 주로 거주하는 대표적인 빈민촌이라고 할 수 있다. 이러한 쪽방촌이 특정 지역을 중심으로 집중되어 있다면, 고시원은 이러한 쪽방촌이 형태를 바꾸어 서울 곳곳에 포진했다고 볼 수 있다. 1인이 거주하는 형태의 고시원은 개인주의와 빈곤한 경제 상황이 만들어낸 합작품이다.

박민규의 「갑을고시원 체류기」(2004)에서 1990년대 초반에 주인공 남자 대학생은 아버지의 사업 부도로 한동안 친구 집에 빈대처럼 살다가 어쩔 수 없이 고시원에 들어가게 된다. 고시원은 "방(房)이라고 하기보다는, 관(棺)이라고 불러야 할 사이즈의 공간"이다. 관이라는 비유에서 보듯 고시원의 생활은 제대로 된 인간적 삶을 누릴 수 없다. 이곳에서 그는 타인에게 피해를 주지 않기 위해 소리 나지 않는 인간으로 변신한다. 이것은 그가 방에 있어도 있지 않은 듯한 마법의 효과를 준다. 그는 고시원에 분명 존재함에도 불구하고 존재하지 않는 인간이 된 것이다. 비존재의 고시원 사람들은 자신의 처지를 부끄러워하기에 가급적 이웃과 소통하지 않는 것을 에티켓으로 삼는다. 이러한 고시원의 생활 모습은 대도시 생활의 축소판이기도 하다.

> 도저히 다리를 뻗을 수 없는 공간에 책상과 의자가 놓여 있다. 그곳에서 공부를 한다. 그러다 졸음이 온다. 자야겠다. 그러면 의자를 빼서 책상 위에 올려놓는다. 앗, 책상 아래에 이토록 드넓은 공간이(방의 면적을 고려할 때 참으로 드넓은 공간이라 말 할 수 있다)! 그 속으로 다리를 뻗고 눕는다. 잔다-였다.[1]

고시원에 사는 사람들은 다른 어느 누구보다도 이웃과 가까이 지내지만 역으로 이들은 가장 멀리 떨어져 있는 낯선 타인이다. 김미월의 「서울 동굴 가이드」(2004)에서 주인공인 젊은 여자도 203호 고시원에 산다. 이 5층의 고시원은 좁다란 방과 어두운 복도, 마흔 여덟 개의 방, 세탁기 두 대, 건조대 세 개가 있다. 상호 고립된 고시원 사람들은 서로 소통을 피한다. 그렇기 때문에 그들은 옆집 소음을 통해서 옆집 사람을 파악한다. 203호의 젊은 여자는 우연한 계기로 옆방인 204호 여자를 알게 된다. 그녀의 방에서 밤마다 자주 들렸던 성적인 신음 소리. 그 신음 소리로 인해 204호 여자는 남자에게 미친 화냥년으로 고시원 사람들에게 알려져 있었다. 그렇지만 그것은 실제 섹스 행위가 아니라 그녀가 즐겨 보던 비디오에서 나온 신음 소리이다. 하지만 대다수의 고시원 사람들은 204호 여자를 모르기에 들려진 진실만을 진실의 전부라고 생각한다. 후기 자본주의 사회에서 빈곤은 약자들끼리의 상호 소통을 촉진시키는 것이 아니라, 오히려 상대방에 대한 오해와 무지를 키운다. 이런 상황에서 약자들끼리 상호 연대하여 난국을 헤쳐나갈 가능성은 그만큼 줄어들 수밖에 없다.

---

1) 박민규, 「갑을고시원 체류기」, 『카스테라』, 2005, 문학동네, 280쪽

과거 어려운 사람들끼리 상부상조했던 풍경은 이제 낯선 추억일 뿐이다. 박민규의 「갑을고시원 체류기」의 남자 주인공은 2년 6개월만에 고시원 생활을 끝내고 좀더 넓은 공간으로 이사한다. 그는 대학 졸업 후 취직하고, 고생 끝에 작은 임대아파트를 마련했던 것이다. 그는 고시원을 벗어났지만 인생 그 자체가 하나의 고시(考試) 같다는 생각을 한다. 계속 주어지는 시험에 통과하지 못한 자들은 다시 추락해 고시원 같은 비좁은 공간에 거주하게 된다. 한평 남짓한 고시원마저도 없는 이들은 길거리를 헤매는 노숙인이 될 수밖에 없다. 고시원은 노숙자와 비노숙자를 가르는 마지막 경계 지점인 것이다.

빈곤은 일상인의 모든 삶을 지배한다. 김애란의 「성탄 특선」(2006)에서 도시로 상경한 두 남매는 빈곤으로 인해 사생활을 보장받지 못한다. 두 남매였기에 이들은 1인 거주의 고시원보다 다른 형태의 빈곤한 공간을 전전해야 했다. 두 남매는 반지하, 조립식 건물의 옥탑방, 셋방, 원룸 등을 옮겨다니면서 모든 것을 조심해야 했다. 걷는 것, 씻는 것, 애인과의 섹스도 조심스러워야 했다. 오빠인 사내는 현재 무리를 해서 욕실이 딸린 원룸으로 이사를 했지만 자신만의 방을 여전히 갖지 못했다. 사내가 방을 갖고 싶다는 소박한 욕망은 사내만이 아니라 사내의 여동생도 마찬가지이다. 사내의 여동생은 자기가 사귀고 싶은 남자에게 예뻐 보이고 싶었다. 하지만 가난한 집안 형편 때문에 멋진 옷이나 가방 등을 제때에 살 수 없었다. 그녀의 패션은 늘 결핍이라는 촌스러움을 벗어버리지 못했던 것이다. "세련됨이란 한순간에 완성되는 것이 아니며, 오랜 소비 경험과 안목, 소품의 자연스러운 조화"에서 나온다. 하지만 생활의 여유가 없는 여자에게 그것은 결코 누릴 수 없는 사치이다. 자본주의 사회에서 계급적, 계층적 지위는 대개 경제적 자본에 의해 결정된다. 이러한 경제적 자본은 문화적 자본으로 이어지면서 계층간을 가르는 구별짓기 욕망으로 노출된다. 프랑스 사회학자 피에르 부르디외가 언급한 것처럼 자본주의 사회에서 취향은 계급적 차이에서 발생한다. 따라서 자신이 소속된 계급적 지위보다 높은 취향의 문화를 갑자기 익숙하게 사용하기 힘들다. 여자와 그 여자의 애인은 다소 무리를 해서 성탄절에 고급 레스토랑과 고급 바에 간다. 그리고 섹스를 하기 위해 자신들만의 방인 멋진 모텔을 찾아 헤맨다. 하지만 크리스마스 성수기를 맞은 모텔은 너무 비쌌다. 그들은 고민 끝에 2만 5천원의 허름한 여인숙에 들어간다. '성탄 특선'에 특별한 삶을 영위하고 싶은 두 남녀의 욕망은 그들의 경제적 상황과 맞물려 허름한 여인숙이라는 공간으로 행동을 제약시켰던 것이다.

이처럼 빈곤은 일상인의 욕망과 행동을 통제하며 규율한다. 자본주의 사회에서 인간은 자유라고 주장할 수 없다. 자본주의 사회에서 일상인은 자본의 범위에서 움직이도록 규율되는 구속된 존재이기 때문이다. 자신이 욕망하는 것을 마음 놓고 할 수 있다는 자본주의의 선전은 일종의 환상에 가깝다. 자본주의 사회에서 자신만의 방을 소유하려면 자본이 있어야 한다. 자본이 부재한 빈곤한 가정은 특정 공간을 소유하는 집주인이 결코 될 수 없다. 그래서 사람들은 돈을 벌기 위해 일상의 질서에 순종한다. 사람들은 자본을 축적하여 비로소 집주인이 될 자격을 얻는다. 하지만 집 주인이라고 모두 같은 것은 아니다. 자본의 많고 적음에 따라 집주인의 등급은 다시 세분화된다. 자본주의 사회가 보여주는 환상같은 집을 소유하기 위해서는 또 다시 자본의 노예가 되어야 한다. 자본주의 사회에서 자유는 소비의 자유일 뿐이다. 김애란의 「성탄 특선」에 등장하는 작중인물들은 모두 고유명사인 이름이 없다. 그들은 남자와 여자, 사내라는 보통명사로서 호명되는 교환가치적 존재일 뿐이다. 자본주의 사회에서 교환가치의 존재는 교환가치의 소비를 통해서만 자신을 증명할 수 있다. 문제는 빈곤층의 경제적 수준은 소비의 자유마저도 제약시키고 있다는 점이다.

실업과 백수들의 행진

자본주의 사회에서 구성원들은 특정 직업을 통해 자기실현을 하고, 자본을 획득한다. 자본주의 사회에서 대다수는 고용주인 자본가보다 임금을 받는 고용인이다. 직업에는 귀천은 없지만 사회적 인식과 임금의 고저에 따라 선호하는 직업과 그렇지 못한 직업으로 나누어진다. 선호하는 직업은 한정되었기에 그것을 얻기 위한 사회 구성원의 경쟁은 치열해진다. 한국사회에서 좋은 직업을 얻기 위해서는 좋은 학벌이 필수적이다. 좋은 학벌을 얻기 위해서는 공부를 열심히 해야 한다. 따라서 이것을 위해 어린이들은 유년 시절부터 공부의 노예가 되어야 한다. 이런 환경에서 1등만이 살아남고 그 이외의 존재는 대부분 사회의 높은 인정을 받지 못한다. 그렇다면 공부를 잘해서 좋은 대학교를 졸업하고 일류 재벌 기업에 취업하는 것이 행복의 필수 조건일까? 많은 사람들이 이 질문에 대해서는 아니라고 대답할 것이다. 그렇지만 실제 현실에서는 많은 사람들이 좋은 직업을 얻기 위해 공부의 노예가 되고, 좋은 학벌을 따기 위해 발버둥친다.

작가 박민규는 장편 『삼미 슈퍼스타즈의 마지막 팬클럽』(2003)에서 과연 1등의 삶이 행복한 것인지 야구를 통해 질문한다. 이 소설의 주인공은 평범한 어린 시절을 보냈다. 별볼일 없는 그의 삶은 프로야구 창단과 함께 대부분 꼴찌를 전전했던 '삼미 슈퍼스타즈'와 닮은꼴이다. 프로야구 순위인 '1위 OB 베어스—결국 허리가 부러져 못 일어날 만큼 노력한 삶'이고, '6위 삼미 슈퍼스타즈—평범한 삶'이라는 깨달음 속에 주인공 소년의 삶은 변한다. 삼미 슈퍼스타즈의 삶 대신에 OB 베어스의 삶을 살겠다는 생각에서이다. 그는 평범했던 성적이 수직 상승하면서 일류대 경영학과에 입학했고, 졸업 후 국내 최대의 대기업에 입사했다. 입사 후 그는 착한 여자와 결혼했고, 새벽 5시에 집을 나가 자정 전후에 집에 퇴근할 정도로 열심히 일했다. 하지만 그는 아내와의 대화 부족 속에 이혼을 했고,

얼마 후 IMF 금융 위기 속에 실직하고 만다. 실직의 고통은 "교통사고의 후유증처럼, 퇴출의 상처는 천천히, 그리고 집요하게 나를 찾아왔다. 그 때의 고통에 대해선 긴 말을 할 수 없다. 마취는 없고, 마비만이 있는 고통- 그리고 그 마비가 가져오는 무력감과 분노"였다.

실직 속에 주인공 사내는 졸업 후 생존하기 위해 정신없이 살았던 지난 5년의 삶이 무의미했음을 깨닫는다. 그는 친구의 도움 속에 자신이 자본주의의 헛된 환상의 포로였음을 깨달았던 것이다. 누구나 열심히 일하면 성공할 수 있다는 자본주의의 신화는 어린이에게 꿈을, 젊은이에게 낭만이라는 구호 속에 출발한 프로야구의 신화와 닮아 있다. 작가가 보여주는 발상의 전환 속에 꼴찌를 전전했던 삼미 슈퍼스타즈 야구단은 프로의 세계에, 자본주의의 세계에 적응하지 못한 모든 사람들을 대표해 핍박과 박해를 받았던 예수와 같은 긍정적 존재로 탈바꿈한다. '삼미 슈퍼스타즈의 팬클럽'을 만드는 이들의 행동은 신자유주의 체제가 요구하는 생존경쟁의 시스템에 대한 유쾌한 거부이다. 자본주의 시스템은 "필요 이상으로 바쁘고, 필요 이상으로 일하고, 필요 이상으로 크고, 필요 이상으로 빠르고, 필요 이상으로 모으고, 필요 이상으로 몰려 있는 세계"이다. 작가 박민규는 삼미 슈퍼스타즈의 야구를 "치기 힘든 공은 치지 않고, 잡기 힘든 공은 잡지 않는다"라고 규정한다. 이것은 자본주의가 요구하는, 아니 끊임없이 불어넣는 물질적 욕망을 배제하는 반자본주의적 자세이다. 그렇지만 누구도 치기 힘든 공은 치지 않고, 잡기 힘든 공은 잡지 않는다는 반자본주의적 무위의 삶은 자본주의 체제에서 살아남을 수 없다. 자본주의 체제에 중독된 사람들은 자본주의의 바깥을 상상하지 못한다. 그래서 삼미 슈퍼스타즈의 팬클럽이 마지막 팬클럽이 될 수밖에 없는 것이다.

자본주의 사회에서 실직은 기존 직업의 상실 속에 새로운 직업을, 회사를 찾아다니게 한다. 새로운 직업이나 회사를 손쉽게 찾으면 문제는 크게 발생하지 않는다. 하지만 한국사회에서 기존의 직장을 잃고 비슷한 조건이나 더 좋은 조건의 직장을 찾는 것은 쉬운 일이 아니다. 실직에 있어서도 계급적, 계층적 기반에 따라 상호 다른 대응이 나타난다. 서유미의 장편 『쿨하게 한걸음』(2008)에서 주인공인 33살의 노처녀 연수는 회사가 구조조정을 당할 정도로 위기에 빠지자 반강제적으로 퇴사해 새로운 직장을 찾기 위한 공부를 시작한다. 이것이 가능했던 것은 그녀가 중산층으로서 새로운 직장을 찾기 위한 과도기 시간을 견디어낼 물적 토대가 있었기 때문이다. 더욱이 가부장제 사회에서 여성은 남성보다 새로운 일자리를 찾기 위한 사회적 압박이 덜하다. 하지만 남성들의 경우 실직과 구직 활동은 좀 더 다급한 의미로 다가온다.

중산층과 달리 빈곤층의 실직은 한 가족의 생존을 위협하는 존재이다. 조영아의 장편 『여우야 여우야 뭐하니』(2006)는 아버지의 실직 속에 위기에 처한 초등학교 6학년 상진네 가족을 그린 성장소설이다. 이 소설에서 공사장 건설 노동자였던 상진의 아버지는 사고 속에 다리 병신이 되어 실직하면서 가정의 암담한 절망을 만들어낸다. 백수인 아버지는 바깥에 나가지 못한 채 주로 집에서 TV드라마나 보면서 술을 먹는 무기력한 가장이 되었던 것이다. 가장의 실직 속에 집안의 경제적 상황은 급락하고, 엄마는 생계를 위해 포장마차를 한다. 무기력한 가장인 아버지와 경제적 책임을 도맡아야 했던 엄마는 점차 대립적 관계로 변질된다. 불행은 한꺼번에 몰려온다고 했던가. 청운연립 건물 주인이 부도가 나면서 소유권이 다른 이에게 넘어가는 비상 사태가 발생한다. 상진네가 거주하는 옥탑방은 무허가 건물이었기에 아무런 법적 보호도 받지 못한다. 돈 한푼 보상받지 못하고 졸지에 쫓겨날 신세가 된 상진네 가족. 이들 가족의 불행은 아버지의 실직과 그로 인한 빈곤이 초래한 절망적 풍경이다. 도시 빈민인 상진네 가족이 마음 놓고 쉴 수 있는 안식처가 과연 있을까? 작가는 은빛여우를 발견한 상진과 기존의 지배질서를 상징하는 64빌딩의 해체를 통해 새로운 희망을 이야기한다. 상진네 가족은 가족간의 사랑을 통해 고단한 현실을 극복하겠다는 의지를 보여준다. 하지만 작가의 소망대로 상진네 가족이 희망을 발견할 수 있을까.

공선옥은 장편 『유랑가족』(2005)에서 사회의 가장 기초적 단위인 가족이 경제적 위기 속에 해체되는 현상을 보여준다. 이 소설에서 "가난은 사람을 황폐하게 만들기도 하고 난폭하게 만들기도 하고 무기력하게 만들기도 했다. 가난은 다양한 형태로 사람들의 삶을 무너뜨렸다. 가난한 사람들이 그들의 가정을 지켜낼 수 있는 마지막 무기는 사랑뿐이었다"라는 언급이 나온다. 하지만 자본주의 사회에서 사랑도 어느 정도 자본이 뒷받침되어야 유지될 수 있다. 자본주의 사회에는 거의 모든 것이 돈을 매개로 행위가 이루어지기 때문이다. 자본이 뒷받침되지 않는 사랑은 낭만적 공상에서만 가능하다. 『유랑가족』에서 농촌 사람들 일부는 곡물가 하락, 소값 등의 하락 속에 음독자살을 한다. 시골에서 살기 어려워 도시로 상경한 농민들은 도시 빈민으로 편입되어 고단한 일상을 보낸다. 연변 출신의 명화는 남편과의 불화 속에 간암에 걸린 오빠의 치료비를 벌기 위해 처녀로 행세하여 한국 농촌에 시집온다. 사기 결혼을 통해 한국에 온 명화는 돈을 벌기 위해 남편을 버리고 유흥업소를 전전하다가 칼에 찔려 비극적 최후를 맞이한다. 이처럼 『유랑가족』에 등장하는 중요 작중인물들은 빈곤 속에 가족 해체 현상을 겪고 있다. 빈곤은 단란한 가정을 파괴하면서 가족 구성원들을 뿔뿔이 흩어지게 하는 원심력으로 작동하고 있다. 유랑 가족은 빈곤이 만들어낸 이산의 풍경이다. 유랑하는 가족의 풍경은 삶의 안식처가 없는 현대인의 서글픈 자화상이기도 하다. 모든 것이 교환가치로 환산되는 자본주의 세계에서 사랑의 마지막 보루인 가족마저도 해체될 때, 인간들은 어디에서도 안식을 찾기 힘들다.

실업과 백수는 이제 드문 현상이 아니다. 우리 주변에서 흔히 볼 수 있는 풍경이다. 실업은 단순히 실업으로 끝나는 것이 아니다. 실업은 인간의 실존적 근거를 박탈하는 반인간적 행위이다. 김윤영의 「산책하는 남자」(2005)는 실업이 한 인간을 어떻게 황폐화시켰지 섬뜩하게 보여주고 있다. 이 소설에서 오랫동안 실업자 신세를 벗어나지 못한 30대의 남자는 거지를 향해 "정신병자나 살인자보다도 더 못한 인간이 누군지 알아? 바로 실업자야. 아무것도 못하는 무지렁이들! 실업자! 실업자!"라고 언급하면서 구타한다. 거지는 바로 실업의 끝에 남자가 도달할 종착역이다. 그러한 진실을 정면으로 마주대하기 싫은 남자는 거지에 대한 분노를 통해 실업에 대한 자신의 공포와 불안을 은폐시킨다. 남자가 파악한 이 사회는 '정글 자본주의'이다. 서울 소재 경영학과를 나와 쉽게 취직을 했던 남자는 정리해고의 열풍 속에 실직을 했고, 다시 취업을 했다. 하지만 2년 전 또 직장을 그만둬야 했다. 실직 속에 그 남자는 2백 통까지 이력서를 썼지만 취직이 되지 않았다. 1년 반쯤에 그는 아무도 자신을 써주지 않으면 자신을 스스로 고용하면 된다는 발상의 전환을 한다. 열심히 성실하게 일하고 그에 대한 정당한 대가를 직업을 통해 받겠다는 남자의 생각은 한국사회에서 받아들여지지 않았던 것이다.

> 실직의 좌절감은 컸다. 수십 군데 이력서를 넣고 두달 동안 면접 오라는 데가 단 세 군데밖에 없었을 때, 남자는 정말 돌아버리는 줄 알았다. 조울증 초기까지 갔다. 생전 처음으로 빽 없는 부모, 돌아가신 부모를 욕했고 처음으로 자살을 생각했다. 그때 머릿속에서 불쑥 튀어나온 생각이 바로 밀입북이었다. 남자는 대학 재학 시절, 운동권 근처에도 안 갔었다. (…중략…) 미친놈들, 빨갱이가 뭐가 좋길래. (…중략…) 그런 무식한 수준은 아니었지만 그들에게 동조하기 힘들었다. 특히 조국통일 운운하는 친구들과는 같이 밥도 먹은 적이 없다.
>
> 그러나 그제서야 남자에게 의문이 들기 시작했다. 그래, 이건 나 개인의 문

제가 아니야. 이건 시스템의 문제야.[2)]

사회에서 버림받았다는 상처는 작중인물에게 반체제적 생각을 갖게 한다. 그는 대학 시절 사회체제에 대해 한번의 의문도 품은 적이 없었다. 하지만 그 남자는 장기간의 실직 속에 밀입북이라는 반체제적인 생각을 떠올린다. 그가 밀입북을 감행하기 전 어떤 남자가 먼저 그 일을 실행했고, 북한에서도 추방되었다는 소식을 듣고 밀입북을 단념한다. 밀입북은 국가보안법에서 제1급으로 금하는 이적 행위이다. 그런데 장기간의 실직은 남자에게 이적 행위로 낙인 찍힐 생각을 낳게 했던 것이다. 이것만으로 끝나는 것이 아니라 그의 정신 세계는 뒤틀리기 시작해 폭력성으로 분출된다. 그 남자가 사는 아파트의 위쪽 남자와 그 남자가 자주 갔던 곳의 빌딩 관리인들은 어느날 갑자기 의문의 실종을 당한다. 소설에서는 명확하게 이야기하고 있지 않지만 실업자인 그 남자의 자존심을 상하게 하는 행동이나 발언이 그에게 우발적 범행을 저지르게 했던 것이다. 실업이 실업으로 끝나는 것이 아니라 반사회적 범행으로까지 연결된 것이다. 작가 김윤영은 이 소설에서 실업의 극단적 모습을 형상화시켜 당대 실업의 문제를 조속하게 해결하지 못하면 사회의 위기가 닥쳐올 것이라는 것을 환기시키고 있다. 이상운의 장편 『내 머릿속의 개들』(2006)에서 주인공인 실업자 고달수는 대학 동창 마동수에게서 자신의 뚱뚱한 부인을 꼬셔 이혼을 성사시키는 대가로 돈을 받는다. 고달수가 이러한 반윤리적 행위를 수락한 것은 바로 실업이라는 경제적 궁핍이 초래한 비정상적 행동에 기인한다. 이 소설은 실업이 인간의 반윤리적 행위까지 연결되고 있음을 보여준다.

2) 김윤영, 「산책하는 남자」, 『타잔』, 실천문학사, 2006, 171~172쪽

이주 노동자의 빈곤과 창조적 저항

2000년대 소설에서 새롭게 등장한 사회적 타자는 이주노동자이다. 신자유주의 체제는 더 높은 이윤을 창출하기 위해 자본과 노동이 국경을 자유롭게 넘나든다. 노동자들은 더 많은 임금을 받기 위해 국경을 넘고 자본은 더 싼 생산비용으로 고수익을 창출할 수 있는 지역으로 자본을 이동시킨다. 탈국경의 자본과 노동은 바로 이러한 신자유주의 체제가 만들어낸 새로운 풍경이다. 한국은 1990년대부터 아시아의 노동자들을 통해 자국의 부족한 노동력을 메우고자 했다. 한국에서 주로 3D 업종에 종사한 외국인 이주 노동자들은 대부분 한국보다 못 사는 국가에서 왔다. 그렇다 보니 한국인들은 서구 출신의 선진국 이주노동자에게 보냈던 호의적 시선 대신에 차별과 배제라는 우월적 시선으로 이들을 바라보았다. 한국에 온 이주노동자들은 한국사회에서 또 다른 최하층의 계급이 되었던 것이다. 이들은 각종 분야에서 힘든 노동을 했음에도 불구하고 국가가 국민에게 제공하는 각종 혜택에서 제외되었다. 그들은 장시간의 노동과 저임금 속에 제대로 된 인권을 보장받지 못한 한국의 대표적 타자였던 것이다. 그들은 좀더 돈을 벌기 위해 한국에 왔지만 체불 임금, 각종 인권 탄압 속에 침묵하는 타자로 규정된 것이다.

김재영의 「코끼리」(2004)는 이주 노동자에게서 태어난 소년의 눈을 통해 이주노동자의 삶을 조명한 작품이다. 주인공인 13살 소년은 네팔인 아버지와 조선족 어머니에게서 태어난 혼혈인이다. 소년은 학교에서 인종 차별을 당한다. 아버지는 그럴 경우 맞서 싸우지 말고 적당히 맞아주라는 말을 한다. 그러나 소년은 자신을 업신여기고 괴롭히는 나쁜 놈들은 때려눕혀줄 것이라고 말한다. 식사동 가구공단에 사는 소년은 저녁마다 물에 탈색제 한 알을 풀고 세수하며 자신의 피부가 하얗게 아니 노랗게 되기를 열망했다. 그 결과 소년의 얼굴은 하얗게 노랗게 되는 대신 껍질이 벗겨졌다. 한국에 네팔 대사관이 없어 아버지는 혼인 신고를 못했고, 그래서 소년에게는 호적도 국적도 없다. 소년의 아버지는 네팔에서 천문학을 공부하다가 돈 벌기 위해 한국에 별을 연구하는 대신을 전구를 만들었다. 열악한 노동 환경 속에서 소년의 아버지는 기침을 얻었고, 할 수 없이 상자를 만드는 곳으로 이직했다. 소년의 아버지는 아내의 생일 선물을 사기 위해 아들과 함께 백화점에 들어가려고 했다가 거부당해 쫓겨나야 했다. 소년의 어머니는 바람기와 가난 때문에 결국 집을 나가버린다. 현재 소년과 소년의 아버지는 십여년 전 돼지축사로 쓰였다는 낡은 베니어판 문 다섯 개가 나란히 붙어 있는 허름한 건물에서 사는 빈민이다.

한국인들이 동남아시아인들을 차별하는 것은 그들이 단일민족이기 때문이 아니다. 한국에 돈 벌러온 동남아시아인들이 한국보다 못 사는 나라의 국민이기 때문이다. 자본의 경제학에 사로잡힌 한국인들은 다른 나라 사람들을 평가할 때 그 나라의 고유한 문화적 가치나 인간 존엄성이라는 보편적 인문학적 기준으로 하지 않는다. 한국인들은 자신보다 잘 사느냐 못 사느냐에 따라 인종 차별을 가한다. 「코끼리」의 주인공 소년은 네팔인과 조선족 사이에서 태어난 혼혈인이다. 한국인과 다르게 생긴 외모는 다양성으로 존중받지 못한 채 우리와 다른 것이라는 차별적 인종으로 취급된다. 동남아시아인들을 천대시하는 한국인의 오만한 인종차별주의는 경제적 가치로 모든 것을 평가하는 자본주의적 천박함의 극치이다. 강대국과 선진국에는 약한 모습으로, 약소국과 빈국에는 강한 모습으로 대하는 한국인들의 이중성은 과거 파란만장했던 현대사의 왜곡된 모습이기도 하다. 일그러진 현대사의 상처를 제대로 성찰하지 못한 채 다른 존재에게 그대로 차별과 배제의 시스템을 작동하는 것은 과거 역사에서 제대로 교훈을 받지 못했음을 뜻한다. 피해자였던 한국이 어느새 가해자의 모습을 띠고 있다는 작가 김재영의 날카로운 현실 인식은 「코끼리」에서 이주 노동자의 가족을 통해 적나라하게 드러나고 있는 것이다.

자본주의 사회에서 빈곤은 자랑스러움이 결코 아니다. 빈곤은 무능력의 상징이자 부끄러움의 대상으로 인식된다. 이런 사회에서 부를 얻기 위한 무한경쟁만이 지상과제일 수밖에 없다. 작가들은 자신이 원하는 것을 하기 위해, 필요한 최소한의 돈만 벌기 위해 아르바이트를 하는 프리터와 노는 인간을 통해 이러한 자본주의 시스템에 도전장을 내민다. 자본주의 사회는 더 많은 이윤을 창출하기 위해, 남들과의 생존경쟁에서 살아남기 위해 정신없이 움직이는 빠른 속도와 대량생산을 권장한다. 이 과정에서 인간은 균질화·표준화·익명화된다. 맥도날드 햄버거로 대변되는 패스트푸드는 자본주의적 속도를 상징하는 좋은 예이다. 프리터와 노는 인간은 합리적 효율성을 강조하며 생산의 극대화를 권장하는 자본주의적 질서를 거부하는 존재들이다. 자본주의적 시스템에서 보면 프리터와 노는 인간은 자본주의적 가치에 저항하는 존재들이다. 자본주의는 이들을 인생의 낙오자 내지 게으름뱅이로 규정해 탄압한다. 하지만 작가들은 프리터와 노는 인간을 등장시켜 소외 현상을 거부하고 인간다운 삶을 확보하려는 창조적 저항을 감행한다.

김영하의 장편 『퀴즈쇼』(2007)에서 27살의 주인공 이민수는 외할머니의 갑작스러운 죽음과 그녀가 유산으로 남긴 빚 때문에 집에서 쫓겨나 1.5평 고시원으로 이사 간다. 연남동 단독주택에서 1.5평 고시원으로 공간 이동은 단순한 공간 이동이 아니라 자신이 소속된 계급의 추락을 의미한다. 생계 문제는 무엇보다 앞서 이민수가 해결해야 할 당면 과제이다. 하지만 고학력 백수인 이민수는 '그냥 좀 무의미한 일'을 하고 싶어 직업을 갖지 않고 아르바이트로 생활을 이어나간다. 박주영의 장편 『백수생활 백서』(2006)에 등장하는 28살의 주인공 서연도 책을 읽고 싶어 취직을 하지 않는 자발적 백수이다. 서연의 행동은 식당을 하는 아버지가 있다는 경제적 여유에서 비롯한 것이다. 구경미의 「노는 인간」에서 주인공인 젊은 여성은 특별한 직업을 갖지 않고 소설을 쓴다면서 방안에서 주로 칩거한다. 그녀가 주로 하는 일은 소설 쓰기 이외에는 대부분 산책, 맥주 먹기, 방안에서 놀기 등 주로 비생산적으로 간주되는 행위를 하면서 일상을 보낸다.

김영하, 박주영, 구경미의 소설에서 생산적인 직업과 비생산적인 노는 것은 분리되어 있었다. 그런데 김중혁은 「유리 방패」에서 노는 것과 생산적인 직업을 결합시킨다. 이 소설의 주인공인 나와 M은 취업 준비생이다. 이들의 구직 활동은 취업 그 자체의 목적보다 새로운 면접을 보여주기 위한 일종의 놀이이다. 이들은 면접시험의 새로운 역사를 쓰기 위해 다양한 창조적 시도를 하지만 면접관들의 반응은 냉담했기에 취업에 실패했다. 이들은 지하철에서 실로 퍼포먼스를 하고, 이것이 인터넷에 올려져 많은 사람들에게 주목을 받는다. 이것이 인연이 되어 취업관으로 여기저기에 불려 나가게 된다. 하지만 이들에게 취업관도 하나의 직업이 아니라 재미있는 놀이에 불과하다.

> "저희는 평범한 진실을 밝혀 세상을 돕는다고 생각하는데요."
>
> "평범한 진실이란 게 어떤 겁니까?"
>
> "재미있게 노는 거요."
>
> 대충 이런 식의 인터뷰였다.
>
> 우리는 농담으로 모든 답변을 대신했다.[3)]

생계를 위해 최소한의 노동만 하고 노는 것에 집중하는 노는 인간. 이것은 자본주의 무한경쟁의 시스템 속에서 쳇바퀴를 굴리는 다람쥐처럼 갇혀 있는 인간들에게 꿈 같은 이야기이다. 소설 속에서 프리터와 노는 인간으로 등장하는 작중인물의 연령대는 대개 20대이다. 20대는 아직 결혼도 하지 않았기에 가족을 부양할 책임에서 상당 부분 자유롭다. 다시 말해 이들이 선택한 프리터와 노는 인간 때문에 가족 전체가 고통스러운

---

3) 김중혁, 「유리 방패」, 『악기들의 도서관』, 문학동네, 2008, 173쪽.

처지에 봉착하지 않는다는 것을 의미한다. 이것은 프리터와 노는 인간이 가족의 부양 의무를 지지 않는 주로 20대에서만 할 수 있다는 연령적 한계성을 뜻한다. 결혼을 하고 자식을 가진 기성 세대들은 프리터와 노는 인간으로 존재하기 어렵다. 한국에서 30대 이상의 프리터는 대개 특정 직업을 원했지만 가지지 못한 것에서 오는 비자발적 프리터가 많은 것도 이러한 현실의 반영이다. 결국 프리터와 노는 인간을 통한 신자유주의 체제에 대한 저항은 뚜렷한 한계를 갖고 있다. 제한적 성격의 저항은 자본주의의 시스템을 근본적으로 위협하는 불안 요인이 될 수 없다. 더욱이 노동의 유연성을 강조하는 신자유주의 체제 아래에서 프리터는 노동의 유연성을 보조하는 역할을 일정 부분 수행한다. 하지만 프리터와 노는 인간만으로 신자유주의 체제를 붕괴시키기는 힘들다. 그러나 프리터와 노는 인간은 무소불위의 권력을 휘두르는 신자유주의 체제를 교란시키는 게릴라일 수 있다.

사회적 배제와 창조적 저항문학

적자생존의 무한경쟁을 조장하는 신자유주의 체제는 인간들을 성찰 없는 이윤의 중독자로 만든다. 교환가치만이 절대화되고 사용가치는 폐기처분되는 사회는 분명 문제가 있는 사회이다. 신자유주의 체제의 문제점에 대한 광범위한 인식의 확산 속에 그것을 타도하기 위한 다양한 연대가 생성된다. 인간들은 궁극적으로 행복을 지향한다. 그런데 신자유주의 체제는 '강자=소수의 행복=부유'와 '약자=다수의 불행=빈곤'을 생산하는 불합리한 체제이다. 이렇게 사회적 양극화 현상을 초래하는 신자유주의 체제는 하루속히 붕괴되어야 한다. 신자유주의 체제는 다수의 약자를 사회적으로 배제하는 폭력적 시스템이기 때문이다. 사회적 배제는 빈부, 종교, 지역, 인종, 성별 등에 따라 다양하게 발생한다. 자본주의 사회에서 사회적 배제는 흔히 경제적 빈곤에서 초래된다. 2008년 미국의 금융위기에서 드러나듯 신자유주의 체제는 이미 파산의 레퀴엠을 들려주었다. 의식 있는 시민들이라면 다양한 활동을 통해 신자유주의 체제의 문제점을 홍보하면서 선거를 통해 기존 체제를 바꾸는 혁신을 해야한다. 신자유주의 체제가 양산하는 사회 양극화 현상을 그대로 방치한다면 다수의 불만 세력이 형성되어 사회를 불안하게 할 것이다. 사회 불안을 잠재우기 위해서도 신자유주의 체제에 대한 대폭적인 수술은 불가피하다.

2000년대 빈곤문학은 실업, 백수, 이주노동자의 빈곤, 노는 인간, 프리터 등의 형상화를 통해 신자유주의 체제의 폭력성에 맞서는 창조적 저항을 실천했다. 자본주의 시스템이 권장하는 인간형은 부지런히 생산하고 소비하는 인간이다. 이것은 필연적으로 교환가치와 속도를 강조하고, 대량생산과 대량소비를 요구한다. 이러한 자본주의 시스템은 환경파괴와 자원의 낭비를 초래해 지구를 병들게 했다. 21세기를 뒤덮고 있는 현재와 미래의 환경 재앙은 자본주의 시스템이 만들어낸 합작품이다. 따라서 무한경쟁과 무한이윤 추구는 적정한 선에서 제어되어야 한다. 그렇지 못할 때 미래의 삶은 보장받기 어렵다. 소설가 박민규, 김영하, 구경미 같은 작가들이 프리터와 게을러 보이는 노는 인간을 집중적으로 조명한 것도 신자유주의 체제를 비판하는 창조적 저항을 위해서이다. 다만 이러한 방식은 제한적 효과만을 갖고 있다. 소설 속에서 프리터와 노는 인간의 연령대가 대개 20대인 것도 이러한 저항의 방식이 제한적임을 말해준다. 2000년대 빈곤문학에서 또 하나의 특징은 체제 저항의 강도가, 빈곤의 절박함이 그렇게 강렬하지 않다는 것이다. 이것은 작가들이 대개 자신의 소속된 중산층의 계급적, 계층적 기반을 넘어서지 못하면서 생긴 현상이다. 작가들의 빈곤 체험이 상대적으로 빈약하다 보니 이것이 구체적 작품의 형상화까지 이어지지 못하고 있는 것이다. 물론 이 와중에도 소설가 이재웅, 공선옥, 김윤영은 빈곤의 절박함을 생생하게 전달하려고 노력했다. 그렇지만 전반적으로 보면 2000년대의 빈곤문학은 절박함의 정도에 있어 미흡한 것이 사실이다. 빈곤은 개별적 자아의 실존을 파괴하면서 더 나아가 가족을 해체시키는 고성능 폭탄이다. 가족의 해체는 곧 당대 사회에 대한 체제 불안이라는 연쇄반응으로 이어진다. 결국 빈곤의 문제가 해결되지 않는 한 개인의, 한 사회의 밝은 미래는 기약할 수 없다.

빈곤은 더 이상 일국의 문제만이 아니다. 소설가 김재영의 「코끼리」에서 보듯 자본과 노동이 자유롭게 넘나드는 탈국가적 시대에 빈곤은 전지구적 문제이기도 하다. 신자유주의 체제가 '부유한 나라=강자/못 사는 나라=약자'라는 이항대립적 대립 관계를 심화시킬 때 필연적으로 지구의 사회 양극화 현상도 더욱 심해진다. 그것은 부자나 빈자 모두에게 궁극적으로 불행을 초래할 뿐이다. 빈곤은 어떤 특정 계층이나 특정 국가의 문제가 아니라 우리 모두의 문제라는 것을 공유하는 데에서 실마리를 풀어갈 수 있다. 신자유주의 체제가 무한경쟁과 적자생존의 논리를 앞세우면서 일방으로 흐를 때 그것은 미래의 비극을 예고한다. 2000년대 빈곤문학이 미흡한 점이 많지만 적어도 빈곤이 더 이상 남의 이야기가 아니라 우리 자신들의 이야기라는 사실을 부각시키는 역할을 담당했다. 빈부의 갈등이 줄어들어 더불어 살아가는 사회가 될 수 있도록 이 시대의 문학은 창조적 저항을 계속해야 한다. 그것이 당대의 문학에 주어진 당면 과제이다. 빈곤문학은 빈곤의 구조적 모순이 어느 정도 해결되지 않는 한 2010년대에도 멸종하지 않고 번성할 것이다. 일등만 살아남는 더러운 세상! 그것은 나와 너, 그리고 우리 모두의 비극이다.

논쟁

Controversy

문학 제국
비평과 권력
文
문학권력
力
가라타니 고진과 한국문학
파문

2000년대 문학 논쟁

— 응답 없는 비판과 몰락의 징후들

■ 이정현

문학평론가. 1978년생. 2008년《문화일보》신춘문예 문학평론 당선. 중앙대 국문과 박사과정 수료. 주요 평론으로「우연의 패러독스, 상처를 넘어 자기-되기」,「고독하기 때문에 불행한 사람은 없다 : 배수아론」등이 있음. 21cbach@naver.com

무엇이 쟁점이었는가

특정한 사회와 집단의 구성원들이 지닌 현실적 의도와 무의식을 간파하기 위해서는, 그들이 대립하는 지점을 살펴봐야 한다. 아무도 나름의 명분과 의도 없이 부딪히지 않기 때문이다. 논쟁은 집단의 상처를 우회적으로 드러내며, 집단과 사회의 무의식을 반영한다. 따라서 우리가 논쟁을 주목해야 하는 이유는 텍스트나 개인, 문학 집단의 입장표명을 알아보려는 행위에만 존재하지 않는다. 논쟁이 발생되는 원인을 파악하는 과정에서 우리 문학 내의 고착된 문제를 파악할 수 있으며, 때로는 납득할 수 있는 결론이 나지 않더라도, 논쟁 그 자체를 통해서 새로운 활로를 모색할 수 있기 때문이다. 그러나 애석하게도 2000년대에 전개된 문학 내의 논쟁들은 쟁점에 대한 생산적인 대화가 아닌 응답 없는 비판이나 평론가들만의 언쟁으로 그친 경우가 많다.

2000년대 문단에서 전개되었던 논쟁들을 세세하게 기록하는 것은 난감한 일이다. 그래서 지난 10년간 이어졌던, 혹은 지금까지 현재진행형으로 남아 있는 논쟁들을 비교적 간략하게 정리하고자 한다. 이 작업을 하면서 필자가 주목한 논쟁은 문학권력 논쟁, 주례사 비평 논쟁, 미래파 논쟁, 그리고 2006년 이후 모든 논쟁을 흡수·통합해버린 '문학의 종언'에 관한 논쟁이다. 항목별로 분류하기는 했지만 이 논쟁들은 모두 비슷한 양상을 띠고 있고 있으며 결과적으로 중복될 수밖에 없는 발화 요인들을 지닌다. 다시 말해서 논쟁의 내용은 조금씩 다르지만 그 발생 지점은 흡사하다. 표출된 시간의 차이와 발화가 다를 뿐이다. 이런 식이다. 문학권력에 대한 논쟁은 텍스트의 해석 문제에서 주례사 비평 논쟁과 겹쳐지며, 텍스트 해석과 권력의 주체 문제를 따지게 될 때 그것은 미래파 논쟁과 만난다. 그리고 2006년 이후 문단을 지배한 '문학의 종언'과 관련된 논쟁은 2000년대만이 아니라 기존의 논쟁에서 대두된 문제들을 총체적으로 담고 있다.

앞으로도 우리 문학은 지금, 이대로 존속할 수 있을 것인가. 확언할 수는 없지만 여기저기서 느껴지는 징후는 다분히 회의적이다. 문학을 애독하는 독자들은 점차 줄어들고 있으며, 문학은 점차 오락의 한 분야로 전락하고 있지 않은가. 이러한 상황에서 문학 내의 논쟁을 응시하는 것은 어떠한 의미를 지닐 수 있을까. 어쩌면 우물 안의 메아리로 그칠 수도 있는 소모적인 작업이 아닌지 회의감이 엄습한다. 최근 10년 내에 벌어진 논쟁들은 우발적인 충돌이 아니다. 각 주체의 입장들이 언어를 빌려 문학이라는 장(場) 안에서 부딪힌 이 논쟁들은 우리 문학의 문제점을 드러내는 상처이다. 논쟁이 대변하는 이 상처들은 지금도 봉합되거나 치유되지 않고 여전히 우리 문학은 그 상처들을 앓는 중이다. 상처의 기억은 두려움을 낳고, 그것은 외면으로 이어진다. 문학은 우리 내면과 외부 세계를 바라볼 수 있는 창(窓)과 같다. 문학은 특정한 삶의 방식과 표현들, 그것들의 집합적인 배치가 지닌 효과들의 결합이며 비평은, 문학을 해석하고 우리의 삶에 연계시키는 매개체이다. 문학 내의 논쟁들을 주목해야 하는 이유는 여기에 있다. 삶이라는 평면 위에서 전개되는 문학 텍스트와 그것을 해석하고 연계하는 비평이 효과적으로 결합되지 못하면서 논쟁이 발생한다. 이것은 마치 육체가 질병에 노출되었을 때 나타나는 '증상'과도 같다. 그러므로 문학 내의 논쟁을 바라보는 것은 치유(治癒)를 위한 사유(思惟)를 행하기 위한 통로가 될 수 있을 것이다.

문학권력 논쟁과 주례사 비평 논쟁

2000년대의 문학권력과 주례사 비평에 대한 논쟁은 주로 기존에 한국 문단의 '중심'이라고 여겨지던 출판사와 문예지, 그리고 거기에 소속된 비평가들에 대한 반론으로부터 전개되었다. 문학평론가 권성우는 2000년에 '문학과지성(이하 문지)'에서 주최한 '김현 10주기 심포지엄'에서 작고한 평론가 김현에 대한 문지의 맹신을 비판하는 내용을 담은 발제를 했다. 그리고 이어서 『문예중앙』 2000년 가을호에 수록된 「비판, 추억, 그리고 김현」이라는 글을 통해서 심포지엄의 분위기를 전하면서 김현에 대해 비판을 허용하지 않는 현실을 비판했다. 권성우는 이어서 창작과비평(이하 창비)사가 기존의 에콜적 특성을 잃어버리고 『문학과 사회』와 '전략적 밀월'을 통해서 안정성을 추구하고 있다고 비판[1]했다. 권성우가 지적한 문제들은 2000년대에 들어와서 새롭게 발생한 것들이 아니다. 문단의 주류를 이루는 문예지를 지닌 출판사들이 자사에 대한 비판과 백낙청(창비), 김현(문지), 김윤식 등 신화화된 존재들에 대한 비판을 꺼려하는 것은

1) 권성우, 「열린 진보와 권위주의 사이: 『창작과비평』의 최근 행보를 어떻게 볼 것인가」, 『사회비평』, 2001년 가을호, 26쪽.

새로운 일이 아니다.

2000년에 문학평론가 이명원이 김윤식의 표절—김윤식의 『한국근대소설사연구』가 일본 문학평론가 가라타니 고진의 『일본근대문학의 기원』을 표절하였다—을 지적한 사건(?)이 발생하였다. 한국문학계 최고의 자리에 오른 김윤식에 대한 이명원의 지적은 소위 '이명원 사태'로 불리우며 일파만파로 확대되었으며 그것은 2000년 우리 문학계의 부끄러운 사건으로 기억되기에 부족함이 없었다. 이명원은 『타는혀』(2000, 새움)라는 책을 통해서 김윤식과 김현, 백낙청 등 한국 문단에 신화로 존재하는 인물들에 대한 비판을 정식으로 제기했지만 문단은 냉소적인 반응으로 일관했다. 최익현은 『사회비평』에서 "이명원 사태의 배경에는 우리 학계의 고질적인 병폐로 지적되는 세 가지 문제가 복합적으로 얽혀 있다. '표절'이라는 우리 학계의 암묵적인 관행의 문제, 혈연·지연·학연으로 똘똘 뭉친 우리 사회의 패거리 문화, 그리고 서울대 싹쓸이로 나타나는 우리 사회의 그릇된 엘리트주의가 바로 그것"[2)]이라고 지적했다. 그 밖에도 문지의 세대교체에서 '서울대 불문과' 출신인 정과리가 여전히 남아 있었던 점, 백낙청이 40년 가까이 창비의 편집위원으로 남아 있는 점, 문예지를 지닌 출판사에 관계된 평론가들이 적극적인 비판을 개진하지 않고 칭찬으로 일관하는 점 등이 도마 위에 올랐다. 자사에서 출판되는 작품들에 대한 비판들을 차단하고 문예지들이 대립과 논쟁이 아닌 공생 관계에 접어든 것은 이데올로기 대립이 종식되고 문학의 정치성이 현저하게 약화된 1990년대부터 이미 싹이 트기 시작했다. 1990년대부터 문예지들이 지닌 특유의 에콜 정신이 힘을 잃으면서 어떤 작품을 출간하느냐의 문제보다는, 얼마나 파느냐의 문제가 중심이 되었기 때문이다. 이 과정에서 소위 인기 작가들의 영향력은 더욱 커졌으며 주요 문예지들과 출판사의 결탁

2) 최익현, 「'해석의 금기'를 넘어 '기원의 시환' 허물기」, 『사회비평』, 2001년 봄호, 232쪽.

또한 견고해졌다. 언론과 출판자본의 밀월관계, 문학상을 둘러싼 잡음, 문예지와 출판사가 암묵적으로 평론가들을 길들이고 있다는 비판이 대두되었으며 2000년대 초반부터 문단은 '문학권력'과 '주례사 비평'에 대한 논쟁으로 시끄러웠다.

언론학자 강준만 교수와 문학평론가 권성우는 『문학권력』(개마고원, 2001)이라는 책을 펴내면서 1990년대 후반부터 2000년대 초반까지 문단 내의 권력 문제에 대하여 실명으로 비판을 전개했다. 이 책에서 두 저자는 언론과 출판의 결탁, 창비와 문지의 오만, 이문열과 민음사의 밀월관계, 『문학동네』의 고속성장에 담긴 이면 등을 파헤치면서 한국 문학계를 지배하는 권력에 대하여 정면으로 문제를 제기한다. 또한 김윤식 교수의 표절을 지적했던 문학평론가 이명원도 2000년 전후에 한국문학 내의 논쟁들을 정리하여 『파문』(새움, 2003)이라는 책으로 정리하기에 이른다. 이명원은 문학권력의 부당함을 지적하는 이유를 다음과 같이 피력하고 있다.

> 왜 부당한 문학권력이 비판의 대상이 되는가? **그것은 제도적인 차원에서의 부당한 권력효과가 텍스트에 대한 미학적 평가에도 무차별적으로 침투하여 장의 질서를 교란시키기 때문이다.** 가령 최근 들어 왕성한 비평적 조명의 대상이 되고 있는 일련의 키치적인 소설들은, 많은 경우 '매체권력'으로 규정할 수 있을 왜곡될 에콜의 권력행사 과정을 통해, 자본주의와는 아무런 갈등도 빚지 않고, 도리어 그것을 적극적으로 활용하는 상업주의의 엄호와 비평적 지원 속에서 그 영향력을 나날이 확대해가고 있다는 점을 보더라도 이러한 사실을 단적으로 확인하게 된다.[3] (강조—인용자)

이명원의 비판은 문학평론가 김명인의 다음과 같은 지적과도 겹쳐진다.

3) 이명원, 『파문』, 새움, 2003, 319쪽.

출판자본은 자연스럽게 문학권력의 자리에 등극하게 된다. 투자와 기획과 홍보전략을 통해 히트작을 많이 산출한 출판사에는 베스트셀러 작가가 되고자 하는 기성작가와 작가지망생들이 줄을 잇고, 그 생사여탈권을 쥔 출판사의 사주, 기획책임자, 편집위원 등에게는 문학적 권위와는 성격이 다른 힘, 즉 문학권력이 형성된다. **이 문학권력은 출판자본의 등을 업고, 문학작품에 문학성 대신 상품성의 서열을 부여하며, 언론과의 유착을 통해 그 상품성의 서열을 문학성의 서열로 치환하고 고착시킨다.**[4] (강조—인용자)

제도적인 차원의 부당한 권력효과가 텍스트에 대한 평가에도 영향을 미치고 있다는 사실은 난립하고 있는 문학상 수상작을 둘러싼 잡음과 '주례사 비평'에 대한 논쟁으로도 이어졌다. 출판사와 문예지의 상업주의와 결탁이 텍스트에 대한 그릇된 평가로 이어지고 있다는 문제의식 아래 소장파 평론가들은 『주례사 비평을 넘어서』(한국출판마케팅연구소, 2002)라는 책을 펴냈다. 이 책은 문학평론가 김명인, 권성우, 고명철, 이명원, 홍기돈, 김진석, 신철하, 하상일 등이 참여하여 텍스트에 대한 주류 문단의 평가에 대한 반론을 펼치는 형식으로 구성되었다. 신경숙, 은희경, 전경린, 황지우 등의 작품이 과도하게 조명되는 원인으로 출판사와 문예지의 과도한 광고와 칭찬일색인 비평을 지목했으며, '2001년 문학동네 신인상' 수상작품에 실린 김형중의 해설에 대한 비판을 통해서 과잉해석과 상업주의를 비판했다. 또한 정과리, 황종연 등 선배 비평가들의 글이 현학적인 외국이론을 과도하게 도입하고 있다는 점을 지적하며 성역 없는 비판을 개진했다. 언급한 세 권의 책들에 의하면, 문학권력과 주례사 비평은 짝패와도 같다. 문학권력이 텍스트의 평가에 영향을 미치고, 텍스트에 대한 평가의 독점은 다시 문학권력을 공고하게 만들기 때문이다. 문학권력

4) 김명인, 「단자, 상품, 그리고 권력」, 『자명한 것들과의 결별』, 창비, 2004, 242쪽.

과 주례사 비평을 비판하는 평론가들의 글에 대한 응답은 미미했다. 『문학동네』는 2001년 여름호에 '비평과 권력' 이라는 특집을 실어서 반응을 보였지만 생산적으로 논쟁으로 이어지지는 못했다. 남진우는 "비평적 잡동사니", "강준만의 에피고넨"[5]이라는 표현을 쓰면서 문학권력과 주례사 비평을 거론하는 비평들의 의미를 일축했고, 윤지관은 "창조로서의 문학의 사회적 입지에 대한 고민이 있는지 의문"[6]이라고 언급하며 본격적인 논쟁으로 확장시키지 않았다.

2000년대 후반에 접어들어서도 이러한 풍경은 꾸준히 반복된다. 이를테면 문학평론가 최강민은 2005년 5월 31일자 《교수신문》에 「작가론의 내적 구성원리와 사회현실이 탈색된 현장비평」이라는 글을 기고하면서 김윤식의 현장비평은 "대상 텍스트에 밀착해 미학적 특성을 드러내기보다 통시적 차원에서 작품 내지 작가가 차지하는 문학사적 위치나 구성원리에 초점을 맞춘다"면서 "현장 비평 활동에서 작가와의 우호적인 관계는 때로 치명적인 독"이라고 지적했다. '이명원 사건'과는 달리 최강민의 비판에는 '반박'이 등장했다. 그러나 반박은 논리의 차원에서 이루어지지 않고 '계도'와 '충고'의 차원에 머물렀다. 이를테면 김승환 교수는 《교수신문》에 기고한 반박문에서 "김윤식의 도도한 강심을 보지 못한 것"이라면서 김윤식에 대한 비판을 "망상스럽다"고 일축하고 이어진 최강민의 재반박에는 침묵으로 일관했다. 이러한 풍경은 이문열에 대한 비판에 민음사가 침묵하고, 김현에 대한 비판에 문지가 침묵하며, 백낙청에 대한 비판에 창비가 침묵하는 풍경과 묘하게 닮아 있다. 최강민은 이러한 풍경들을 '서열적 권위주의'라고 명명하면서, "서열적 권위주의는 필연적으로 배타적 성역을 구축한다. 성역이 존재하면 금기가 발생한다. 그 금기는 성역

5) 남진우, 「주와 비의 세계에서」, 『문학동네』, 2001년 여름호, 374쪽.

6) 윤지관, 「푸코에 들린 사람들」, 『문학동네』, 2001년 여름호, 347쪽.

에 대한 신비화를 촉진시킨다. 그러면서 비평 논쟁의 무풍지대를 형성한다"[7]고 지적했다. 이러한 반복은 지금도, 계속된다. 일방적인 읊조림과 침묵 속에서 비평의 존재와 권위는 점차 몰락하는 악순환. 이 악순환을 응시하면서 문학평론가 고봉준은 이렇게 적고 있다.

> 현재의 문단구조 하에서 비평의 윤리를 회복하라는 요구가 쉽사리 받아들여질 리 만무하다. 비평의 미래가 더욱 암담하게 느껴지는 이유는 이 때문이다. 비평의 자기 검열은 비평과 비평의 대화, 즉 논쟁을 통해서 가능하다. 김명인의 말처럼 '질타의 정신'은 가식적인 매혹보다 훨씬 값진 것이다. 그것은 비평의 나태와 무능을 대화적 방식으로 성찰할 수 있는 계기를 제공한다. 그러나 문학권력 논쟁을 지켜보면서, 나는 이러한 상식이 권력이라는 벽 앞에서 얼마나 공허하고 추상적인 것인가를 실감하지 않을 수 없었다. 혹자는 말한다. 비평적 양심과 자기 검열, 그리고 비평에 관한 자의식의 성취가 비평이 위기를 극복할 수 있는 길이라고. **그러나 성찰이란 자신을 대상화시킬 수 있는 능력을 전제로 한다. 다시 말해 비판의 대상이 자신의 비윤리성을 자각하지 못할 때, '성찰'의 가능성은 사라진다. 비평의 자의식과 윤리의 회복은 여전히 중요한 가치이다. 그것이 바로 비평의 출발점이기 때문이다.**[8] (강조—인용자)

미래파 논쟁

문학평론가 권혁웅은 2005년 『문예중앙』에 발표한 두 편의 평론[9]에

7) 최강민, 「비평 논쟁의 침체와 문학의 죽음」, 『문학 제국』, 실천문학사, 2009, 21쪽.

8) 고봉준, 「비평의 윤리와 질타의 정신」, 『반대자의 윤리』, 실천문학사, 2009, 31쪽.

9) 권혁웅, 「미래파」, 『문예중앙』, 2005년 봄호; 「상사(相似)의 놀이들」, 『문예중앙』, 2005년 가을호.

서 2000년대에 활동하는 일부 젊은 시인들의 시들을 차별화하기 위해 '미래파'라는 명칭을 부여했다. 그는 2000년대 젊은 시인들의 특징을 다층화된 발화, 음악, 이미지, 복수적인 화자, 존재론적 통찰, 불협화음 등으로 규정하고 역사에 대한 채무의식에서 비롯된 내적 고백보다는 재미를 추구하는 것을 중요한 특징으로 지적했다. 이장욱, 김진수, 신형철 등의 평론가들도 젊은 시인들의 시를 2000년대 시단의 '새로운 흐름'으로 인식하기 시작했다. 그러나 '미래파'라는 명명은 20세기 중반 이탈리아에서 발원했던 미래파의 뉘앙스와 충돌하면서 많은 논란을 야기했고, 찬반 논쟁을 촉발시켰다. 이어서 권혁웅은 2006년에 발표한 세 편의 글[10]에서 김경인, 김경주, 김민정, 김언, 김행숙, 이기성, 이민하, 이근화, 유형진, 장석원, 장이지, 조연호, 함기석, 박상순, 김형술, 황병승 등 31명의 시인을 호명하면서 이들의 새로운 발성법을 주목해야 한다고 주장했다.

2000년대 젊은 시인들의 새로운 시에 대한 옹호론에 대하여 비판도 제기되기 시작했다. 이경수는 권혁웅에 의해 '미래파'라고 명명된 시인들의 시를 분석하는 글을 통해서 '미래파'라 명명되어 온 2000년대의 젊은 시인들을 묶어서 보았을 때 가질 수 있는 장점은 분명히 있지만, 이들의 시가 공통적으로 지니는 새로운 감수성에 세대론적 의미를 부여했을 때 그것이 집단적 흐름을 이룬다면 새로움의 의미가 지니는 파장이 더욱 커질 것을 우려했다. 아울러 '미래파'라는 정의에 쉽게 포섭되지 않는 많은 시인들을 배제할 수 있음을 지적했다. 고봉준은 의사소통을 거부하는 난해성과, 자폐적 이기주의로 인한 나르시시즘적인 퇴행을 지적하면서 비판적 입장을 피력했고, 하상일은 '미래파' 논의가 새로움을 과장하려는 과잉된

10) 권혁웅, 「미래형 시로의 여행을 위한 히치하이킹 안내서 1」, 『현대시학』, 2006년 2월호; 「미래형 시로의 여행을 위한 히치하이킹 안내서」, 『문학들』, 2006년 봄호; 「행복한 서정시; 불행한 서정시」, 『문예중앙』, 2006년 여름호.

수사라는 점과 행복과 불행의 이분법적인 평가라는 점을 지적하면서 난해성의 장막을 걷어내고 시인과 독자의 진정한 소통을 통해 '서정의 옹호'가 더욱 절실하다고 주장했다. 이처럼 '미래파'에 대한 비판적인 입장을 지닌 평론가들은 무엇보다도 '미래파'라는 호명의 이면에 자리잡고 있는 세대론적인 차별화 전략과 소통 불능의 난해성을 문제 삼고 있다.

한편 문학평론가 오형엽은 『문학과 사회』 2006년 겨울호에 기고한 글[11]을 통해서 미래파에 대한 찬반 논쟁들을 일목요연하게 정리한 다음, 소모적 논쟁을 넘어서기 위한 방안을 제시한다. 오형엽은 서정, 환상, 감각에 대한 문제를 재정립할 것을 요구하면서 문학사적 영향관계에 대해 점검하고 비평적 관심이 미래파로 호명된 시인들 이외의 다른 시인들의 작품 분석으로도 확대되어야 함을 주장했다.

미래파 논쟁은 2005년에서 2006년의 문단의 중심 화두였고, 많은 문예지들이 특집을 할애하여 다루었다. 미래파 논쟁은 문학권력 논쟁이나 주례사 비평 논쟁과는 달리 수많은 평자들 간에 '비평적 대화'가 오갔다는 점에서 의미가 있다. 하지만 이경수의 지적처럼 구미에 맞는 작품만을 읽고 지지하며 이른바 "문학적 베팅"[12]을 하는 비평이 부각된 것은 문학권력의 문제와도 연동된다. 명칭이 적절한지, 호명한 시인을 한 무리로 묶는 것이 정당한지 등의 기초적 문제부터 미래파의 작풍에 대한 미학적 가치판단까지 논의는 무성했지만, 많은 논쟁이 그렇듯 '미래파 논쟁'에 미래파의 목소리는 없는 상황이었다. 이러한 상황 속에서 미래파로 호명된 시인들은 자신들의 시를 둘러싼 논쟁에 대해 『시로 여는 세상』 2007년 가을호에 「미래파의 자기진단과 미래파의 미래」라는 글을 공동으로 기

11) 오형엽, 「환상의 심층 : 2000년대 젊은 시인들을 둘러싼 논쟁」, 『문학과 사회』, 2006년 겨울호.

12) 이광호, 좌담 「'문학의 시대' 이후의 문학비평」, 『문학동네』, 2006년 가을호, 156쪽.

고하면서 거부감을 표출[13]했다. 미래파 논쟁은 대화가 활발하게 교환한 2000년대의 대표적인 문학 논쟁이기도 했지만, 정작 거론된 시인들은 논쟁에 스며들어 있는 차별과 규정에 반발한 평론가들만의 논쟁이었다는 비판을 피할 수 없을 것이다.

가라타니 고진과 조영일

2006년, 일본의 철학자이자 문학평론가인 가라타니 고진의 저작 『근대 문학의 종언』이 번역되어 출간되었다. 이 책의 출간은 하나의 '사건'이었다. 근대 문학을 지탱하던 역사적 조건이 변화했으므로 문학은 이전처럼 담론의 중심이 되지 못한다는 요지의 내용을 담은 이 책이 던진 파장은 컸다. 문학이 지닌 정치적인 힘이 약화되었다는 주장은 새롭지 않다. 많은 사람들은 문학의 약화보다는 '문학의 종언'에 예민하게 반응하기 시작했다. 문학은 어쩔 수 없이 '제도'일 수밖에 없는데, 뿌리 깊게 자리 잡은 문학의 시스템 그 자체의 몰락을 예고하는 선언이었기 때문이다. 이 책의 번역가이자 문학평론가인 조영일은 『근대문학의 종언』을 번역한 이후에 잇따라 두 권의 평론집을 출간하여 가라타니 고진의 논의를 한국문단 비판에 본격적으로 적용하기 시작했다. 첫 평론집 『가라타니 고진과 한국문학』(도서출판 b, 2008)에서 조영일은 가라타니 고진의 '선언'에 대다수 비평가들이 침묵을 고수하는 이유를 다음과 같이 적고 있다.

> 분명 위기나 종언에 대한 인식은 비평가의 특권이다. 하지만 그런 것을 단순히 예감한다는 것과 선언한다는 것은 완전히 별개의 문제이다. 왜냐하면 위기

13) 이 기고문에 실린 시인들의 반론은 《한국일보》 2007년 9월 2일자 기사인 「우리는 '미래파 논쟁'에 갇혀 있지 않겠다」에 잘 정리되어 있다.

를 예감하는 것은 계도적 제스처를 취하기 위한 노련한 포석인데 반해, 종언을 선언한다는 것은 자기가 자기 자신이기를 포기한다는 의미이기 때문이다. 즉 비평가가 비평가임을 포기하는 것이다. 따라서 저널리즘에서는 「근대문학의 종언」을 크게 문제 삼은 데 반해, 비평가들은 사전에 연락이라도 한 듯이 침묵을 고수했던 것이다.[14)]

조영일은 텍스트의 해석에 대한 이견을 제기하거나 문예지-출판사-언론의 연결고리를 비판하던 기존의 문학 논쟁에 비해서 훨씬 큰 범주의 논쟁점—한국 문학의 시스템—을 제시한다. 조영일의 비판은 매우 스펙트럼이 넓다. 먼저 비평가가 대학에서 교수직을 겸하면서 문학 교육과 현장 비평, 그리고 문학상 심사를 동시에 맡는 현실, 한국 대학에 난립한 문예창작학과와 국문과가 연구자를 과잉 배출하는 기형적인 현실을 비판한다. 조영일은 한국문학에서 현재의 비평이 폐쇄된 공간 안에서 의미와 이해의 통일에 대한 의지를 생산하고 있는 현상은 창작과 비평의 분리와 교육과 비평이 결합된 결과라고 주장했다. 또한 동인지와 문예지의 역사가 기존의 한국문학사를 형성했던 것을 거론하면서 2000년대 한국문학에서의 문예지의 존립근거에 대하여 묻고 있다.

한국문학사를 보면 동인지 또는 문예지의 역사가 곧 문학사를 이루고 있다. 이는 아방가르드로서의 문학이 항상 존재했다는 말이기도 하다. 새로운 세대는 언제나 자신들만의 잡지를 가졌고 그것을 통해 구세대에 대항해 왔다. 따라서 개개의 문예지는 그들만의 탄생과 소멸을 통해 문학사에 공헌을 해왔다. 그러나 오늘날처럼 문학잡지가 장수하는 시대(문예지의 고령화)에, 행인지 불행인지 오늘날의 젊은 비평가들은 애써 그럴 필요가 없게 되었다. 그저 기존

14) 조영일, 『가라타니 고진과 한국문학』, 도서출판 b, 2008, 25쪽.

문학잡지에 들어가 주어지는 일을 하면서 서서히 지명도를 획득해가는 과정만 밟으면 될 뿐이다. 가라타니 고진이 '최근 비평가들은 자의식만 있지 내면성이 없다고 비판'한 것은 이와 무관하지 않다.[15)]

이와 같은 조영일의 비판은 문학권력 논쟁에서 문학권력을 비판하는 평론가들과 동일해 보이지만, 권력의 공정한 집행과 형성이 아니라 시스템 자체를 겨냥하고 있기에 문제적이다. 조영일은 두 번째 평론집 『한국문학과 그 적들』(도서출판 b, 2009)의 서문에서 이 점을 분명히 밝히고 있다.

> 나는 문학권력이나 문단권력의 문제가 그것을 휘두르는 몇몇 개인들이나 문예지만의 문제는 아니라고 생각한다. 즉 그것은 양심적인 전위들이 나서서 공정하게 평가하고 운용해서 해결될 문제가 아니라는 말이다. 대학, 입시교육, 출판계, 언론계, 그리고 국가가 서로 긴밀하게 얽혀 있는 한국문학시스템을 근본적으로 바꾸지 않는 한, 그것은 '운용권력'에 대한 단순한 원망에 지나지 않을 수도 있다. 따라서 문단문학으로부터 벗어나 새로운 무언가를 사고하는 대신, 그 주변에 머물면서 지식인으로서 정치적으로 올바르고 고상한 말만 내뱉는 것이 한국문학에 어떤 변화를 가져올 리는 만무하다. 즉 **중요한 것은 기존 문학시스템 안에서 남들과 구분되는 '양심적인 행위'를 하는 것이 아니라 그러한 시스템 자체를 거부하는 것이다.**[16)] (강조—인용자)

이어서 조영일은 기존의 문단 시스템과 무관한 곳에서 각자의 활동영역을 만들어가고 있는 젊은 문학도들과 '서브 문학'에 희망을 걸고 있다는 의견을 피력하면서 새로운 동인지와 잡지, 웹진과 같은 인터넷 공간에

---

15) 위의 책, 34쪽.

16) 조영일, 『한국문학과 그 적들』, 도서출판 b, 2009, 9쪽.

서 새로운 시스템을 창출하는 등 '새로운 도약'이 필요하다고 말한다. 새로운 시스템의 형성과 도약을 말하는 조영일의 주장은 가라타니 고진의 '선언'보다 한국문학에 더욱 쓴소리로 느껴질 것이다. 2000년대 후반 일본의 평론가 가라타니 고진의 종언선언에 대하여 많은 논자들이 옹호론과 비판론을 쏟아내며 반응[17]했던 것에 비하여 한국문학 시스템에 대하여 비판을 한 조영일의 비판에는 응답이 미미하다. 조영일의 비판은, 기존의 논쟁들에 함축되어 있던 문제들을 시스템에 대한 비판을 통해 보다 전면적으로 드러냈다는데 의미가 있을 것이다. 그러나 출판, 언론, 교육, 국가가 긴밀하게 얽혀 있는 시스템을 획기적으로 바꾸기 위해서는 각 공동체에 포함된 주체들에 대한 더욱 정교한 분석이 필요하다는 비판을 피할 수 없다(실제로 장르문학의 활성화를 위한 잡지들이 생겨났지만 큰 호응을 얻지 못했으며 진보 웹진인 '레디앙'에서 '88만원 문학상'을 창설하기 위한 움직임 등이 있었지만 구체적인 논의로 확대되지 못하고 좌초된 바 있다). 현재 한국 문단 내에서 조영일의 비판에서 자유로운 작가, 비평가, 연구자, 문예지와 출판사는 거의 존재하지 않는다고 해도 과언이 아니다. 동인지와 문예지의 정체성 문제, 문단 내의 권력 문제와 비평가들의 보신주의(비판이 아닌 해설 중심의 비평), 국가와 문학의 결탁 문제, 교육과 비평의 결합이 생성한 기형적인 현실 등 한국문학계에 발을 걸치고 있는 모든 이들은 어떤 식으로든 조영일의 질문과 비판에 나름의 답을 마련해야 할 의무를 지니고 있다.

17) 가라타니 고진의 주장에 대해서 많은 비평가, 교수, 저널리스트들이 신문과 잡지, 웹진 등을 통하여 많은 찬반 의견을 냈다. 여기에 모든 의견을 정리하는 것은 불가능하지만 대체로 가라타니 고진의 선언을 비판하는 논자들은 대체적으로 두 가지 경향을 보인다. 문학이 사회의 중심 담론에서 밀려났다고 하더라도 여전히 문학은 존재하리라는 믿음을 바탕으로 한 결연한 반론과 일본문학의 현실을 한국에 무리하게 적용했다는 비판으로 나뉜다. 반면 옹호하는 쪽은 장르문학의 활성화를 대안으로 내세우거나 '이미' 문학은 오락과 위안상품으로 전환된 것이 엄연한 현실이므로 고진의 선언은 놀랄 만한 것이 아니라고 말하는 식이다.

이 의무를 방기할 때, 앞서 거론했던 논쟁들은 비슷한 방식으로 '반복'될 것이며, 그러한 반복은 무의미한 악순환으로 이어질 가능성이 높다(이미 그런 풍경들을 우리는 목도하고 있는 중이다). 문학계의 각 주체들에 대한 정교한 분석과 제안이 요구되지만 적어도 조영일의 다음과 같은 언급은 오늘날 독자들이 한국문학에 등을 돌리는 이유를 적실하게 짚고 있다.

> 문학은 본성상 시스템과는 무관하다. 아니 도리어 그것을 끊임없이 파괴해 가는 것이야말로 문학의 속성이라고 할 수 있을 것이다. 따라서 독자들이 창작교본 냄새가 나는 한국소설이나 학술지 게재용 소논문과 닮아가는 비평에 등을 돌리는 것은 어쩌면 당연하다. 그러므로 한국문학의 허약성을 앞세워 '비판' 보다는 '칭찬'을 강조하는 것은 문제의 본질을 도외시하는 것으로, 사태를 악순환의 늪에 빠지게 만들 뿐이다. 한국문학육성 프로젝트라는 이름으로 국가로부터 돈을 타내 나누어지는 지원금과 칭찬 위주로 이루어지는 비평은 다시금 창작의 빈곤을 낳으며, 다시 지원금과 칭찬이 분배되는 사이, 정말이지 문학은 문단 안에 갇혀 폐쇄적 공동체가 되어간 것이다. 그들이 일본문학 부흥에 경각심을 가지면서도 정작 강 건너 불처럼 느끼는 것은 그와 같은 폐쇄감을 문학의 본질적 감각으로 착각하고 있기 때문이다.[18)]

가라타니 고진의 『근대문학의 종언』이 출간된 이후에 우리 문학계는 종언 선언에 대한 찬반 논쟁으로 몇 년 동안 진통을 겪었고, 지금도 현재진형행이라고 볼 수 있다. 논쟁의 의미는 각 주체의 '입장' 확인과 다툼(爭)의 전개 양상 속에 있는 것이 아니다. 우리가 논쟁을 통해서 진정으로 돌아봐야 하는 것은 논쟁이 발생된 토대 안에 우리 자신이 얼마나 연루되어 있는가, 라는 질문일 것이다.

---

18) 조영일, 『한국문학과 그 적들』, 101쪽.

울림 없는 메아리

2000년대 문단에서 벌어진 논쟁들을 섬세하게 다루기에는 지면의 제약 때문에 크게 부각된 논쟁들의 일면만을 다룰 수밖에 없었다. 2000년대 문단에서 벌어진 논쟁을 통해서 우리는 한국사회의 어떤 단면들과 마주하게 된다. 왜 그런 것인가. 1990년대 이후 비판 의식을 상실한 비평계의 모습은 1990년대 초반 전면적인 소비사회에 '반성 없이' 돌입한 우리 사회의 부분집합으로 읽힌다. 정치 편향적이었던 1980년대에서 벗어난 후 1990년대에 이르러 삶의 윤리를 반성할 시간조차 없이 IMF 위기를 거치면서 우리 사회의 절박한 화두가 되었던 '생존'의 논리는, 문학판에서도 쉽게 찾을 수 있다. 인기 작가를 '공유'하고 비판적 대화를 자제하면서 공동 생존을 추구하는 문예지들의 모습도 생존에 급급하여 윤리의 문제를 망각한 우리 사회의 축소판으로 다가온다. 비평의 약화와 비판정신의 축소에 대한 경각심, 문단 내의 기득권에 대한 반발로 점화된 문학권력 논쟁과 주례사 비평 논쟁은 효율만을 추구하는 사회에서 구성원들이 느낄 수 있는 공허함과 위기의식에 비유될 수 있을 것이다.

상품이 확보되면 다음 문제는 포장과 유통이다. 어떻게 포장(광고)하고 유통시키냐에 따라서 이윤은 결정된다. 자본주의 사회, 정확하게는 신자유주의 사회에서 생산 시스템보다 정교하게 발달한 것은 바로 유통과 광고 시스템이다. 물론 곧바로 대입시키기에는 무리가 따르겠지만 미래파 논쟁은 유통과 광고의 문제로 기업들이 충돌한 것에 비유할 수 있지 않을까. 문학이라는 제도는 생산(창작) 시스템과 유통 시스템이라는 두 축으로 유지된다. 생산 시스템의 빈약함에 비해 유통 시스템이 지나치게 발달한 것이 지금 우리 문학의 현실이리라. 미래파 논쟁을 통해서 드러난 해석의 차이, 세대론을 비롯한 차별화 전략, 정작 대상이 된 시인들은 규정을 거부하는 아이러니는 상품의 유통 과정에서의 갈등들과 분명 닮아 있다. 조영일의 비판은 타락한 유통시스템에 대한 재정립을 요구하며 빈약한 생산 시스템의 활성화를 주장한 것에 비유될 수 있다. 문학이 제도라는 사실을 염두에 두고 거칠게 비유한 것에 불과하지만, 문학이 기업의 생존-확장 방식과 닮아간다는 사실을 부정할 수 있는 사람은 많지 않을 것이다. 비평이 단지 안전한 해석에만 머물며 소비와 이윤 창출의 도구와도 같이 이용될 때, 지난 논쟁을 통해서 드러난 문제들은 더욱 깊어질 수밖에 없다. 이것이 우리가 지난 논쟁들을 돌아봐야 이유이다. 일방적인 입장 표명이 아닌, 소통을 위한 논쟁과 비평적 실천은 망각과의 긴장 위에서 비로소 가능해지기 때문이다.

문학상
Literary Award

2009
미당문학상 수상작품집
김언
기하학적인 삶
2000년도 제24회
이상문학상 수상작품집
이인화
시인의 별
초원을 걷는 남자
김연수 소설집
내가 아직 아이였을 때
2005
現代文學賞 수상소설집
정이현
삼풍백화점

2000년대 문학상 제도의 난경과 문제점

■ 이성혁

문학평론가. 1967년생. 1999년 『문학과 창작』 평론부문 신인상, 2003년 《대한매일신문》(현 서울신문) 신춘문예 문학평론 당선. 평론집으로 『불꽃과 트임』 등이 있음. 외대, 세명대 강사. redland21@hanmail.net

1

문인들에게 문학상 수상은 즐겁고 영예로운 일일 것이다. 그것은 자신의 문학이 헛되지 않았다는 보람을 느끼게 할 것이다. 특히 경제적으로 어려운 전업 작가나 시인에게 상금은 가뭄에 단비와 같은 무엇일 것이다. 하지만 알다시피 소수의 작가들에게만 문학상의 혜택이 돌아가고, 대부분의 작가는 그 판에서 들러리가 된 느낌을 갖게 된다. 하지만 들러리가 될수록 '언젠가 자신도 상을 타게 되겠지'라는 기대를 버리지 못하고 문학상에 집착하는 마음이 생기게 된다. 더구나 메이저 잡지에 글을 발표하지 못하는 작가들은 문학상의 검토 대상조차 되지 못하고 말아, 'B급 작가'로서의 설움을 겪어야 한다. 문학상을 문단의 축제라고는 하지만, 한편으로 그것은 많은 작가들에게는 소외감을 느끼게 하는 것이기도 하다.

그렇다고 문학상이라는 제도가 불필요하다고 말할 수는 없을 것이다. 사회적인 문학 행위를 하기 위해선 문학상과 같은 문학 제도가 일정 정도 필요하다. 사실 문학 판에 들어오기 위한 제도 자체도 많은 문학 지망생의 좌절 위에서 작동하는 것이다.

하지만 특정한 문학 제도가 문인들의 삶을 위축시키는 방향으로 나아가고 또한 문학 활동을 왜곡시키는 효과를 가져온다면, 그 제도의 문제점은 지적되어야 할 것이다. 더 나아가 생각해보면, 그 굳어진 문학 제도의 배치 속에서 문학 활동이 일정 정도 이루어질 수밖에 없다고 해도, 한편으로 그 제도의 외부를 만들어나가는 탈주를 실험해보는 것도 의미 있는 일일 것이다. 이런 면에서 2000년대 초반, 주요 문학상의 문제점을 소장 평론가들이 지적한 것은 의미 있는 일이었다.

특히 2000년 제24회 '이상문학상'을 이인화의 「시인의 별」이 수상했을 때, 이상문학상 자체에 대한 비판은 물론 주요 문학상에 대한 비판도 불거졌다. '시인의 별'은 『문학사상』 2000년 1월호에 「채련기 주석」이란 제목으로 발표된 소설의 바뀐 제목이다. 그런데 제21회 이상문학상 심사 경위에서는 후보작의 심사 대상을 "1월부터 12월까지의 발표작품으로 한정"할 것이라고 주최인 문학사상 측은 발표했던 것이다. 그러니까 「시인의 별」은 2001년 이상문학상의 후보작이어야 했던 것이다. 이에 대해 문제를 제기하는 여론이 거세지자, 문학사상 측은 『문학사상』 2000년 1월호가 인쇄된 것이 전년도 12월이므로 수상 대상 작품이 될 수 있다는 식으로 궁색하게 해명했다.

주요 문학상 제도에 대한 비판은 1990년대부터 있어 왔다. 1997년, 문학상의 공정성에 대한 설문조사에서 응답자 163명(비평가) 중 두 명만이 공정하다고 본다는 결과가 나왔다.[1] 특히 전정구는 『약속없는 시대의 글

---

1) 이성욱, 「대중사회의 전개와 자본의 문화사업, 예술의 테러리스트가 되고 있다」, 『문예

쓰기』에서 당시 '주류' 문학상인 '이상문학상', '현대문학상', '오늘의작가상'에 대해 거침없는 비판을 내놓은 바 있다. 수상 대상자가 잡지사의 요구에 좌지우지 되는 측면이 있으며, "수상후보작 선정, 수상작 결정, 심사위원 심사평 등 문학상의 모든 절차는 책팔기 위한 전략에 맞추어지고, 독자의 관심을 끌기 위한 과정"[2]이라는 것이다. 게다가 문학상은 "하나의 유능한 작가를 소진시키는 역할을" 하는데, "인기 있는 문학상의 수상자로 선정되면 그 순간 그는 뛰어난 재능과 능력과 치열한 작가 정신을 돈 버는 데 탕진하는 불성실하고 바쁜 대중작가의 길로 접어"[3]들기 때문이다. 이는 문학상을 운영하는 측이나 문학상을 수상한 작가 입장에서 보면 과도한 비판일 수 있다. 하지만, 주요 문학상들이 책의 판매 전략과 관계가 없다고 말할 수는 없다고 할 때, 문학상 제도 자체가 출판사 및 작가를 전정구가 말한 쪽으로 끌어들이는 힘으로 작용할 가능성이 있다는 것은 지금으로서도 부인하기 힘들다.

이러한 이견 및 문제가 있다고 하더라도, 1990년대에는 문학상이 한국문학의 발전에 기여한다는 면이 널리 인정되어 왔고, 그래서 문학상을 운영하는 출판사와 잡지는 상당한 권위를 얻을 수 있었다. 문학상에 대한 전정구의 비판은 롤랑 바르트적인 의미에서의 신화(즉, 자연화)가 된 '문학상'의 아우라를 제거하는 의미가 있었다. 하지만 그의 비판이 '문학상' 제도에 대한 매력을 파괴하지는 못했던 것이다. 2001년에 이르면 문학상이 288개(『문예연감』의 조사에 따름)나 될 정도로 그 수가 증가했음도 이를 보여준다. 문학상을 운영하려면 상당한 재정지출이 요구될 텐데, 왜 이러한 현상이 일어나는 것일까? 앞에서 잠시 언급했지만, 문학상은 문학상 운영

중앙』, 1997년 겨울호 참조.

2) 전정구, 『약속없는 시대의 글쓰기』, 시와시학사, 1995, 258쪽.

3) 위의 책, 259쪽.

자가 문학인들 사이에서 어떤 권위를 얻을 수 있게 하기 때문일 것이다. 권위가 무조건 나쁘다고만은 할 수 없다. 공정한 운영을 통해 누구나 납득할 수 있게끔 문학상이 수여된다면, 그 문학상은 자연스럽게 권위를 갖게 될 것이기 때문이다. 하지만 특정한 심사위원들 및 잡지에 관계된 사람들이 그들과 좋은 인간관계를 맺고 있는 이들에게 상을 수여하려고 한다면, 권위는 권력으로 변질된다. 이때 문학상은 문학인들에게 권력으로 작동하는 것이다. 그때의 문학상은 권력의 징표인 하사품이 될 것이다.

문학상이 가진 상징적 권위 및 권력으로서의 성격은 문학상이 제도로서 존재하는 한, 어쩔 수 없는 것일지도 모른다. 하지만 문학상이 권력의 성격에서 벗어나 권위 쪽으로 나아갈 수 있도록 문학상 운영자는 노력해야 할 것이다. 그런데 2000년대의 '주류' 문학상들이 권위를 굳건히 세움으로써 권위가 권력으로 미끄러지지 않도록 제어하는 노력을 기울였는지는 의문이다. 오히려 2000년대는 문학상의 권위가 추락하는 기간이었다고도 생각된다. 2000년대가 시작되면서, 문학 판에서 가장 먼저 회자된 화제는 앞에서 언급한 이인화의 이상문학상 수상이었다. 2000년대가 시작되자마자 소위 권위 있는 문학상의 명성에 금이 갔던 것이다. 그리고 같은 해 7월, 자신의 작품이 《조선일보》가 운영하는 동인문학상의 심사대상이 되는 것을 거부한다는 황석영의 선언 역시 문학상의 아우라를 벗기는 일이었다. 그래서일까, 문학상의 수는 2002년부터 점차 줄어들기 시작한다. 2002년에 문학상 수는 193개로 격감하고, 2003년에는 177개, 2006년에는 166개로 줄어드는 것이다. 물론 문학상의 수가 줄어든 이유가 문학상의 권위 실추 때문이라는 것은 논리 비약일 수 있다. 아마도 재정을 비롯한 운영상의 문제가 그 감소의 가장 큰 이유일 것이다. 하지만 한편으로, 그 감소 현상은 무리를 해서라도 문학상을 운영하려고 하고자 하는 문학인들의 욕망이 점차 작아졌다는 것을 의미하기도 한다. 그렇다면 이는, 권위와 명예를 얻을 수 있게 한다는 문학상의 매력이 예전만큼 못하다는 것을 반증하는 것이다. 그럼, 2000년대 초반부터 문단을 들썩이게 했던 문학상 제도의 문제점이 구체적으로 무엇이었는지 따져보기로 하자.

2

2000년대 첫머리에 놓이는 사건인 이인화의 2000년 이상문학상 수상에 대해 생각해보자.[4] 앞에서 말했듯이, 이인화의 수상은 문학사상사 스스로 세운 원칙을 이상문학상이 저버렸다는 논란을 불러일으켰다. 그런데 문학사상사가 왜 그러한 무리를 했던 것일까. 시인이자 평론가인 이희중은 이인화가 "상을 좌지우지한다고 알려진 원로 평론가가 각별히 후원하는 작가"이며, "그들은 같은 대학 같은 학과 선후배이며, 심사위원 과반수가 같은 그 동문이다. 이 상은 특히 이 대학 동문들에게 아주 후했던 전력을 가지고 있다."[5]는 의견을 당시 피력했다. 그 원로 평론가는 이어령을 가리키며, 다른 동문 심사위원은 김윤식, 권영민을 가리킨다. 같은 대학 같은 학과란 서울대학교 국어국문과이다. 물론, 이에 대해 문학사상사는 말도 안된다는 반응을 보여주었지만, 사실 많은 이들이 이희중과 같은 생각을 내심 하고 있었다. 그렇지 않다면 문학사상사가 무리하게 이인화의 소설을 심사 대상에 놓은 것이 이해되지 않았던 것이다. 이인화의 수상은 일종의 특혜로 받아들여졌고, 그것은 소위 '학벌'이라는 것이 상대적으로는 비교적 덜 통용되었다던 문단에서도 학맥에 의해 문학적 가치가 정해지는 사태가 벌어지기 시작했다고 판단되었다.

---

4) 이상문학상의 전반적인 문제점에 대해서는 고봉준, 「시장과 우상」(『작가와비평』 01, 화남, 2004)이 자세하고 통렬하다.

5) 이희중, 「억울한 '시인'이라는 모자」, 『문화저널』, 2000년 5월, 87쪽.

이것이 사실이라면, 심각한 문제가 아닐 수 없었다. 그렇다면 이는 저명한 심사위원들은 작품의 가치를 문학의 잣대로 판단하지 않고 인간적 친밀도(또는 학맥)에 의해 판단하기 시작했다는 의미가 된다. 그때 이상문학상은 더 이상 '문학'상이라고 말할 수 없게 되어 그 권위가 땅에 떨어지게 될 테다. 물론 문학사상사 측은 저명한 평론가들의 권위를 내세워서 이인화의 소설이 가진 문학적 가치의 뛰어남을 역설했다. 하지만 수상작을 선정할 때 단편과 중편 위주의 소설을 그 대상으로 하면서 작가적 역량을 고려[6]하는 이상문학상이, 주로 장편소설을 써 온, 그것도 그렇게 평단에서 높은 평가를 받지는 못한 소설을 써 온 작가에게 수여된다는 것은 상당한 파격이었다. 게다가 「시인의 별」이, 이 작가가 《문화일보》에 연재하던 『아득한 날들을 돌아보라』 중 전생의 회상형식을 개작한 것[7]이라고 할 때, 그 파격은 신선함보다는 의심을 불러일으키는 성질의 것이었다. 수상 이후 이인화가 의미 있는 중단편 소설을 써내지 못한 것을 보면, 「시인의 별」이 이 작가의 문학적 가능성을 보여주고 있었는가(이 역시 이 작품을 선정한 한 이유가 될 터인데)도 지금 보면 의심스럽다. 비록 시간이 지나 항의들이 점차 밑으로 잠복되면서 이상문학상은 위기를 벗어났지만, 그 권위는 아픈 상처를 입었다고 할 수 있다.

2000년에 들어와, 이상문학상과 관련되어 불거진 또 하나의 문제는 인세 문제다. 이 사건의 경위에 대해서는 고봉준이 정리한 것을 인용하겠다.

> 2000년 초 한국문예학술저작권협회가 몇몇 작가들(김승옥, 박완서, 윤흥길, 이청준, 조세희, 오정희, 김주영, 유재용, 김원일, 조해일, 이제하, 김만옥, 박양호)

---

6) 이상문학상은 작품상이지만, 신인(등단 만 2년 미만의 작가)의 작품은 후보작이 될 수는 있어도 대상이 될 수는 없다는 규정이 있다.

7) 박기수, 「자기만의 탐식에서 상생(相生)의 축제로」, 『비평과 전망』 제2호, 2000년 5월 참조.

의 위탁을 받아 '이상문학상 수상작품집 제작·배포 금지 및 그간의 저작권사용료 청구'를 골자로 한 소송을 제기한 적이 있다. (…중략…) 사건의 핵심은 이상문학상의 주관사인 문학사상사가 수상 작가들에게 상금 이외에 수상 작품집의 발간·판매에 대한 저작권료를 지불하지 않은 데서 비롯되었다. 이 사건에 대해서 법원은 작가들의 손을 들어주었고 판결에 따라 문학사상사가 해당 작가들에게 저작권료와 밀린 인세를 지급하는 것으로 일단락되었다. 그리고 문학사상사는 제27회 이상문학상 수상 작품집부터 기수상작가의 작품을 게재하는 제도를 폐지했다.[8)]

이상문학상 수상 작품집은 후보작들을 수록함으로써 그해 최고의 소설들을 엮었다고 자부하고 있고, 또 많은 독자들도 그렇게 받아들인다. 독자들로서는, 문예지의 소설들을 다 읽을 필요 없이, 그 한권의 작품집을 읽음으로써 한 해 동안 발표된 소설 중 정수를 읽었다고 생각하게 된다. 소설을 좋아하면서도 바쁜 일상 때문에 읽어오지 못했던 사람들로서는 고맙고 편리한 일이다. 그래서 고맙고 편리한 책으로서의 위치를 굳힌 이상문학상 작품집은, 출간되면 곧 수십만 부가 팔리는 베스트셀러가 된다. 이러한 현상을 두고 이상문학상의 상업주의를 지적하기도 하지만, 꼭 부정적으로만 볼 것은 아니다. 상업적 목적으로 쓰여지지 않은 순수 소설을 담은 작품집이 이렇게 많이 팔리는 경우는 소위 선진국에서도 찾아보기 힘든 일일 것이다. 순수 소설의 대중화를 이루었다는 면에서는, 이상문학상은 긍정적으로 평가받을 바가 있다. 하지만 출판사의 금전적 이익을 위해 문학상이 이용된다면 그 문학상은 문학적 가치를 잃어버리게 된다. 이상문학상이 꼭 그렇게 이용되어 왔다고 말할 수는 없지만, 작가들에게 인세를 제대로 주지 않았다는 것은 출판사가 부당 이득을 취해왔

8) 고봉준, 앞의 글, 84~85쪽.

다는 것을 의미한다. 이는 출판사가 이상문학상을 일정 정도 이윤 획득의 도구로서 생각해온 것이 아닌지 의심하게 만든다.

이에 대한 지적에 대해 문학사상 측은, 작품집 판매를 통한 이윤이 막대한 적자를 낳을 『문학사상』 발간에 쓰인다거나 이윤이 전혀 남지 않을 소월시문학상이나 김환태평론문학상 운영에 쓰인다고 반론했다. 맞는 말이다. 하지만 이윤을 다른 사업 영역으로 재분배하는 일과 작가들에게 인세를 정확히 주는 일은 서로 배치되는 것이 아니다. 그런데 문학사상사 홈페이지에도 실린 「'이상문학상'의 취지와 선정 방법」을 보면, 현재 이상문학상의 상금 지급 방법은 일시불 방식과 부수에 따른 추가적인 상여금을 주는 방식으로 나뉘어 있으며 수상자가 둘 중에 하나의 방식을 선택할 수 있게 되어 있다. "일시불 방식은 발행부수와 상관없이 3,500만원을 지급하고, 우수상은 각각 300만원을 지급"하며, 부수에 따른 상여금을 지급하는 방식은 "1차로 시상 당시 대상 수상자는 2000만원, 우수상 수상자는 200만원을 지급하고, 작품집 발행 후 2년이 경과한 이후부터, 매년 말에 당해연도의 '작품집' 발행부수에 따라, 1부당 정가의 10%를 각 수상자별로 균분하여 지급토록" 되어 있다.

뭔가 이상하다. 이상문학상이 상금을 3,500만원이라고 대내외에 알리고 있다면 그대로 그 돈을 지급하고(우수상 작가들에게도 300만원을 그대로 지급하고), 판매에 따른 인세가 대상과 우수작들의 상금 합을 넘어설 수 있을 정도로 판매부수가 많아지면, 그 이후부터는 각 수상자들에게 균분하여 인세를 지급해야 마땅하다. 특히 수십만 부가 팔릴 것이 거의 분명한 이 작품집의 경우엔 이러한 상식적인 원칙이 잘 지켜져야 한다고 생각한다. 하지만 부수에 따른 인세를 받고자 하는 작가들의 경우에도 수상 후 2년 이후에나 인세를 받을 수 있게 되어 있다. 매년 새롭게 발간되기 때문에 이상문학상 작품집이 가장 활발하게 팔리는 기간이 1년 정도라면, 2년 이후에야 상금 이외의 인세를 받을 수 있게 한 것은 문제가 있다 하겠다. '상여금 지급 방식' 역시 기간이 아니라 판매 부수에 따라, 즉 판매에 따른 인세가 총 상금을 넘어서게 되면 인세를 균분하여 작가들에게 지급해야 한다고 생각된다. 작품집이 잘 팔린다는 것은 축하할 일이지만, 책값의 10%인 인세에서조차 출판사가 이득을 취하고자 한다면, 그것은 이해받을 수 없는 일이고 더 나아가 문학사상사가 품은 이상문학상 제정의 고매한 뜻도 '상업주의'를 치장한 것일 뿐이라는 의심을 받을 수 있는 것이다.

3

2000년 문단을 뜨겁게 달군 동인문학상의 문제에 대해서도 언급해야겠다.[9] 그 해 조선일보는 동인문학상 제도를 전면적으로 개편했다. 조선일보는 종신 심사위원제라는, 한국 문단에서 보기 드문 제도를 신설하고, 심사대상을 예전의 단편에서 단행본 소설집이나 장편소설로 변경하였다. 그리고 상금을 5,000만원으로 파격적으로 올렸다. 심사 과정도 독특하다. 7인의 종신 심사위원이 행하는 연간 몇 차례의 심사 과정 및 그때 제출된 심사평을 《조선일보》지상에 공개하면서 심사가 진행되는 것이다. 이를 통해 문학 작품에 대한 논의를 활발하게 하고, 동인문학상에 대한 지속적인 관심을 대중이 갖도록 만든다는 의도가 깔려 있는 제도라 하겠다. 하지만 심사과정의 공개는, 결국 수상작을 뺀 모든 후보작들이 왜 올해 동인문학상감이 아닌지에 대해 밝히는 것이다. 그렇기에, 후보작이 되는 일이 자존심 강한 작가들에게는 별로 즐거운 일만은 아니었을 듯 싶다. 마치 피겨 스케이팅 선수가 연기 후 심사위원으로부터 점수를

9) 동인문학상에 대한 전면적 비판은 하상일이 「문언유착과 문학권력의 제도화」(『작가와 비평』 01)에서 가하고 있다.

받듯이, 자신의 점수를 신문지상에서 확인해야 한다는 것이 그렇게 기분 좋은 일은 아닌 것이다. 몇몇 문인들로서는 문학이 스케이팅 연기처럼 서열화 되어 판단된다는 것도 받아들이기 힘들었을 것이고, 또한 심사 대상이 되길 밝히지 않았는데도 서열이 매겨진 작품들 속에 자신의 작품이 끼어 들어가 있는 것 역시 불쾌했을 것이다. 게다가 어떤 권한으로 그 종신 심사위원들은 자신의 작품을 심사하는 것인가? 황석영은 자신의 작품 『오래된 정원』이 동인문학상 심사 대상에 올라 있다는 것을 알고는, '총대를 메고' 강한 불쾌감을 표현하는 「동인문학상 후보작을 거부한다」라는 글을 한겨레 신문에 발표했다(2000년 7월 20일자). 후반부를 인용해 보면 이렇다.

> 죽을 때까지 심사를 한다면 그 위원들과 《조선일보》는 앞으로도 수십년간 불변할 것인지. 앞으로 수십년 동안 수많은 미래의 심사 대상자를 동시에 관리하려는 것인지. 전망이 안 보이는 자들은 역사는 과거에서 지금까지 불변할 것이라고 믿겠지만, 하늘 아래서 역사와 사람의 가장 큰 특성은 변화에 있다는 것을 오늘도 우리는 보고 있다.
>
> 문학상의 상업주의와 사이비 권력놀음 따위의 문제점이 지적된 것이 어제 오늘의 일이 아니다. 실상은 《조선일보》가 특정 문인 몇 사람을 동원하여 한국문단에 줄 세우기 식의 힘을 '종신토록' 행사하겠다는 것이다.
>
> 늙은이 젊은이 할 것 없이 무차별적으로 같은 잣대 위에 올려 놓고, 공개된 신문지상에서, 불공평하게도 의견을 내놓은 자들의 이름은 공개하지 않은 채, 내용과 별 상관도 없는 말 몇 마디로 '탈락'이니 '잔류'니 하고 치워버리는 것은 누가 누구에게 부여한 권리인가? 무슨 경품 뽑기 대회도 아니고 불량품 가려내기도 아닐진대, 편 가르기와 줄 세우기 식의 사이비 권력놀음을 당장 걷어 치워라.
>
> 심사에 동참한 동료 문인들에게도 엄중히 항의하건대, 나는 변변치는 않지

만 떳떳하게 살 권리가 있는 한 사람으로서 더 이상 욕을 보이지 말아 주기를 부탁하는 바이다.

다시 한번 강조하지만, 문학상이 세계관의 한 표현일진대 나는《조선일보》측의 '동인문학상'뿐만 아니라 현대문학에서의 동인의 위치에 대하여도 이견이 있는 사람이며, 따라서 귀측의 심사대상이 되는 것을 거부한다는 입장을 일단 밝혀두려고 한다

종신 심사위원제가 가진 보수성과 그것이 문학권력의 문제와 연결되어 있다는 것을 황석영은 적시하고 있다. 우선, 그는 시대가 변하고 문학 역시 변할 텐데 심사위원들은 바뀌지 않는다면, 그들의 문학관이《조선일보》라는 막강한 언론 권력을 통해 문단에 압력을 가하여 변화해가고자 하는 문학의 발목을 잡을 가능성이 있다고 지적한다. 심사위원들의 심사평 속에는 그들의 문학관이 담겨 있을 것이며, 종신 심사위원이라는 권위를 업은 그 문학관을 독자들은 자연스럽게 받아들이게 될 것이다. 한편으로 최대 문학상 중의 하나인 동인문학상의 종신 심사위원은 작가들에게 커다란 권력을 가진 사람들로 받아들여질 것이다. 이들 중 한 명이라도 그와 반목하는 작가들은 동인문학상 근처에 가볼 수도 없게 될 가능성이 크다. 그래서 작가들은 무의식적으로 그들을 선생님으로 모시고 공경을 다하는 태도를 가지게 될 것이다. 황석영은 이 권력을 "편 가르기와 줄 세우기 식의 사이비 권력놀음"이라고 표현한다. 작가들로부터 위탁받은 것도 아니고 다만《조선일보》라는 거대 언론에 의해 위탁받은 권한으로 작가들을 줄 세우면서, 어느새 작가들을 처분할 수 있는 위치에 서게 된 그 심사위원들은 작가들이 두려워하거나 잘 보여야 하는 대상으로 변모한다. 또한 이를 통해 심사위원들은 작가들을 자신의 '영향권' 안으로 끌어들여, 그 작가들이 자신들에게 반항하거나 자신들을 비판할 수 없는 자리에 서게 만든다는 것이다.

한편 황석영은, 위의 인용 부분에는 나오지 않지만, 그 글에서 개편된 동인문학상이 극우적인 보수 신문 《조선일보》의 '꼼수'라고 분명히 말하고 있다. "군사 파시즘과의 결탁으로 성장한 《조선일보》"는 "기득권층의 이데올로기로서 막강한 언론권력을 누리고 있"으며, "우리의 역사발전을 위해서도 개혁되어야 한다는 것은 시대적 당위"라고 그는 《조선일보》를 평가한다. 그런데 수구적인 이미지를 벗고 젊은층을 자신의 이데올로기 및 세력권 안으로 끌어들이기 위해서 "요즈음 《조선일보》는 정치·경제·사회면에서는 종전보다 더욱 반개혁적이면서도, 문화면에서는 '다양성'을 보여 주려고 하는 교묘함을 보이고 있으며, 보다 이질적인 문인들에게는 단 몇 매짜리의 칼럼 한 편에 다른 신문의 문인들 다섯 배 가까운 원고료를 지불하고 있다"고 지적한다. 《조선일보》는 수구 냉전 이데올로기를 전파하면서 진보적 가치를 파괴하고 그럼으로써 기득권층의 이해를 대변하는 신문이다. 이에 따르면 《조선일보》는, 기득권층의 이해를 위해서라면 경직된 이데올로기로 사실을 왜곡하여 전파하고 진보적인 개혁을 파괴하라고 국민들을 선동하길 서슴지 않지만, 한편으로 이러한 경직성을 은폐하고 호도하기 위해 문화면에서는 젊으면서도 고급한 문화를 유연하게 전달한다. 문학은 이러한 이데올로기적 조작을 위해 동원된다.

기 출판된 단행본을 대상으로 한 동인문학상은, 수상작을 따로 출판하지 않음으로써 상업주의와 문학상과의 관계를 끊었다는 면에서 평가받을 만하다. 이러한 선정 방식은 일단, 순수하게 문학적 가치만을 평가하여 수상작을 낼 수 있는 장점이 있다. 무릇 문학상은 이러한 방식으로 선정되어야 권위를 얻을 수 있다. 동인문학상도 상업주의와 손을 끊으면서 고급 문학상으로서의 권위를 얻고자 했을 것이다. 하지만 종신 심사위원제는 전술했듯이 권력의 문제를 노출시켰다. 그리고 거의 무상으로 내놓은 오천만원의 상금 및 막대한 운영비용은, 막강한 재력을 가지고 있는 《조선일보》가 '교묘한' 이데올로기적인 목적을 효과적으로 전파하기 위해서라면 조건 없이 내놓을 만한 금액이었을 것이다. 그렇다면 《조선일보》가 주최하는 모든 의욕적이고 긍정적인 문화적 사업에는 어떤 원죄가 찍혀 있다는 말이냐고 반론을 제기할 사람이 있겠다. 하지만 《조선일보》가 사주 및 극소수 데스크의 사적인 정치관에 의해 좌지우지되고 그리하여 파시즘적인 이데올로기를 전파하는 한, 그리고 《조선일보》가 근본적으로 개혁되어 사회의 공기(公器)로서의 역할을 제대로 할 수 있을 정도로 환골탈태되지 않는 한 "그렇다"라고 대답할 수밖에 없다. 그래서 자신의 작품이 동인문학상 후보작으로 언급되는 것을 비판한 황석영의 행위는 평가할 만한 일이었다. 황석영뿐만 아니라 2001년엔 공선옥이, 2003년엔 고종석이 동인문학상 후보작으로 자신의 작품이 선정되는 것을 거부했다. 거부 의사를 밝히는 고종석의 글인 「동인문학상 생각」(《한국일보》 2003년 12월 26일자)에서 일부를 뽑아 인용해본다.

> 나는 왜 안티조선 운동에 공감하는가? 언젠가 다른 자리에서 썼듯, 그 신문이 수구 냉전 복고세력의 선전국일 뿐만 아니라, 신문 지면에서 일반적으로 나타나기 쉬운 글쓰기의 권력화를 가장 비도덕적으로, 현저히 정치적으로 드러내왔다는 판단 때문이다. 나는 왜 동인문학상에 비판적인가? 역시 다른 자리에서 지적했듯 그 상이, 특히 심사위원단의 종신화와 상금의 파격적 인상 그리고 상시적 독회 평가의 기사화를 뼈대로 한 세 해전의 체제 개편 이래, 한국 문단에 대한 《조선일보》의 아귀 힘을 강화하는 데 크게 기여하고 있다고 생각하기 때문이다

4

앞에서 인용한 황석영의 글 마지막 부분의 "'동인문학상'뿐만 아니라 현대문학에서의 동인의 위치에 대하여도 이견이 있는 사람"이라는 대목

역시, 2000년대 한국의 문학상 제도의 문제를 생각하기 위해서 되씹어봐야 한다. 그 발언은, 동인이 비록 한국 근대문학을 개척하는데 기여했긴 했지만 그 이후의 작품 활동이 한국문학사에서 그다지 의미 있는 것은 아니었다는 생각을 담고 있다. 더 나아가 생각해보면, 그 발언은 동인의 친일 전력을 문제시하는 것일 수도 있다. 김동인은 이광수와 더불어 자진해서 친일하겠다고 총독부를 찾아갔던 사람이다. 사실 한국 최고의 문학상을 만들겠다고 한 사람들이 적극적인 친일문인의 이름을 내세워 상을 제정했다는 것은 한국의 권력층이 친일에 얼마나 무감한가를 알게 해준다. 1956년 『사상계』가 제정하여 출발한 동인문학상(1987년부터는 《조선일보》가 운영)은 친일에 대한 자기 합리화의 교묘한 이데올로기적 기제로서 작동한다. 평론가 오창은은, "친일문인의 이름을 내건 동인문학상이 별다른 문제제기 없이 운영될 수 있었던 것은 친일문인들 사이의 의식·무의식적 '공모' 관계가 형성돼 있기에 가능했던 것이고, 이러한 '자기 합리화'가 동인문학상을 통해 이뤄졌"[10]다고 지적한다. 일제강점기 적극적인 친일 언론 활동을 펼친 전력이 있는 《조선일보》 역시 동인문학상을 통해 '자기 합리화'를 교묘하게 꾀하려고 했을 것임은 충분히 짐작할 수 있다.

'친일문인 문학상'과 관련하여, 2000년대 문학계의 또 하나의 사건은, 중앙일보사가 시 작품에 수여하는 '미당문학상'을 중단편 소설 작품에 수여하는 '황순원문학상'과 더불어 제정한 일이었다. "그 해의 가장 좋은 시에 주는 미당문학상은 3천만원의 상금이 지급되는데 이는 시 한 편에 주어지는 것으로는 국내 최고의 상금이다."라고 미당문학상 작품집 뒷표지에 자랑할 정도로 미당문학상은 많은 상금을 내걸었다. 단편 한 편에 주어지는 황순원문학상의 상금이 오천만원이니, 중앙일보사는 시와 소

10) 오창은, 「문학사의 뒤안길에 드리워진 어두운 그늘, '친일문인 문학상'」, 『비평의 모험』, 실천문학사, 2005, 268쪽.

설 분야 합해서 팔천만원의 상금을 내걸었던 것이다. 중앙일보사가 이러한 거액의 상금을 내걸고 문학상을 제정한 것은, 경쟁사인 조선일보사의 동인문학상을 염두에 둔 것이라고 생각된다. 고종석의 표현을 빌면 "한국 문단에 대한 아귀 힘"을《중앙일보》역시 획득해야 할 필요성을 느꼈고, 그래서 두 문학상을 제정했을 것이란 얘기다. 이와 더불어 더 문제적인 것은 시 문학상으로 일본 제국주의와 군사 독재를 찬양한 이력이 있는 '미당'을 내세웠다는 것이다. 거대 언론이 제정한 문학상들이 친일문인의 이름을 내걸면, 사람들은 어느새 그들 문인들이 한국문학사의 가장 뛰어난 사람들, 한국문학사를 대표하는 작가들로 공인되어 있다고 착각하게 된다.

적극적 친일문인들은 권력에 굴복하여 식민 본국을 찬양하고, 식민 본국이 벌여 놓은 전쟁에 식민지의 청년들이 참여하도록 독려하는 매문 행위를 했다는 과오를 지닌 사람들이다. 동인이나 미당의 작품들이 문학적으로 얼마나 가치 있었는가도 의문이긴 하지만, 매우 가치가 있다고 하더라도 그들의 이름으로 상을 내건다는 것은 문인들의 과오를 암묵적으로 승인하는 행위다. 권력에 굴복하는 문학은 좋은 문학일 수 없다. 좋은 문학은 기성 권력에 여러 가지 방식으로 저항하거나 아름다운 삶을 탐구하여 드러낸다. 물론 그 매문 행위는 그들 삶과 문학에서 극히 일부를 차지한다고 말할 수 있다. 그렇다고 하더라도 한국문학사에서 그들의 매문은 매우 중요한 문제를 안고 있기 때문에 망각되면 안 되는 것이다. 그들의 이름으로 문학상을 내거는 행위는 결국 그들의 매문 행위를 덮자는 의미가 되어서, 이는 또 다시 작가들의 훼절에 합리화의 길을 열어주고 결국 현재의 작가들 역시 매문 행위를 해도 정당화될 수 있다는 분위기를 만든다. 그렇다면 '친일문인 문학상'은 좋은 문학이 탄생하도록 작가들을 독려하는 것이 아니라 작가 정신을 훼손시켜 그들을 나쁜 문학 쪽으로 유도하는 효과를 만드는 것이라고 할 수 있지 않겠는가.

5

한편 미당을 내건 문학상 제정은, 미당 시의 보수성과 비지성적이고 낭만적인 미학주의가 좋은 시의 요건처럼 독자들에게 각인될 수 있는 위험성이 있다. 이 상을 운영하는 중앙일보사와 문예중앙은 "한국어와 한국정신의 아름다움·깊이를 심화·확산시키기 위해서" 미당문학상을 제정했다고 하는데, '한국정신'이라는 개념은 미당 시를 생각하면 진보적인 민족주의가 아니라 보수적이고 관념적인 민족주의와 연관된다는 느낌이다. 그리고 권위 있는 문학상이 단기간에 되기 위해서인지, 운영 초반에는 시단에서 권위 있는 대가 시인들에게 상을 수여하는 경향이 있었다. 그리고 그 경향이 미당문학상의 보수성을 더 짙게 만들었다. 나중에는 문태준처럼 젊은 시인에게도 상이 돌아갔지만 말이다. 제1회 수상자가 정현종 시인이었고 제2회 수상자는 황동규 시인이었다. 제1회 최종 후보작의 시인들은, 고재종, 김명인, 김혜순, 나희덕, 송수권, 정진규, 허만하, 황동규였다. 나희덕을 제외하면, 모두 중진 중의 중진으로 꼽을 수 있는 시인들인 것이다. 제2회 역시, 후보 시인들은 김명인, 김혜순, 나희덕, 마종기, 오탁번, 윤제림, 정진규, 최승호, 최정례였다. 권위 있는 대가들을 최종 후보자로 선정함으로써 그만큼 이 상이 권위 있다는 것을 드러내고자 한 의도적인 후보 선택이 아닐까 생각될 정도다.

소월시문학상 작품집 역시 중진들의 작품으로 채워져 있다. 2001년의 소월시문학상은 대상엔 김혜순, 추천 우수작은 고재종, 고진하, 나희덕, 송재학, 이문재, 함민복, 황인숙의 작품으로 선정되었다. 미당문학상보다는 좀 더 젊은 시인들의 작품이 우수작으로 선정되었지만 역시 대부분이 유명 중진들의 작품들이었다. 이 문학상의 경우에도, 중진 시인들의 작품들을 수상 작품집에 실음으로써, 작품집의 무게를 늘리려는 주최측의 의도가 없지는 않았을 것이라고 생각된다. 이러니 미당문학상과 소월시문학상 후보로 단골처럼 겹쳐 등장하는 시인도 생긴다. 이는 작가와 시인의 이름을 빌린 문학상들이 과연 그 작가와 시인의 세계에 걸맞은 작품을 수상작으로 선정하고 있는지에 대해 지적하게 한다. 이는 예전에도 문제시되었지만, 2000년대 들어와서도 시정되지 않았다. 그래서 한 작가가 여러 상을 타는 현상이 일어난다. 2004년 김영하가 동인문학상과 황순원문학상, 이상문학상을 휩쓴 것이 그 예다. 김영하의 소설이 김동인적인 세계이기도 하고 황순원적인 세계이기도 하다는 말인가?

사실 문인의 이름을 내건 '주류' 문학상들은, 상 제정 취지를 미당문학상에서처럼 "한국어와 한국정신의 아름다움" 등의 모호한 말을 내걸면서 한 해 동안 최고의 작품을 뽑는다는 데 있다는 식으로 말하지 이름을 빌린 문인의 문학세계와의 관련 속에서 말하지는 않는다. 주류 문학상의 운영자는, 자신들의 문학상이 최고의 작품을 뽑았기 때문에 자신들의 문학상 작품집이야말로 한 해 동안 생산된 문학의 고갱이를 담았다는 주장만 할 뿐인 것이다. 한 마디로 각 주류 문학상들은 자신의 정체성이 없다는 얘기다. 그 문학상들은 정체성에 대한 고민은 없이 거대한 상금을 내걸고 대가나 중진을 수상자로 내세워 권위를 세우려고 할 뿐이다. 이상문학상이 이상만큼 실험적인 작품에 수여된 적은 거의 없다고 본다. 이상문학상을 제정할 당시엔 젊고 실험적인 작품에 상을 수여할 것이라고 문학사상사는 밝혔지만, 이는 "매년 가장 탁월한 소설 작품"이라는, 역시 모호한 규정을 바탕으로 상을 수여한다는 식으로 바뀌었다. 사실 이상과 같이 실험적인 작품이 대중성을 확보할 수 있겠는가? 대중성을 확보하지 못하면 판매가 부진할 테다. 이상문학상이 상업적으로 성공하고 그 성공이 문학사상사의 생존에 필수적인 것이 되면서, 이상의 정신을 이어 받은 실험적인 작품에 상을 수여한다는 취지는 사라질 수밖에 없었던 일일지도 모른다.

주류 문학상은, 주로 저명한 심사위원들의 토의를 통해 그 해 "가장 탁월한 소설 작품"을 선정하는 방식으로 수상작을 결정한다. 문학 작품에 대한 평가는 평자의 주관적인 기호와 문학관에 따라 이루어지는 면이 있기 때문에, 심사위원들이 어떤 성향인가에 따라 수상작이 결정된다고 해도 과언은 아니다. 게다가 주류 문학상 대부분 심사 기준이 없거나 모호해서, 심사 위원의 주관적 성향은 수상작 선정에서 더욱 큰 영향을 끼칠 것이다. 그래서 이인화의 이상문학상 수상에서 보았듯이, 문학상 주변에서는 심사위원의 개인적 인간관계가 수상작 선정에 결정적이라는 의심과 잡음이 끊이지 않게 되는 것이다.

그런데 보통 심사위원들은 '대가급' 작가와 비평가로 구성된다. 권위를 얻으려는 문학상들이 이들 대가의 권위를 등에 업으려고 하기 때문이다. 자타가 공인하는 대가급 비평가와 작가는 그리 많지 않다. 그래서 그들은 겹치기 심사를 하게 된다. 특히 비평가가 그러한데, 그들은 시와 소설 양 분야의 심사를 할 수 있기 때문이다. 제1회 미당문학상 심사위원 중 김화영, 유종호는 동인문학상 종신 심사위원이며, 이어령은 이상문학상 심사위원이다. 동일한 장르라고 하더라도 겹치기 심사는 이루어진다. 소설 장르에서 김윤식은 단골 심사위원으로, 2000년대 초반엔 이상문학상, 현대문학상, 21세기문학상(이수문학상), 황순원문학상 등에 겹치기 심사를 했다. 김화영, 이문열은 동인문학상과 주로 장편 위주로 상을 수여하는 오늘의작가상을 동시에 심사하고 있다. 각 문학상이 그 해 가장 탁월한 작품을 선정하겠다고 주장한다면 다른 문학상에서 심사위원을 하고 있는 분은 심사위원으로 제외시켜야 옳은 일일 것이다. 왜냐하면, '가장' 탁월한 작품을 뽑아야 하니 심사위원은 수상작으로 한 편만 제시해야 할 텐데, 다른 문학상에 같은 작품을 제시할 수는 없으므로 그가 참여하고 있는 문학상 중 어떤 곳에서는 덜 탁월한 작품을 수상작으로 밀어야 할 테니까 말이다.

저명한 심사위원이 여러 문학상에 겹치기 심사를 하니 한 작가가 여러 문학상을 타는 현상이 벌어지고, 예심위원들도 겹치기 심사를 해서 후보작 작가들도 여러 문학상에 비슷하게 선정된다. 그래서 문학상은 많지만 다채롭지는 않다. 그리하여, 정체성이 아니라 비평가와 작가의 이름을 빌려 자신의 권위와 명성을 확보하여 최고의 상이 되고자 했던 여러 문학상들은, 결국 자신만의 특색을 얻지 못하고 범용하게 되어버려 자발성으로부터 기초한 권위가 도리어 추락해 버릴 위험에 처하게 된다. 다만 '탁월한 작품'이라는 수사만이 독자에게 최면을 걸려고 하는데, 이때 수상작의 탁월성과 선정의 객관성을 논증하기 위해 형식 미학이 동원되는 경향이 생긴다. 가령, 제1회 미당문학상 심사기준인 "시의 멋과 맛, 명민한 감각"과 "상상력과 이미지 사이의 역동적인 힘"과 같은 미학이 그것이다. 제5회 황순원문학상 심사에서는 "문장 한 줄에서부터 전체 구성에 이르기까지 단계적으로 치밀하게 조립해가는 능력은 작가적 원숙성을 입증해준다"면서 김훈의 「언니의 폐경」이 "잔잔하지만 분명한 허무감 등을 촘촘하면서도 긴장감 넘치게 교직해내고 있"기에 수상작으로 선정한다고 밝히고 있다. 모든 문학상이 그렇지는 않지만, 적어도 '주류' 문학상에는 수상작이 가지고 있는 사회적 시대적 의미는 별로 논의되지 않고 이렇듯 형식적 완결성이 선정의 가장 중요한 의미를 가지게 되는 경향이 있는 것이다.

비교하기에는 무리가 따르지만, 노벨문학상의 수상자 선정에서는 형식적 완결성만을 따지진 않는다. 인터넷에서 검색하여 최근 노벨문학상의 선정 이유를 무작위로 찾아본다. "여성적 경험과 회의를 바탕으로 분열된 문명에 종속된 갈등을 탁월하게 묘사했다"(2007년 도리스 레싱), "비범한 언어적 열정으로 사회의 진부함이 행사하는 권력의 불합리함을 잘 표현하고 있다"(2004년 엘프리데 옐리네크), "파묵은 고향인 이스탄불의 우울한 영혼을 추구하는 과정에서 문화가 충돌과 복잡함에 대한 새로운 상징들을 발견"(2006년 오르한 파묵), "일상의 잡담 속에 묻혀있는 현대인의 위기를 들추어내고 '닫힌 방'과 같은 억압 속으로 헤쳐 들어가려 했다" (2005년 해롤드 핀터), "단절과 소외, 시적인 모험과 관능적 황홀을 다룬 작가이자 지배적인 문명 너머에 또는 아래에 있는 인류에 대한 탐사자" (2008년 르 클레지오) 등을 스웨덴 한림원은 노벨문학상 수상자 선정 이유로 밝히고 있다. 권력, 여성, 문명, 문화 충돌, 현대성, 억압, 단절과 소외 문제 등, 작가가 사회적 역사적 문제 속에서의 삶의 문제를 깊이 드러내고 있는지가 수상자 선정에 중요한 지표가 되고 있는 것이다.

심사제도가 바뀐 후 한국의 노벨상이 되고자 하는 동인문학상의 경우는 어떠한가? "아름답고 정감있는 토속어로 한국인의 현재적 모습을 가장 감동적으로 그려냈다"(2000년 이문구 소설집 『내 몸은 너무 오래 서있거나 걸어왔다』), "요즘 젊은 작가들의 이른바 튀는 소설에 비해 고전적 단편 소설의 미덕을 갖추고 있다"(2005년 권지예 소설집 『꽃게 무덤』), "가혹한 운명과 마주한 힘없는 사람들이 부딪치는 슬픔과 고결한 품격을 인간 정신을 떠받치는 두 개의 기둥처럼 세워놓은 작품"(2004년 김영하 소설집 『검은 꽃』), "기억의 몸에서 뽑은 실로 따뜻하게 수놓은 그림"(2003년 김연수 소설집 『내가 아직 아이였을 때』) 등을 종신심사위원들은 선정 이유로 들고 있다. 여기에서 중요한 키워드는 아름다움, 고전적, 고결성, 따스함 등이다. 이는 노벨 문학상의 선정 이유와 근본적인 차이가 있는 것이다. 노벨 문학상의 경우, 수상자의 문학이 현대 사회의 구체적인 문제들과 접맥하는 부분을 언제나 지적하고 있는데 반해, 동인문학상의 경우 수상작에서 사회적 문제성은 주목하지 않고 추상적인 미학적 가치만을 뽑아내어 그 선정 이유로 드는 경향이 있는 것이다.

이를 보면, 근래의 노벨문학상이 진보적이라면 동인문학상은 문화적 보수주의를 보여주고 있다고 하겠다. 노벨문학상이 존경받는 것은, 수상자 선정 시에 이렇게 사회적 삶에서의 구체적인 갈등과 고통을 외면하지 않기 때문이다. 보르헤스가 노벨문학상을 타지 못한 이유는, 그가 독재자 피노체트 정권 아래에 있던 칠레에서 명예박사학위를 받았기 때문이었다. 문학적 가치를 정치적인 이유로 평가하는 것 아니냐고 이를 비난하는 이도 있지만, 한림원의 그 결정은 고결한 것이었고 노벨상의 권위를 더욱 높이는 일이었다. 독재에 반대하는 지성인이 그 상에 신뢰를 가질 수 있었기 때문이다.

6

2000년 초반에 불거진 주류 문학상을 둘러싼 잡음들과 현 문학상 제도의 문제점에 대해 살펴보았다. 그런데, 그래서 어쩌라고? 누군가가 이렇게 반문할 것 같다. 당신이 그렇게 말한다고 해도 문학상 제도는 흔들리지 않을 것이고, 한편으로 문학상은 없는 것보다 낫지 않는가? 필자 역시 이에 동의한다. 주류 문학상은 계속 이어질 것이며 수상한 작가들에게 활기를 줄 수 있다는 면에서 문학상은 없는 것보다 있는 것이 더 낫다. 또한 대중문화에 포섭되어 있는 대중들에게 사유를 자극하는 문학을 전파한다는 긍정적 측면도 있다. 이를 부정하는 것이 아니다. 하지만 문학상이 작가들에게 권력으로 작동하거나 수구 언론의 교묘한 이데올로기로 작동하는 측면이 있는 것 아닌지 의심해보기도 해야 하는 것이다. 그렇다고 작가들에게 문학상 제도를 거부하라고 말할 수는 없는 일이다. 작가들은 일정하게 문학 제도 속에서 활동을 할 수밖에 없는 측면이 있고, 존경하는 작가와 비평가가 자신의 작품을 선택해주었는데 이를 거부한다는 것은 인간적으로 불경한 일이라고 생각하는 것도 당연하다. 또한 '주류' 문학상을 받는다는 일은 작가 자신의 문학 활동이 널리 인정받는다는 것을 의미하므로, 작가들에게 역시 당연히 기쁘고 명예로운 일이다.

하지만 앞에서 동인문학상을 거부한 작가들에 대해 이야기 했듯이, 특정 문학상을 거부하는 작가도 있는 것이다. 또한 몇몇 젊은 시인들은, 중앙일보의 수구적 태도에 항의하기 위해서 미당문학상 제도에 포섭되지 않을 것임을 밝힌 바 있다. 이들의 용기 있는 행동에 마땅히 응원을 보내야 한다고 생각한다. 그렇다고 미당문학상에 참가하는 젊은 시인들에게 비난을 보내서는 안될 테지만 말이다. 그들에 대한 비난은 젊은 시인들이 서로 연대할 수 있는 힘을 저하시킬 위험이 있고, 그렇게 되면 그들은 권력에 더욱 종속되는 위치에 서 있게 될 것이다. 문제는 문학 제도를 통해 문학 활동을 하더라도 그 제도에 문학적 삶이 완전히 포섭되지는 말아야 한다는 것이다. 이 글 역시 문학상 제도가 작가에게 권력으로 작동하고 있을지도 모른다는 사실을 환기해보자는 의도를 갖고 쓰여진 것이다.

'주류' 문학상 제도가 작가들을 경쟁체제에 밀어 넣는 측면은, 문인들의 축제이어야 할 문학상을 신자유주의의 또 하나의 권력 기제가 되도록 변질시키게 만들 수 있다. 그렇게 된다면, 자본이 삶을 실제적으로 포섭하여 황폐하게 만드는 신자유주의 체제처럼, 문학상은 작가들의 삶을 포섭하여 황폐하게 만들게 될 것이다. 이는 과장에서 비롯된 쓸데없는 기우일 수 있겠지만, 문학상과 관련하여 상처를 입은 작가들에게는 현실적인 문제일지 모른다. 그렇다고 문인들이 문학상 제도 자체를 거부하는 것도 현실적이지 않다고 말한다면, 당신의 대안은 무엇이냐고 누군가 물을 것 같다. 그래서 상상해본다. 작가들이 활동하고 있는 기성의 문학상 제도 '옆'에서 작가들과 독자들이 자발적으로 네트워크를 만들어나간다면 어떨까? 그 네트워크에선 B급 작가니 A급 작가니 하는 비민주적인 구분이 없다. 문단 권력이나 서열, 출판 자본에 의한 구별 짓기도 없다. 여기선 문인들의 축제라는 문학상을 대신하는 제도도 마련할 수 있을 것이다. 가령, 이 네트워크 속의 작가들 및 문학에 열의를 갖고 있는 독자들이 그 해에 발표된 작품들 중 좋았다고 생각하는 작품을 추천한다. 서열을 매기지 않고 열 편이나 열다섯 편 정도의 추천작(소설의 경우)을 작품집으로 묶는다. 인세는 균분한다. 물론 이 제도는 허점이 많을 것이고, 추천 제도가 가진 문제점 등 여러 가지 문제들이 발생할 것이어서 계속 보완이 돼야 할 테지만, 문학상 제도의 비민주적인 문제점을 시정하면서 작가들과 독자들의 주체적인 참여가 가능한 실질적인 축제의 장은 일단 마련될 수 있지 않을까.

누군가 또한 물을 것이다. 문학관이 다른 작가들이 어떻게 그러한 네트워크를 만들 수 있겠는가라고. 하지만 2009년 이명박 정권의 실정을 규탄하는 6·9선언에 참가한 작가들이나, 이보다 좀 더 조직화되고 특정 문학관을 공유하고 있는 '리얼리스트 100' 그룹은 그러한 네트워크의 가능성을 이미 보여주고 있다고 생각한다. 특히 다양한 성향의 작가들이 모여 '6·9선언'을 이루어낼 수 있었다는 것을 보면, 작가들과 독자들의 네트워크가 불가능해 보이지만은 않는다. 그런데 그 네트워크를 만드는 계기가 되는 것은 바로 정치 아닐까. 그 정치는 어떤 당을 지지하는 식의 정치가 아니라, 삶을 사유하고 사랑하는 문학의 이름으로 삶을 파괴하는 권력에 대해 저항하는 정치, 즉 '삶 정치'를 의미한다.

부록

2000년대 주요 문학 연표

각종 문학상 수상자와 수상작

부록1 2000년대 주요 문학 연표

2000년 문학 연표

2월 황동규의 시집 『버클리풍의 사랑노래』, 김선우의 시집 『내 혀가 입 속에 갇혀 있길 거부한다면』, 김영래의 장편 『숲의 왕』, 신경숙의 소설집 『딸기밭』 출간.

3월 이문열의 장편 『아가』, 한강의 소설집 『내 여자의 열매』 출간.

4월 '김현 10주기 세미나'에서 평론가 권성우의 「4·19 세대 비평의 성과와 한계 : 비평적 인정 투쟁의 논리를 중심으로」 발표 문학권력 논쟁 촉발. 이후 소설가 황석영의 동인문학상 거부와 비판, 평론가 이명원의 김윤식 서울대 교수 비판, 시인 남진우의 평론가 김정란 비판 등으로 이어짐.

5월 이만교 장편 『결혼은, 미친 짓이다』, 황석영의 장편 『오래된 정원』 출간.

6월 이문구의 소설집 『내 몸은 너무 오래 서 있거나 걸어왔다』, 이윤기의 소설집 『두물머리』, 조용미의 시집 『일만마리 물고기가 산을 날아오르다』, 황석영의 장편 『손님』 출간.

7월 김종광의 소설집 『경찰서여, 안녕』 출간. 황석영은 2000년 7월에 자신의 장편 『오래된 정원』이 조선일보사가 주관하는 '동인문학상' 후보작에 오르자 이것을 거부한다고 선언한다. 황석영의 발언은 '안티조선 운동'과 맞물려 사회에 커다란 반향을 일으켰다. 이후 공선옥, 고종석 등이 '동인문학상' 후보에 오르는 것을 거부하는 대열에 동참했다.

8월 김원일의 장편 『가족』 출간.

9월 이승우의 장편 『식물들의 사생활』 출간. 제1회 '경계를 넘어 글쓰기'를 주제로 '2000 서울국제문학포럼'(대산문화재단 주최) 개최. 작가 황순원 타계. 이명원의 연구서 『타는 혀』 출간. 이 책에 실린 논문 「김윤식 비평에 나타난 '현해탄 콤플렉스' 비판」에 담긴 '김윤식 교수 표절' 주장이 일파만파의 파장을 불러왔다. '김윤식/이명원 사태'는 이명원이 자신이 다니던 서울시립대학교 대학원을 자퇴하는 것으로 종결된다. 이명원은 『말』 2000년 11월호에 「꿇고 사느니 서서 죽겠다」는 도발적인 제목의 자퇴 이유서를 발표했다. 이 사건은 학계와 문단의 유착과 배타적 서울대중심주의를 확인시켜 주었다.

10월 박완서의 장편 『아주 오래된 농담』, 마르시아스 심 연작소설 『떨림』, 신대철의 시집 『개마고원에서 온 친구에게』 출간.

11월 유하의 시집 『천일마화』 출간.

12월 노벨문학상에 중국 극작가 가오싱젠의 『영산』 선정. 성석제의 장편 『순정』 출간. 시인 미당 서정주 타계.

略 김윤식/이명원 사태. '해리 포터'시리즈 300만부 돌파로 밀리언셀러 등극. 전자책 붐. 문학권력 논쟁. 황석영 동인문학상 거부 등 논란.

2001년 문학 연표

1월 동화작가 정채봉 타계.

2월 허수경의 시집 『내 영혼은 오래되었으나』, 장석남의 시집 『왼쪽 가슴 아래께에 온 통증』, 황종연의 평론집 『비루한 것의 카니발』 출간.

3월 최인석의 소설집 『구렁이들의 집』 출간.

4월 나희덕의 시집 『어두워진다는 것』, 은희경의 장편 『마이너리그』 출간.

5월 소설가 강신재 타계. 장석남의 시집 『지금은 간신히 아무도 그립지 않을 무렵』, 백지은의 평론집 『미로 속을 질주하는 문학』 출간.

6월 황석영의 장편 『손님』, 이성부의 시집 『지리산』, 김미현의 평론집 『판도라 상자 속의 문학』 출간. 『창작과비평』 여름호에 고은이 미당을 비판한 '미당담론'을 발표하면서 친일문학 논쟁 발발. 계간지 『세계의 문학』 100호 출간.

7월 공지영의 산문집 『수도원 기행』, 이명원의 평론집 『해독』 출간. 이문열의 '홍위병' 발언 파장(이문열은 「홍위병이 판친다」는 글을 《동아일보》에 게재하면서, 책반환 운동을 펼치는 시민단체에 대해 중국문화혁명 때의 홍위병을 떠올리게 한다고 비판하면서 논쟁을 촉발시켰다).

8월 김원일의 연작소설 『슬픈 시간의 기억』, 신경숙의 장편 『바이올렛』, 이원의 시집 『야후!

의 강물에 천 개의 달이 뜬다』 출간.

9월 이정록의 시집 『제비꽃 여인숙』, 윤성희의 소설집 『레고로 만든 집』, 남진우의 평론집 『그리고 신은 시인을 창조했다』 출간.

10월 김훈의 장편 『칼의 노래』, 최정례의 시집 『붉은 밭』, 이문열의 소설집 『술단지와 잔을 끌어 당기며』, 김병익의 평론집 『21세기를 받아들이기 위하여』 출간.

11월 윤대녕의 장편 『미란』, 천운영 소설집 『바늘』 출간. 계간 『문학 판』 창간.

12월 노벨문학상에 영국 작가 네이폴의 『도착의 수수께끼』 선정. 김용희의 평론집 『천국에 가다』 출간.

略 고은의 미당 비판. 문학권력 논쟁(권성우-남진우, 창비, 문학동네 등), 이문열의 홍위병 발언 사건 등 논쟁 격렬. 본격문학 작품은 위축.

2002년 문학 연표

1월 정찬의 장편 『광야』, 권지예의 장편 『꿈꾸는 마리오네뜨』 출간.

2월 김주영의 장편 『멸치』, 배수아의 장편 『이바나』 출간.

3월 조정래의 대하소설 『한강』(10권) 완간. 하성란의 『푸른수염의 첫번째 아내』, 박혜경의 평론집 『문학의 신비와 우울』 출간.

4월 류보선의 평론집 『경이로운 차이들』 발간.

6월 김지하의 시집 『화개(花開)』, 김원우의 소설집 『객수산록』, 성석제의 소설집 『황만근은 이렇게 말했다』 출간. 소설가 채영주 타계. 계간 『시작』 창간.

7월 박상륭의 소설집 『잠의 열매를 매단 나무는 뿌리로 꿈을 꾼다』, 은희경의 소설집 『상속』, 황현산의 평론집 『말과 시간의 깊이』, 심윤경의 장편 『나의 아름다운 정원』 출간. 추리문학 전문지 『계간 미스터리』 창간.

8월 공선옥의 소설집 『멋진 한세상』, 김명인 외 소장평론가들의 『주례사 비평을 넘어서』 출간. 민족작가회의 등 5개 단체 친일문학인 명단 발표, 문학인 선언 낭독. 계간 시전문지 『시인세계』 창간.

10월 김지하 사상전집 3권, 배수아의 장편 『동물원 킨트』, 김윤영의 소설집 『루이뷔똥』 출간. 시인 고은 노벨 문학상 후보에 대한 외신 보도.

11월 김연수의 소설집 『내가 아직 아이였을 때』 출간. 평론가 이성욱 타계.

12월 노벨문학상에 헝가리 작가 임레 케르테스의 『운명』, 김영현의 장편 『폭설』, 이명랑의 장편 『삼오식당』 출간.

略 고은의 노벨상 후보 소식으로 문학의 세계화에 대한 논의 급부상. 친일문학 논쟁, 문학권력 논쟁 등 지속. 순수문학 침체로 문학의 대중화 모색.

2003년 문학 연표

1월 손택수의 시집 『호랑이 발자국』, 성석제의 장편 『번쩍하는 황홀한 순간』, 김신용의 시집 『버려진 사람들』 출간.

2월 소설가 이문구 타계. 계간 『파라21』, 계간 『문학수첩』 창간.

3월 배수아의 장편 『일요일 스키야키 식당』, 신경숙의 소설집 『종소리』, 박현욱의 장편 『새는』 출간. 시인 조병화 타계.

4월 박범신의 장편 『더러운 책상』 출간.

5월 양진오의 평론집 『전망의 발견』 출간.

6월 박민규의 장편 『지구영웅전설』, 이성복의 시집 『아, 입이 없는 것들』, 김연수의 장편 『사랑이라니 선영아』, 황석영의 장편 『삼국지』 출간.

7월 성석제의 장편 『인간의 힘』, 진은영의 시집 『일곱 개의 단어로 된 사전』 출간.

8월 이만교의 소설집 『나쁜 여자, 착한 남자』 출간. 아동문학가 이오덕 타계. 박민규의 장편 『삼미 슈퍼스타즈의 마지막 팬클럽』, 김영하의 장편 『검은 꽃』 출간.

9월 정이현의 소설집 『낭만적 사랑과 사회』, 신수정의 평론집 『푸줏간에 걸린 고기』 출간.

10월 이성복의 시집 『달의 이마에는 물결무늬 자국』, 김행숙의 시집 『사춘기』, 김선우의 시집 『도화 아래 잠들다』 출간.

11월 이명원의 평론집 『파문』 출간.

12월 노벨문학상에 남아프리카 공화국 작가 존 쿳시의 『추락』 선정. 윤흥길의 소설집 『소라단 가는 길』, 방현석의 소설집 『랍스터를 먹는 시간』, 황석영의 장편 『심청』, 배수아의 장편 『에세이스트의 책상』 출간. 아동문학가 윤석중 타계.

2004년 문학 연표

2월 김훈의 장편 『현의 노래』, 김영하 소설집 『오빠가 돌아왔다』, 성민엽의 평론집 『변하는 것과 변하지 않는 것』 출간.

3월 권지예의 장편 『아름다운 지옥』 출간.

4월 김윤배의 서사 장시 『사당 바우덕이』, 천운영의 소설집 『명랑』 출간. 비평전문지 『작가와비평』 창간.

5월 김혜순의 시집 『한 잔의 붉은 거울』, 나희덕의 시집 『그곳이 멀지 않다』, 심윤경의 장편 『달의 제단』, 이명랑의 장편 『나의 이복형제들』, 김훈의 산문집 『자전거 여행』 출간. 시인 구상 타계.

6월 최일남의 소설집 『석류』, 박범신의 연작소설 『빈방』, 정지아의 소설집 『행복』, 이성욱의 평론집 『비평의 길』 출간.

8월 나희덕의 시집 『사라진 손바닥』, 문태준의 시집 『맨발』, 전경린의 장편 『황진이』, 천운영의 소설집 『명랑』 출간.

9월 안도현의 시집 『너에게 가려고 강을 만들었다』 출간. 시인 김춘수 타계. 과학소설 전문잡지 『Happy SF』 창간.

10월 박완서의 장편 『그 남자네 집』, 공지영의 소설집 『별들의 들판』, 윤성희의 소설집 『거기 당신?』 출간. 시조시인 김상옥 타계. 김명인의 평론집 『자명한 것들과의 결별』 출간.

12월 노벨문학상에 오스트리아 엘프리데 옐리네크의 『피아노 치는 여자』 선정. 임철우의 『백년 여관』, 천명관의 장편 『고래』, 이경수의 평론집 『불온한 상상의 축제』 출간. 계간 『파라21』 종간.

略 '문학의 위기' 담론과 한국문학 침체. 코엘료, 댄 브라운 등 외국 소설 붐. 북한 작가 홍석중 만해문학상 수상.

2005년 문학 연표

1월 심진경의 평론집 『여성, 문학을 가로지르다』, 김지우의 소설집 『나는 날개를 달아줄 수 없다』 출간.

2월 김별아의 장편 『미실』 출간. 계간 《문예중앙》 혁신호 발간. 김원일 연작 소설 『푸른 혼』, 박진성의 시집 『목숨』, 김병익의 평론집 『그래도 문학이 있어야 할 이유』 출간. 계간 『동서문학』 운영난에 255호로 종간.

3월 김숨의 소설집 『투견』, 박범신의 장편 『나마스테』, 서영채의 평론집 『문학의 윤리』 출간.

4월 공지영의 장편 『우리들의 행복한 시간』, 전성태의 소설집 『국경을 넘는 일』 출간.

5월 제2회 서울국제문학포럼 개최. 김민정의 시집 『날으는 고슴도치 아가씨』, 이영주의 시집 『108번째 사내』, 서영인의 평론집 『충돌하는 차이들의 심층』, 오창은의 평론집 『비평의 모험』 출간.

6월 황병승의 시집 『여장남자 시코쿠』, 박민규의 소설집 『카스테라』 출간. 평론가 최강민, 양진오가 한국문학계의 거두인 김윤식의 비평세계를 조명하는 글을 《교수신문》에 기고하고, 이에 대해 김승환이 반박을 하면서 김윤식 논쟁이 발생했다. 이후 평론가 임영봉, 송희복, 손종업이 참여하면서 논쟁을 이어갔다. 이 논쟁은 김윤식의 학문적, 비평적 업적을 점검하는 계기를 제공했다.

7월 남북작가들의 대화합 '남북작가대회' 개최('6·15공동선언 실천을 위한 민족작가대회'가 7월 20~25일 평양·백두산·묘향산을 순회하며 열렸다. 남한에서 90여명이 방북해 분단 60년만에 처음으로 남북 작가가 상봉했다. 남북이 함께 참여하는 문학인 단체 결성도 합의를 보았다). 김명인의 시집 『파문』, 편혜영의 소설집 『아오이가든』, 손홍규의 소설집 『사람의 신화』, 백가흠의 소설집 『귀뚜라미가 운다』, 조두진의 장편 『도모유키』 출간. 아동문학가 박화목 타계.

8월 금강산에서 '2005 만해축전-세계평화시인대회' 개최. 김이은의 소설집 『마다가스카르 자살예방센터』 출간.

9월 이현수의 장편 『신기생뎐』, 김이듬의 시집 『별 모양의 얼룩』, 김근의 시집 『뱀 소년의 외출』, 고명철의 평론집 『칼날 위에 서다』 출간.

10월 프랑크푸르트 도서전 주빈국 참가, 전상국의 소설집 『우상의 눈물』, 천운영의 장편 『잘 가라, 서커스』 출간.

11월 김애란의 소설집 『달려라, 아비』, 한지혜의 소설집 『안녕, 레나』 출간.

12월 노벨문학상에 영국 극작가 해럴드 핀터의 『관리인』 선정. 김재영의 소설집 『코끼리』 출간. 문학과지성사 창립 30주년.

略 프랑크푸르트 도서전 주빈국 참가와 남북작가대회 등으로 세계화 모색과 화합 분위기 확산. 일본소설 붐. 김윤식 논쟁. 박민규와 김애란 등 젊은 세대 작가들 급부상.

2006년 문학 연표

1월 장편 『요코 이야기』에 대한 네티즌의 비방글로 문학동네 홈페이지 다운. 이승희의 시집 『저녁을 굶은 달을 본 적이 있다』, 권성우의 평론집 『논쟁과 상처』, 백낙청의 평론집 『통일시대 한국문학의 보람』 출간.

2월 계간 『창작과비평』 창간 40돌.

3월 계간 『시에』 창간. 박후기의 시집 『종이는 나무의 유전자를 갖고 있다』, 김윤영의 소설집 『타잔』, 홍기돈의 평론집 『인공낙원의 뒷골목』 출간.

4월 박현욱의 장편 『아내가 결혼했다』 출간.

5월 한유주의 소설집 『달로』, 이광호의 평론집 『이토록 사소한 정치성』, 김영찬의 평론집 『비평극장의 유령들』 출간. 한국문학번역원 '2006 서울, 젊은 작가들' 대회 개최. 시인 박영근 타계.

6월 남진우의 시집 『새벽 세 시의 사자 한 마리』 출간. 미래파 논쟁 가열(문학평론가 권혁웅이 엽기적이고 환상적인 황병승 등 젊은 시인들의 시풍을 '미래파'로 명명하면서 이를 두고 논쟁이 벌어졌다. 미래파가 한국 시단의 새로운 출구라는 옹호파와 미래파에겐 미래가 없다는 반대파의 논쟁이 주요 문예지에 등장했다).

7월 정이현의 장편 『달콤한 나의 도시』, 조영아의 장편 『여우야 여우야 뭐하니』, 박범신의 장편 『주름』, 김경주의 시집 『나는 이 세상에 없는 계절이다』, 문태주의 시집 『가재미』, 김수이의 평론집 『서정은 진화한다』 출간.

8월 소설가 박영한 타계. 하성란의 소설집 『웨하스』, 김영하의 장편 『빛의 제국』 출간.

9월 제15회 전태일문학상에 최용탁의 「단풍 열 끗」 선정. 박민규의 장편 『핑퐁』, 강영숙의 장편 『리나』, 김탁환의 장편 『리심』 출간.

10월 금강산에서 '남북문학인' 조직 결성. 이기호의 소설집 『갈팡질팡하다가 내 이럴 줄 알았지』, 박형서의 소설집 『자정의 픽션』, 고봉준의 평론집 『반대자의 윤리』 출간.

11월 송경동의 시집 『꿀잠』, 이병률의 시집 『바람의 사생활』 출간.

12월 노벨문학상에 터키 작가 오르한 파묵의 『하얀성』 선정. 이문열의 장편 『호모 엑세쿠탄스』, 김언수의 장편 『캐비닛』 출간.

略 한국소설의 부진과 대조적으로 시의 풍요. 『시작』 『시에』 등 시 전문지 창간. 미래파 논쟁. 박민규, 김애란, 김중혁, 백가흠, 이기호 등 젊은 작가들 약진.

2007년 문학 연표

1월 창비 장편소설상 제정. 울란바토르에서 '1회 한국·몽골 문학 심포지엄' 개최. 이광호, 김형중, 임규찬, 한기욱 등의 한국소설을 둘러싼 '무중력' 논쟁.

2월 권여선의 소설집 『분홍 리본의 시절』 출간. 계간 『오늘의문예비평』 혁신호 발간.

3월 김원일의 소설 『전갈』 출간. 계간 『문학과경계』 폐간.

4월 김신용의 시집 『도장골 시편』, 김훈의 장편 『남한산성』, 은희경의 소설집 『아름다움이 나를 멸시한다』 출간.

5월 신경숙의 장편 『리진』 출간. 수필가 피천득 타계.

6월 김훈의 장편 『현의 노래』, 윤성희의 소설집 『감기』, 문정희의 시집 『나는 문이다』 출간.

7월 편혜영의 소설집 『사육장쪽으로』, 황석영의 장편 『바리데기』, 정이현의 소설집 『오늘의 거짓말』, 김행숙의 시집 『이별의 능력』, 김선우의 시집 『도화 아래 잠들다』 출간.

8월 박범신의 장편 『촐라체』 네이버 블로그에 인터넷 연재.

9월 김연수의 장편 『네가 누구든 얼마나 외롭든』, 김애란의 소설집 『침이 고인다』, 황병승의 시집 『트랙과 들판의 별 출간』 출간. 계간 『문학의 문학』 창간.

10월 한강의 연작소설 『채식주의자』, 이순원의 장편 『나무』, 조용미의 시집 『나의 별서에 핀 앵두나무는』, 권혁웅의 시집 『그 얼굴에 입술을 대다』, 백낙청의 대담집 『백낙청 회화록』 출간.

11월 전주에서 '제1회 아시아 아프리카 문학 페스티벌' 개최. 조경란의 장편 『혀』, 김이듬의 시집 『명랑하라 팜 파탈』 출간.

12월 하상일의 평론집 『서정의 미래와 비평의 윤리』 출간. 노벨문학상에 영국 작가 도리스 레싱의 『황금 노트북』 선정. 문학과지성사 『문학과 지성사 한국문학선집 1900~2000』 출간. '민족문학작가회의' '한국작가회의'로 명칭 변경.

略 장편소설 논의로 문학 공모상이 중단편에서 장편으로 무게중심을 옮김. 김훈의 『남한산성』, 신경숙의 『리진』을 비롯한 역사소설과 김경욱·김별아·김탁환 등의 팩션 유행. 중국소설 붐.

2008년 문학 연표

1월 천운영의 소설집 『눈물 사용법』 출간.

2월 김도언의 장편 『이토록 사소한 멜랑꼴리』 출간.

3월 박범신의 장편 『촐라체』, 김려령의 장편 『완득이』, 이외수 산문집 『하악하악』 출간.

4월 손홍규의 소설집 『봉섭이 가라사대』, 김중혁의 소설집 『악기들의 도서관』, 백영옥의 장편 『스타일』, 박진성의 시집 『아라리』 출간.

5월 심윤경의 연작소설 『서라벌 사람들』 출간. 소설가 박경리, 홍성원 타계.

6월 정홍수의 평론집 『소설의 고독』 출간.

7월 정도상의 소설집 『찔레꽃』, 문태준의 시집 『그늘의 발달』, 김선우의 장편 『나는 춤이다』 출간. 소설가 이청준 타계.

8월 진은영의 시집 『우리는 매일매일』 출간.

9월 강영은의 시집 『녹색비단구렁이』, 황석영의 장편 『개밥바라기별』, 이시백의 연작소설집 『누가 말을 죽였을까』 출간. 계간 『자음과모음』 창간. 조경란의 『혀』 표절 논란(주이란은 조경란과 동명 제목의 소실집 『혀』를 내면서 2006년 12월 동아일보 신춘문예에 응모한 자신의 단편 「혀」를 예심 심사위원인 조경란이 표절했다고 주장하여 표절 논란이 발생했다).

10월 김연수의 장편 『밤은 노래한다』, 작가와비평 편집동인의 『김현 신화 다시 읽기』, 김경주의 시집 『기담』 출간.

11월 신경숙의 장편 『엄마를 부탁해』 출간.

12월 노벨문학상에 프랑스 작가 르 클레지오의 『황금 물고기』 선정. 소설가 박연희 타계. 신형철의 평론집 『몰락의 에티카』 출간.

略 경제불황 속에서 한국문학 호황. 가족의 따뜻함을 강조하는 문학 인기. 성장소설, 칙릿소설 유행.

2009년 문학 연표

1월 한국문화예술위원회 『100년의 문학용어 사전』 출간.

2월 김기택의 시집 『껌』 출간.

3월 조영일 평론집 『한국문학과 그 적들』 출간.

4월 이응준의 장편 『국가의 사생활』, 김유진의 소설집 『늑대의 문장』, 전성태의 소설집 『늑대』, 정한아의 소설집 『나를 위해 웃다』 출간.

5월 김이은의 소설집 『코끼리가 떴다』, 정유정의 장편 『내 심장을 쏴라』, 나희덕의 시집 『야생사과』 출간. 소설가 황석영이 이명박 대통령 중앙 아시아 순방을 동행하면서 논란 촉발.

6월 이근화의 시집 『우리들의 진화』, 공지영의 장편 『도가니』, 오현종의 장편 『외국어를 공부하는 시간』 출간. 노무현 전 대통령의 서거와 관련 한국작가회의 작가 6·9 선언 시국선언.

7월 김언의 시집 『소설을 쓰자』, 주원규의 장편 『열외인종 잔혹사』, 박민규의 장편 『죽은 왕녀를 위한 파반느』 출간.

8월 현기영의 장편 『누란』, 하루키의 장편 『1Q84』, 박후기의 시집 『내 귀는 거짓말을 사랑한다』 출간.

9월 안현미의 시집 『이별의 재구성』, 김연수의 장편 『세계의 끝 여자친구』, 신경숙의 장편 『엄마를 부탁해』, 장은진의 장편 『아무도 편지 하지 않다』 출간.

10월 김명인의 시집 『꽃차례』, 김훈의 장편 『공무도하』 출간.

11월 이기호의 장편 『사과는 잘해요』 출간.

12월 노벨문학상에 루마니아 출신 헤르타 뮐러의 『숨그네』 선정. 문학인 전용 창작공간인 '연희문학창작촌' 오픈. 작가 6·9 선언 용산참사 추모문집 『지금 내리실 역은 용산참사 역입니다』, 송경동의 시집 『사소한 물음들에 답함』, 권비영의 장편 『덕혜옹주』, 김홍중의 평론집 『마음의 사회학』, 손종업의 평론집 『분석가의 공포』 출간.

略 공지영의 『도가니』, 박민규의 『죽은 왕녀를 위한 파반느』, 이기호의 『사과는 잘해요』 등 인터넷 연재소설의 붐. 노무현 전 대통령 서거와 용산참사 등과 관련하여 작가들이 사회참여 확산, 문예지들에서 '문학과 정치'를 주제로 기획 특집.

2010년 문학 연표

1월 김선우의 장편 『캔들 플라워』 출간.

2월 천명관의 장편 『고령화 가족』, 편혜영의 장편 『재와 빨강』 출간.

3월 윤대녕의 소설 『대설주의보』, 한지혜의 소설집 『미필적 고의에 대한 보고서』 출간.

4월 복도훈의 평론집 『눈먼 자의 초상』 출간. 고은 시인이 우리 민족의 수많은 인간상을 시로 형상화한 연작시집 『만인보』를 완간. 최하림 시인 타계.

5월 신경숙의 장편 『어디선가 나를 찾는 전화벨이 울리고』, 김주영의 장편 『빈집』, 이영주의 시집 『언니에게』 출간.

6월 전후작가 손창섭 타계, 손홍규의 장편 『이슬람 정육점』, 황석영의 장편 『강남몽』 출간.

7월 김영하의 소설집 『무슨 일이 일어났는지는 아무도』 출간.

8월 수필가 전숙희, 소설가 겸 번역가 이윤기 타계. 장석남의 시집 『뺨에 서쪽을 빛내다』, 박완서의 산문집 『못 가본 길이 더 아름답다』 출간.

9월 최제훈의 소설집 『퀴르발 남작의 성』, 조경란의 장편 『복어』, 김중혁의 『좀비들』, 전성욱의 평론집 『바로 그 시간』 출간.

10월 윤성희의 장편 『구경꾼들』, 공선옥의 장편 『영란』, 조정래의 장편 『허수아비춤』 출간.

11월 계간 『창작과비평』 150호 발간, 고은규의 장편 『트렁커』, 염무웅의 평론집 『문학과 시대현실』, 최강민의 평론집 『비공감의 미학』 출간.

12월 계간 『실천문학』 창립 30주년 통권 100호 발간. 정은경의 평론집 『지도의 암실』 출간.

略 고은 시인 노벨상 수상 실패. 신경숙과 하루키 소설 열풍. 베스트셀러인 권비영의 『덕혜옹주』와 황석영의 『강남몽』이 표절 시비 발생.

부록2 각종 문학상 수상자와 수상작

2000년대 이상문학상 수상자와 수상작

2000년 제24회 이인화의 「시인의 별」

2001년 제25회 신경숙의 「부석사」

2002년 제26회 권지예의 「뱀장어 스튜」

2003년 제27회 김인숙의 「바다와 나비」

2004년 제28회 김훈의 「화장」

2005년 제29회 한강의 「몽고반점」

2006년 제30회 정미경의 「밤이여, 나뉘어라」

2007년 제31회 전경린의 「천사는 여기 머문다」

2008년 제32회 권여선의 「사랑을 믿다」

2009년 제33회 김연수의 「산책하는 이들의 다섯 가지 즐거움」

2010년 제34회 박민규의 「아침의 문」

2000년대 동인문학상 수상자와 수상작

2000년 제31회 이문구의 『내 몸은 너무 오래 서 있거나 걸어왔다』

2001년 제32회 김훈의 『칼의 노래』

2002년 제33회 성석제의 『황만근은 이렇게 말했다』

2003년 제34회 김연수의 『내가 아직 아이였을 때』

2004년 제35회 김영하의 『검은 꽃』

2005년 제36회 권지예의 『꽃게 무덤』

2006년 제37회 이혜경의 『틈새』

2007년 제38회 은희경의 『아름다움이 나를 멸시한다』

2008년 제39회 조경란의 『풍선을 샀어』

2009년 제40회 김경욱의 『위험한 독서』

2010년 제41회 김인숙의 『안녕, 엘레나』

2000년대 현대문학상 수상자와 수상작

2000년 제45회 김명인의 「그 등나무꽃 그늘 아래」외 6편

김인숙의 「개교기념일」

정과리의 「유령들의 전쟁」·「죽음 옆의 삶, 삶 안의 죽음」

2001년 제46회 김기택의 「불룩한 자루」외 6편

마르시아스 심의 「美」

남진우의 「행복의 시학, 유출의 수사학 : 정현종의 시세계」

2002년 제47회 최승호의 「두엄」 외 6편

이혜경의 「고갯마루」

류보선의 「두 개의 성장과 그 의미 : 『외딴방』과 『새의 선물 』에 대한 단상」

2003년 제48회 나희덕의 「마른 물고기처럼」 외 5편

조경란의 「좁은 문」

이광호의 「굿바이! 휴먼 : 탈내향적 일인칭 화자의 정치성」

2004년 제49회 김선우의 「피어라, 석유!」 외 6편

성석제의 「내 고운 벗님」

권오룡의 「비하(飛下/卑下)의 상상력이 우리에게 묻는 것 : 배수아의 『일요일 스키야키 식당』」

2005년 제50회 김사인의 「노숙」 외 5편

윤성희의 「유턴지점에 보물지도를 묻다」

김영찬의 「한국문학의 증상들 혹은 리얼리즘이라는 독법」

2006년 제51회 박상순의 「목화밭 지나서 소년은 가고」 외 5편

정이현의 「삼풍백화점」

황종연의 「민주화 이후의 정치와 문학 : 고은 『만인보』의 민중-민족주의 비판」

2007년 제52회 최정례의 「그녀의 입술을 따스하고 당신의 것은 차거든」외 4편

이승우의 「전기수(傳奇叟) 이야기」

복도훈의 「축생, 시체, 자동인형 : 2000년대 젊은 작가들의 소설에 등장한 캐터와 신(新)인류학」

2008년 제53회 이성복의 「기파랑을 기리는 노래 : 나무인간 강판권」 외 6편

김경욱의 「99%」

김미현의 「수상한 소설들 : 한국소설의 이기적 유전자」

2009년 제54회 마종기의 「파타고니아의 양」 외 6편

하성란의 「알파의 시간」

2010년 제55회 고형렬의 「옥수수수수염귀뚜라미의 기억」 외 5편

박성원의 「얼룩」

심진경의 「김애란을 다시 읽는다」

2000년대 만해문학상 수상자와 수상작

2000년 제15회 임형택의 『실사구시의 한국학』

2001년 제16회 정희성의 시집 『詩를 찾아서』

2002년 제17회 김지하의 시집 『화개(花開)』

2003년 제18회 박범신의 장편 『더러운 책상』, 유홍준의 「완당평전」

2004년 제19회 홍석중의 장편 『황진이』

2005년 제20회 김원일의 장편 『푸른 혼』

2006년 제21회 김규동의 시집 『느릅나무에게』

2007년 제22회 김영하의 장편 『빛의 제국』

2008년 제23회 윤영수의 창작집 『소설 쓰는 밤』

2009년 제24회 공선옥의 창작집 『나는 죽지 않겠다』와 『명랑한 밤길』

2010년 제25회 강만길의 자선전 『역사가의 시간』과 신홍범의 박형규 목사의 회고록 『나의 믿음은 길 위에 있다』

2000년대 한겨레문학상 수상자와 수상작

2000년 제5회 수상작 없음

2001년 제6회 박정애의 『물의 말』

2002년 제7회 심윤경의 『나의 아름다운 정원』

2003년 제8회 박민규의 『삼미 슈퍼스타즈의 마지막 팬클럽』

2004년 제9회 권리의 『싸이코가 뜬다』

2005년 제10회 조두진의 『도모유키』

2006년 제11회 조영아의 『여우야 여우야 뭐하니』

2007년 제12회 서진의 『웰컴 투 더 언더그라운드』

2008년 제13회 윤고은의 『무중력 증후군』

2009년 제14회 주원규의 『열외인종 잔혹사』

2010년 제15회 최진영의 『당신 옆을 스쳐간 그 소녀의 이름은』

2000년대 오늘의작가상 수상자와 수상작

2000년 제24회 이만교의 장편 『결혼은, 미친 짓이다』

2001년 제25회 박정원의 시집 『시멘트 정원』

2002년 제26회 정미경의 장편 『장밋빛 인생』

2003년 제27회 김종은의 장편 『서울특별시』

2004년 제28회 한수영의 장편 『공허의 1/4』, 김주희의 장편 『피터팬 죽이기』

2005년 제29회 윤순례의 장편 『아주 특별한 저녁 밥상』

2006년 제30회 권기태의 장편 『파라다이스 가든』, 박주영의 장편 『백수생활백서』

2007년 제31회 이홍의 장편 『걸프렌즈』

2008년 제32회 고예나의 장편 『마이 짝퉁 라이프』

2009년 제33회 우승미의 장편 『날아라 잡상인』

2010년 제34회 김혜나의 장편 『제리』

2000년대 황순원문학상 수상자와 수상작

2001년 제1회 박완서의 「그리움을 위하여」

2002년 제2회 김원일의 「손풍금」

2003년 제3회 방현석의 「존재의 형식」

2004년 제4회 김영하의 「보물선」

2005년 제5회 김훈의 「언니의 폐경」

2006년 제6회 구효서의 「명두」

2007년 제7회 김연수의 「달로 간 코미디언」

2008년 제8회 수상작 없음

2009년 제9회 박민규의 「근처」

2010년 제10회 이승우의 「칼」

2000년대 문학동네소설상 수상자와 수상작

2000년 제6회 김영래의 장편 『숲의 왕』

2001년 제7회 수상작 없음

2002년 제8회 이해경의 장편 『그녀는 조용히 살고 있다』

2003년 제9회 수상작 없음

2004년 제10회 천명관의 장편 『고래』

2005년 제11회 박진규의 장편 『수상한 식모들』

2006년 제12회 김언수의 장편 『캐비닛』

2007년 제13회 김진규의 장편 『달을 먹다』

2008년 제14회 수상작 없음

2009년 제15회 김기홍의 장편 『피리 부는 사나이』

2000년대 한국일보문학상 수상자와 수상작

2000년 제33회 하성란의 「기쁘다 구주 오셨네」

2001년 제34회 오수연의 중편 「땅 위의 영광」

2002년 제35회 은희경의 중편 「누가 꽃피는 봄날에 리기다소나무 숲에 덫을 놓았을까」

2003년 제36회 배수아의 장편 『일요일 스키야키 식당』

2004년 제37회 김경욱의 「장국영이 죽었다고?」

2005년 제38회 김애란의 「달려라, 아비」

2006년 제39회 강영숙의 장편 『리나』

2007년 제40회 편혜영의 『사육장 쪽으로』

2008년 제41회 김태용의 『풀밭 위의 돼지』

2009년 제42회 한유주의 「막」

2010년 제43회 황정은의 『백의 그림자』

2000년대 소월시문학상 수상자와 수상작

2000년 제14회 김정란의 「사랑으로 나는」

2001년 제15회 김혜순의 「잘 익은 사과」

2002년 제16회 고재종의 「백련사 동백숲길에서」

2003년 제17회 이문재의 「지구의 가을」

2004년 제18회 정일근의 「둥근, 어머니의 두레밥상」

2005년 제19회 박정대의 「아무르 강가에서」

2006년 제20회 박주택의 「시간의 동공」

2007년 제21회 문태준의 「그맘때에는」

2008년 제22회 나희덕의 「섶섬이 보이는 방」

2008년 제23회 정끝별의 「크나큰 잠」

2009년 제24회 박형준의 「가슴의 환한 고동 외에는」

2010년 제25회 송재학의 「공중」

2000년대 김수영문학상 수상자와 수상작

2000년 제19회 송찬호 『붉은 눈, 동백』

2001년 제20회 이정록의 『제비꽃 여인숙』

2002년 제21회 채호기의 『수련』

2003년 제22회 이윤학의 『꽃 막대기와 꽃뱀과 소녀와』

2004년 제23회 황인숙의 『자명한 산책』

2005년 제24회 함민복의 『말랑말랑한 힘』

2006년 제25회 강기원의 『바다로 가득 찬 책』

2007년 제26회 문혜진의 『검은 표범의 여인』

2008년 제27회 여태천의 『스윙』

2009년 제28회 김경주의 『시차의 눈을 달랜다』

2010년 제29회 김성대의 「귀 없는 토끼에 관한 소수 의견」

2000년대 미당문학상 수상자와 수상작

2001년 제1회 정현종의 「견딜 수 없네」

2002년 제2회 황동규의 「탁족」

2003년 제3회 최승호의 「텔레비전」

2004년 제4회 김기택의 「어떻게 기억해냈을까」

2005년 제5회 문태준의 「누가 울고 간다」

2006년 제6회 김혜순의 「모래 여자」

2007년 제7회　문인수의 「식당의자」

2008년 제8회　송찬호의 「가을」

2009년 제9회　김언의 「기하학적인 삶」

2010년 제10회　장석남의 「가을 저녁의 말」

2000년대 팔봉비평문학상 수상자와 수상작

2000년 제11회　정과리의 『무덤 속의 마젤란』

2001년 제12회　황종연의 『비루한 것의 카니발』

2002년 제13회　남진우의 『그리고 신은 시인을 창조했다』

2003년 제14회　김인환의 『다른 미래를 위하여』

2004년 제15회　성민엽의 『변하는 것과 변하지 않는 것』

2005년 제16회　서영채의 『문학의 윤리』

2006년 제17회　한기의 『구텐베르크 수사들』

2007년 제18회　이광호의 『이토록 사소한 정치성』

2008년 제19회　박혜경의 『오르페우스의 시선으로』

2009년 제20회　김미현의 『젠더 프리즘』

2010년 제21회　우찬제의 『프로테우스의 탈주』

2000년대 김환태평론문학상 수상자와 수상작

2001년 제12회　김인환의 『기억의 계단』

2002년 제13회　최혜실의 『한국 근대문학의 몇 가지 주제』

2003년 제14회　우찬제의 『고독한 공생 : 밀레니엄 시기 소설 담론』

2004년 제15회　김종회의 『문화통합의 시대와 문학』

2005년 제16회　정과리의 『문학이라는 것의 욕망』

2006년 제17회　이승원의 『감성의 파문』

2007년 제18회 김성곤의 『글로벌 시대의 문학 : 세계 속의 한국 문학』

2008년 제19회 권성우의 『횡단과 경계 : 근대문학 연구와 비평의 대화』

2009년 제20회 김용희의 『한국 현대 시어의 탄생』

2010년 제21회 수상작 없음

저자 소개

장 성 규 : 2007년 《경향신문》 신춘문예 문학평론 당선. 주요 평론으로 「'민족-국가'의 '이행'과 새로운 저항 주체 형성의 가능성」 등이 있음.

이 경 재 : 2006년 《문화일보》 신춘문예 문학평론 당선. 평론집 『단독성의 박물관』이 있음.

고 봉 준 : 2000년 《대한매일》 신춘문예 문학평론 당선. 2007년 고석규 비평상 수상. 평론집으로 『반대자의 윤리』 등이 있음.

김 종 훈 : 2006년 『창작과비평』 신인평론상 수상. 주요 평론으로 「시와 삶과 노동시의 재인식」 등이 있음.

조 연 정 : 2006년 《서울신문》 신춘문예 문학평론 당선. 주요 평론으로 「순진함의 유혹을 넘어서」 등이 있음.

박 진 : 1998년 『세계의 문학』으로 등단. 평론집 『달아나는 텍스트들』 등이 있음.

허 병 식 : 2006년 《조선일보》 신춘문예 문학평론 당선. 주요 평론으로 「청소년을 위한 문학은 없다」 등이 있음.

백 지 은 : 2007년 『세계의 문학』 신인상 문학평론 당선. 주요 평론으로 「지금 만나러 갑니다 : 최근 한국 소설과 '낯선 삶의 출현'」 등이 있음.

정 은 경 : 2003년 《세계일보》 신춘문예 문학평론 당선. 주요 저서로 『디아스포라 문학』 등이 있음.

권유리야 : 2004년 『작가세계』 평론 부문 신인상, 2006년 《부산일보》 신춘문예 평론 당선. 평론집 『야곱의 팥죽 한 그릇』 등이 있음.

이 광 진 : 2007년 《동아일보》 신춘문예 문학평론 당선. 주요 평론으로 「죽음, 그 이후의 글쓰기」 등이 있음.

최 강 민 : 2002년 《조선일보》 신춘문예 문학평론 당선. 평론집으로 『문학 제국』 등이 있음.

이 정 현 : 2008년 《문화일보》 신춘문예 문학평론 당선. 주요 평론으로 「우연의 패러독스, 상처를 넘어 자기-되기」 등이 있음.

이 성 혁 : 2003년 《대한매일신문(현 서울신문)》 신춘문예 문학평론 당선. 평론집으로 『불꽃과 트임』 등이 있음.